Mikrocomputertechnik mit dem Controller 68332

Schaltungstechnik
Maschinenorientierte Programmierung
Anwendungen

von
Professor Dipl. Ing. Günter Schmitt

mit 118 Bildern und 60 Programmbeispielen und
30 Übungsaufgaben

R. Oldenbourg Verlag München Wien 1998

Die Deutsche Bibliothek - CIP-Einheitsaufnahme

Schmitt, Günter:
Mikrocomputertechnik mit dem Controller 68332 : Schaltungstechnik,
maschinenorientierte Programmierung, Anwendungen ; mit 60
Programmbeispielen und 30 Übungsaufgaben / von Günter Schmitt. -
München ; Wien : Oldenbourg, 1998
  ISBN 3-486-24622-4

© 1998 R. Oldenbourg Verlag
Rosenheimer Straße 145, D-81671 München
Telefon: (089) 45051-0, Internet: http://www.oldenbourg.de

Lektorat: Elmar Krammer
Herstellung: Rainer Hartl
Umschlagkonzeption: Kraxenberger Kommunikationshaus, München
Gedruckt auf säure- und chlorfreiem Papier
Druck: Grafik + Druck, München
Bindung: R. Oldenbourg Graphische Betriebe GmbH, München

Inhaltsverzeichnis

Vorwort

Dieses Buch wendet sich an Studierende technischer Fachrichtungen, an industrielle Anwender und an technisch Interessierte, die den Einstieg in die faszinierende Welt der Computer suchen.

Die "Mikrocomputerwelt" entstand etwa ab 1975 mit den Universalprozessoren (8085, Z80, 6800 und 6502) und entwickelte sich in zwei Richtungen. Die eine ist die Welt der Datenverarbeitung mit ihren Personal Computern (PC) und die andere sind die technischen Anwendungen mit ihren vielfältigen Steuerungsaufgaben, die vom einfachen Fahrradtachometer bis zur elektronischen Vermittlungseinrichtung in der Telekommunikation reichen. Während jede neue Errungenschaft der PC Welt in der Öffentlichkeit Begeisterung und einen wahren Kaufrausch auslöst, sind die technischen Anwendungen der Mikrocomputer so selbstverständlich geworden, daß sie kaum noch beachtet werden. Der Werbespruch: "Wir haben in unsere elektronische Zahnbürste einen Computer eingebaut!" ruft nur noch ein müdes Lächeln hervor.

Wie sieht es mit der Aus- und Weiterbildung im Fach "Mikrocomputertechnik" aus? Was sollte gelehrt werden und was ist in 4 bis 6 Wochenstunden lehrbar?

Das sind sicher einmal die Grundlagen der digitalen Rechentechnik in Verbindung mit der Digitalelektronik, die Grundlagen der Programmierung in Verbindung mit einer höheren Programmiersprache und dann natürlich technische Anwendungen mit Beispielen und Übungen im Hinblick auf spätere berufspraktische Arbeitsfelder.

Unter diesen Gesichtspunkten scheiden die Superprozessoren der PC Welt als Beispiel für "den" Mikroprozessor und damit als Lehrgegenstand aus. Sie sind zu komplex, unzugänglich in Gehäuse eingebaut und einem sehr schnellen Wandel unterworfen. Die Schaltungsentwicklung ist auf einen kleinen Kreis von Spezialisten beschränkt, programmiert wird der PC, wenn überhaupt noch, in höheren Sprachen, und die orientieren sich mehr an abstrakten Modellen als an realer Technik.

Daher haben sich nach dem Aussterben der erwähnten Universalprozessoren, die anfangs als Lehrgegenstand dienten, die Mikrocontroller in der Lehre durchgesetzt. Die Auswahl fällt schwer. Hier 8 bit, dort 16 und 32 bit. Hier Intel mit seinen Abkömmlingen, dort Motorola mit seinen Anhängern und nun auch noch die PIC- und ST6-Familien. Der Preis ist in der Ausbildung sicher nicht das entscheidende, sondern eher didaktische Gesichtspunkte. Dazu gehören einfache und klare Register- und Befehlssätze sowie übersichtliche Speicherstrukturen in Verbindung mit vielfältigen Adressierungsarten.

Dieses Buch behandelt den Controller 68332 aus der 68300-Familie des Herstellers Motorola. Mit seiner 32 bit Struktur, der umfangreichen Peripherie und einem Adressierungsbereich von 16 MByte gehört er zur oberen Leistungsklasse. Vom Register- und Befehlssatz sowie von seiner Speicherstruktur her gesehen erfüllt er alle didaktischen Anforderungen. Schwieriger ist die Handhabung der komplexen seriellen Peripherie und der Timereinheit. Hier wird man für den Einstieg eine Unterprogrammbibliothek für die wichtigsten Anwendungsfälle bereithalten müssen.

Kapitel 1 gibt eine Einführung in die Funktionseinheiten eines Mikrocomputers und erklärt dann die Unterschiede zwischen dem Personal Computer und den Controlleranwendungen. Kapitel 2 behandelt die Hardware des 68332 unter besonderer Berücksichtigung der Möglichkeit, durch Programmierung von Steuerregistern den Controller an eine Vielzahl von Anwendungen anzupassen. Arbeitet man mit einer vorgegebenen Schaltung, so sollte man dieses Kapitel nur als zusätzliche Information betrachten. Kapitel 3 behandelt den Register- und Befehlssatz des 68332 mit vielen lauffähigen Beispielprogrammen und 30 Übungsaufgaben, für die im Kapitel 6 Lösungsvorschläge bereitgestellt werden. Dabei werden Testdaten sowohl über die digitalen Schnittstellen als auch auf einem PC als Terminal ein- und ausgegeben. Kapitel 5 enthält eine alphabetisch geordnete Befehlsliste. Die Anwendungsbeispiele des Kapitels 4 behandeln die Systemtimer, die seriellen Schnittstellen, analoge und digitale Peripherie sowie die Timereinheit mit ihren festen Timerfunktionen.

Zu diesem Buch ist eine Diskette mit den Programmbeispielen, den Lösungen der Übungsaufgaben und den Unterprogrammen des Anhangs sowie einem Cross-Assembler erhältlich, der unter DOS bzw. im DOS-Fenster von Windows 3.11 und Windows 95 läuft. Mit der Bestellkarte auf der letzten Seite können auch Informationen zum Bezug der Hardware angefordert werden, die auf das Buch zugeschnitten ist.

Ich danke meiner Frau für die Hilfe bei der Korrektur und die moralische Unterstützung sowie Herrn Dr. Weiß, Schriesheim, für die Anregung zu diesem Buch und die Hilfestellung bei der Herstellung der Hardware.

Günter Schmitt

1. Einführung

Dieses Kapitel beschreibt die *Funktionseinheiten* eines Mikrocomputers. Darunter sollen die *Komponenten* verstanden werden, die für den Betrieb eines Rechners erforderlich sind. Eilige Leser, die schon Erfahrungen mit Mikroprozessoren haben, können dieses Kapitel überschlagen.

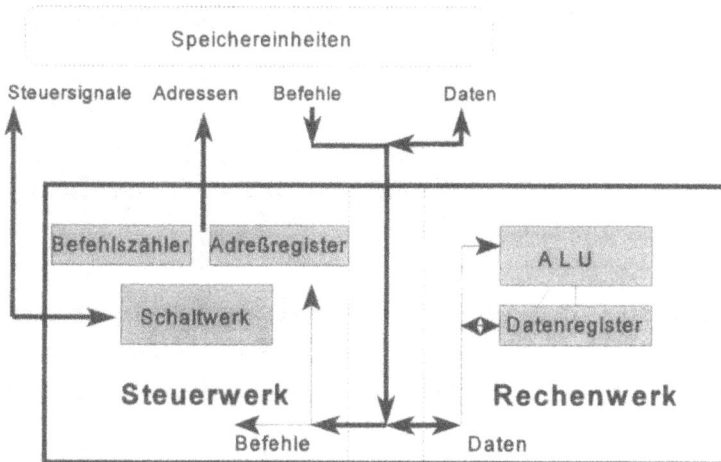

Speichereinheiten

Steuersignale   Adressen   Befehle   Daten

Befehlszähler   Adreßregister

ALU

Schaltwerk

Datenregister

Steuerwerk   **Rechenwerk**

Befehle   Daten

Bild 1-1: Der Aufbau eines Mikroprozessors

Der in *Bild 1-1* dargestellte **Mikroprozessor** wird auch als Zentraleinheit (CPU <u>C</u>entral <u>P</u>rocessing <u>U</u>nit) bezeichnet. Parallele Leitungsbündel, auch Bus genannt, verbinden den Prozessor mit den Speicher- und Peripherieeinheiten. In der von-Neumann-Struktur liegen die Befehle und Daten in einem gemeinsamen Speicherbereich und werden durch *Adressen* ausgewählt. *Maschinenbefehle* sind binär codierte Anweisungen an das Steuerwerk, bestimmte Operationen auszuführen; *Daten* sind die zu bearbeitenden Zahlen, Zeichen oder andere binär codierte Größen.

Das **Rechenwerk** enthält Schaltungen zum Berechnen und Speichern der Daten. Die arithmetisch-logische Einheit (ALU <u>A</u>rithmetic <u>L</u>ogical <u>U</u>nit) ist ein Schaltnetz, das arithmetische Operationen in den vier Grundrechenarten und logische Operationen wie z.B. UND-Verknüpfungen bitparallel durchführt. Die Operanden werden kurzzeitig in *Datenregistern* zwischengespeichert und über den Datenbus zwischen dem Prozessor und dem Datenspeicher übertragen.

Das **Steuerwerk** enthält ein Schaltwerk, das die Befehle in Steuersignale umsetzt. Bei einem Mikroprogrammsteuerwerk liegen die Verarbeitungsschritte in Form von Mikrobefehlen in einem prozessorinternen Festwertspeicher; der Mikrocode dieses "Computers auf dem Prozessor" ist dem Anwender nicht zugänglich. Der *Befehlszähler* enthält immer die Adresse des nächsten Maschinenbefehls, der aus dem Befehlsspeicher über den Datenbus in das Steuerwerk geholt wird. *Adreß-register* dienen zur Speicherung und Berechnung von Adressen. Das Steuerwerk legt entweder eine Befehls- oder eine Datenadresse auf den Adreßbus; die Über-tragung der adressierten Operanden über den gemeinsamen Bus, Datenbus genannt, wird durch Signale gesteuert. Befehle gelangen in das Steuerwerk, Daten in das Rechenwerk. In der Harvard-Struktur aufgebaute Rechner können durch getrennte Bussysteme gleichzeitig Befehle und Daten übertragen.

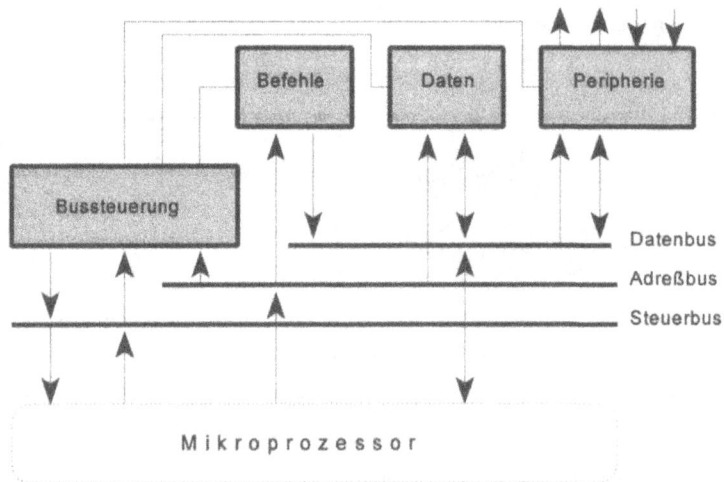

Bild 1-2: Die Speicher- und Peripherie-Einheiten

Die Speicher- und Peripherie-Einheiten werden entsprechend *Bild 1-2* an den Adreß-, Daten- und Steuerbus des Mikroprozessors angeschlossen. Ein Decoder der **Bussteuerung** wählt mit den höherwertigen Adreßleitungen eine der an-geschlossenen Einheiten aus, Steuersignale des Prozessors bestimmen die Rich-tung (Lesen bzw. Schreiben) und den Zeitpunkt der Übertragung. Die nieder-wertigen Adreßleitungen adressieren über einen Decoder, der sich auf der ausge-wählten Einheit befindet, die entsprechende Speicherstelle. Die Bussteuerung liefert dem Mikroprozessor Bestätigungssignale, wenn die adressierte Einheit die Datenübertragung beendet hat.

In einem *Lesezyklus* legt der Prozessor die Adresse der Speicherstelle auf den Adreßbus. Die ausgewählte Einheit schaltet den Inhalt (Befehl oder Datum) auf den Datenbus; alle anderen Einheiten sind abgeschaltet (tristate). Der Prozessor übernimmt die Daten vom Datenbus, gesteuert durch das Bestätigungssignal der Bussteuerung.

In einem *Schreibzyklus* legt der Prozessor die Adresse der Speicherstelle auf den Adreßbus und die Daten auf den Datenbus. Die Bussteuerung gibt die entsprechende Einheit frei, die nun die Daten übernimmt. Mit dem Bestätigungssignal der Bussteuerung entfernt der Prozessor die Daten vom Datenbus.

Bei **Speichereinheiten** unterscheidet man nichtflüchtige Festwertspeicher und flüchtige Schreib-Lese-Speicher. Ein *Festwertspeicher* hat beim Einschalten der Versorgungsspannung einen vorgegebenen Speicherinhalt, der im Betrieb nicht geändert werden kann und der beim Abschalten der Versorgungsspannung erhalten bleibt. Die Bauform ROM (Read Only Memory) wird beim Hersteller maskenprogrammiert. In der Bauform EPROM (Erasable Programmable ROM) programmiert der Anwender den Baustein in besonderen Geräten und kann ihn durch Bestrahlen mit UV-Licht wieder löschen. In der Bauform EEPROM (Electrical Erasable Programmable ROM) bzw. EAROM (Electrical Alterable ROM) kann der Speicherinhalt auch während des Betriebes durch besondere Verfahren geändert werden. *Schreib-Lese-Speicher* werden auch als RAM (Random Access Memory) bezeichnet. Beim Einschalten der Versorgungsspannung haben sie einen zufälligen Speicherinhalt. Während des Betriebes werden sie beschrieben und gelesen. Der Speicherinhalt geht nach dem Abschalten der Versorgungsspannung verloren; in der Bauform BRAM (Batteriegepuffertes RAM) bleibt er erhalten. Dynamische RAM Bausteine (DRAM) müssen durch besondere Signale periodisch aufgefrischt werden; statische RAM Bausteine (SRAM) benötigen dies nicht.

Speicherbausteine sind in der Regel byteorganisiert, d.h. durch 8 parallele Datenleitungen werden immer 8 Bits gelesen oder beschrieben. Für besondere Anwendungen gibt es wortorganisierte Bausteine mit 16 parallelen Datenanschlüssen und bitorganisierte EEPROM Bausteine, die seriell gelesen und beschrieben werden.

Die Einteilung der Mikroprozessoren und Mikrocomputer nach ihrer *Bitbreite* ist nicht immer eindeutig. Darunter versteht man entweder die Größe des Datenbus, also die Anzahl der parallelen Datenleitungen oder die Größe der Datenregister im Prozessor. Die Controller der 683xx Familie enthalten 32 bit breite Daten- und Adreßregister, der Datenbus kann sowohl mit 8 als auch mit 16 bit betrieben werden. Die meisten Befehle lassen sich wahlweise auf 8 bit oder 16 bit oder 32 bit breite Daten anwenden.

Die Größe des Adreßbus, also die Anzahl der Adreßleitungen, bestimmt den maximal adressierbaren Speicherbereich. Mit 24 Adreßbits lassen sich 16 MByte adressieren, die nur in wenigen Anwendungen voll ausgenutzt werden. Die Prozessoren der 683xx Familie haben keine besonderen Peripheriebefehle und Peripheriesignale; die Peripheriebausteine liegen mit den Speicherbausteinen in einem gemeinsamen Speicherbereich.

Als **Peripherie** bezeichnet man die an den Rechner angeschlossenen Geräte wie z.B. Drucker oder Tastaturen, die über Peripherie- oder Interfaceeinheiten am Bus betrieben werden. *Bild 1-3* zeigt die digitale Signalübertragung.

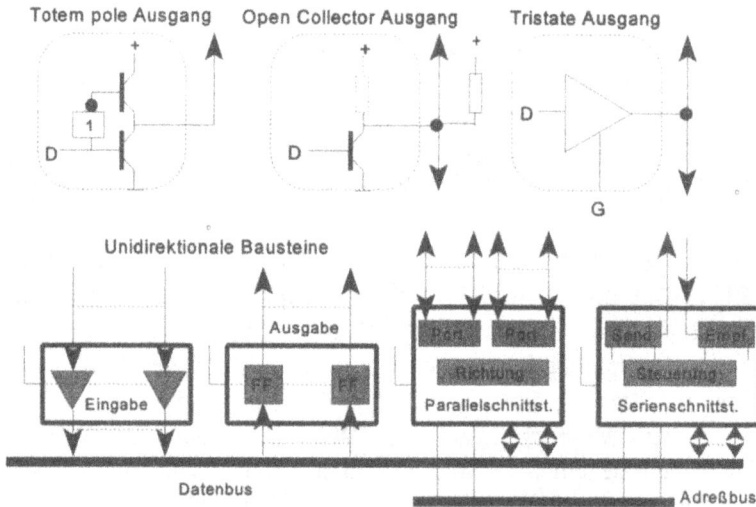

Bild 1-3: Die digitale Peripherie

Die *digitalen Peripherieeinheiten* liegen am Datenbus des Prozessors und arbeiten peripherieseitig vorwiegend mit TTL-Pegel. Parallele Schnittstellen sind meist byteorganisiert; mit Bitbefehlen lassen sich jedoch auch einzelne Bitpositionen innerhalb des Bytes eingeben (lesen) oder ausgeben (schreiben).

Die *auszugebenden Daten* werden in Flipflops gespeichert. Man unterscheidet drei Ausgangstreiberschaltungen. Ein *Totem pole Ausgang* gibt immer ein festes Potential (High oder Low) aus und läßt sich daher nicht mit anderen Ausgängen parallel schalten. Bei einem *Open Collector* bzw. *Open Drain Ausgang* hält ein interner oder externer Widerstand das Potential auf High, das nun entweder mit dem Ausgangstransistor oder einer anderen parallel liegenden Schaltung auf Low gezogen werden kann. Der *Tristate Ausgang* läßt sich mit einem Steuereingang hochohmig machen und damit abschalten; dies ist die bevorzugte Ausgangsschaltung für Bussysteme wie z.B. den Datenbus.

Bei der *Eingabe* von digitalen Signalen wird das Potential der Peripherieleitung meist über einen Tristate Treiber auf den Datenbus geschaltet und nicht in der Peripherieeinheit gespeichert. *Bidirektionale* Einheiten lassen sich sowohl zur Eingabe als auch zur Ausgabe von Signalen verwenden. Dazu sind Open Collector bzw. Open Drain oder Tristate Ausgänge erforderlich. Bei programmierbaren Schnittstellen wird die Richtung (Eingabe oder Ausgabe) in Richtungsregistern festgelegt.

Serielle Schnittstellen dienen zur Umwandlung des parallelen Datenformats des Prozessors in einen seriellen Bitstrom und umgekehrt. Die Umsetzung geschieht durch Schieberegister. Beispiele sind der Sender bzw. Empfänger einer Serienschnittstelle zum Anschluß eines Modems oder einer Maus. Besondere Funktionen wie z.B. die Übertragungsgeschwindigkeit und Rahmenbits sind in Steuerregistern programmierbar.

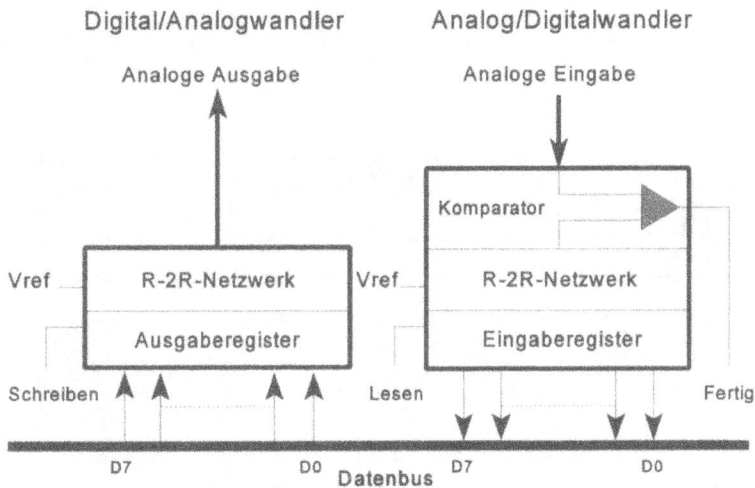

Bild 1-4: Die analoge Peripherie

Die in *Bild 1-4* dargestellten *analogen Peripherieeinheiten* sind an den parallelen Datenbus angeschlossen. Ein *Digital/Analogwandler* setzt einen binären Eingangswert in eine analoge Ausgangsspannung um. Der Wert 0 liefert z.B. eine Ausgangsspannung von 0 Volt, der Wert 255 eine Spannung von +5 Volt. Dazwischen liegen bei einem 8 bit Wandler noch 253 weitere Spannungsstufen. Die auszugebenden Daten werden in ein Ausgaberegister geschrieben. Ein Netzwerk bewertet die Bitpositionen und summiert sie über eine Referenzspannung V_{ref}. Die Umsetzzeit zwischen dem Einschreiben des digitalen Wertes und der analogen Ausgabe hängt nur von der Schaltzeit der Bauteile ab und liegt bei etwa 1 µs. Der in Bild 1-4 dargestellte *Analog/Digitalwandler* vergleicht die zu messende Eingangsspannung mit einer von einem Digital/Analogwandler erzeugten Vergleichsspannung. Die Umsetzzeit liegt beim Rampenverfahren bei ca. 10 ms, beim Verfahren der schrittweisenden Näherung bei ca. 10 µs und bei Parallelumsetzern unter 500 ns. Das Ende der Umsetzung wird durch ein Fertigsignal gemeldet. Neben den dargestellten parallelen Wandlern gibt es serielle Wandler, die einen digitalen seriellen Bitstrom in einen analogen Wert bzw. einen analogen Wert in einen digitalen seriellen Bitstrom umsetzen.

Ein *Timer* ist eine Funktionseinheit, die Zählregister zum Einstellen von Verzögerungszeiten, zur Erzeugung von periodischen Uhrenimpulsen und zum Zählen von Flanken enthält.

Aus der Vielzahl der Bauformen und Anwendungen sollen zwei charakteristische Beispiele herausgegriffen werden, ein PC (Personal Computer) als Datenverarbeitungsanlage und ein Mikrocontroller zur Gerätesteuerung.

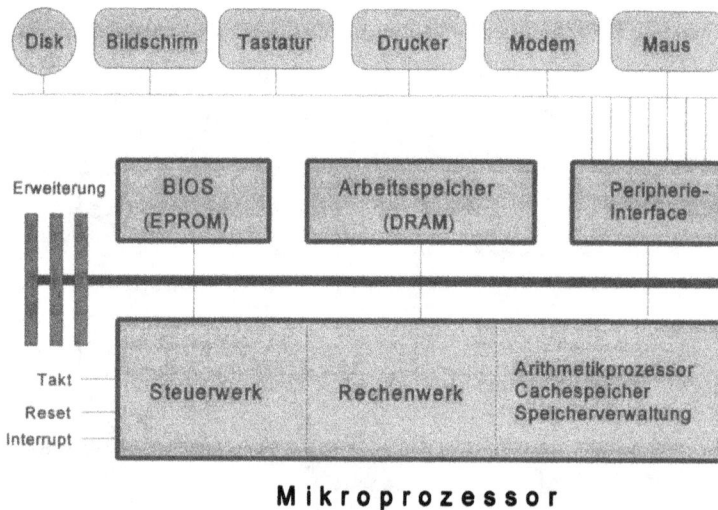

Bild 1-5: Der Aufbau eines Personal Computers

Die in *Bild 1-5* dargestellte Schaltung eines Personal Computers enthält einen für die besonderen Aufgaben der **Datenverarbeitung** entworfenen *Mikroprozessor*, der neben dem Steuerwerk und Rechenwerk einen Arithmetikprozessor (Gleitpunktbefehle), einen Schnellzugriffsspeicher (Cache) und eine Speicherverwaltungseinheit (MMU Memory Management Unit) enthält. Beim Einschalten des Gerätes bzw. bei einem Reset wird ein Basissystem (BIOS Basic Input Output System) aus einem *Festwertspeicher* (EPROM) gestartet, das ein Betriebssystem (DOS, Windows, UNIX) von der Festplatte in den *Arbeitsspeicher* lädt. Dieser ist aus dynamischen Speichern aufgebaut und nimmt neben dem Betriebssystem weitere Systemprogramme (Textverarbeitung) und Benutzerprogramme (C oder Pascal) sowie Daten (Texte) auf. Die *Peripherieeinheiten* Disk (Festplatte und Floppy) sowie der Bildschirm (Video) werden meist über Interfacekarten an Buserweiterungssteckplätzen betrieben. Für die Tastatur und den Drucker sowie für die seriellen Einheiten Maus und Modem sind die Interfacebausteine direkt an den Bus angeschlossen.

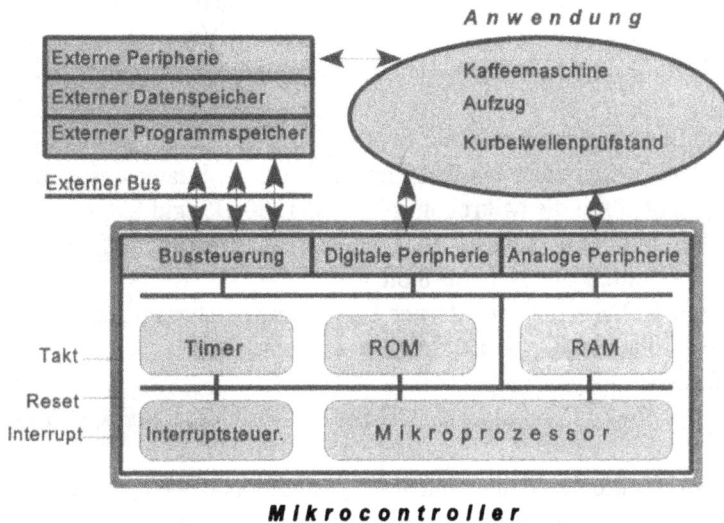

Bild 1-6: Der Aufbau eines Controllers zur Gerätesteuerung

Der in *Bild 1-6* dargestellte **Mikrocontroller** dient je nach Ausführung zur Steuerung von Kleingeräten (Kaffemaschine, Waschmaschine) oder größeren Anlagen (Kurbelwellenprüfstand, Gummistiefelpresse). Er enthält alle Funktionseinheiten eines Computers auf einem Baustein (Chip). Dazu zählen der Mikroprozessor, ein Festwertspeicher (ROM) für das Programm und konstante Daten sowie ein Schreib-Lese-Speicher (RAM) für Variablen. Die Peripherieeinheiten Timer sowie parallele, serielle und analoge Schnittstellen sind auf dem Baustein integriert und werden zur Anwendungsschaltung herausgeführt. Je nach Bauform und Aufgabe können zusätzliche Speicher- und Peripheriebausteine an einen externen Bus angeschlossen werden.

Mikrocontroller sind Rechnereinheiten, die für die besonderen Aufgaben der industriellen Steuerung entwickelt wurden, um die alten 8 bit Mikroprozesoren (8085, Z80 und 6800) abzulösen. Sie werden auch als Embedded Controller bezeichnet. Kennzeichen:
- Integration von Prozessor, Speicher und Peripherie auf einem Baustein,
- Anschluß zusätzlicher Speicher- und Peripherieeinheiten möglich,
- programmierbare Funktionen für Bausteinauswahl und Peripheriesteuerung,
- dadurch keine oder nur wenige zusätzliche externe Hilfsbausteine,
- niedrige Bausteinkosten durch hohe Integrationsdichte und Massenfertigung,
- wirtschaftliche Herstellung von Geräten mit einem einzigen Steuerbaustein,
- Programmierung sowohl in Maschinensprache als auch in Hochsprachen und
- Gerätefunktionen durch Programmänderung erweiterbar.

Die Einsatzgebiete der Mikrocontroller reichen von einfachen Gerätesteuerungen (z.B. elektronische Zahnbürste) bis hin zu aufwendigen Anwendungen in der Telekommunikation (z.B. Netzwerkrechner). Aus der Vielzahl von Bauformen und Herstellern seien einige charakteristische Familien herausgegriffen:

Als Intel-Familie bezeichnet man die Typen 80xxx des Herstellers Intel, die von vielen anderen Firmen zunächst in Lizenz gefertigt und dann weiterentwickelt wurden. Dazu gehören die Mikrocontroller 8051, 80535 und 80C166. Der Typ 80535 des Herstellers Siemens als Beispiel ist gekennzeichnet durch:
- interne und externe Datenstruktur 8 bit,
- Version ohne ROM erfordert externen Programmspeicherbaustein,
- externer Adreßbus 16 bit (64 kByte externer Speicher),
- interner RAM 256 Bytes und
- interne Peripherie (4 Parallelports, 3 Timer, V.24-Schittstelle, A/D-Wandler).

Als Motorola-Familie bezeichnet man die Typen 68xxx des Herstellers Motorola und anderer. Dazu gehören die Typen 68HC05, 68HC11 und die 683xx-Familie. Der Typ 68HC11 entspricht in seiner 8 bit Struktur im Wesentlichen dem Typ 80535 der Intel-Familie. Die 683xx-Familie ist gekennzeichnet durch einen modularen Aufbau, der aus einem CPU-Kern der Datenbreite 32 bit und der Adreßbreite von 32 bit sowie einer Vielzahl von besonderen Funktionseinheiten besteht, die den Baustein dem jeweiligen Anwendungsgebiet anpassen. Dazu gehören u.A. die Typen:
- 68302 mit besonderem Kommunikationsprozessor (DMA-Controller),
- 68331 mit besonderem GPT (General Purpose Timer),
- **68332** mit besonderer TPU (Time Processor Unit) und
- 68360 mit erweitertem Kommunikationsmodul.

Neuere Erscheinungen sind die PIC-Familie des Herstellers Microchip und die ST6-Familie des Herstellers SGS-Thompson.

2. Die Hardware des 68332

Der 8 bit Prozessor 6800 ist der Urvater der Prozessorfamilien des Herstellers Motorola; die 8 bit Peripheriebausteine wie z.B. die Parallelschnittstelle 6821 lassen sich auch für 32 bit Prozessoren verwenden. Der nachfolgende Prozessor 68000 mit einer 32 bit internen Datenstruktur und einem 16 bit breiten Datenbus wurde in der Datenverarbeitung und für Steuerungsaufgaben eingesetzt. Aus ihm entstanden sowohl die 32 bit Prozessoren 680xx für den Einsatz in Personal Computern als auch die Controller mit den Bezeichnungen 683xx wie z.B. der hier behandelte 68332 für Steuerungen. Sie werden auch als Embedded (einge-bettete) Controller oder MCU (Micro Controller Unit) bezeichnet und enthalten als Kern die CPU32, einen weiterentwickelten 68000 Prozessor. Je nach Einsatz-gebiet sind auf den Bausteinen parallele und serielle Schnittstellen, Timer, Arbeitsspeicher (RAM) und besondere Steuerschaltungen integriert.

2.1 Die Funktionsblöcke und Steuerregister

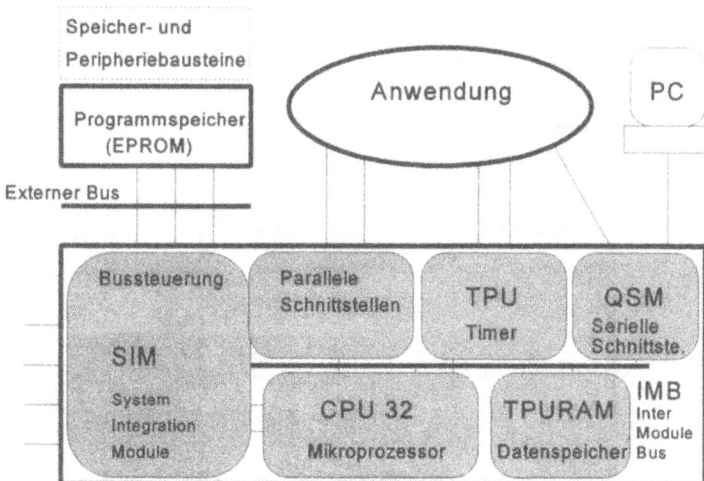

Bild 2-1: Die Moduleinheiten des 68332

Die Funktionseinheiten oder Moduln des 68332 (*Bild 2-1*) liegen an einem internen Bus, dem IMB (Inter Module Bus). Ein System Integration Module (SIM) dient zur Einstellung der Betriebsarten des Bausteins. Da kein interner Programmspeicher vorgesehen ist, muß über eine Bussteuerung mindestens ein externer Festwertspeicher (EPROM oder EEPROM) angeschlossen werden. Die Prozessoreinheit CPU 32 arbeitet intern mit 32 bit Registern, auf dem Datenbus aber nur mit 16 bit. Der interne Schreib-Lese-Speicher (RAM) wird vorwiegend als Datenspeicher benutzt, kann aber auch als TPURAM besondere Mikroprogramme des Timers (TPU Time Processor Unit) aufnehmen. An eine der seriellen Schnittstellen (QSM Queued Serial Module) wird in der Entwicklungs- und Testphase ein Terminal bzw. ein PC mit Entwicklungssoftware angeschlossen. Ein Teil der Anschlüsse des Controllers läßt sich entweder als Busleitung oder als Steuerleitung oder als Parallelportanschluß verwenden. Für die Programmierung der Modulfunktionen stehen ca. 250 Steuerregister zur Verfügung, deren Anwendung in den folgenden Abschnitten erläutert wird. Sie liegen nach dem Einschalten im oberen Adreßbereich und lassen sich nach Bedarf in einen anderen Bereich verlegen. Die Bezeichnungen der Register und Bitpositionen in den Tabellen und Beispielen entsprechen denen des Herstellersystemhandbuchs.

2.2 Die Reset- und Taktsteuerung

Bild 2-2 gibt einen Überblick über die Verhältnisse beim Einschalten bzw. bei einem Reset durch ein von außen angelegtes Signal.

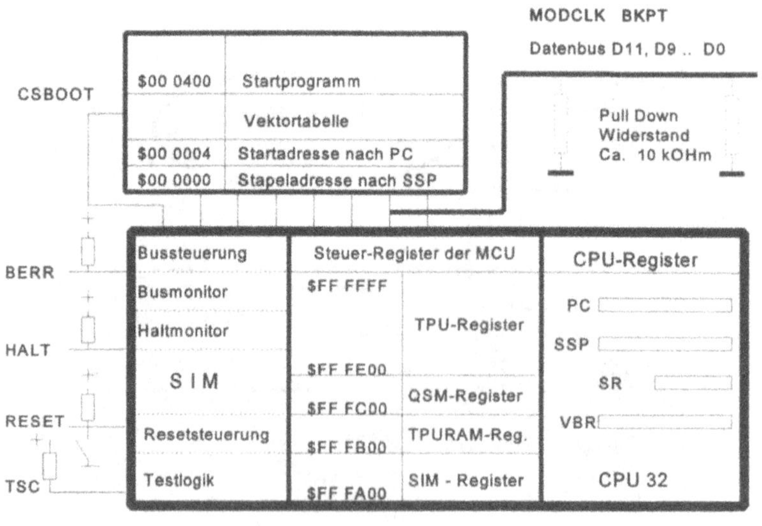

Bild 2-2: Der Anlauf des Systems mit Reset

Die Steuereingänge BERR (Busfehler), HALT (Haltsteuerung), RESET (Zurücksetzen) und TSC (Tristatesteuerung) müssen beim Anlauf mit Widerständen von 3,3 bis 10 kOhm auf High gehalten werden. Äußere Schaltungen für HALT, BERR und RESET müssen Open Collector bzw. Open Drain Ausgänge haben, da der Controller diese Anschlüsse auch als Ausgänge benutzt. Beim Anlauf des Systems werden die Steuerleitungen MODCLK (Taktbetriebsart) und BKPT (Hintergrundbetrieb) sowie die Datenbusleitungen D0 bis D9 und D11 von der

Systemsteuerung durch interne Pull Up Widerstände auf High gehalten. Mit externen Pull Down Widerständen, die nur in der Anlaufphase wirksam sind, kann der Benutzer entsprechend *Bild 2-3* einen Teil der Betriebsarten des Controllers voreinstellen. Die mit den Potentialen dieser Leitungen vorbesetzten Bitpositionen der Steuerregister lassen sich während des Betriebes durch Befehle ändern.

Leitung	**High** (offen lassen)	**Low** (durch Widerstand)
Datenbus D0	16 bit Datenbus für CSBOOT	8 bit Datenbus für CSBOOT
Datenbus D1	Bausteinauswahl CS0, CS1, CS2	Steuersignale BR, BG, BGACK
Datenbus D2	Bausteinauswahl CS3, CS4, CS5	Statussignale FC0, FC1, FC2
Datenbus D3	Bausteinauswahl CS6	Adreßleitung A19
Datenbus D4	Bausteinauswahl CS6 bis CS7	Adreßleitungen A19 bis A20
Datenbus D5	Bausteinauswahl CS6 bis CS8	Adreßleitungen A19 bis A21
Datenbus D6	Bausteinauswahl CS6 bis CS9	Adreßleitungen A19 bis A22
Datenbus D7	Bausteinauswahl CS6 bis CS10	Adreßleitungen A19 bis A23
Datenbus D8	Ausgabe von Bussteuersignalen	Parallelschnittstelle Port E
Datenbus D9	Eingänge für Interruptsignale	Parallelschnittstelle Port F
Datenbus D11	Testbetriebsart gesperrt	Testbetriebsart freigegeben
Eingang MODCLK	Interner Taktgen., Vorteiler = 1	Externer Taktgen., Vort. = 512
Eingang BKPT	Hintergrundbetriebsart gesperrt	Hintergrundbetriebsart frei

Bild 2-3: Die Voreinstellungen bei Reset

In dem Minimalsystem des Abschnitts 2.8 wurden mit Pull Down Widerständen folgende Voreinstellungen gewählt:
- D0 auf Low gelegt: Anlauf als 8 bit System mit dem Steuersignal CSBOOT,
- D8 auf Low gelegt: keine Ausgabe von externen Bussteuersignalen und
- D9 auf Low gelegt: keine externen Interrupts, sondern parallele Schnittstelle.

Alle anderen Anlaufsteuerleitungen wurden nicht beschaltet, sondern blieben High und ergaben die Voreinstellungen:
- Bausteinauswahlsignale anstelle von Steuer- und Adreßbussignalen,
- kein Testbetrieb,
- interner Taktgenerator und Vorteiler für Systemtimer = 1 sowie
- keine Hintergrundbetriebsart.

Beim Einschalten der Versorgungsspannung (Power On Reset = Einschaltreset) legt die interne Resetsteuerung die RESET Leitung für die notwendige Anlaufzeit auf Low; externe Schaltungen sollten den Eingang ca. 100 ms auf Low halten und müssen Open Collector bzw. Open Drain Ausgänge haben. Bei einem Reset während des Betriebes (Push Button Reset = Tastenreset) sollte das Signal mindestens 10 Takte anliegen. In einfachen Anwendungen genügt ein - nicht entprellter - Taster gegen Low-Potential.

Mit der steigenden Flanke des Reset Signals startet das System. Die Steuerregister der Moduleinheiten sind mit Anfangswerten vorbesetzt, ihre Adressen liegen zunächst im oberen Adreßbereich von $FF FA00 bis $FF FFFF. In der CPU wird das Vektorbasisregister VBR gelöscht, die Vektortabelle liegt im unteren Adreßbereich von $00 0000 bis $00 03FF. Das Statusregister SR erhält folgende Voreinstellungen:
- Statusbit S = 1: Systemstatus,
- Tracebits T0 = T1 = 0: keine Einzelschrittsteuerung und
- I0 = I1 = I2 = 1: alle Interrupts mit Ausnahme von NMI gesperrt.

Die Bussteuerung liest mit dem Signal CSBOOT (Bausteinauswahl beim Systemstart) das auf der Adresse $00 0000 liegende Langwort und lädt es in den Systemstapelzeiger SSP = A7 für S = 1. Der Befehlszähler wird mit dem nächsten Langwort von der Adresse $00 0004 geladen; dies ist die Startadresse des nun auszuführenden Programms. Das folgende Beispiel legt den Stapel auf die Adresse unterhalb $10 0800 und startet ein Programm ab Adresse $00 0400.

```
stapel   EQU      $100800    ; Stapel im oberen TPURAM
         ORG      $0         ; BOOT-Vektoren
         DC.L     stapel     ; nach Stapelzeiger SSP
         DC.L     start      ; nach Befehlszähler PC
; Einsprünge der Vektortabelle nicht dargestellt
         ORG      $400       ; Anfang des Startprogramms
start    MOVE.B   #0,SYPCR   ; 1. Befehl
```

Das Startprogramm muß nun in den Modulsteuerregistern die gewünschten Betriebsarten einstellen. Alle Bitpositionen mit Ausnahme der durch U gekennzeichneten Anzeigebits sind bei Reset mit 0 oder 1 bzw. über die Pull Down Widerstände vorbesetzt. Die folgenden Beispiele beschreiben nur die Betriebsarten des Minimalsystems; für weiterführende Aufgaben sollte das Systemhandbuch des Herstellers herangezogen werden, dessen Bezeichnungen beibehalten wurden. Wird der Adreßbereich der Register nach $7F Fxxx verlagert, so sind die Adressen entsprechend zu ändern. Die Register lassen sich mit Wort- und mit Bytebefehlen adressieren. Beim Bytezugriff liegt das High-Byte des Wortes auf der Wortadresse und das Low-Byte des Wortes auf der folgenden. Beispiele:

```
MOVE.W   #$1234,$FFFA00  ; Wortzugriff nach SIMCR
MOVE.B   #$12,$FFFA00    ; Byte nach High-Teil von SIMCR
MOVE.B   #$34,$FFFA01    ; Byte nach Low-Teil von SIMCR
MOVE.W   #$1234,SIMCR    ; symbolische Adressierung
MOVE.B   #$12,SIMCR      ; SIMCR vordefiniert
MOVE.B   #$34,SIMCR+1    ; Adreßberechnung Assembler
```

Das SIM Configuration Register **SIMCR** auf der Wortadresse $FF FA00 legt die Arbeitsweise des Systemsteuermoduls (SIM) fest. Zugriff nur im Systemstatus.

High-Byte (Byteadresse $FF FA00)

Bit 15	Bit 14	Bit 13	Bit 12	Bit 11	Bit 10	Bit 9	Bit 8
EXOFF	FRZSW	FRZBM	0	SLVEN	0	SHEN	SHEN
Reset:0	0	0	0	D11	0	0	0

Low-Byte (Byteadresse $FF FA01)

Bit 7	Bit 6	Bit 5	Bit 4	Bit 3	Bit 2	Bit 1	Bit 0
SUPV	MM	0	0	IARB	IARB	IARB	IARB
Reset:1	1	0	0	1	1	1	1

Die Bitpositionen haben folgende Bedeutung:

EXOFF = 0: Taktausgang CLKOUT gibt internen Systemtakt aus
EXOFF = 1: Taktausgang CLKOUT ist tristate

FRZSW = 0: Watchdog und Systemtimer im Testbetrieb frei
FRZSW = 1: Watchdog und Systemtimer im Testbetrieb gesperrt

FRZBM = 0: Busmonitor im Testbetrieb frei
FRZBM = 1: Busmonitor im Testbetrieb gesperrt

SLVEN = 0: kein Zugriff auf internen Bus im Testbetrieb
SLVEN = 1: Zugriff auf internen Bus im Testbetrieb zugelassen

SHEN = 0 0: interner Bus nicht angezeigt, Busverfolgung möglich
SHEN = 0 1: interner Bus extern angezeigt, keine Busverfolgung
SHEN = 1 0: interner Bus extern angezeigt, Busverfolgung möglich
SHEN = 1 1: interner Bus extern angezeigt, Halt bei Busvergabe

SUPV = 0: Steuerregister im Benutzer- und Systemstatus zugänglich
SUPV = 1: Steuerregister nur im Systemstatus zugänglich (*Vorgabe*)

MM = 0: Modulsteuerregister ab Adresse $7F Fxxx
MM = 1: Modulsteuerregister ab Adresse $FF Fxxx (*Vorgabe*)
Das Bit MM ist nach einem RESET nur *einmal* programmierbar!

IARB = xxxx: legt Interruptpriorität des SIM Moduls fest
IARB = 0000: keine Interrupts durch SIM Modul (Interruptfehler möglich!)
IARB = 0001: SIM Modul hat niedrigste Modulpriorität
IARB = 1111: SIM Modul hat höchste Modulpriorität (*Vorgabe*)

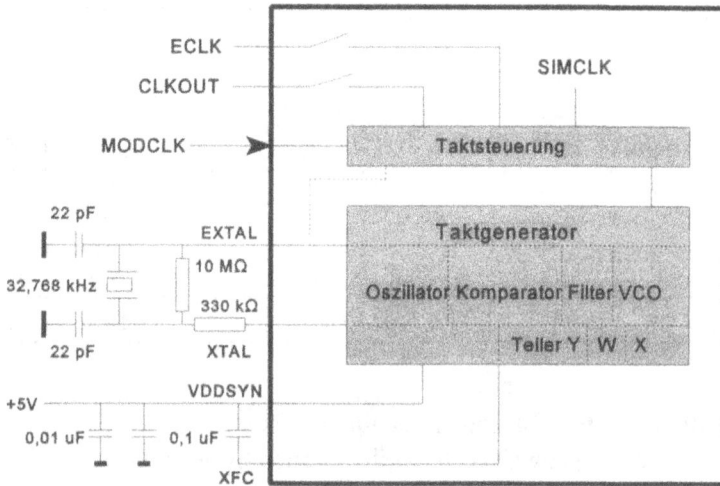

Bild 2-4: Der Taktgenerator

Der Eingang MODCLK des Taktgenerators (*Bild 2-4*) bestimmt beim Reset die Taktquelle. Wird der Eingang mit einem Pull Down Widerstand auf Low gehalten, so ist ein externer Takt an EXTAL einzuspeisen; der interne Taktgenerator ist abgeschaltet.

Liegt der Eingang MODCLK (unbeschaltet) beim Reset auf High, so erzeugt der interne programmierbare Taktgenerator den Systemtakt aus einem an EXTAL und XTAL angeschlossenen Quarz oder aus einem Referenztakt, der nur an EXTAL angelegt wird. Notfalls erzeugt der Taktgenerator aus einem internen RC-Glied einen eigenen Takt von ca. 8,4 MHz. Die Taktausgänge CLKOUT und ECLK sind abschaltbar.

Die Frequenz F_{Sys} des Systemtaktes berechnet sich aus der Frequenz F_{Ref} des Referenztaktes und den Teilern Y, W und X der Frequenzsteuerung, die im Register SYNCR programmiert werden, nach der Formel:

$$F_{Sys} = F_{Ref} * 4 * (Y + 1) * 2^{2*W + X}$$

Vorgabe nach Reset: W = 0, X = 0 und Y = $3F = 63: F_{sys} = 8,4 MHz.
Für einen Quarz von 32,768 kHz und dem Faktor Y = %111111 = 63 sowie den Teilern W = 0 und X = 1 ergibt sich durch Programmieren ein Systemtakt von 16,777 MHz.

Die Versorgungsspannung VDDSYN des Tiefpassfilters verlangt einen besonders verlustarmen Kondensator von 0,1 µF gegen den Eingang XFC, die anderen Kondensatoren glätten die Spannung.

Das Clock Synthesizer Control Register **SYNCR** auf der Wortadresse $FF FA04 bestimmt die Arbeitsweise des Taktgenerators. Zugriff nur im Systemstatus.

High-Byte (Byteadresse $FF FA04)

Bit 15	Bit 14	Bit 13	Bit 12	Bit 11	Bit 10	Bit 9	Bit 8
W	X	Y	Y	Y	Y	Y	Y
Reset:0	0	1	1	1	1	1	1

Low-Byte (Byteadresse $FF FA05)

Bit 7	Bit 6	Bit 5	Bit 4	Bit 3	Bit 2	Bit 1	Bit 0
EDIV	0	0	SLIMP	SLOCK	RSTEN	STSIM	STEXT
Reset:0	0	0	U	U	0	0	0

Die Bitpositionen haben folgende Bedeutung:

W = Teiler des Frequenzgenerators (VCO) entsprechend Formel $F_{Sys} =$

X = Vorteiler des Frequenzgenerators entsprechend Formel $F_{Sys} =$

Y = Zähler (0 bis 63) des Frequenzgenerators entsprechend Formel $F_{Sys} =$

EDIV = 0: Teiler durch 8 für ECLK (Takt für 6800 Peripherie)
EDIV = 1: Teiler durch 16 für ECLK (Takt für 6800 Peripherie)

SLIMP = *Anzeige* für Referenzfrequenz (nicht programmierbar)
SLIMP = 0: Frequenzgenerator arbeitet mit externen Referenz (z.B. Quarz)
SLIMP = 1: interne Taktreferenz (Limp Mode) durch RC-Schaltung

SLOCK = *Anzeige* für Zustand der PLL Schaltung (nicht programmierbar)
SLOCK = 0: PLL Schaltung nicht eingerastet
SLOCK = 1: PLL Schaltung läuft stabil auf fester Frequenz

RSTEN = 0: bei Verlust der externen Referenz Limp Mode (Takt aus RC)
RSTEN = 1: bei Verlust der externen Referenz System Reset auslösen

STSIM = 0: Stromsparbetrieb (Befehl LPSTOP) ohne VCO Taktgenerator
STSIM = 1: Stromsparbetrieb (Befehl LPSTOP) mit VCO Taktgenerator

STEXT = 0: Stromsparbetrieb (Befehl LPSTOP) schaltet CLKOUT ab
STEXT = 1: Stromsparbetrieb (Befehl LPSTOP) mit Taktausgang CLKOUT

Das folgende Beispiel programmiert aus einer Quarzfrequenz von 32,768 kHz einen Systemtakt von 16,777 MHz.

```
MOVE.W  #$7F03,SYNCR ; W=0, X=1, Y=63, EDIV=0
                     ; RSTEN=0, STSIM=1, STEXT=1
```

Das System Protection Control Register **SYPCR** auf der Byteadresse $FF FA21
legt die Arbeitsweise des Systemschutzes fest. Es kann *nur einmal* nach einem
Einschalt- bzw. Tastenreset beschrieben werden. Zugriff nur im Systemstatus.

High-Byte (Byteadresse $FF FA20): wird nicht verwendet
Low-Byte (Byteadresse $FF FA21)

Bit 7	Bit 6	Bit 5	Bit 4	Bit 3	Bit 2	Bit 1	Bit 0
SWE	SWP	SWT	SWT	HME	BME	BMT	BMT
Reset:1	MODCLK	0	0	0	0	0	0

Die Bitpositionen haben folgende Bedeutung:
SWE = 0: Watchdog Timer gesperrt
SWE = 1: Watchdog Timer freigegeben (*Vorgabewert!*)

SWP = Vorteiler für Watchdogtimer (für MODCLK = High ist SWP = 0)
SWT = Teilerfaktor für Watchdogtimer

HME = 0: interner Haltmonitor gesperrt
HME = 1: interner Haltmonitor freigegeben

BME = 0: interner Busmonitor gesperrt
BME = 1: interner Busmonitor freigegeben

BMT = 0 0: interner Busmonitor wartet 64 Systemtakte
BMT = 0 1: interner Busmonitor wartet 32 Systemtakte
BMT = 1 0: interner Busmonitor wartet 16 Systemtakte
BMT = 1 1: interner Busmonitor wartet 8 Sytemtakte

Der Watchdog Timer (Wachhund) ist ein Zähler, der innerhalb einer programmierbaren Zeit durch einen Befehl (Software) neu gestartet werden muß. Geschieht dies nicht, so löst der Überlauf einen Reset, den Watchdogreset aus. Er
ist nach einem Reset durch SWE = 1 zunächst freigegeben und wird in dem
folgenden Beispiel gesperrt . Man beachte, daß das Systemschutzsteuerregister
SYPCR nach einem Einschalt- bzw. Tastenreset nur *einmal* programmiert
werden kann; der Wachhund und die Monitorfunktionen lassen sich *nicht* nach
Belieben ein- bzw. ausschalten!

```
    MOVE.B #$00,SYPCR  ; SWE = 0: Wachhund aus !!!
```

Neben dem Einschaltreset und dem Tastenreset gibt es weitere Resetzustände
(*Bild 2-5*), die im Reset Status Register **RSR** auf der Byteadresse $FF FA07
angezeigt werden. Das Register kann nur im Systemstatus gelesen werden, die
Bitpositionen werden von der Steuerung gesetzt.

High-Byte (Byteadresse $FF FA06): wird nicht verwendet
Low-Byte (Byteadresse $FF FA07)

Bit 7	Bit 6	Bit 5	Bit 4	Bit 3	Bit 2	Bit 1	Bit 0
EXT	POW	SW	HLT	0	LOC	SYS	TST

Die Bitpositionen werden auf 1 gesetzt, wenn der entsprechende Reset ausgelöst wurde. Sie haben folgende Bedeutung:

EXT = 1: Tastenreset durch Signal am Reseteingang

POW = 1: Einschaltreset beim Einschalten der Versorgungsspannung

SW = 1: Reset durch Watchdogtimer (Wachhund)

HLT = 1: Reset durch Haltmonitor

LOC = 1: Reset durch Ausfall des Referenztaktes

SYS = 1: Resetsignal durch RESET Befehl ausgegeben; kein Neustart!!!

TST = 1: Reset durch Testlogik (nur für Hersteller)

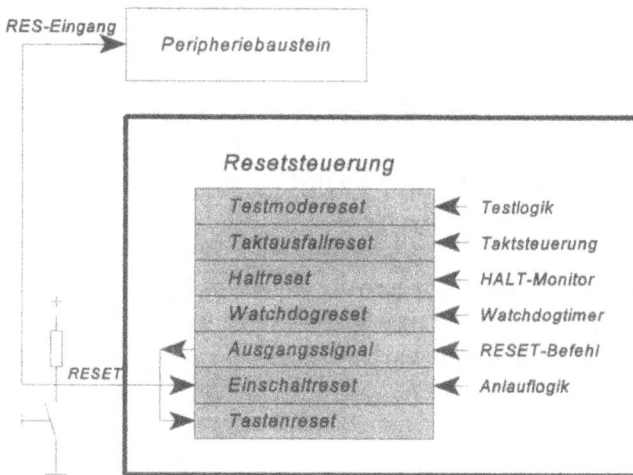

Bild 2-5: Die Resetsteuerung

Beim Anlauf des Systems nach einem Reset werden die Anfangswerte für den Systemstapelzeiger und den Befehlszähler aus dem externen Festwertspeicher gelesen, das Startprogramm programmiert anschließend die Systemsteuerregister. Die Adressierung des externen Speicherbausteins erfolgt immer mit dem Auswahlsignal CSBOOT, dessen Programmierung im Abschnitt 2.4 zusammen mit den anderen Freigabesignalen behandelt wird.

2.3 Die externe Bussteuerung

Dieser Abschnitt gibt einen Einblick in den Anschluß externer Speicher- und Peripheriebausteine. Für den Entwurf von Schaltungen sollten die Unterlagen der Hersteller herangezogen werden. *Bild 2-6* zeigt die Anschlußbelegung üblicher byteorganisierter Speicherbausteine.

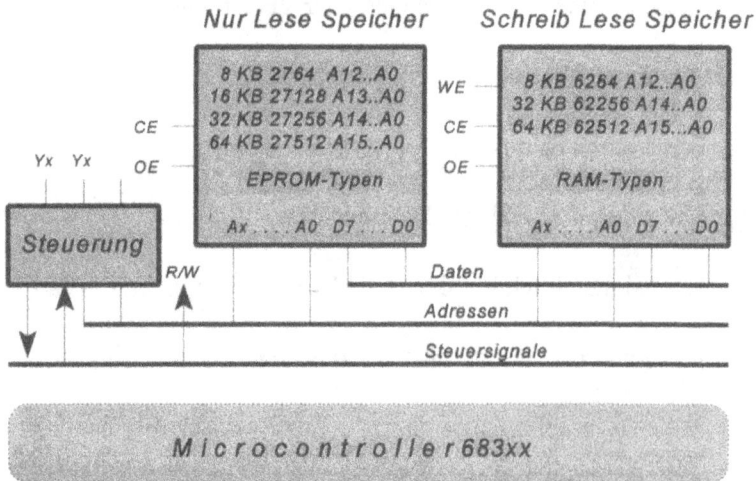

Nur Lese Speicher   Schreib Lese Speicher

8 KB 2764 A12..A0
16 KB 27128 A13..A0   WE   8 KB 6264 A12..A0
32 KB 27256 A14..A0   32 KB 62256 A14..A0
64 KB 27512 A15..A0   CE   64 KB 62512 A15...A0

CE

Yx Yx   OE   EPROM-Typen   OE   RAM-Typen

Ax .... A0 D7 ... D0   Ax ... A0 D7 ... D0

Steuerung   R/W   Daten

                              Adressen

                              Steuersignale

Microcontroller 683xx

Bild 2-6: Byteorganisierte Speicherbausteine

Nur-Lese-Speicher (EPROM und EEPROM im Lesebetrieb) enthalten das auszuführende Programm. Der Steuereingang CE (Chip Enable = Freigabe des Bausteins) aktiviert im Zustand Low den internen Decoder zur Auswahl des Bytes, dessen Adresse an den Adreßeingängen A0 bis Ax anliegt. Der Steuereingang OE (Output Enable = Freigabe der Ausgangstreiber) schaltet im Zustand Low das ausgewählte Byte über die Datenausgänge D0 bis D7 auf den Datenbus.

Schreib-Lese-Speicher (RAM) enthalten die variablen (veränderlichen) Daten. Der Steuereingang CE aktiviert im Zustand Low den internen Decoder zur Auswahl des Bytes, dessen Adresse an den Adreßeingängen A0 bis Ax anliegt. Im Zustand Low des Steuereingangs WE (Write Enable = Schreibfreigabe) werden Daten in den Baustein geschrieben, im Zustand High aus ihm gelesen. Der Steuereingang OE schaltet beim Lesen im Zustand Low das ausgewählte Byte über die Datenausgänge D0 bis D7 auf den Datenbus; beim Schreiben hat er keine Funktion.

Die unteren Adreßleitungen von A0 bis Ax wählen je nach Speicherkapazität die Bytes auf den Bausteinen aus; die oberen Adreßleitungen geben über einen Decoder der *Steuerung* einen der angeschlossenen Bausteine frei. *Bild 2-7* zeigt den zeitlichen Verlauf der Signale beim Lesen und Schreiben.

Lesezyklus Schreibzyklen

AB
Tadd > 120 ns
Adresse stabil

AB
Tadd > 120 ns
Adresse stabil

AB
Tadd > 120 ns
Adresse stabil

CE
Tacc>120ns

CE

CE

WE

WE
Twp > 100 ns

WE
Twp > 100 ns

OE
Toe>60ns

OE

OE

DB

DB
Tv>60ns

DB
Tv>60ns

Ttri

Th

Th

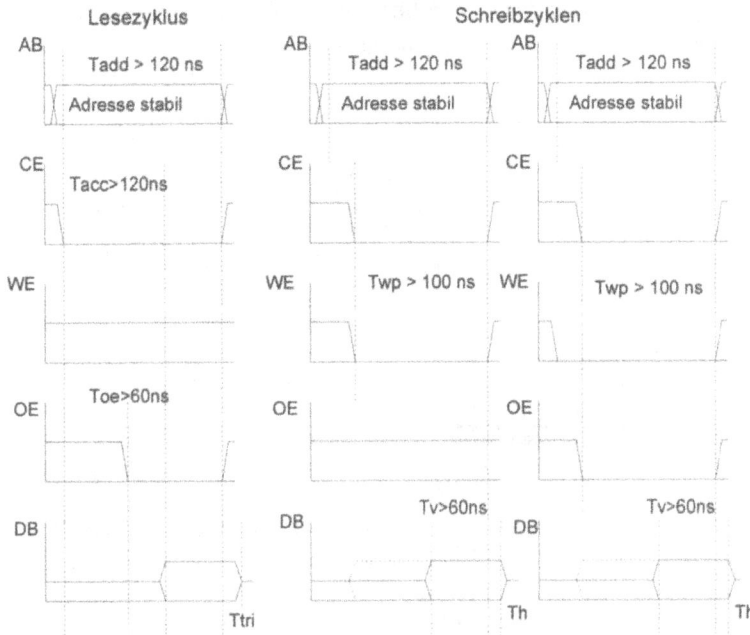

Bild 2-7: Lese- und Schreibzyklen (Zugriffszeit 120 ns)

In einem **Lesezyklus** muß die Adresse während der gesamten Zeit T_{add} stabil anliegen. Zum Auslesen werden CE **und** OE beide auf Low gelegt. Als Zugriffszeit T_{acc} bezeichnet man die Zeit von der Bausteinfreigabe mit CE bis zum Erscheinen der Daten auf den Datenbus; die Freigabezeit T_{oe} ist die Zeit von der Freigabe mit OE. Geht eines der beiden Steuersignale wieder auf High, so werden die Ausgänge wieder tristate. Legt man CE und OE gleichzeitig durch ein Decoderauswahlsignal auf Low, so gilt die längere Zugriffszeit T_{acc}. Legt man CE fest auf Low und schaltet nur OE mit der Bausteinauswahllogik, so gilt die kürzere Freigabezeit T_{oe}; jedoch steigt die Stromaufnahme.

In einem **Schreibzyklus** muß die Adresse während der gesamten Zeit T_{add} stabil anliegen. Bei Schreibzyklen, in dem OE dauernd inaktiv High ist, bestimmt die kürzere der beiden Low Zeiten von CE bzw. WE die Länge des Schreibimpulses T_{wp}. Bei Schreibzyklen, in denen OE zusammen mit CE auf Low geht, muß WE vorher auf Low liegen, um eine Datenausgabe zu verhindern. Werden die Daten mit der ersten steigenden Flanke von CE bzw. OE bzw. WE übernommen, so müssen sie während der Vorbereitungszeit T_v stabil anliegen; die Haltezeit T_h nach der Übernahmeflanke ist meist 0. Bei RAM Bausteinen verbindet man den Eingang WE mit dem Ausgang R/W (Read/Write = Lesen/Schreiben) des Controllers und gibt den Baustein mit CE **und** OE bzw. nur mit CE (OE = Low) frei.

Bild 2-8 zeigt die Signale des Controllers, mit denen die Speicher- und Peripheriebausteine bei externer Bussteuerung betrieben werden.

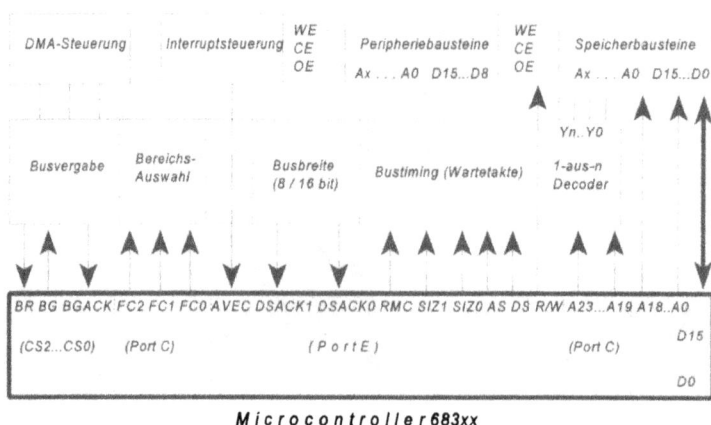

Bild 2-8: Die externe Bussteuerung

Die unteren *Adreßleitungen* A0 bis A18 sind immer verfügbar, die oberen Adreßleitungen A19 bis A23 können wahlweise auch als Datenport oder als Bausteinauswahlsignale programmiert werden. Der externe 1-aus-n Decoder bildet aus den höheren Adreßsignalen die Auswahlsignale CE der Bausteine.

Das *Richtungssignal* R/W (Read/Write = Lesen/Schreiben) ist in Lesezyklen High und in Schreibzyklen Low. Die Leitung ist immer verfügbar und wird meist direkt mit dem Eingang WE der RAM Bausteine verbunden.

Die *Timingausgänge* steuern den zeitlichen Ablauf der Datenübertragung zwischen dem Controller und den Bausteinen und leiten einen Buszyklus ein. Bei interner Bussteuerung können sie wahlweise auch als Datenport programmiert werden. Das Signal AS (Address Strobe = Adreßtastsignal) zeigt mit einem Zustand Low, daß sich gültige Adressen auf dem Adreßbus befinden. Das Signal DS (Data Strobe = Datentastsignal) zeigt in Schreibzyklen mit dem Zustand Low, daß der Controller gültige Daten auf den Datenbus gelegt hat. Mit dem Ausgang RMC (Read Modify Write Cycle = Lesen Verändern Zurückschreiben) zeigt der Controller unteilbare Zyklen an, die nicht unterbrochen werden können. Die Signale SIZE (Größe) kennzeichnen das Format der zu übertragenden Daten.

`SIZ1 SIZ0`

0	0	: Byteübertragung (8 bit)
0	1	: Wortübertragung (16 bit)
1	0	: drei Bytes übertragen (Rest eines Langwortes)
1	1	: Langwortübertragung (2 mal 16 bit)

Mit den *Timingeingängen* DSACK (Data Size Acknowledge = Bestätigung des Datenformats) bestimmt die externe Bussteuerung, wann und wie der Controller den Buszyklus beendet.

DSACK1 DSACK0

1	1	: Controller muß Wartetakte einfügen
1	0	: beendet Buszyklus mit Byteübertragung
0	1	: beendet Buszyklus mit Wortübertragung
0	0	: reserviert (wirkt wie Wortübertragung)

Der *Interruptsteuereingang* AVEC (Autovector = Eigenvektor) meldet in einem Interruptzyklus, daß kein Vektor über den Datenbus geliefert wird, sondern daß die Interruptsteuerung einen eigenen Startvektor bereitstellen muß. Weitere Einzelheiten siehe Abschnitt 2.9 (Ausnahmeverarbeitung).

Mit den *Funktionsausgängen* FC (Function Code) läßt sich der Speicher in vier Blöcke zu je 16 MByte (24 Adreßleitungen) unterteilen. Der Ausgang FC2 entspricht dem S-Bit (System oder Benutzer) des Statusregisters SR. Der Ausgang FC1 unterscheidet zwischen einem Daten - und einem Programmzugriff.

FC2 FC1 FC0

0	0	0	: reserviert für Hersteller
0	0	1	: Benutzer Datenbereich
0	1	0	: Benutzer Programmbereich
0	1	1	: reserviert für Hersteller
1	0	0	: reserviert für Hersteller
1	0	1	: System Datenbereich
1	1	0	: System Programmbereich
1	1	1	: CPU Bereich (Interruptzyklen)

Die *Busvergabesignale* BR (Bus Request = Bus anfordern), BG (Bus Grant = Bus bewilligen) und BGACK (Bus Grant Acknowledge = Busbewilligung bestätigen) werden nur in Sonderfällen verwendet, wenn z.B. eine DMA Steuerung (Direct Memory Access = direkter Speicherzugriff) den Controller in den Tristatezustand versetzt, um direkt auf den Speicher zugreifen zu können.

Die beiden folgenden Bilder zeigen stark vereinfachte Abläufe des Lese- und Schreibvorganges. Die angegebenen Zeiten beziehen sich auf einen Systemtakt von 16,777 MHz entsprechend einer Taktzeit von 59,6 ns. Der Controller *leitet* in den Takten 1 und 2 (Halbtakten S0 bis S3) den Buszyklus nur *ein*; die externe Bussteuerung *beendet* ihn mit den DSACK Signalen, die in der Mitte des zweiten Taktes abgetastet werden. Sind beide Steuereingänge am Ende von S2 High, so schiebt die interne Steuerung zusätzliche Wartetakte ein, um die Zugriffszeit der Bausteine zu verlängern. Dieser *asynchrone* Busbetrieb wird mit dem Systemtakt synchronisiert. Der letzte Takt (Halbtakte S4 und S5) macht die Steuersignale inaktiv und beendet den Buszyklus. Die SIZE Ausgänge geben aufgrund des auszuführenden Befehls die Bitbreite der Daten an; mit den DSACK Eingängen meldet die externe Bussteuerung, ob die Übertragung byteweise (8 bit) oder wortweise (16 bit) erfolgt. Durch diese *dynamische Busstruktur* kann ein Wort (16 bit) in einem Zyklus oder in zwei Zyklen übertragen werden; ein Langwort (32 bit) in zwei oder vier Zyklen.

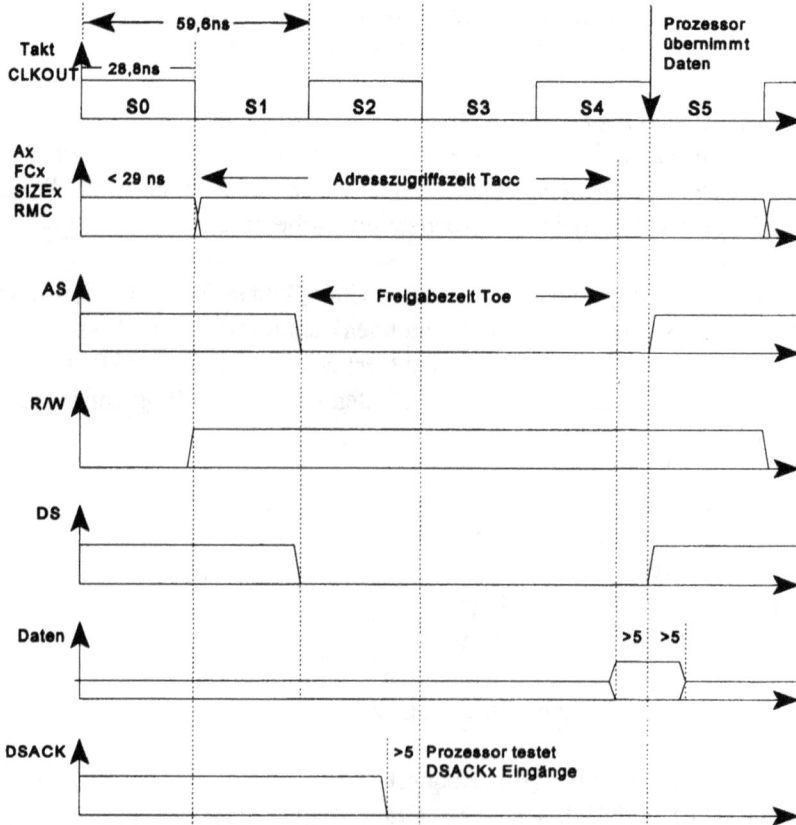

Bild 2-9: Asynchroner Lesezyklus bei 16,777 MHz ohne Wartetakte

In einem **Lesezyklus** (*Bild 2-9*) sind die Adressen am Ende des 1. Halbtaktes S0 stabil; R/W ist High. Am Ende des 2. Halbtaktes S1 werden die Zeitsteuersignale AS und DS aktiv Low, die zusammen mit einem Adreßdecoder den zu lesenden Baustein auswählen. Ohne Wartetakte (DSACK am Ende des Halbtaktes S2 Low) wird der Lesezyklus durch Lesen des Datenbus am Ende des Halbtaktes S4 beendet. Die Daten müssen mindestens 5 ns vorher (Vorbereitungszeit) und 5 ns nachher (Haltezeit) stabil sein. Am Ende des letzten Halbtaktes S5 sind die Steuersignale inaktiv, Adreß- und Datenbus sind undefiniert. Die minimalen Zugriffszeiten berechnen sich aus der Anzahl der Wartetakte WS und der Zykluszeit T_{zyk} des Systemtaktes zu:

$T_{acc} = (2,5 + WS) * T_{zyk} - 34$ (Adressen stabil während des Lesens)
$T_{oe} = (2,0 + WS) * T_{zyk} - 34$ (Fallende Flanke AS und DS bis Daten gültig)

```
WS   T_acc    T_OE
 0   115ns    85ns
 1   175ns   145ns
 2   232ns   204ns
```

Für WS = 0 und $T_{zyk} = 59,6$ ns ergeben sich für die zu lesenden Speicherbausteine Zugriffszeiten von $T_{acc} = 115$ ns und $T_{oe} = 85$ ns.

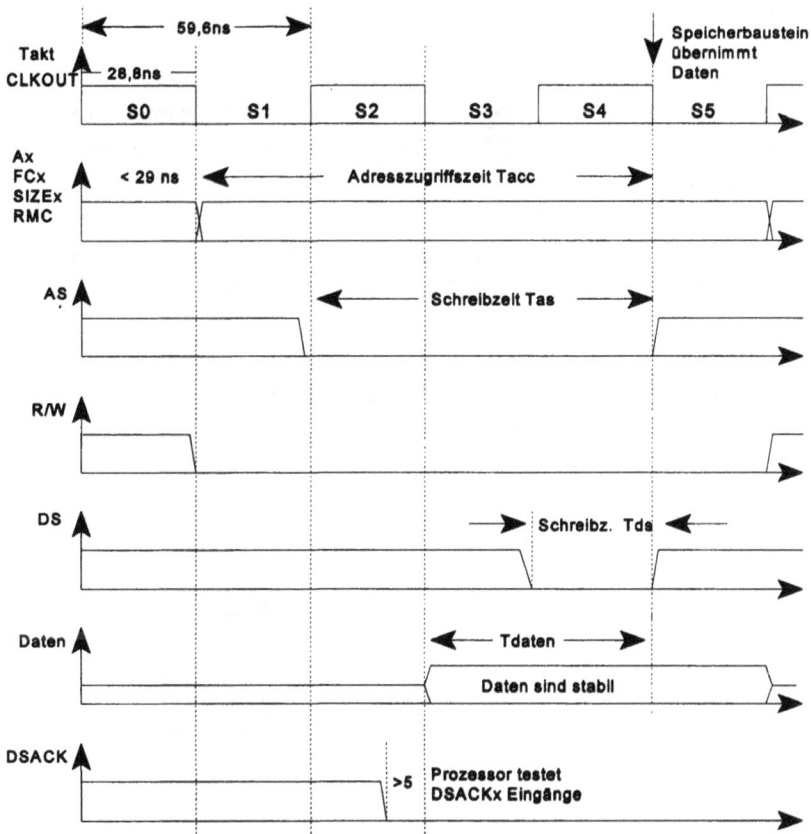

Bild 2-10: Asynchroner Schreibzyklus bei 16,777 MHz ohne Wartetakte

In einem *Schreibzyklus* (*Bild 2-10*) sind die Adressen am Ende des 1. Halbtaktes S0 stabil; R/W ist Low. Am Ende von S1 wird das Zeitsteuersignal AS aktiv Low, das Zeitsteuersignal DS erst einen Takt später am Ende von S3, wenn der Controller gültige Daten auf den Datenbus gelegt hat. Ohne Wartetakte (DSACK am Ende des Halbtaktes S2 Low) wird der Schreibzyklus mit dem Halbtakt S4 beendet. Am Ende des letzten Halbtaktes S5 sind die Steuersignale inaktiv,

Adreß- und Datenbus sind undefiniert. Die Speicherbausteine können die Daten am Ende von S4 mit der steigenden Flanke von AS bzw. DS übernehmen. Die Zugriffszeiten berechnen sich aus der Anzahl der Wartetakte WS und der Zykluszeit T_{zyk} des Systemtaktes zu:

$$T_{acc} = (2,5 + WS) * T_{zyk} - 29 \quad \text{(Adressen stabil während des Schreibens)}$$
$$T_{as} = (2,0 + WS) * T_{zyk} - 29 \quad \text{(Schreibzeit für AS aktiv Low)}$$
$$T_{ds} = (1,0 + WS) * T_{zyk} - 29 \quad \text{(Schreibzeit für DS aktiv Low)}$$
$$T_{daten} = (1,5 + WS) * T_{zyk} - 29 \quad \text{(Daten stabil während des Schreibens)}$$

WS	T_{acc}	T_{as}	T_{ds}	T_{daten}
0	120ns	90ns	30ns	60ns
1	179ns	150ns	90ns	120ns
2	239ns	209ns	150ns	179ns

Für WS = 0 und T_{zyk} = 59,6 ns ergeben sich für die zu beschreibenden Speicherbausteine eine Zugriffszeit von T_{acc} = 120 ns, Schreibzeiten je nach Beschaltung T_{as} = 90 ns bzw. T_{ds} = 30 ns und T_{daten} = 60 ns.

Für einen Betrieb von Bausteinen mit einer Zugriffszeit von 120 ns entsprechend Bild 2-7 wäre ein Wartetakt von 59,6 ns zwischen S3 und S4 einzufügen.

Bild 2-11 zeigt ein einfaches 8 bit System, welches das Bestätigungssignal DSACK0 von den Freigabesignalen der Bausteine und damit von AS ableitet. Diese Schaltung fügt *keine* Wartetakte ein.

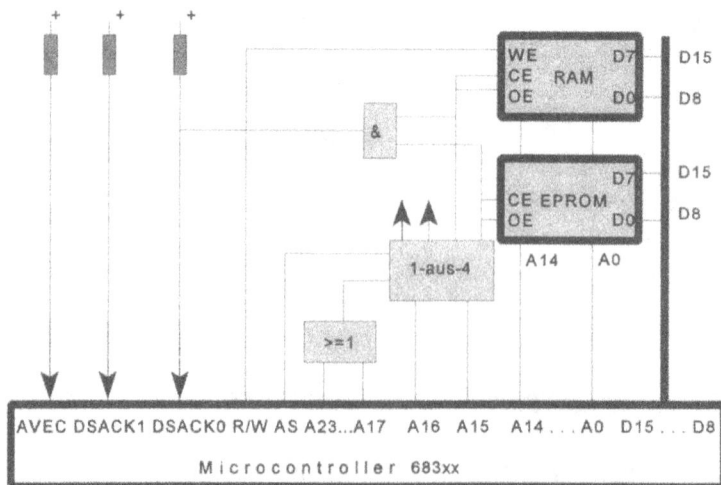

Bild 2-11: Ein 8 bit System mit externer Bussteuerung

In einem **8 bit System** werden die Bausteine an den oberen Datenbus angeschlossen, also D8 des Controllers an D0 der Bausteine bis D15 des Controllers an D7 der Bausteine. Zur Auswahl der Speicherbytes dienen die Adreßleitungen A0 bis A14, also A0 des Controllers an A0 der Bausteine bis A14 des Controllers an A14 der Bausteine. Die Adreßleitungen A15 und A16 wählen über einen Decoder einen von vier Bausteinen aus; die Freigabe des Decoders erfolgt mit der Bedingung A17 = 0 bis A23 = 0. Das Adreßtastsignal AS steuert den zeitlichen Ablauf. Wird einer der beiden Bausteine ausgewählt, so meldet DSACK0 = Low, daß ein 8 bit System Daten überträgt. Die Adressen der Bausteine ergeben sich aus dem Adreßplan:

Baust.	Adresse	A23..A20	A19	A18	A17	A16	A15	A14	A13	A12	A11	.	A0
EPROM	$000000	$0	0	0	0	0	0	0	0	0			$000
	$007FFF	$0	0	0	0	0	0	1	1	1			$FFF
RAM	$008000	$0	0	0	0	0	1	0	0	0			$000
	$00FFFF	$0	0	0	0	0	1	1	1	1			$FFF

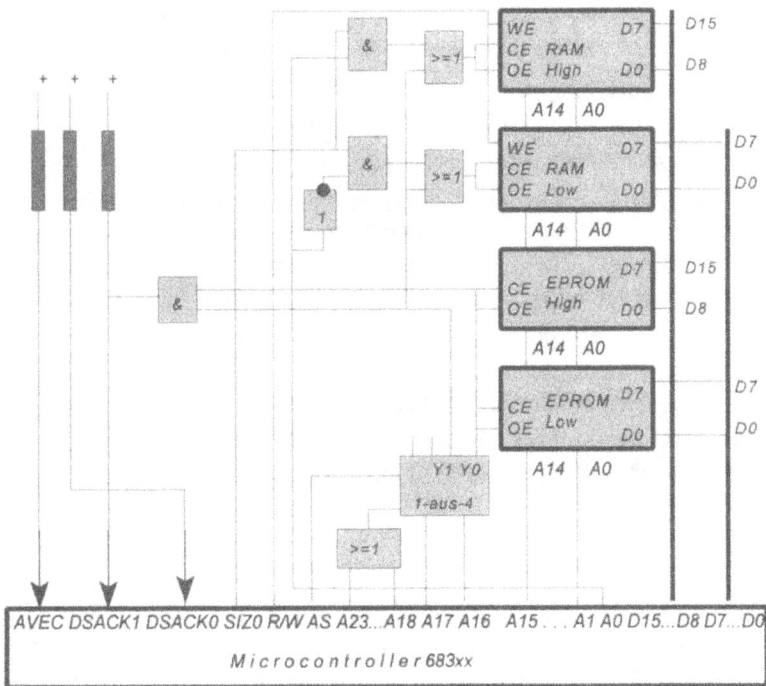

Bild 2-12: Ein einfaches 16 bit System mit externer Bussteuerung

16 bit Systeme (*Bild 2-12*) benötigen zwei Speicherbausteine. Der Baustein mit den geradzahligen Byteadressen liegt am oberen Datenbus; die Datenleitungen D7 bis D0 des Bausteins werden mit den Datenbusanschlüssen D15 bis D8 des Controllers verbunden. Der Baustein mit den ungeradzahligen Byteadressen liegt am unteren Datenbus; D7 bis D0 werden mit D7 bis D0 verbunden.

Zur Auswahl der Speicherbytes dienen die Adreßleitungen A1 bis A15 des Controllers, also A1 des Controllers an A0 der Bausteine bis A15 des Controllers an A14 der Bausteine. Die Adreßleitung A0 des Controllers bleibt bei Wortzugriffen unberücksichtigt (Beispiel EPROM). Bei Bytezugriffen (Beispiel RAM) wählt A0 über eine Zusatzlogik entweder den oberen Baustein mit den geradzahligen Byteadressen oder den unteren Baustein mit den ungeradzahligen Byteadressen aus. Die Adreßleitungen A16 und A17 wählen über einen Decoder eines von vier Bausteinpaaren aus; die Freigabe des Decoders erfolgt mit der Bedingung A18 = 0 bis A23 = 0. Das Adreßtastsignal AS steuert den zeitlichen Ablauf. Wird eines der beiden Bausteinpaare ausgewählt, so meldet DSACK1 = Low, daß ein 16 bit System Daten überträgt. Die Adressen der Speichereinheiten ergeben sich aus dem Adreßplan, der die Speicheradressen des Controllers und nicht die Anschlüsse der Bausteine enthält.

Baust.	Adresse	A23..A20	A19	A18	A17	A16	A15	A14	A13	A12	A11	A0
EPROM	$000000	$0	0	0	0	0	0	0	0	0		$000
	$00FFFF	$0	0	0	0	0	1	1	1	1		$FFF
RAM	$010000	$0	0	0	0	1	0	0	0	0		$000
	$01FFFF	$0	0	0	0	1	1	1	1	1		$FFF

Infolge der *dynamischen Busstruktur* kann der Controller die Datentypen Byte (8 bit), Wort (16 bit) und Langwort (32 bit) sowohl mit 8 bit als auch mit 16 bit Speichersystemen verarbeiten. Wort- und Langwortzugriffe sind nur auf geradzahlige Adressen (A0 = 0) zulässig, Bytezugriffe auch auf ungeradzahlige (A0 = 1). Im ersten Takt eines Buszyklus enthalten die beiden Steuerausgänge SIZ0 und SIZ1 die Bitbreite der zu übertragenden Daten.
SIZ0 = 0: Wort (16 bit) oder Langwort (2 mal 16 bit)
SIZ0 = 1: Byte (8 bit) oder weitere Bytes eines Langwortes

Erst im zweiten Takt erfährt der Controller durch die Steuereingänge DSACK0 bzw. DSACK1, ob ein 8 bit oder ein 16 bit System die Daten überträgt. Daher sind auch gemischte Speicheranordnungen (8/16 bit) möglich.
DSACK0 = 0: 8 bit System
DSACK1 = 0: 16 bit System

In *Lesezyklen* liest der Controller die Daten erst im dritten Takt und kann sich daher selbständig auf die Bus- und Datenstruktur einstellen. Beim *Schreiben* im *Byteformat* legt der Controller schon im zweiten Takt das auszugebende Byte sowohl auf den höheren Datenbus (D8 bis D15) als auch auf den niederen Datenbus (D0 bis D7). Die externe Zusatzlogik wählt beim Bytezugriff (SIZ0 = 1) mit A0 = 0 den geradzahligen und mit A0 = 1 den ungeradzahligen RAM Baustein aus. Bei einem Wortzugriff (SIZ0 = 0) werden immer beide Bausteine freigegeben. In Lesezyklen und beim Schreiben von 16 bit Systemen ohne Bytezugriffe kann diese zusätzliche Bausteinauswahl entfallen; A0 bleibt dann unberücksichtigt.

2.4 Die interne Bussteuerung

Der Controller enthält eine interne programmierbare Steuerlogik, die folgende Funktionen erfüllt:
- Bausteinauswahl entsprechend einem volldecodierten 1-aus-n Decoder,
- Einfügen von Wartetakten je nach Zugriffszeit der Bausteine,
- Auswahl eines 8 bit bzw. 16 bit Speichersystems,
- Erzeugung von Lese- bzw. Schreibzyklen und
- Bereitstellung von Interruptsteuersignalen.

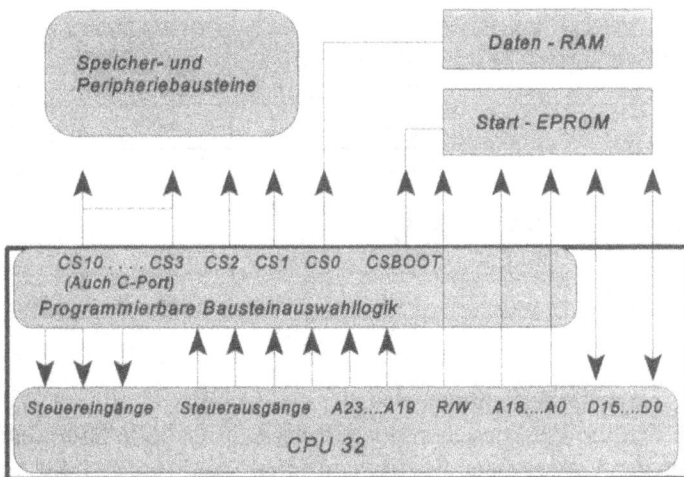

Bild 2-13: Die programmierbare interne Bussteuerung

Durch die in *Bild 2-13* als Modell dargestellte interne Bussteuerlogik können in vielen Anwendungsfällen die Speicher- und Peripheriebausteine ohne externe Schaltungen direkt angesteuert werden. Der Datenbus, die Adreßleitungen A0 bis A18 und das R/W Signal sind nicht programmierbar und immer vorhanden. Der Ausgang CSBOOT (Chip Select Boot = Auswahl des Startbausteins) wird nach einem Reset immer dazu verwendet, die Vektoren des Systemstapelzeigers und der Startadresse zu laden. Da die Steuerregister zu diesem Zeitpunkt noch nicht programmiert sind, werden für den Anlauf zunächst Vorgabewerte entsprechend den in Bild 2-3 zusammengestellten Potentialen von Datenbus- und Steuerleitungen verwendet. Die Beschaltung von D0 entscheidet, ob die Vektoren aus einem 8 bit und einem 16 bit System geladen werden. In kleinen Anwendungen genügen für die Ansteuerung weiterer Bausteine die drei Auswahlsignale CS0, CS1 und CS2, so daß die Leitungen CS3 bis CS10 als Parallelport dienen können.

Bei der Programmierung der internen Bausteinauswahllogik legen die beiden Zuordnungsregister CSPAR0 und CSPAR1 fest, ob ein Controlleranschluß zur Ausgabe eines Auswahlsignals oder eines Steuer- bzw. Adreßsignals oder als Parallelportausgang dienen soll. Jeder Auswahlausgang hat ein Basisadreßregister CSBARx und ein Optionsregister CSORx, in denen die Basisadresse des auszuwählenden Bausteins und Steueroptionen programmiert werden.

Das Chip Select Pin Assignment Register Nr. 0 **CSPAR0** auf der Wortadresse $FF FA44 legt die Funktionen von CS5 bis CS0 und von CSBOOT fest. Abweichend vom Handbuch des Herstellers wurden die Bezeichnungen der Bitpositionen der Verwendung als Auswahlsignal angepaßt, also CS5 statt CSPA0[6]. Zugriff nur im Systemstatus.

High-Byte (Byteadresse $FF FA44)

Bit 15	Bit 14	Bit 13	Bit 12	Bit 11	Bit 10	Bit 9	Bit 8
0	0	CS5	CS5	CS4	CS4	CS3	CS3

Reset:0   0   D2   1   D2   1   D2   1

Low-Byte (Byteadresse $FF FA45)

Bit 7	Bit 6	Bit 5	Bit 4	Bit 3	Bit 2	Bit 1	Bit 0
CS2	CS2	CS1	CS1	CS0	CS0	CSBOOT	CSBOOT

Reset:D1   1   D1   1   D1   1   1   D0

Das Chip Select Pin Assignment Register Nr. 1 **CSPAR1** auf der Wortadresse $FF FA46 legt die Funktionen von CS10 bis CS6 fest; die Bitbezeichnungen entsprechen der Verwendung als Auswahlsignal. Zugriff nur im Systemstatus.

High-Byte (Byteadresse $FF FA46)

Bit 15	Bit 14	Bit 13	Bit 12	Bit 11	Bit 10	Bit 9	Bit 8
0	0	0	0	0	0	CS10	CS10

Reset:0   0   0   0   0   0   D7   1

Low-Byte (Byteadresse $FF FA47)

Bit 7	Bit 6	Bit 5	Bit 4	Bit 3	Bit 2	Bit 1	Bit 0
CS9	CS9	CS8	CS8	CS7	CS7	CS6	CS6

Reset:D7:6 1   D7:5   1   D7:4   1   D7:3   1

Für jeden Ausgang CSx bestimmen zwei Bitpositionen die Funktion:

0   0: C-Portausgang (PC0 bis PC6) bzw. ECLK
0   1: Steuersignal (BR bis FC2) bzw. Adreßausgang (A19 bis A23)
1   0: Auswahlausgang (CS0 bis CS10) für ein 8 bit System
1   1: Auswahlausgang (CS0 bis CS10) für ein 16 bit System

Läßt man bei einem Reset alle Datenbusleitungen unbeschaltet (High), so führen alle Ausgänge Auswahlsignale für 16 bit Systeme. *Bild 2-14* zeigt die Möglichkeiten, ihre Funktionen durch Befehle zu ändern. Ausnahmen:
- CSBOOT liegt durch Beschaltung von D0 fest,
- CS0 bis CS2 können nicht als Portausgang programmiert werden und
- CS10 ist entweder Adreßausgang A23 (01)oder synchroner Takt ECLK (00).

Feld	Signal	Port	Adreßregister		Optionsregister	
CSBOOT	–	–	CSBARBT	$FF FA48	CSORBT	$FF FA4A
CS0	BR	–	CSBAR0	$FF FA4C	CSOR0	$FF FA4E
CS1	BG	–	CSBAR1	$FF FA50	CSOR1	$FF FA52
CS2	BGACK	–	CSBAR2	$FF FA54	CSOR2	$FF FA56
CS3	FC0	PC0	CSBAR3	$FF FA58	CSOR3	$FF FA5A
CS4	FC1	PC1	CSBAR4	$FF FA5C	CSOR4	$FF FA5E
CS5	FC2	PC2	CSBAR5	$FF FA60	CSOR5	$FF FA62
CS6	A19	PC3	CSBAR6	$FF FA64	CSOR6	$FF FA66
CS7	A20	PC4	CSBAR7	$FF FA68	CSOR7	$FF FA6A
CS8	A21	PC5	CSBAR8	$FF FA6C	CSOR8	$FF FA6E
CS9	A22	PC6	CSBAR9	$FF FA70	CSOR9	$FF FA72
CS10	A23	ECLK	CSBAR10	$FF FA74	CSOR10	$FF FA76

Bild 2-14: Ausgangsfunktionen und Register der Bausteinauswahllogik

Die Chip Select Base Address Register **CSBARxx** auf den in *Bild 2-14* angegebenen Wortadressen legen die Basisadresse (unterste Adresse) und die Größe des auszuwählenden Speicherbereiches fest. Zugriff nur im Systemstatus.

High-Byte (Byteadresse $FF FAxx)

Bit 15	Bit 14	Bit 13	Bit 12	Bit 11	Bit 10	Bit 9	Bit 8
A23	A22	A21	A20	A19	A18	A17	A16
Reset:0	0	0	0	0	0	0	0

Low-Byte (Byteadresse $FF FAxx + 1)

Bit 7	Bit 6	Bit 5	Bit 4	Bit 3	Bit 2	Bit 1	Bit 0
A15	A14	A13	A12	A11	BLKSZ	BLKSZ	BLKSZ
Reset:0	0	0	0	0	x	x	x

Das Feld BLKSZ wird für CSBOOT mit 1 1 1 (1 MByte) vorbesetzt.
Das Feld BLKSZ wird für CS0 bis CS10 mit 0 0 0 (2 KByte) vorbesetzt.

Das Feld BLKSZ (Block Size = Größe des Blocks) bestimmt die Speichergröße des mit dem CS Signal auszuwählenden Speicherblocks und legt damit auch die unteren Adreßleitungen fest, die direkt an die Speicherbausteine geführt werden. Ein 2 KByte Baustein hat 11 Adreßleitungen von A0 bis A10 zur Auswahl von $2^{11} = \$800 = 2048 = 2 * 1024$ Bytes.

Die Felder A11 bis A23 legen die oberen Adreßbits fest, aus denen das Auswahlsignal CS erzeugt wird. Für einen 2 KByte Baustein sind dies alle Adreßbits von A11 bis A23. Die Bits sind entsprechend der Auswahllogik eines 1-aus -n Decoderbausteins mit volldecodierender Freigabelogik (Bilder 2-11 und 2-12) zu wählen. Die Adreßbits bestimmen die *unterste* Adresse (Basisadresse) des Speicherbereiches; die *oberste* Adresse ist die Basisadresse + Speichergröße - 1. Das folgende Beispiel legt einen 2 KByte Baustein auf die Basisadresse $0F 0000. Die oberste Adresse ist $0F 07FF.

```
A23 A22 A21 A20|A19 A18 A17 A16|A15 A14 A13 A12|A11 : A10..A0
 0   0   0   0 | 1   1   1   1 | 0   0   0   0 | 0  :  x    x
      $0        |     $F        |     $0        | $000   x = 0
      $0        |     $F        |     $0        | $7FF   x = 1
```

Bei Speicherblöcken von mehr als 2 KByte werden nur die höheren Adreßbits verglichen, die nicht zur Auswahl innerhalb des Speicherblocks dienen.

BLKSZ	Speichergröße	Speicherblock	Vergleich
0 0 0	2 KByte	A0 bis A10	A11 bis A23
0 0 1	8 KByte	A0 bis A12	A13 bis A23
0 1 0	16 KByte	A0 bis A13	A14 bis A23
0 1 1	64 KByte	A0 bis A15	A16 bis A23
1 0 0	128 KByte	A0 bis A16	A17 bis A23
1 0 1	256 KByte	A0 bis A17	A18 bis A23
1 1 0	512 KByte	A0 bis A18	A19 bis A23
1 1 1	1 MByte	A0 bis A19	A20 bis A23

Die Auswahlsignale CS0 bis CS10 sind frei programmierbar und *nicht* an besondere Adreßbereiche oder eine bestimmte Reihenfolge gebunden, wie dies z.B. bei Decoderausgängen Y0 bis Yx vorgegeben ist.

Man beachte, daß das Auswahlsignal CSBOOT beim Anlauf mit Reset immer einen Festwertspeicher der Größe 1 MByte auf der Basisadresse $00 0000 adressiert. Mit den Auswahlsignalen CSx können direkt einzelne Bausteine bzw. Bausteinpaare oder auch externe Decoder freigegeben werden, die dann z.B. einen Peripheriebereich in weitere Speichereinheiten unterteilen. Ist der programmierte Speicherbereich größer als die Kapazität des ausgewählten Speicherbausteins, so liegt eine Teildecodierung vor. Der Baustein ist dann unter mehreren Adressen ansprechbar. Das folgende Beispiel ersetzt die externe Auswahllogik des in Bild 2-11 dargestellten 8 bit Systems durch die interne programmierbare Auswahllogik.

Die beiden Bausteine haben eine Speicherkapazität von je 32 KByte; die durch die direkt angeschlossenen Adreßleitungen A0 bis A14 ausgewählt werden. Da diese Speichergröße im BLKSZ Feld nicht vorgesehen ist, müssen zwei 64 KByte Blöcke gebildet werden. Für den EPROM Baustein wird CSBOOT an OE und CE gewählt; für den RAM Baustein CS0 an OE und CE. Dabei bleibt das Adreßbit A15 frei (A15 = x), die Bausteine können unter zwei Adressen angesprochen werden. Legt man dagegen die CS Signale an CE und A15 an OE, so erfolgt die Freigabe nur mit A15 = 0. Dann entsteht jedoch eine Lücke zwischen den Adressen der beiden Bausteine. Bei einem einzigen gemeinsamen Auswahlsignal könnte A15 über einen externen Negierer die beiden Bausteine unterscheiden. Die Befehlsbeispiele bilden zwei Speicherblöcke und verwenden die binäre Darstellung von Konstanten mit dem Operator %.

Im Register CSPAR0 programmieren die Felder CS5 bis CS3 mit dem Code 0 0 die Ausgänge als Parallelport und die Felder CS2 bis CS0 sowie CSBOOT mit dem Code 1 0 die Ausgänge als 8 bit Auswahlsignal.

```
MOVE.W   #%0000000010101010,CSPAR0      ; #$00AA
```

Das Register CSBARBT programmiert das Signal CSBOOT zur Freigabe des EPROM Bausteins. Die Felder A23 = 0 bis A16 =0 legen die Basisadresse auf $00 0000. Das Feld BLKSZ mit dem Code 0 1 1 programmiert einen Speicherblock von 64 KByte.

```
MOVE.W   #%0000000000000011,CSBARBT     ; #$0003
```

Das Register CSBAR0 programmiert das Signal CS0 zur Freigabe des RAM Bausteins. Die Felder A23 = 0 bis A17 = 0 und A16 = 1 legen die Basisadresse auf $01 0000. Das Feld BLKSZ mit dem Code 0 1 1 enthält die Speichergröße von 64 KByte.

```
MOVE.W   #%0000000100000011,CSBAR0      ; #$0103
```

Durch die Verwendung von 64 KByte Auswahlblöcken ergeben sich gegenüber Bild 2-11 andere Bausteinadressen. Der EPROM Baustein liegt im Bereich von $00 0000 bis $00 7FFF und der RAM Baustein von $01 0000 bis $01 7FFF.

Die beiden je 64 KByte großen Bausteinpaare des in Bild 2-12 dargestellten 16 bit Systems lassen sich einfach mit CSBOOT und CS0 als 64 KByte Blöcke adressieren, wenn man auf Bytezugriffe verzichtet.

Die Chip Select Option Register **CSORxx** auf den in Bild 2-14 angegebenen Wortadressen legen das Zeitverhalten (Timing) der Auswahlsignale sowie Interruptbedingungen fest. Beim Reset wird das Register CSORBT (BOOT) anders als die Register CSORxx der Auswahlsignale CS0 bis CS10 vorbesetzt. Zugriff nur im Systemstatus.

High-Byte (Byteadresse $FF FAxx)

Bit 15	Bit 14	Bit 13	Bit 12	Bit 11	Bit 10	Bit 9	Bit 8
MODE	BYTE	BYTE	R/W	R/W	STRB	DSACK	DSACK

Reset

CSORBT:0	1	1	1	1	0	1	1
CSORxx:0	0	0	0	0	0	0	0

Low-Byte (Byteadresse $FF FAxx + 1)

Bit 7	Bit 6	Bit 5	Bit 4	Bit 3	Bit 2	Bit 1	Bit 0
DSACK	DSACK	SPACE	SPACE	IPL	IPL	IPL	AVEC

Reset

CSORBT:0	1	1	1	0	0	0	0
CSORxx:0	0	0	0	0	0	0	0

Das MODE Feld legt die Betriebsart des Bustimings fest.
MODE = 0: asynchron mit oder ohne Wartetakte (Bilder 2-9 und 2-10).
MODE = 1: synchron mit ECLK für 6800 Peripheriebausteine.

Das BYTE Feld wird nur verwendet für die Übertragung von Bytes im 16 bit Betrieb; im 8 bit Betrieb sind alle Bitkombinationen außer 0 0 wirkungslos. Einstellung der Busbreite in den Registern CSPAR0 und CSPAR1.
BYTE = 0 0: kein CS Signal (auch im 8 bit Betrieb!)
BYTE = 0 1: CS Signal nur beim Zugriff auf Low Bytes (ungerade Adresse).
BYTE = 1 0: CS Signal nur beim Zugriff auf High Bytes (gerade Adresse).
BYTE = 1 1: CS Signal beim Zugriff auf beide Bytes.

Das R/W Feld bestimmt, ob das CS Signal in Lese- bzw. Schreibzyklen ausgegeben wird.
R/W = 0 0: reserviert
R/W = 0 1: CS Signal nur in Lesezyklen
R/W = 1 0: CS Signal nur in Schreibzyklen
R/W = 1 1: CS Signal in Lese- und in Schreibzyklen

Das STRB Feld bestimmt das Timing im asynchronen Betrieb. Man beachte, daß in Lesezyklen sowohl AS als DS am Ende des ersten Taktes gültig sind; in Schreibzyklen erscheint DS erst kurz vor Ende des zweiten Taktes, also eine Taktzeit später!
STRB = 0: CS Signal erscheint mit AS (Adresse gültig)
STRB = 1: CS Signal erscheint mit DS (in Schreibzyklen Daten gültig)

Das DSACK Feld bestimmt, wann die Steuerung die DSACK Signale für die CPU erzeugt. WS ist die Anzahl der Wartetakte in den Formeln für die Zugriffszeiten. Im Fast Termination Zugriff (Schnellzugriff) ist WS = -1, da die Halbtakte S2 und S3 entfallen. Dieser Betrieb ist nur bei interner Bussteuerung verfügbar.

DSACK = 0 0 0 0: keine Wartetakte (WS = 0)

DSACK = 0 0 0 1: WS = 1 Wartetakt (ca. 60 ns bei 16,777 MHz)

. . . .

DSACK = 1 1 0 1: WS =13 Wartetakte (ca. 780 ns bei 16,777 MHz)

DSACK = 1 1 1 0: WS = -1 Fast Termination (Schnellzugriff)

DSACK = 1 1 1 1: Externe DSACK Erzeugung

Das SPACE Feld (Bereich) bestimmt den Speicherbereich entsprechend den Steuerausgängen FC2, FC1 und FC0. Das S Bit des Statusregisters SR unterscheidet den Systemstatus (nach Reset S = 1) vom Benutzerstatus (S = 0), der besonders eingestellt werden muß.

SPACE = 0 0: CS Signal erscheint nur für CPU Bereich (Interruptbestätigung)

SPACE = 0 1: CS Signal erscheint nur für Benutzerbereich

SPACE = 1 0: CS Signal erscheint nur für Systembereich

SPACE = 1 1: CS Signal für Benutzer- und Systembereich

Für SPACE = 0 0 (CPU Bereich) vergleicht die interne Bussteuerung in Interruptbestätigungszyklen die auf den Adreßleitungen A1 bis A3 ausgegebene Interruptebene mit dem IPL Feld. Stimmen sie überein, so wird ein CS Signal ausgegeben. Die Adreßfelder der Register CSBARx müssen dabei auf die höchste Basisadresse programmiert werden. Das CS Signal lädt den Interruptvektor über den Datenbus.

IPL = 0 0 0: CS Signal bei jeder Interruptebene

IPL = 0 0 1: CS Signal nur bei Interruptebene 1

IPL = 0 1 0: CS Signal nur bei Interruptebene 2

IPL = 0 1 1: CS Signal nur bei Interruptebene 3

IPL = 1 0 0: CS Signal nur bei Interruptebene 4

IPL = 1 0 1: CS Signal nur bei Interruptebene 5

IPL = 1 1 0: CS Signal nur bei Interruptebene 6

IPL = 1 1 1: CS Signal nur bei Interruptebene 7

Das Feld AVEC (Auto Vector = Eigenvektor) bestimmt, ob in Interruptbestätigungszyklen der Interruptvektor über den Datenbus geladen oder selbständig erzeugt wird.

AVEC = 0: Interruptvektor über den Datenbus laden

AVEC = 1: interne Bussteuerung erzeugt Eigenvektor

Der Abschnitt 2.9 behandelt zusammenfassend die Programmierung und Anwendung von Ausnahmen und Interrupts.

Nach einem Reset ist CSBOOT auf folgende Parameter eingestellt:
CSPAR0 Register: CS Signal für 8 bit bzw. 16 bit entsprechend Datenleitung D0
CSBARBT Register: Basisadresse $00 0000 für 1 MByte Speicherblock
CSORBT Register:
MODE = 0: asynchroner Betrieb
BYTE = 1 1: CS Signal für beide Bytes (nur 16 bit Betrieb!)
R/W   = 1 1: CS Signal für Lese- und Schreibzyklen
STRB = 0: Timing des CS Signals mit AS (Adresse gültig)
DSACK = 1 1 0 1: Einfügen von 13 Wartetakten (längste Wartezeit!)
SPACE = 1 1: CS Signal für Benutzer- und Systembereich
IPL   = 0 0 0: CS Signal bei jeder Interruptebene
AVEC = 0: externer Interruptvektor

Das folgende Beispiel verkleinert die Speichergröße auf 8 KByte, läßt nur Lesezyklen zu (EPROM) und verkürzt die Zugriffszeit auf 1 Wartetakt.
```
MOVE.W   #$0001,CSBARBT    ; %0000 0000 0000 0001
MOVE.W   #$6870,CSORBT     ; %0110 1000 0111 0000
```

In einer einfachen Controlleranwendung kann man die Auswahlsignale zur
Freigabe folgender externer Einheiten verwenden:
- CSBOOT für den 8 bzw. 16 bit Programmspeicher (EPROM oder EEPROM),
- CS0 und CS1 für zwei 8 bit RAM-Bausteine als 16 bit Schreib-Lese-Speicher,
- CS2 zur Ansteuerung eines Decoders für externe Peripheriebausteine,
- PC0 bis PC6 (statt CS3 bis CS9) als Port für eine 7 bit Datenausgabe und
- ECLK (CS10) als Takt für synchrone Peripherie (Parallelschnittstelle 6821).

2.5 Der interne Schreib-Lese-Speicher des 68332

Der Controller 68332 verfügt über einen internen 2 KByte Schreib-Lese-Speicher (TPURAM), der sich sowohl als Programm- als auch als Datenspeicher
verwenden läßt, wenn er nicht für Sonderanwendungen als Mikroprogrammspeicher benötigt wird. Es sind sowohl Lese- als auch Schreiboperationen mit
Bytes, Wörtern und Langwörtern möglich. Der Zugriff erfolgt mit Fast Termination Zyklen (Schnellzugriff). Die Moduleinheit hat einen eigenen Stromversor-
gungsanschluß, mit dem eine Batteriepufferung möglich ist.

Das TPURAM Module Configuration Register **TRAMMCR** auf der
Wortadresse $FF FB00 stellt die Betriebsart ein. Zugriff nur im Systemstatus.

High-Byte (Byteadresse $FF FB00)

Bit 15	Bit 14	Bit 13	Bit 12	Bit 11	Bit 10	Bit 9	Bit 8
STOP	0	0	0	0	0	0	RASP
Reset:0	0	0	0	0	0	0	1

Das Low-Byte (Byteadresse $FF FB01) wird nicht verwendet.

Die Bitpositionen haben folgende Bedeutung:
STOP = 0: RAM ist verfügbar (Normalbetrieb)
STOP = 1: RAM ist gesperrt (Stromsparbetrieb)

RASP = 0: Zugriff sowohl im Benutzer- als auch im Systemstatus
RASP = 1: Zugriff nur im Systemstatus (S = 1)

Das TPURAM Base Address and Status Register **TRAMBAR** auf der Wortadresse $FF FB04 legt die Basisadresse des TPURAM fest. Nach einem Reset ist es durch RAMDS = 1 zunächst intern gesperrt, wird aber bei einer Programmierung des Registers freigegeben. Es kann nach einem Reset nur *einmal* beschrieben werden. Zugriff nur im Systemstatus.

High-Byte (Byteadresse $FF FB04)

Bit 15	Bit 14	Bit 13	Bit 12	Bit 11	Bit 10	Bit 9	Bit 8
A23	A22	A21	A20	A19	A18	A17	A16
Reset:0	0	0	0	0	0	0	0

Low-Byte (Byteadresse $FF FB05)

Bit 7	Bit 6	Bit 5	Bit 4	Bit 3	Bit 2	Bit 1	Bit 0
A15	A14	A13	A12	A11	x	x	RAMDS
Reset:0	0	0	0	0	0	0	0

Die Adreßfelder A23 bis A11 bestimmen die Basisadresse entsprechend der Programmierung der CS Signale. Die Speichergröße ist immer 2 KByte.
RAMDS = 0: Zugriff frei (Vorgabe)
RAMDS = 1: Zugriff gesperrt

Eine Überlappung mit den Steuerregistern ist nicht möglich. Liegen der interne TPURAM und externe Speichereinheiten auf der gleichen Adresse, so hat der TPURAM den Vorrang und der externe Speicherbereich ist ausgeblendet. Der TPURAM wird nur in Sonderanwendungen als Mikroprogrammspeicher der TPU eingesetzt (Abschnitt 4.6). Zusätzlich kann der Parameterbereich nicht verwendeter Timerkanäle im Bereich der Adressen von $FF FF00 bis $FF FFFE als - allerdings nicht zusammenhängender - Datenspeicher verwendet werden. Die Kanäle CH0 bis CH13 belegen 6 von 8 Wörtern, die Kanäle CH14 und CH15 alle 8 Wörter.

Die serielle Peripherieschnittstelle QSPI kann wahlweise zum Aufbau eines seriellen Peripheriebus (Abschnitt 4.5) oder als Parallelschnittstelle QS-Port programmiert werden. Im Schnittstellenbetrieb läßt sich der für Daten und Steuergrößen vorgesehene RAM von $FF FD00 bis $FF FD4F als Datenspeicher für 80 Bytes bzw. 40 Wörter bzw. 20 Langwörter einsetzen.

2.6 Die parallelen Schnittstellen

Eine Reihe von Anschlüssen des Controllers lassen sich wahlweise als Signalleitung oder als Auswahlleitung oder als Parallelport programmieren. *Bild 2-15* zeigt die Ports C, E, F und QS sowie externe Schaltungen für den Test.

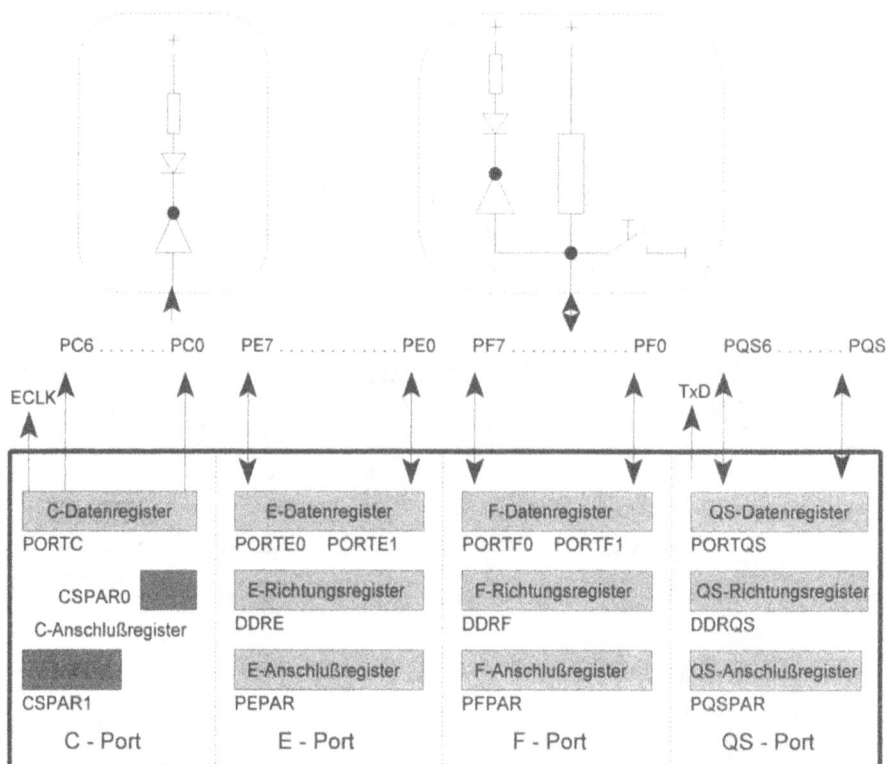

PC6 . . . . PC0   PE7 . . . . PE0   PF7 . . . . PF0   PQS6 . . . . PQS

ECLK   TxD

C-Datenregister	E-Datenregister	F-Datenregister	QS-Datenregister
PORTC	PORTE0 PORTE1	PORTF0 PORTF1	PORTQS
CSPAR0	E-Richtungsregister	F-Richtungsregister	QS-Richtungsregister
C-Anschlußregister	DDRE	DDRF	DDRQS
	E-Anschlußregister	F-Anschlußregister	QS-Anschlußregister
CSPAR1	PEPAR	PFPAR	PQSPAR
C - Port	E - Port	F - Port	QS - Port

Bild 2-15: Die parallelen Schnittstellen des 68332

Der **C-Port** kann wahlweise auch für die Ausgabe von Adressen oder von CS Auswahlsignalen programmiert werden. Dies geschieht in den Anschlußregistern CSPAR0 und CSPAR1. Jeder Anschluß läßt sich einzeln programmieren und während des Betriebes ändern. Bei Wortoperationen ist zu berücksichtigen, daß in den Registern auch noch die Funktionen von CSBOOT, CS0, CS1, CS2 und CS10 festgelegt werden (Tabelle Bild 2-14), die nicht als Portausgang dienen. Für Änderungen während des Betriebes sollten daher Bytebefehle oder Masken verwendet werden. Abweichend vom Handbuch des Herstellers wurden die Bezeichnungen der Verwendung als Port angepaßt; also PC2 statt CSPA0[6].

Das Register **CSPAR0** auf der Wortadresse $FF FA44 legt die Funktionen der Portausgänge PC2 bis PC0 fest. Zugriff nur im Systemstatus.

Byteadresse $FF FA44 = CSPAR0 = C-Port Anschlußregister

Bit 15	Bit 14	Bit 13	Bit 12	Bit 11	Bit 10	Bit 9	Bit 8
0	0	PC2	PC2	PC1	PC1	PC0	PC0
RESET:0	0	D2	1	D2	1	D2	1

Low-Byte (Byteadresse $FF FA45) nicht für C-Port verwendet.

Bit 7	Bit 6	Bit 5	Bit 4	Bit 3	Bit 2	Bit 1	Bit 0
CS2	CS2	CS1	CS1	CS0	CS0	CSBOOT	CSBOOT
RESET:0	0	D2	1	D2	1	D2	1

Das Register **CSPAR1** auf der Wortadresse $FF FA46 legt die Funktionen der Portausgänge PC6 bis PC3 fest. Zugriff nur im Systemstatus.

High-Byte (Byteadresse $FF FA46) nicht für C-Port verwendet.

Bit 15	Bit 14	Bit 13	Bit 12	Bit 11	Bit 10	Bit 9	Bit 8
0	0	0	0	0	0	CS10	CS10
RESET:0	0	0	0	0	0	D7	1

Byteadresse $FF FA47 = CSPAR1+1 = C-Port Anschlußregister

Bit 7	Bit 6	Bit 5	Bit 4	Bit 3	Bit 2	Bit 1	Bit 0
PC6	PC6	PC5	PC5	PC4	PC4	PC3	PC3
RESET:D7:6	1	D7:5	1	D7:4	1	D7:3	1

Die Bitkombination **0 0** programmiert den entsprechenden Anschluß als Portausgang. Der C-Port hat nur 7 Ausgänge von PC0 bis PC6; eine Dateneingabe ist nicht vorgesehen. Die auszugebenden Daten sind in das Ausgaberegister **PORTC** auf der Byteadresse $FF FA41 zu schreiben, das High-Byte und Bit 7 werden nicht verwendet. Die Daten sind bei einem Reset mit 1 vorbesetzt. Eine logische 1 erscheint als High Potential; eine logische 0 als Low. Zugriff auch im Benutzerstatus.

Byteadresse $FF FA41 = PORTC = C-Port Ausgaberegister

Bit 7	Bit 6	Bit 5	Bit 4	Bit 3	Bit 2	Bit 1	Bit 0
0	PC6	PC5	PC4	PC3	PC2	PC1	PC0
RESET:0	1	1	1	1	1	1	1

Das folgende Beispiel programmiert den C-Port als Ausgang und gibt das Bitmuster %01010101 = $55 aus. Die Bytebefehle greifen nur auf die Portbits zu und enthalten symbolische Registeradressen.

```
CLR.B     CSPAR0      ; PC2 PC1 PC0 nur High-Byte
CLR.B     CSPAR1+1    ; PC6 PC5 PC4 PC3 nur Low-Byte
MOVE.B    #$55,PORTC  ; Daten %0101 0101 nur Low-Byte
```

Der *E-Port* kann wahlweise auch für Steuersignale der externen Bussteuerung verwendet werden. Wird die Datenleitung D8 bei einem Reset mit einem Pull Down Widerstand auf Low gelegt, so dienen die Anschlüsse als E-Port; bleibt D8 unbeschaltet (High), so führen sie Bussteuersignale.

Das Port E Pin Assignment Register **PEPAR** wird nur im Low-Byte für Festlegung der Funktion verwendet. Eine 0 programmiert die Leitung als E-Port, eine 1 als Bussteuersignal (Bezeichnung in Klammern). Zugriff nur im Systemstatus.

Byteadresse $FF FA17 = PEPAR = E-Port Anschlußregister

Bit 7	Bit 6	Bit 5	Bit 4	Bit 3	Bit 2	Bit 1	Bit 0
PE7	PE6	PE5	PE4	PE3	PE2	PE1	PE0
(SIZ1)	(SIZ0)	(AS)	(DS)	(RMC)	(AVEC)	(DSACK1)	(DSACK0)
RESET: D8	D8	D8	D8	D8	D8	D8	D8

Das Port E Data Direction Register **DDRE** auf der Byteadresse $FF FA15 legt die *Richtung* fest; eine 0 (voreingestellt) programmiert den Anschluß als Eingang; eine 1 als Ausgang. Zugriff auch im Benutzerstatus.

Byteadresse $FF FA15 = DDRE= E-Port Richtungsregister

Bit 7	Bit 6	Bit 5	Bit 4	Bit 3	Bit 2	Bit 1	Bit 0
PE7	PE6	PE5	PE4	PE3	PE2	PE1	PE0
RESET: 0	0	0	0	0	0	0	0

Das Port E Data Register **PORTE0** (PORTE1) kann wahlweise unter den Byteadressen $FF FA11 oder $FF FA13 angesprochen werden. Beim *Schreiben* werden die Daten im Register gespeichert und erscheinen nur am Ausgang, wenn der Anschluß als Ausgabe programmiert wurde. Beim *Lesen* eines auf Ausgabe programmierten Anschlusses wird das Register zurückgelesen; beim *Lesen* eines auf Eingabe programmierten Anschlusses dagegen wird das außen angelegte Potential übernommen. Beim Einschalten ist der Zustand undefiniert (U). Der Inhalt wird durch ein Reset nicht verändert. Eine logische 0 entspricht Low Potential, eine logische 1 entspricht High. Zugriff auch im Benutzerstatus.

Byteadresse $FF FA11 ($FFFA13) = PORTE0 (PORTE1) = E-Port Datenregister

Bit 7	Bit 6	Bit 5	Bit 4	Bit 3	Bit 2	Bit 1	Bit 0
PE7	PE6	PE5	PE4	PE3	PE2	PE1	PE0
RESET: U	U	U	U	U	U	U	U

Das folgende Beispiel geht davon aus, daß der E-Port durch D8 = Low bereits zugeordnet ist, programmiert alle Leitungen als Ausgang und gibt das Bitmuster %01010101 = $55 aus.

```
MOVE.B  #$FF,DDRE    ; %11111111 Richtung Ausgang
MOVE.B  #$55,PORTE0  ; %01010101 Datenausgabe
```

Der *F-Port* kann wahlweise auch für die Eingabe von Interruptsignalen verwendet werden. Wird die Datenleitung D9 bei einem Reset mit einem Pull Down Widerstand auf Low gelegt, so dienen die Anschlüsse als F-Port; bleibt D9 unbeschaltet (High), so führen sie Interruptsignale. Der Anschluß PF0 ist bei einem Reset der Eingang MODCLK und legt die Betriebsart des Taktes fest.

Das Port F Pin Assignment Register **PFPAR** wird nur im Low-Byte für Festlegung der Funktion verwendet. Eine 0 programmiert die Leitung als F-Port, eine 1 als Interruptsignal (Bezeichnung in Klammern). Zugriff nur im Systemstatus.

Byteadresse $FF FA1F = PFPAR = F-Port Anschlußregister

Bit 7	Bit 6	Bit 5	Bit 4	Bit 3	Bit 2	Bit 1	Bit 0
PF7 (IRQ7)	PF6 (IRQ6)	PF5 (IRQ5)	PF4 (IRQ4)	PF3 (IRQ3)	PF2 (IRQ2)	PF1 (IRQ1)	PF0 MODCLK
RESET:D9	D9	D9	D9	D9	D9	D9	D9

Das Port F Data Direction Register **DDRF** auf der Byteadresse $FF FA1D legt die *Richtung* fest; eine 0 (voreingestellt) programmiert den Anschluß als Eingang; eine 1 als Ausgang. Zugriff auch im Benutzerstatus.

Byteadresse $FF FA1D = DDRF= F-Port Richtungsregister

Bit 7	Bit 6	Bit 5	Bit 4	Bit 3	Bit 2	Bit 1	Bit 0
PF7	PF6	PF5	PF4	PF3	PF2	PF1	PF0
RESET:0	0	0	0	0	0	0	0

Das Port F Data Register **PORTF0** (PORTF1) kann wahlweise unter den Byteadressen $FF FA19 oder $FF FA1B angesprochen werden. Beim *Schreiben* werden die Daten im Register gespeichert und erscheinen nur am Ausgang, wenn der Anschluß als Ausgabe programmiert wurde. Beim *Lesen* eines auf Ausgabe programmierten Anschlusses wird das Register zurückgelesen; beim *Lesen* eines auf Eingabe programmierten Anschlusses dagegen wird das außen angelegte Potential gelesen. Beim Einschalten ist der Zustand undefiniert (U). Das Register wird durch ein Reset nicht verändert. Eine logische 0 entspricht Low Potential, eine logische 1 entspricht High. Zugriff auch im Benutzerstatus.

Byteadresse $FF FA19 ($FFFA1B) = PORTF0 (PORTF1) = F-Port Datenregister

Bit 7	Bit 6	Bit 5	Bit 4	Bit 3	Bit 2	Bit 1	Bit 0
PF7	PF6	PF5	PF4	PF3	PF2	PF1	PF0
RESET:U	U	U	U	U	U	U	U

Das folgende Beispiel programmiert alle Leitungen des F-Ports als Ausgang und gibt das Bitmuster %01010101 = $55 aus.

```
MOVE.B   #$FF,DDRF    ; %11111111 Richtung Ausgang
MOVE.B   #$55,PORTF0  ; %01010101 Datenausgabe
```

Der *QS-Port* ist Bestandteil der seriellen Moduleinheit QSM und kann alternativ auch zur seriellen Datenübertragung verwendet werden. Portanschluß PQS7 ist der Senderausgang TxD der asynchronen seriellen Datenübertragung.

Die beiden Register **PQSPAR** (Port QS Pin Assignment Register) auf der Byteadresse $FF FC16 und **DDRQS** (Data Direction Register Port QS) auf der Byteadresse $FF FC17 legen die Betriebsart und Richtung der PQ-Portanschlüsse fest. Eine 0 in PQSPAR programmiert den Anschluß als Portleitung; eine 1 als serielle Busleitung. Eine 0 in DDRQS programmiert den Anschluß als Eingang; eine 1 als Ausgang. Nach einem Reset sind Parallelporteingänge voreingestellt. Die Bitbezeichnungen entsprechen einem Wortregister mit PQSPAR als High-Byte und DDRQS als Low-Byte. Zugriff auch im Benutzerstatus. Abschnitt 4.5 zeigt die Programmierung als Open Drain Ausgang.

Byteadresse $FF FC16 = **PQSPAR** = QS-Port Anschlußregister

Bit 15	Bit 14	Bit 13	Bit 12	Bit 11	Bit 10	Bit 9	Bit 8
PQS7 (TxD)	PQS6 (PCS3)	PQS5 (PCS2)	PQS4 (PCS1)	PQS3 (PCS0)	PQS2 (SCK)	PQS1 (MOSI)	PQS0 (MISO)
RESET: 0	0	0	0	0	0	0	0

Byteadresse $FF FC17 = **DDRQS** = QS-Port Richtungsregister

Bit 7	Bit 6	Bit 5	Bit 4	Bit 3	Bit 2	Bit 1	Bit 0
PQS7	PQS6	PQS5	PQS4	PQS3	PQS2	PQS1	PQS0
RESET: 0	0	0	0	0	0	0	0

Das Port QS Datenregister **PORTQS** auf der Byteadresse $FF FC15 dient zur Eingabe und Ausgabe von Daten im Parallelportbetrieb; das High-Byte wird nicht verwendet. Bei der Programmierung als Ausgabe erscheint der Registerinhalt am Ausgang, beim Lesen wird das Potential des Eingangs gelesen. Zugriff auch im Benutzerstatus.

Byteadresse $FF FC15 = **PORTQS** = QS-Port Datenregister

Bit 7	Bit 6	Bit 5	Bit 4	Bit 3	Bit 2	Bit 1	Bit 0
PQS7	PQS6	PQS5	PQS4	PQS3	PQS2	PQS1	PQS0
RESET: 0	0	0	0	0	0	0	0

Beim Betrieb der seriellen V.24 Schnittstelle steht der Anschluß PQS7 nicht als Portanschluß zur Verfügung, sondern wird als Senderausgang TxD programmiert. Dies geschieht durch das Bit TE im Steuerregister SCCR1. Eine besondere Programmierung in den Portregistern ist nur in Sonderfällen erforderlich. Das folgende Beispiel schreibt das Bitmuster %10101010 = $AA in das Datenregister und programmiert die Anschlüsse als Ausgang.

```
MOVE.B   #$AA,PORTQS   ; Daten %1010 1010
MOVE.B   #$FF,DDRQS    ; Richtung Ausgang
MOVE.B   #$80,PQSPAR   ; TxD und PQS Anschlüsse
```

2.7 Die serielle V.24 Schnittstelle

Die Moduleinheit QSM (Queued Serial Module = gepufferter serieller Modul) besteht aus den beiden Einheiten QSPI für den Betrieb eines seriellen Bussystems (Abschnitt 4.5) und SCI (Serial Communication Interface = Serienschnittstelle). Für einen Interruptbetrieb sind die Register QSMCR und QILR zu programmieren (Abschnitt 4.2). Dieser Abschnitt behandelt nur die V.24 Schnittstelle ohne Interruptauslösung (*Bild 2-16*). Die Controlleranschlüsse RxD und TxD arbeiten mit TTL-Pegel. Für einen Betrieb über eine der seriellen COM Schnittstellen des PC sind externe Pegelwandler erforderlich.

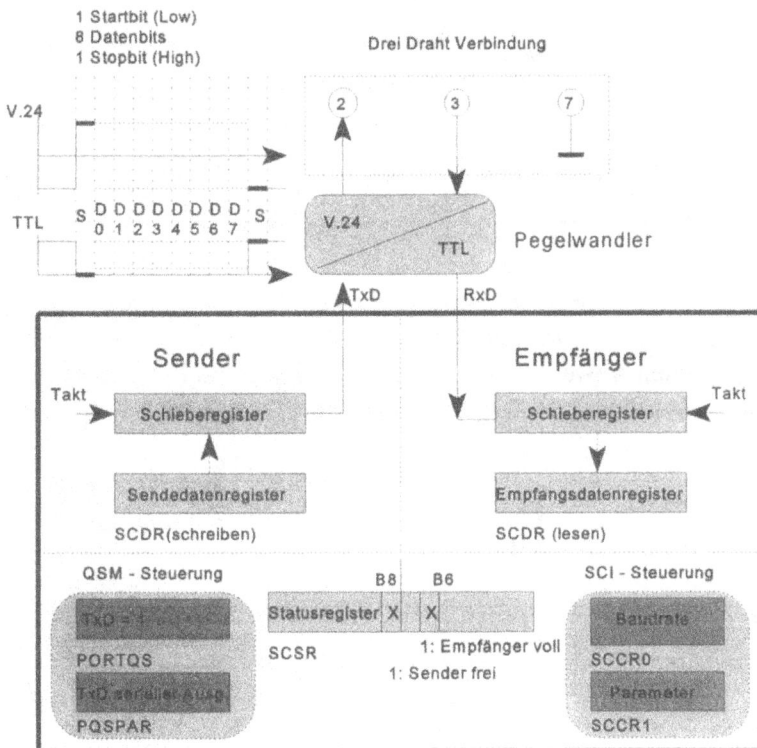

Bild 2-16: Die serielle V.24 Schnittstelle

Der Empfängeranschluß RxD (Receiver Data = Empfangsdaten) ist immer fest zugeordnet und hat keine anderen Funktionen. Der Senderanschluß TxD (Transmitter Data = Sendedaten) ist nach einem Reset zunächst als Parallelportanschluß PQS7 eingestellt und muß als Senderausgang TxD umprogrammiert werden. In Anwendungen ohne seriellen Bus (QSPI) lassen sich die restlichen Leitungen als Parallelport mit den sieben Anschlüssen PQS6 bis PQS0 verwenden.

Bei der *asynchronen seriellen Datenübertragung* nach V.24 (RS232C) ist der Ruhezustand (keine Übertragung) des RxD Ausgangs TTL High. Die Datenbits werden in einem Rahmen von 1 Startbit (Low) und mindestens 1 Stopbit (High) übertragen. Ein wahlfreies Paritätsbit dient der Codesicherung. Die Baudrate ist die Anzahl der übertragenen Bits/Sekunde in der Einheit Baud oder bps. 9600 Baud ergeben eine Bitzeit von 104 us. Die Übertragung von 10 Bits (1 Start, 8 Daten und 1 Stop) dauert ca. 1 ms.

Das SCI Control Register 0 (serielles Steuerregister 0) **SCCR0** auf der Wortadresse $FF FC08 legt für Sender *und* Empfänger die Baudrate fest. Zugriff auch im Benutzerstatus. Das Baudratenfeld **BR** berechnet sich aus dem Systemtakt (CLKOUT) und der gewünschten Baudrate zu:

$$BR = \frac{Systemtakt\,[Hz]}{32 * Baudrate\,[bps]}$$

B15	B14	B13	B12	B11	B10	B9	B8	B7	B6	B5	B4	B3	B2	B1	B0
0	0	0	BR	BR	BR	BR	BR	BR	BR	BR	BR	BR	BR	BR	BR
R:0	0	0	0	0	0	0	0	0	0	0	0	0	1	0	0

Bei einem Systemtakt von 16,777 MHz und einer Baudrate von 9600 bps ergibt sich rechnerisch für BR ein Wert von 54,62, der auf 55 zu runden ist. Die dadurch entstehenden Abweichungen der Baudrate liegen im Rahmen der bei der asynchronen Übertragung zulässigen Toleranzen.

Das SCI Control Register 1 (serielles Steuerregister 1) **SCCR1** auf der Wortadresse $FF FC0A legt für Sender *und* Empfänger die Übertragungsparameter fest. Zugriff auch im Benutzerstatus.

High-Byte (Byteadresse $FF FC0A)

Bit 15	Bit 14	Bit 13	Bit 12	Bit 11	Bit 10	Bit 9	Bit 8
0	LOOPS	WOMS	ILT	PT	PE	M	WAKE
RESET:0	0	0	0	0	0	0	0

Low-Byte (Byteadresse $FF FC0B)

Bit 7	Bit 6	Bit 5	Bit 4	Bit 3	Bit 2	Bit 1	Bit 0
TIE	TCIE	RIE	ILIE	TE	RE	RWU	SBK
RESET:0	0	0	0	0	0	0	0

LOOPS = 0: normaler Sende- und Empfangsbetrieb
LOOPS = 1: Sender intern auf Empfänger zurückgeführt (Schleife)

WOMS = 0: TxD ist normaler CMOS Ausgang (Totem Pole)
WOMS = 1: TxD ist Open Drain (Collector) Ausgang für Busbetrieb

ILT = 0: Empfänger erkennt kurze Ruhezeit (idle line)
ILT = 1: Empfänger erkennt lange Ruhezeit (idle line)

PT = 0: gerade Parität (wenn in PE freigegeben)
PT = 1: ungerade Parität (wenn in PE freigegeben)

PE = 0: kein Paritätsbit gesendet bzw. erwartet
PE = 1: Paritätsbit gesendet bzw. erwartet

M = 0: 10 bit Rahmen gesendet bzw. erwartet
M = 1: 11 bit Rahmen gesendet bzw. erwartet

M PE Übertragungsrahmen

M	PE	Übertragungsrahmen									
0	0	1	Start	8	Daten	0	Parität	1	Stop	Summe = 10 bit
0	1	1	Start	7	Daten	1	Parität	1	Stop	Summe = 10 bit
1	0	1	Start	9	Daten	0	Parität	1	Stop	Summe = 11 bit
1	1	1	Start	8	Daten	1	Parität	1	Stop	Summe = 11 bit

WAKE = 0: Empfängerweckfunktion (für RWU = 1) durch Ruhe (idle line)
WAKE = 1: Empfängerweckfunktion (für RWU = 1) durch Adresse

TIE = 0: Interrupt bei "Sendedatenregister leer" gesperrt
TIE = 1: Interrupt bei "Sendedatenregister leer" freigegeben

TCIE = 0: Interrupt bei "Zeichen gesendet" gesperrt
TCIE = 1: Interrupt bei "Zeichen gesendet" freigegeben

RIE = 0: Interrupt bei "Empfangsdatenregister voll" gesperrt
RIE = 1: Interrupt bei "Empfangsdatenregister voll" freigegeben

ILIE = 0: Interrupt bei "Empfänger erkennt Ruhe (idle line)" gesperrt
ILIE = 1: Interrupt bei "Empfänger erkennt Ruhe (idle line)" freigegeben

TE = 0: Sender gesperrt; Anschluß TxD als PQS7 verfügbar
TE = 1: Sender freigegeben

RE = 0: Empfänger gesperrt; keine Statusanzeige
RE = 1: Empfänger freigegeben

RWU = 0: Empfänger erkennt und liest Daten
RWU = 1: Empfängerweckfunktion eingeschaltet

SBK = 0: Sender überträgt normale Daten
SBK = 1: Sender überträgt Break (Zustand Low)

Die Anzeigebits des SCI Status Registers **SCSR** auf der Wortadresse $FF FC0C werden durch die Sende- bzw. Empfangssteuerung auf 1 *gesetzt* und können auch im Benutzerstatus gelesen und ausgewertet werden. Sie werden *zurückgesetzt* (auf 0 gelöscht), wenn der Benutzer das Statusregister SCSR liest und anschließend Daten in das Sendedatenregister TDR schreibt bzw. Daten aus dem Empfangsdatenregister RDR liest.

High-Byte (Byteadresse $FF FC0C)

Bit 15	Bit 14	Bit 13	Bit 12	Bit 11	Bit 10	Bit 9	Bit 8
0	0	0	0	0	0	0	TDRE

RESET: 0   0   0   0   0   0   0   1

Low-Byte (Byteadresse $FF FC0D)

Bit 7	Bit 6	Bit 5	Bit 4	Bit 3	Bit 2	Bit 1	Bit 0
TC	RDRF	RAF	IDLE	OR	NF	FE	PF

RESET: 1   0   0   0   0   0   0   0

TDRE = 0: Sendedatenregister enthält noch zu sendende Daten
TDRE = 1: Sendedatenregister leer, kann neue Daten aufnehmen

TC = 0: Sendeschieberegister sendet gerade Daten
TC = 1: Sendeschieberegister in Ruhe

RDRF = 0: Empfangsdatenregister leer, keine Empfangsdaten vorhanden
RDRF = 1: Empfangsdatenregister enthält abholbereite neue Daten

RAF = 0: Empfangsschieberegister in Ruhe
RAF = 1: Empfangsschieberegister empfängt gerade Daten

IDLE = 0: Empfänger hat keinen Leitungsruhezustand (idle line) erkannt
IDLE = 1: Empfänger hat Leitungsruhezustand (idle line) erkannt

OR = 0: kein Empfängerüberlauf
OR = 1: Empfängerüberlauf; alte Daten verfügbar, neue verloren

NF = 0: keine Störimpulse durch Empfänger erkannt
NF = 1: Störimpulse auf der Leitung erkannt

FE = 0: kein Rahmenfehler durch Empfänger erkannt
FE = 1: Rahmenfehler durch fehlendes Stopbit oder Unterbrechung (break)

PF = 0: kein Paritätsfehler durch Empfänger erkannt
PF = 1: Paritätsfehler durch Empfänger erkannt

Das SCI Data Register **SCDR** auf der Wortadresse $FF FC0E besteht aus zwei Registern, die auf der gleichen Adresse liegen, aber unterschiedliche Funktionen haben. Zugriff auch im Benutzerstatus.

Bei einer *Schreiboperation* gelangen die Daten in das Sendedatenregister **TDR** Transmitter Data Register und werden anschließend gesendet. Bei einer *Leseoperation* werden die angekommenen Daten aus dem Empfangsdatenregister **RDR** Receiver Data Register gelesen. Beide Operationen setzen die entsprechenden Anzeigemarken im Statusregister wieder zurück.

Wortoperationen (9 Datenbits) Wortadresse $FF FC0E
Byteoperationen (8 Datenbits) Byteadresse $FF FC0F

B15	B14	B13	B12	B11	B10	B9	B8	B7	B6	B5	B5	B3	B2	B1	B0
0	0	0	0	0	0	0	D8	D7	D6	D5	D5	D3	D2	D1	D0
R:0	0	0	0	0	0	0	U	U	U	U	U	U	U	U	U

Das folgende Beispiel initialisiert die asynchrone serielle Schnittstelle für eine Übertragungsgeschwindigkeit von 9600 Baud (bps) und schaltet den Sender und den Empfänger ein. Die Übertragungsparameter sind 1 Startbit, 8 Datenbits und 1 Stopbit ohne Parität. Die Interrupts und alle Sonderfunktionen bleiben gesperrt.

```
MOVE.W  #55,SCCR0     ; Baudrate 9600 bps
MOVE.W  #$000C,SCCR1  ; %0000 0000 0000 1100 TE=RE=1
```

Das folgende Beispiel zeigt ein Unterprogramm zur seriellen Ausgabe eines im Register D0.B übergebenen Zeichens. Es wartet, bis der Sender frei ist und schreibt dann den Inhalt von D0.B in das Sendedatenregister.

```
sende  BTST    #0,SCSR     ; Bitoperation auf High-Byte
       BEQ     sende       ; TDRE = 0: Sendedaten voll
       MOVE.B  D0,SCDR+1   ; TDRE = 1: Daten nach TDR
       RTS                 ; Rücksprung
```

Das folgende Unterprogramm prüft, ob ein neues Zeichen im Empfangsdatenregister bereit ist. Bei "nein" wird das Carrybit gelöscht, und das Unterprogramm kehrt zurück an die Stelle des Aufrufs. Bei "ja" wird das Zeichen nach D0.B gelesen, und das Carrybit wird vor dem Rücksprung auf 1 gesetzt. Das Carrybit ist die Bitposition B0 im Bedingungsregister CCR. Das aufrufende Programm kann also an dieser Marke erkennen, ob ein Zeichen übergeben wird.

C = 0: kein Zeichen empfangen; D0.B unverändert
C = 1: empfangenes Zeichen in D0.B übergeben

```
empf   BTST    #6,SCSR+1   ; Bitoperation auf Low-Byte
       BEQ     empf1       ; RDRF = 0: kein Zeichen
       MOVE.B  SCDR+1,D0   ; RDRF = 1: Zeichen nach D0.B
       ORI     #$01,CCR    ; C = 1: Zeichen in D0.B
       RTS                 ; Rücksprung
empf1  ANDI    #$FE,CCR    ; C = 0: kein Zeichen in D0.B
       RTS                 ; Rücksprung
```

2.8 Ein Minimalsystem mit dem 68332

Als Minimalsystem bezeichnet man einen funktionsfähigen Computer mit dem geringstmöglichen Aufwand an zusätzlichen Bausteinen. Gewählt wurde der Controller 68332 in der 8 bit Betriebsart. Durch den internen 2 KByte TPURAM muß lediglich ein EPROM Baustein als Programmspeicher angeschlossen werden. *Bild 2-17* zeigt den vereinfachten Blockschaltplan.

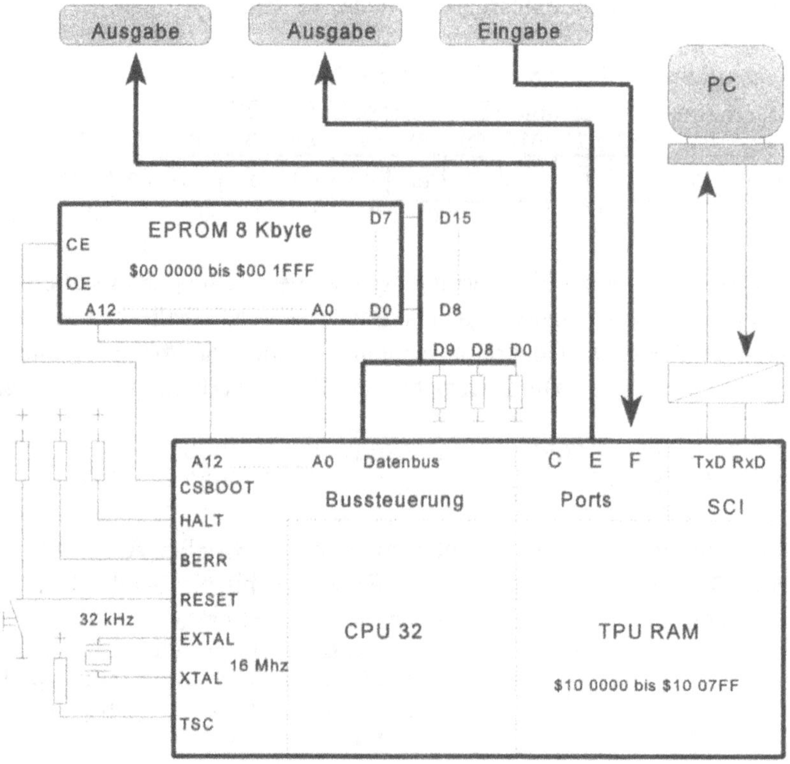

Bild 2-17: Ein Minimalsystem mit dem Controller 68332

Die Steuereingänge HALT, BERR, TSC und RESET werden mit Pull Up Widerständen von 4,7 kΩ auf inaktives High Potential gehalten. Durch einen Taster gegen Low am RESET Eingang läßt sich das System auch nach dem Einschalten der Versorgungsspannung neu starten. Die Datenleitungen D0, D8 und D9 liegen durch Pull Down Widerstände von 10 kΩ auf Low und liefern zusammen mit den nicht beschalteten (High) Steuereingängen folgende Anlaufbedingungen:

D0 = Low: Anlauf als 8 bit System

D1 = High: Bausteinauswahl durch CS0 bis CS2

D2 = High: Bausteinauswahl durch CS3 bis CS5 (später als C-Port verwendet)

D7 = High: Bausteinauswahl durch CS6 bis CS10 (später als C-Port verwendet)
D8 = Low: Parallelschnittstelle E-Port anstelle von Bussteuersignalen
D9 = Low: Parallelschnittstelle F-Port anstelle von Interrupteingängen
D11 = High: Testbetriebsart gesperrt
MODCLK = High: interner Taktgenerator mit Referenztakt
BKPT = High: Hintergrundbetriebsart gesperrt

Ein Uhrenquarz von 32,768 kHz liefert den Referenztakt, aus dem beim Anlauf (Vorgabe nach Reset) ein Systemtakt von 8,389 MHz gewonnen wird. Dieser wird später auf 16,777 MHz umprogrammiert.

Das Bausteinauswahlsignal CSBOOT gibt den Programmspeicherbaustein frei. Da dieser nur gelesen werden kann, wird das externe R/W Signal nicht verwendet. Die Adreßleitungen A0 bis A12 wählen 2^{13} = 8192 Bytes = 8 KByte auf den Adressen von $00 0000 bis $00 1FFF aus. Obwohl die Adreßleitungen A13 bis A23 extern nicht angeschlossen sind, sorgt die interne Bausteinauswahllogik für eine Volldecodierung. Der Baustein wird als 8 bit System am oberen Datenbus betrieben, also Busleitung D8 an Bausteinanschluß D0 bis Busleitung D15 an Bausteinanschluß D7; die Datenbusleitungen D0 bis D7 bleiben frei. Der interne TPURAM wird später durch Programmierung auf den Adreßbereich $10 0000 bis $10 07FF gelegt. Das in *Bild 2-18* dargestellte Programm dient zum Testen der Schaltung. Es führt folgende Funktionen aus:

Controller initialisieren:
- Systemtakt 16,777 MHz einstellen
- Watchdog und Periodic Interrupt Timer ausschalten

Parallelschnittstellen initialisieren:
- F-Port als Eingabe
- C-Port und E-Port als Ausgabe
- QS-Port nicht verwendet (PQS7 = TxD)

Asynchrone serielle Schnittstelle initialisieren:
- Übertragungsgeschwindigkeit 9600 Baud
- Parameter 8 Datenbits, 1 Startbit, 1 Stopbit, ohne Parität

Verarbeitungsschleife:
- Daten von F-Port (8 bit) auf C-Port (7 bit) ausgeben
- Zeichen von Terminal (PC) im Echo zurück und auf E-Port ausgeben

Unterprogramme für die serielle Datenübertragung:
- sende: wartet bis Sender frei und sendet Zeichen aus D0.B
- empf: liefert Marke im Carrybit und übergibt Zeichen in D0.B

```
* k2b18.asm Bild 2-18: Testprogramm für Minimalsystem
stapel  equ     $100800         ; Stapel im oberen TPURAM
        org     $0              ; Vektortabelle
        dc.l    stapel          ; Vektor A7 = Stapelzeiger
        dc.l    start           ; Vektor PC = Startadresse
* alle 62 Ausnahmen führen auf das Ziel ausna
        dcb.l   62,ausna        ; bei ausna Meldung ausgeben
* alle Interrupts gesperrt, keine Interruptvektoren besetzt
* Startprogrammierung des Controllers 68332
start   move.b  #$00,SYPCR      ; SWE = 0: Watchdog aus
        move.w  #$7f03,SYNCR    ; W=0 X=1 Y=63 Fsys=16,777 MHz
* EPROM Basisadresse, 8 KByte, 1 Wartetakt
        move.w  #$0001,CSBARBT  ; EPROM $00 0000 bis $00 1FFF
        move.w  #$6870,CSORBT   ; DSACK = 1 Wartetakt
* TPURAM Basisadresse festlegen
        move.w  #$1000,TRAMBAR  ; TPURAM $10 0000 bis $10 07FF
* Parallelports  C = Ausgabe  E = Ausgabe  F = ist Eingabe
        move.b  #$00,CSPAR0     ; PC0 bis PC2 als Portausgänge
        move.b  #$00,CSPAR1+1   ; PC3 bis PC6 als Portausgänge
        move.b  #$ff,DDRE       ; PE0 bis PE7 als Ausgänge
* Asynchrone serielle Schnittstelle Baudrate und Parameter
        move.w  #55,SCCR0       ; Baudrate 9600 bps
        move.w  #$000c,SCCR1    ; Sender und Empfänger ein
* Zeichen > als Prompt auf dem Terminal ausgeben
        move.b  #'>',d0         ; Zeichen laden
        bsr     sende           ; Unterprogramm Zeichen senden
* Schleife kann nur durch Reset abgebrochen werden
* Byte von F-Port lesen und auf E-Port ausgeben
loop    move.b  PORTF0,d0       ; F-Port lesen
        move.b  d0,PORTE0       ; auf E-Port ausgeben
* Wenn Zeichen empfangen, dann Echo und C-Port ausgeben
        bsr     empf            ; testet Empfangsmarke
        bcc     loop            ; C=0: kein Zeichen da
        bsr     sende           ; C=1: Zeichen im Echo senden
        move.b  d0,PORTC        ; und auf C-Port ausgeben
        bra     loop            ; weiter in Schleife
* Unterprogramm zum Senden eines Zeichens aus D0.B
sende   btst    #0,SCSR         ; Sender frei ?
        beq     sende           ; nein: warten
        move.b  d0,SCDR+1       ; ja: zum Sender
        rts                     ; Rücksprung
* Unterprogramm prüft Empfänger und liest Zeichen nach D0.B
empf    btst    #6,SCSR+1       ; Daten angekommen ?
        beq     empf1           ; nein: zurück
        move.b  SCDR+1,d0       ; ja: abholen
        ori     #1,CCR          ; Marke C = 1: ja
        rts                     ; Rücksprung
empf1   andi    #$1E,CCR        ; Marke C = 0: nein
        rts                     ; Rücksprung
* Einsprung im Falle einer Ausnahme
ausna   move.b  #7,d0           ; Hupe
        bsr     sende           ; senden
        rte                     ; Rückkehr (hoffentlich!!!)
        end
```

Bild 2-18: Testprogramm für das Minimalsystem

2.9 Die Ausnahmeverarbeitung

Als *Ausnahme* (Exception) bezeichnet man das Auftreten eines Ereignisses, das den normalen Ablauf des Programms unterbricht. Dazu gehören:
- Hardwarefehler wie z.B. Busfehlersignal am BERR-Eingang,
- Softwarefehler wie z.B. eine Division durch 0,
- Auswertung von Prüfbefehlen wie z.B. der Befehl TRAPV (Überlauf),
- Programmtest durch Einzelschrittsteuerung und Haltepunkte,
- Software-Interrupts (TRAP-Befehle) zum Aufruf des Betriebssystems und
- Hardware-Interrupts durch interne und externe Signale.

Tritt eine *Ausnahme* auf, so beendet der Prozessor den laufenden Befehl, rettet den Verarbeitungszustand (u.A. den Befehlszähler) auf den Systemstapel (Systemstapelzeiger SSP) und startet ein Ausnahmeprogramm, welches das unterbrechende Ereignis behandelt. Danach kann das unterbrochene Programm mit dem Befehl RTE (Return from Exception) fortgesetzt werden.

Die *Ausnahmeprogramme*, die durch das Auftreten einer Ausnahme gestartet werden, können auf beliebigen Adressen angeordnet werden; ihre Startadressen liegen in einer *Vektortabelle* und werden von der Steuerung in den Befehlszähler geladen. Das Register VBR (Vektor Basis Register) des Prozessors zeigt auf den Anfang der Vektortabelle. Nach einem Reset ist das Vektorbasisregister zunächst mit der Basisadresse $00 0000 vorbesetzt. Dies ist üblicherweise der Anfang eines Festwertspeicherbausteins (EPROM oder EEPROM), da der Prozessor nach dem Reset die beiden ersten Vektoren in den Systemstapelzeiger und den Befehlszähler lädt, um das Programm zu starten. Danach kann die Vektortabelle durch Änderung der Vektorbasisadresse z.B. in einen RAM Baustein verlegt werden, um die Startadressen der Ausnahmeprogramme variabel zu machen. Das Vektorbasisregister VBR enthält also den *Abstand* (Offset) zur Vektortabelle mit den Einsprungadressen der Ausnahmeprogramme.

Bei der Behandlung der Ausnahmen sind verschiedene Betriebsfälle zu unterscheiden. In der *Entwicklungsphase* arbeitet der Anwender unter der Kontrolle eines Entwicklungssystems, das üblicherweise alle Ausnahmen abfängt und dem Benutzer nur bestimmte Ausnahmen wie z.B. Interrupts zur eigenen Behandlung freigibt. In der *Anwendungsphase* kann der Benutzer entweder weiter unter einem vorgefertigten Betriebssystem arbeiten oder er muß alle Ausnahmen selber abfangen und entsprechend behandeln. In diesem Fall sollten aus Gründen der Systemsicherheit alle Vektoren auf Ausnahmeprogramme gesetzt werden, auch wenn die entsprechenden Fälle normalerweise nicht auftreten können. In der *Test- und Übungsphase* stellt man dem Benutzer die Vektortabelle in einen Schreib-Lese-Speicher zur Verfügung, so daß er die Behandlung der Ausnahmen durch eigene Programme vornehmen kann und muß.

Nr.	Abstand	Stapel	Ausnahme
0	$0000	-	Reset: Vektor für Systemstapelzeiger SSP
1	$0004	-	Reset: Vektor für Befehlszähler PC mit Startadresse
2	$0008	Typ $C	Busfehler (BERR-Eingang oder Busmonitor)
3	$000C	Typ $C	Adreßfehler: ungerade Wort- oder Langwortadresse
4	$0010	Typ $0	unzulässiger Funktionscode z.B. Befehl ILLEGAL
5	$0014	Typ $2	Division durch Null bei Divisionsbefehlen
6	$0018	Typ $2	Bedingung erfüllt bei Befehlen CHK und CHK2
7	$001C	Typ $2	Bedingung erfüllt bei Befehlen TRAPcc und TRAPV
8	$0020	Typ $0	Privilegverletzung geschützte Befehle Benutzerstatus
9	$0024	Typ $2	Einzelschrittsteuerung (T-Bits = 1)
10	$0028	Typ $0	Funktionscode $Axxx (für Emulator)
11	$002C	Typ $0	Funktionscode $Fxxx (für Emulator)
12	$0030	Typ $2	Hardware-Haltepunkt (Breakpoint)
13	$0034	-	reserviert für Coprozessor
14	$0038	Typ $0	Formatfehler bei RTE
15	$003C	Typ $0	Nicht Initialisierter Interrupt
16-23	$40 - $5C	-	8 Vektoren reserviert
24	$0060	Typ $0	Falscher (Spurious) Interrupt: Interruptfehler!
25	$0064	Typ $0	Eigenvektor Ebene #1
26	$0068	Typ $0	Eigenvektor Ebene #2
27	$006C	Typ $0	Eigenvektor Ebene #3
28	$0070	Typ $0	Eigenvektor Ebene #4
29	$0074	Typ $0	Eigenvektor Ebene #5
30	$0078	Typ $0	Eigenvektor Ebene #6
31	$007C	Typ $0	Eigenvektor Ebene #7 NMI (nicht sperrbar)
32-47	$80 - $BC	Typ $0	Software-Interrupt Befehle TRAP #0 bis TRAP #15
48-63	$C0 - $FC	-	16 Vektoren reserviert
64-255	$100-$3FC	Typ $0	frei für benutzerdefinierte Hardware-Interrupts

Bild 2-19: Tabelle der Ausnahmevektoren

Jede Ausnahme führt zurück in den *Systemstatus* (S = 1). Die beiden ersten Vektoren der Tabelle *Bild 2-19* werden beim Reset aus dem Systemprogramm-bereich geladen, die anderen aus dem Systemdatenbereich. Die auslösende Quelle erzeugt eine Vektor-Nummer (8 bit) von 0 bis 255, die mit 4 multipliziert wird und den Abstand (10 bit) zum Vektorbasisregister VBR bildet. Die Summe aus Abstand und VBR ist ein Zeiger (Adresse) auf ein 32 bit langes Langwort mit der Anfangsadresse des zu startenden Programms, das die Ausnahme be-handelt. Für eine spätere Rückkehr an die Stelle der Unterbrechung wird der Stand der Verarbeitung auf den Systemstapel gerettet. Dabei gibt es entspre-chend der Spalte "Stapel" verschiedene *Stapelformate*. Der Systemstapelzeiger SSP zeigt auf den Inhalt des Statusregisters SR *vor* dem Eintritt des Ereignisses.

Das Stapelformat *Typ $0* legt vier Wörter auf den Stapel:
SSP+ $0: Statusregister SR
SSP+ $2: Befehlszähler High
SSP + $4: Befehlszähler Low
SSP + $6: Code 0 0 0 0 und Vektorabstand

Das Stapelformat *Typ $2* legt sechs Wörter auf den Stapel:
SSP + $0: Statusregister SR
SSP + $2: Befehlszähler High des nächsten Befehls
SSP + $4: Befehlszähler Low des nächsten Befehls
SSP + $6: Code 0 0 1 0 und Vektorabstand
SSP + $8: Befehlszähler High des fehlerauslösenden Befehls
SSP + $A: Befehlszähler Low des fehlerauslösenden Befehls

Das Stapelformat *Typ $C* legt bei einem Busfehler 12 Wörter in drei verschiede-nen Formaten auf den Systemstapel:
SSP + $00: Statusregister SR
SSP + $02: Befehlszähler High
SSP + $04: Befehlszähler Low
SSP + $06: Code 1 1 0 0 und Vektorabstand
SSP + $08: weitere Angaben je nach Fehlerart
    bis
SSP + $16: 2 bit Formatcode und Spezial Status Wort

Der Befehl RTE wertet die auf dem Stapel liegenden Codes aus und kehrt in das unterbrochene Programm zurück. Treten mehrere Ausnahmebedingungen gleich-zeitig oder während der Ausführung eines Ausnahmeprogramms auf, so werden sie in einer vorgegebenen Rangfolge abgearbeitet. Es ist die Aufgabe eines Entwicklungs- bzw. Betriebssystems, eine eingehende Fehlerbehandlung durch-zuführen. Die für den Anwender besonders wichtigen *Interrupts* sind Ereignisse, die z.B. ausgelöst werden durch den Systemtimer, den Empfänger der seriellen Schnittstelle oder ein Tastensignal an einem der IRQ-Eingänge des F-Ports.

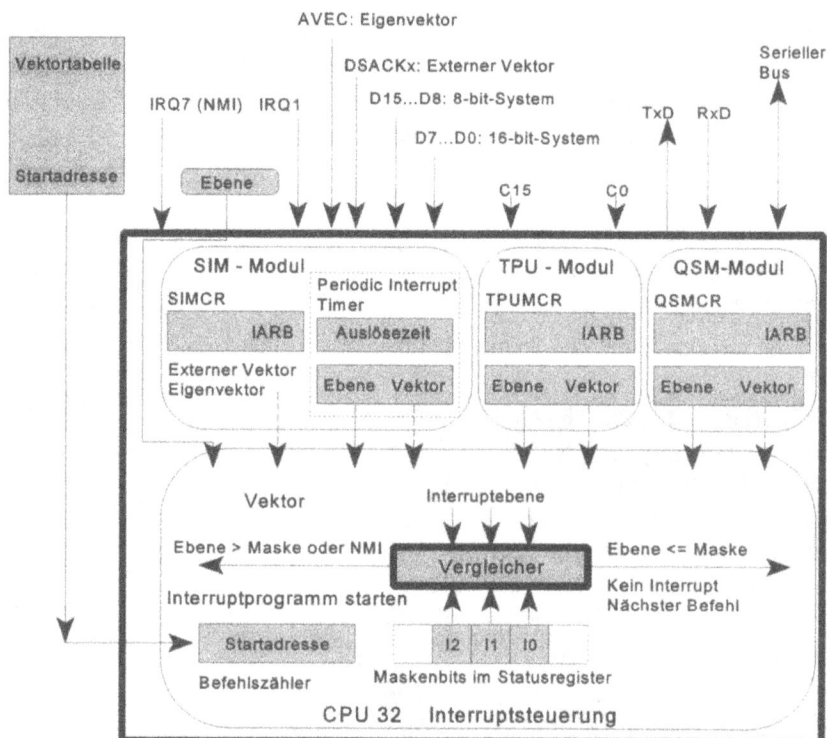

Bild 2-20: Modell der Interruptsteuerung des 68332

Die in *Bild 2-20* dargestellte *Interruptsteuerung* der CPU 32 ist ein Teil der Ausnahmeverarbeitung. Sie erhält die Interruptsignale über den internen Bus von den Moduleinheiten, die eigene programmierbare Interruptsteuerungen besitzen. Liegt eine *Interruptanforderung* der Ebene 1 bis 7 vor, so wird sie in der CPU mit den drei *Interruptmaskenbits* des Statusregisters **SR** verglichen.

B15	B14	B13	B12	B11	B10	B9	B8	B7	B6	B5	B4	B3	B2	B1	B0
T1	T0	S	0	0	**I2**	**I1**	**I0**	0	0	0	X	N	Z	V	C
R: 0	0	1	0	0	1	1	1	0	0	0	U	U	U	U	U

I2 I1 I0: *Maskenbits*

0 0 0: alle Interruptebenen zugelassen.
0 0 1: Ebene 1 gesperrt, alle anderen zugelassen.
0 1 0: Ebenen 1 und 2 gesperrt, alle anderen zugelassen.
0 1 1: Ebenen 1 bis 3 gesperrt, alle anderen zugelassen.
1 0 0: Ebenen 1 bis 4 gesperrt, alle anderen zugelassen.
1 0 1: Ebenen 1 bis 5 gesperrt, alle anderen zugelassen.
1 1 0: Ebenen 1 bis 6 gesperrt, nur Ebene 7 zugelassen.
1 1 1: alle Ebenen gesperrt (nach Reset), nur NMI (Flanke)

Bei der Programmierung der Maskenbits ist darauf zu achten, daß die nicht beteiligten Bitpositionen unverändert bleiben. Beispiel:
```
ANDI  #$F8FF,SR  ; Maske %1111 1000 1111 1111
```

Ist die anfordernde Ebene *kleiner oder gleich* der Interruptmaske, so wird die Anforderung *nicht* ausgeführt, und das Programm wird mit dem nächsten Befehl fortgesetzt. Ist die Ebene *größer* als die Interruptmaske oder liegt ein NMI vor, so wird das laufende Programm unterbrochen. Die Steuerung rettet den alten Inhalt des Statusregisters und schreibt die anfordernde Ebene in die Interruptmaskenbits. Damit sind alle Anforderungen der gleichen und niederen Ebenen gesperrt. Dann beginnt die CPU einen *Interruptanforderungszyklus* auf dem internen Bus, der einem Lesezyklus (Bild 2-9) entspricht. Dabei wird die anfordernde Ebene auf den Adreßbits A3, A2 und A1 ausgegeben; alle anderen Adreßbits sowie die drei Statusleitungen FC2, FC1 und FC0 sind 1 (CPU Bereich).

Die anfordernde Moduleinheit legt eine programmierte Kenn-Nr. (Vektor) auf den Datenbus und erzeugt das Antwortsignal DSACK. Liefert sie das Antwortsignal AVEC (Auto Vector = Eigenvektor), so erzeugt die Interruptsteuerung der CPU eine eigene Kenn-Nr. (Vektor) aus der Anforderungsebene (Ebene + 24). Fordern mehrere Module gleichzeitig unterschiedliche Interruptebenen an, so gewinnt die höhere Ebene (Ebene 2 vor Ebene 1). Bei gleicher Ebene gewinnt die Einheit mit dem größeren IARB Feld (1111 vor 1110). Bei Fehlern wird ein Busfehlersignal BERR und ein "Falscher (spurious) Interrupt" ausgelöst.

Die CPU rettet den Prozessorzustand im Format $0 auf den Stapel. Die Kenn-Nr. (Vektor) wird mit 4 multipliziert zum Inhalt des VBR addiert und zum Lesen der Startadresse des Interruptprogramms verwendet, das die Interruptanforderung bedient. Da sich die Anforderungsebene im augenblicklichen Statusregister befindet, kann das Interruptprogramm nur durch einen Interrupt einer höheren Ebene unterbrochen werden. Der Befehl RTE am Ende des Interruptprogramms holt den Befehlszähler und das alte Statusregister wieder vom Stapel zurück und setzt das Programm an der Stelle der Unterbrechung fort. Da die alten Masken wiederhergestellt werden, können nun weitere Interrupts gleicher oder niederer Ebenen ausgelöst werden. Nicht bediente Anforderungen werden in der CPU nicht gespeichert und können verloren gehen. Die Moduleinheiten müssen daher die Anforderung solange aufrecht erhalten, bis sie bedient wurde, und dann wieder zurücknehmen, um eine mehrmalige Auslösung zu verhindern. Die Ebenen 1 bis 6 sind *zustandsgesteuert*, können sich selbst aber nicht unterbrechen. Liegen sie nach der Rückkehr mit RTE immer noch an, so werden sie erneut ausgeführt. Die Ebene 7 ist ein Sonderfall. Bei einer Freigabe (Maskenbits kleiner 1 1 1) wirkt sie ebenfalls zustandsgesteuert. Sind jedoch die Maskenbits gleich 1 1 1, so wird die Anforderung der Ebene 7 ausgeführt, wenn eine Änderung des Signals erfolgt. Die Ebene 7 ist dann nicht sperrbar (NMI = Non Maskable Interrupt) und wird wegen der Flankensteuerung nur einmal bedient.

Interne Interrupts wie z.B. der Systemtimer und Empfängerinterrupt werden von den Moduleinheiten ausgelöst und kontrolliert (Beispiele Kapitel 4). *Externe Interrupts* werden über die Controlleranschlüsse IRQ7 (PF7) bis IRQ1 (PF1) ausgelöst und von der SIM Moduleinheit kontrolliert. Eine Leitung, die im F-Port Anschlußregister PFPAR als Interrupteingang programmiert ist, kann über das F-Port Datenregister auch gelesen werden. Dadurch kann z.B. ein Interruptprogramm feststellen, ob das auslösende Interruptanforderungssignal noch anliegt. Die sieben Interrupteingänge IRQ7 bis IRQ1 (Interrupt Request = Interruptanforderung) werden über einen internen Prioritätsencoder in eine der sieben Anforderungsebenen (3 Signale) umgesetzt und über die SIM Moduleinheit an die CPU weitergereicht. Die Behandlung des Interruptanforderungszyklus (Vektor lesen) hängt von der Art der Bussteuerung ab.

Bei *externer Bussteuerung* (Abschnitt 2.3) reicht die SIM Moduleinheit die Bussignale weiter an eine externe Interruptsteuerung, die entweder das Signal AVEC (Autovektor) oder die Signale DSACK0 bzw. DSACK1 (Datenformatbestätigung) zusammen mit dem Vektor liefert. Im Byteformat (DSACK0 = Low) wird der Vektor über den oberen Datenbus geliefert; im Wortformat (DSACK1 = Low) über den unteren Datenbus.

Bei *interner Bussteuerung* (Abschnitt 2.4) können die internen Bausteinauswahllogiken CS0 bis CS10 des SIM Moduls die Steuersignale AVEC bzw. DSACKx erzeugen. Die Adreßregister CSBARxx und Optionsregister CSORxx sind dabei auf das Format des Interruptanforderungszyklus einzustellen.
- Adreßbits alle 1, Speichergröße (BLKSZ) ≤64 kByte (z.B.000),
- MODE = 0: asynchron
- BYTE = 0 1: unterer Datenbus für externen Vektor (16 bit System)
- BYTE = 1 0: oberer Datenbus für externen Vektor (8 bit Sytem)
- R/W = 0 1: nur Lesezyklen
- STRB = 0: Adreßsteuersignal AS
- DSACK je nach Vektoranforderung
- SPACE = 0 0: CPU Bereich (Interruptzyklus!)
- IPL je nach Interruptebene oder alle (0 0 0)
- AVEC = 0: Interruptvektor mit CS über den Datenbus holen
- AVEC = 1: Eigenvektor entsprechend Anforderungsebene

Das in *Bild 2-21* dargestellte Programmbeispiel benutzt die Auswahlsteuerung von CS9 zum Erzeugen von Eigenvektoren aller Ebenen. Der Anschluß PC6 (für CS9) bleibt Portausgang. IRQ7 ist hier wegen der Freigabemaske 0 0 0 zustandsgesteuert; der Zähler läuft, solange das Signal (Taste) anliegt. Das folgende Beispiel kontrolliert den entsprechenden F-Port Anschluß PF7 und verläßt das Interruptprogramm nur, wenn das Signal wieder entfernt wurde.

```
warte  BTST  #7,PORTF0  ; Leitung PF7 = IRQ7 testen
       BEQ   warte      ;  Low: warten
       RTE              ;  High: fertig
```

```
* k2b21.asm Bild 2-21: Externe Interrupts
stapel   equ     $100800         ; Stapel im oberen TPURAM
         org     $100000         ; TEST Vektortabelle
         dc.l    stapel          ; Vektor A7 = Stapelzeiger
         dc.l    start           ; Vektor PC = Startadresse
* alle folgenden 22 Ausnahmen führen auf das Ziel ausna
         dcb.l   22,ausna        ; bei ausna Meldung ausgeben
* Interruptfehler und Autovektoren besetzen
         dc.l    error           ; Interruptfehler
         dc.l    auto            ; Autovektor Ebene 1
         dc.l    auto            ; Autovektor Ebene 2
         dc.l    auto            ; Autovektor Ebene 3
         dc.l    auto            ; Autovektor Ebene 4
         dc.l    auto            ; Autovektor Ebene 5
         dc.l    auto            ; Autovektor Ebene 6
         dc.l    auto7           ; Autovektor Ebene 7
* alle folgenden 32 Ausnahmen führen auf das Ziel ausna
         dcb.l   32,ausna        ; bei ausna Meldung ausgeben
* Startprogrammierung des Minimalsystems ab $100
start    move.w  #$cf03,SYNCR    ; W=1 X=1 Y=15 Fsys=16,778 MHz
         move.w  #$1000,TRAMBAR  ; TPURAM $10 0000 bis $10 07FF
         move.w  #$0001,CSBARBT  ; EPROM $00 0000 bis $00 1FFF
         move.w  #$6870,CSORBT   ; DSACK = 1 Wartetakt
         move.b  #$00,CSPAR0     ; PC0 bis PC2 als Portausgänge
         move.b  #$00,CSPAR1+1   ; PC3 bis PC6 als Portausgänge
         move.b  #$ff,DDRE       ; PE7-PE0: Ausgänge
* Nur für Test VBR verlegen
         movea.l #$100000,A0     ; Anfang Vektortabelle
         movec   A0,VBR          ; nach Vektorbasisregister
* Interrupt IRQx-Eingänge (F-Port)
         move.w  #$fff8,CSBAR9   ; CS9 liefert Autovektoren
         move.w  #$2801,CSOR9    ; Autovektoren für alle IRQx
         move.b  #$fe,PFPAR      ; F-Port als IRQx-Eingänge
* Alle Interruptebenen frei geben und dann schlafen
         andi    #$f8ff,SR       ; Maske 1111 1000 111 1111
loop     bra     loop            ; Interrupts arbeiten
* Einsprung für NMI-Taste IRQ7 hier zustandsgesteuert
auto7    move.b  #7,PORTE0       ; Ebene anzeigen
         addq.b  #1,PORTC        ; C-Port: zählen +1
         rte
* Einsprung für alle anderen Interrupts IRQ1 bis IRQ6
auto     move.b  7(a7),PORTE0    ; Abstand (Stapel) anzeigen
         addq.b  #1,PORTC        ; C-Port: zählen +1
         rte
* Einsprünge Ausnahme und Interruptfehler
ausna    move.b  #$aa,PORTE0     ; Marke Ausnahme
         rte
error    move.b  #$55,PORTE0     ; Marke Interruptfehler
         rte
         end
```

Bild 2-21: Testprogramm für externe Interrupts mit Autovektoren

2.10 Ein Test- und Übungssystem

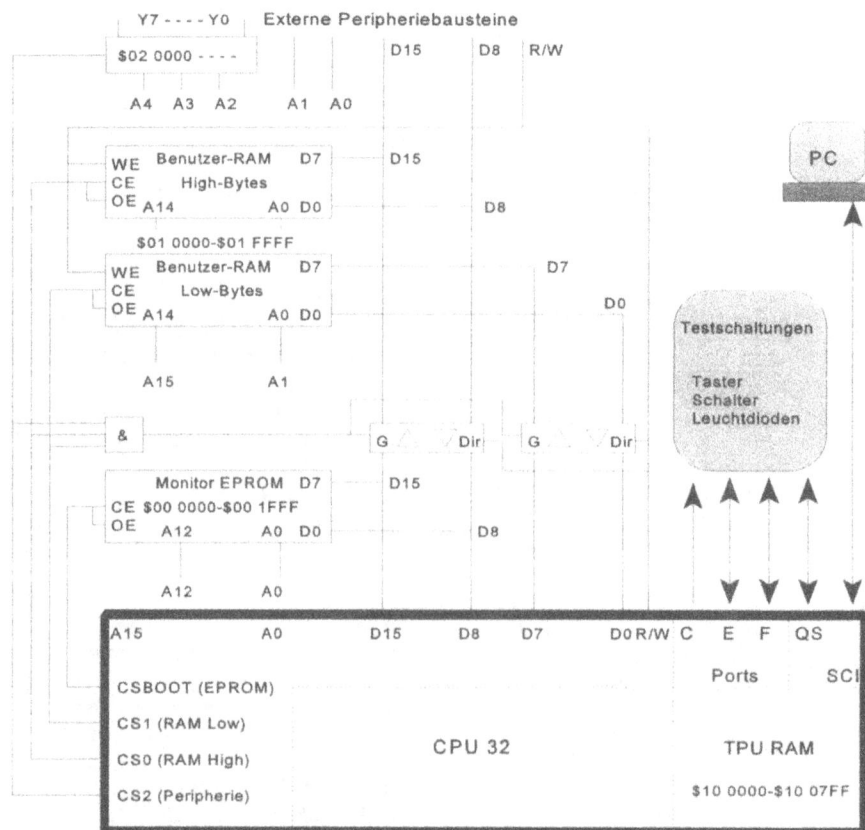

Bild 2-22: Ein Test- und Übungssystem mit dem Controller 68332

Das in Abschnitt 2.8 besprochene Minimalsystem mit dem Controller 68332 wurde durch Hinzufügen von Bausteinen zum Test- und Übungssystem *Bild 2-22* erweitert. Die Beschaltung der Takt- und Steuereingänge entspricht dem Minimalsystem Bild 2-17. Der interne RAM wurde in den Bereich von $10 0000 bis $10 07FF gelegt; der Systemstapelzeiger SSP mit $10 0800 vorbesetzt.

Bei einem Reset wird die Datenbusleitung D0 durch einen Pull Down Widerstand auf Low gehalten, der Rechner startet als *8 bit System* mit CSBOOT als Auswahlsignal. Der EPROM Baustein (8 Kbyte) enthält ein Monitorprogramm, das dem Benutzer das Laden und Starten von Testprogrammen ermöglicht. Bild 2-23 zeigt eine stark vereinfachte Monitorversion, mit der nur Bytes angezeigt und geändert werden können. Der EPROM Baustein liegt im Adreßbereich von $00 0000 bis $00 1FFF und kann trotz des Anschlusses an den oberen 8 bit Datenbus mit Wort- und Langwortbefehlen gelesen werden.

Die Auswahlleitungen CS0 und CS1 wählen zwei RAM Bausteine (je 32 Kbyte) aus, die zusammen als *16 bit System* betrieben werden; ein Baustein liegt am oberen und der andere am unteren Datenbus. Die Adreßausgänge A1 bis A15 des Controllers werden an die Adreßeingänge A0 bis A14 der Speicherbausteine angeschlossen, die Adreßleitung A0 wird nicht verwendet. Beim Schreiben von *Bytes* unterscheiden die beiden unterschiedlich programmierten Auswahlsignale CS0 (High-Bus) und CS1 (Low-Bus) zwischen den beiden Bausteinen. Ohne "Byteschreiben" wäre nur ein einziges Auswahlsignal erforderlich. Der 64 KByte große Speicherblock nimmt die Testprogramme und Daten des Benutzers auf und liegt im Adreßbereich von $01 0000 bis $01 FFFF.

Die Auswahlleitung CS2 gibt einen 1-aus-8 Decoder frei, mit dem der Benutzer *zusätzliche* Peripheriebausteine auswählen kann. Die Startprogrammierung (64 Kbyte Bereich ab Adresse $02 0000 über den High-Datenbus) kann vom Benutzer je nach externer Schaltung geändert werden. Das Kapitel 4 zeigt einige Anwendungsbeispiele. Mit Rücksicht auf die nicht vorhersehbaren Anschlußbedingungen wurde der Datenbus mit bidirektionalen Bustreibern 74LS245 gepuffert. Sie werden nur für die Auswahlsignale CS0, CS1 und CS2 freigegeben und mit dem Signal R/W (Lesen/Schreiben) in der Richtung gesteuert.

Das Testprogramm *Bild 2-23* programmiert den Controller und die Auswahllogik. Mit dem Monitorkommando lassen sich Bytes anzeigen und ändern. Damit ist es möglich, Peripheriebausteine zu testen, ohne daß ein Programm erforderlich ist.

```
*k2b23.asm Bild 2-23: Mini-Monitor für Test- und Übungssystem
stapel    equ     $100800       ; Stapel im oberen TPURAM
          org     $100000       ; TEST im TPU-RAM
          dc.l    stapel        ; Vektor A7 = Stapelzeiger
          dc.l    start         ; Vektor PC = Startadresse
* alle folgenden 62 System-Ausnahmen führen nach ausna
          dcb.l   62,ausna      ; bei ausna Meldung ausgeben
* Keine Interruptvektoren besetzt TEST: Start bei $10 0100
start     move.w  #$7f03,SYNCR  ; W=0 X=1 Y=63 Fsys=16,777 MHz
          move.w  #$1000,TRAMBAR ; TPURAM $10 0000 $10 07FF
          move.w  #$0001,CSBARBT ; CSBOOT:EPROM $000000-$001FFF
          move.w  #$6870,CSORBT  ; CSBOOT: DSACK = 1 Wartetakt
          move.w  #$0103,CSBAR0 ; CS0: RAM High $010000 64 KB
          move.w  #$58f0,CSOR0  ; CS0: H-Bus R+W AS WS=3 S/U
          move.w  #$0103,CSBAR1 ; CS1: RAM Low $01 0000 64 KB
          move.w  #$38f0,CSOR1  ; CS1: L-Bus R+W AS WS=3 S/U
          move.w  #$0203,CSBAR2 ; CS2: Periph. $020000 64 KB
          move.w  #$58f0,CSOR2  ; CS2: H-Bus R+W AS WS=3 S/U
          move.b  #$00,CSPAR0   ; PC0 bis PC2 Portausgänge
          move.b  #$00,CSPAR1+1 ; PC3 bis PC6 Portausgänge
* Nur für TEST Vektortabelle (VBR) verlegen
          movea.l #$100000,A0   ; Anfang Vektortabelle TPURAM
          movec   A0,VBR        ; nach Vektorbasisregister VBR
* Asynchrone serielle Schnittstelle programmieren
          move.w  #55,SCCR0     ; Baudrate 9600 bps
          move.w  #$000c,SCCR1  ; Sender und Empfänger ein
```

```
* Monitor-Hauptschleife: hier enden alle Kommandos
moni    move.b  #'>',d0         ; Prompt ausgeben
        bsr     ausnz           ; auf neuer Zeile
loop    bsr     echo            ; Zeichen mit Echo lesen
        cmpi.b  #'b',d0         ; Kennbuchstabe b ?
        beq     byte            ; ja: byteweise arbeiten
        cmpi.b  #'B',d0         ; Kennbuchstabe B ?
        bne     fehler          ; nein: Fehlermeldung
* Kommando b oder B: Byte anzeigen und ändern
byte    bsr     einad           ; Adresse hexa nach A0
byte1   move.b  #'$',d0         ; $ auf neuer Zeile
        bsr     ausnz           ;
        bsr     ausad           ; Adresse aus A0 hexa ausgeben
        move.b  #' ',d0         ; lz
        bsr     sende           ;
        move.b  #'$',d0         ; Marke $
        bsr     sende           ;
        move.b  (a0),d0         ; Byte-Inhalt
        bsr     ausby           ; hexa ausgeben
        move.b  #' ',d0         ; Leerzeichen
        bsr     sende           ;
        move.b  #'$',d0         ; Marke $
        bsr     sende           ; ausgeben
        bsr     echo            ; Benutzereingabe lesen
        cmpi.b  #13,d0          ; cr = Ende des Kommandos?
        beq     moni            ; ja: fertig
        cmpi.b  #' ',d0         ; lz ?
        beq     byte1           ; ja: Adresse bleibt
        cmpi.b  #'+',d0         ; + Zeichen ?
        bne     byte2           ; nein:
        addq    #1,a0           ; ja: Adresse +1
        bra     byte1           ;
byte2   cmpi.b  #'-',d0         ; - Zeichen ?
        bne     byte3           ; nein:
        subq    #1,a0           ; ja: Adresse -1
        bra     byte1           ;
byte3   bsr     deko            ; 1. Zeichen dekodieren
        bcs     fehler          ; war nicht hexa: Fehler
        lsl.w   #8,d0           ; 1. Nibble retten
        bsr     echo            ; 2. Zeichen lesen
        bsr     deko            ; und dekodieren
        bcs     fehler          ; war nicht hexa: Fehler
        lsl.b   #4,d0           ; 2. Nibble nach links
        lsr.w   #4,d0           ; mit 1. Nibble zusammen
        move.b  d0,(a0)         ; als Byte speichern
        bra     byte1           ;
fehler  move.b  #'?',d0         ; ? als Fehlermarke
        bsr     sende           ; senden
        bra     moni            ; Monitorschleife
* Unterprogramme SENDE und EMPF Empfänger testen
sende   btst    #0,SCSR         ; Sender frei?
        beq     sende           ; nein: warten
        move.b  d0,SCDR+1       ; ja: nach Sender
        rts                     ; Rücksprung
empf    btst    #6,SCSR+1       ; Empfangsdaten da?
        beq     empf1           ; nein: zurück
        move.b  SCDR+1,d0       ; ja: abholen
        ori     #1,CCR          ; Marke C = 1: ja
```

```
           rts                   ; Rücksprung
empf1      andi    #$1e,CCR      ; Marke C = 0: nein
           rts                   ;
* Unterprogramme zur Ausgabe von Zeichen und Werten
* AUSNZ = cr lf und Zeichen aus D0.B ausgeben
ausnz      move.l  d0,-(a7)      ; Zeichen retten
           move.b  #13,d0        ; cr
           bsr     sende         ; senden
           move.b  #10,d0        ; lf
           bsr     sende         ; senden
           move.l  (a7)+,d0      ; Zeichen zurück
           bsr     sende         ; und senden
           rts                   ;
* AUSNI: Nibble aus D0.B hexa ausgeben
ausni      andi.b  #$0f,d0       ; Nibble maskieren
           addi.b  #$30,d0       ; codieren
           cmpi.b  #$39,d0       ; <= Ziffer 9 ?
           bls     ausni1        ; ja: ausgeben
           addi.b  #7,d0         ; nein: Buchstabe A..F
ausni1     bsr     sende         ; als Zeichen ausgeben
           rts                   ;
* AUSBY: Byte aus D0.B hexa ausgeben
ausby      move.w  d0,-(a7)      ; D0.W auf Stapel retten
           ror.w   #4,d0         ; linkes Nibble zuerst
           bsr     ausni         ; ausgeben
           rol.w   #4,d0         ; dann rechtes Nibble
           bsr     ausni         ; ausgeben
           move.w  (a7)+,d0      ; D0.W vom Stapel zurück
           rts                   ;
* AUSAD: Adresse aus A0 hexa ausgeben
ausad      move.l  d0,-(a7)      ; D0.L auf Stapel retten
           move.l  a0,d0         ; Adresse nach D0
           swap    d0            ; H-Byte zuerst
           bsr     ausby         ;
           move.b  #'.',d0       ; Trennpunkt
           bsr     sende         ;
           swap    d0            ;
           rol.w   #8,d0         ; dann M-Byte
           bsr     ausby         ;
           ror.w   #8,d0         ; zuletzt L-Byte
           bsr     ausby         ;
           move.l  (a7)+,d0      ; D0.L vom Stapel zurück
           rts                   ;
* Unterprogramme zur Eingabe von Zeichen und Werten
* ECHO: Zeichen lesen und im Echo ausgeben
echo       bsr     empf          ; Zeichen lesen
           bcc     echo          ; keins da: warten
           bsr     sende         ; im Echo zurück
           rts                   ;
* DEKO: Zeichen in D0.B dekodieren C=1: Fehler C=0: gut
deko       cmpi.b  #'0',d0       ; kleiner Ziffer 0 ?
           bcs     dekof         ; ja: nicht Hexa
           cmpi.b  #'9',d0       ; größer Ziffer 9 ?
           bhi     deko1         ; ja: weiter versuchen
           subi    #$30,d0       ; Ziffer 0..9 dekodieren
           rts                   ; C=0: Hexa ist dekodiert
deko1      andi.b  #$df,d0       ; Maske 11011111 klein -> groß
           cmpi.b  #'A',d0       ; kleiner Ziffer A ?
```

```
        bcs     dekof           ; ja: nicht Hexa
        cmpi.b  #'F',d0         ; größer Ziffer F ?
        bhi     dekof           ; ja: war nicht Hexa
        subi.b  #$37,d0         ; nein: Ziffer A..F dekodieren
        rts                     ; C=0: Hexa ist dekodiert
dekof   ori     #1,CCR          ; C=1: Zeichen ist nicht Hexa
        rts                     ;
* EINAD: $ und Adresse hexa nach A0 lesen
einad   move.l  d0,-(a7)        ; D0.L retten
        move.l  d1,-(a7)        ; D1.L retten
        move.b  #' ',d0         ; lz
        bsr     sende           ;
        move.b  #'$',d0         ; Marke $
        bsr     sende           ;
        clr.l   d1              ; Adresse 0 vorbesetzen
einad1  bsr     echo            ; Zeichen nach D0.B lesen
        bsr     deko            ; dekodieren
        bcs     einad2          ; C=1 Ende bei nicht Hexa
        lsl.l   #4,d1           ; alte Adresse nach links
        or.b    d0,d1           ; neues Nibble dazu
        bra     einad1          ; weiter
einad2  movea.l d1,a0           ; Adresse nach A0
        move.l  (a7)+,d1        ; D1.L zurück
        move.l  (a7)+,d0        ; D0.L zurück
        rts                     ;
* Einsprung bei jeder Ausnahme
ausna   move.b  #7,d0           ; Hupe
        bsr     sende           ; ausgeben
        rte                     ;
        end
```

Bild 2-23: Testmonitor zur Anzeige und Eingabe von Bytes

Der **Testmonitor** meldet sich mit dem Prompt **>** und fordert damit zur Eingabe von Kommandobuchstaben auf. Das einzige hier dargestellte Kommando ist **B** bzw. **b** zur Eingabe und Ausgabe von **Bytes**. Der Benutzer gibt die Byteadresse ein; der Inhalt des Bytes wird hexadezimal ausgegeben. Hinter der Marke $ kann der Benutzer folgende Unterkommandos eingeben:
- ein Wagenrücklauf `cr` beendet das Kommando,
- ein Leerzeichen `lz` gibt den Inhalt des Bytes erneut aus,
- ein Zeichen + erhöht die Byteadresse um 1,
- ein Zeichen – vermindert die Byteadresse um 1 und
- mit zwei *Hexaziffern* wird ein neuer Inhalt eingegeben (Adresse bleibt).

3. Assemblerprogrammierung

Die Programmierung in der Assemblersprache wird auch als "Maschinenorientierte Programmierung" bezeichnet, weil sie die Maschinenbefehle des Prozessors verwendet und direkt auf die Register und Speicher des Rechners zugreift. Zur Übersetzung aus der symbolischen Assemblersprache in den binären Maschinencode ist ein Programm nötig, das ebenfalls Assembler (Montierer) genannt wird. Läuft der Übersetzer nicht auf dem Zielsystem, sondern auf einem anderen Rechner, so spricht man von einem Cross-Assembler. Compiler übersetzen Programme aus einer höheren anwendungsorientierten Sprache wie z.B. C in den binären Maschinencode.

3.1 Hardware- und Softwarevoraussetzungen

Die folgenden Beispiele und Übungsaufgaben sind auf das in *Bild 3-1* dargestellte Mikrocomputer Versuchs- und Übungssystem zugeschnitten. Sie lassen sich leicht auf andere Systeme mit dem Controller 68332 übertragen.

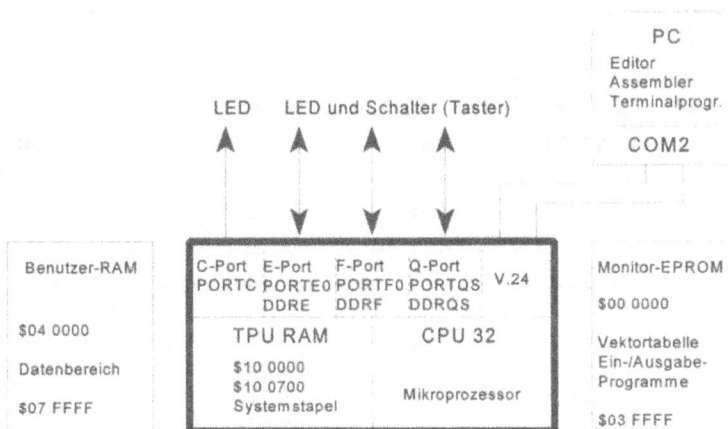

Bild 3-1: Mikrocomputer Versuchs- und Übungssystem mit dem 68332

Das System besteht aus einer CPU-Platine mit dem Controller 68332, einem EPROM Baustein mit dem Monitorprogramm, einem RAM Baustein und einer V.24 Schnittstelle. Sie wird auf eine Peripherie-Platine aufgesteckt, die Leuchtdioden und Eingabeschalter für die vier digitalen Ports sowie weitere analoge und digitale Peripheriebausteine enthält. Diese werden in Kapitel 4 zusammen mit den Systemtimern und der Timereinheit behandelt.

Nach dem Einschalten der Versorgungsspannung bzw. nach Betätigen der Reset-Taste läuft des Monitorprogramm im EPROM an und konfiguriert das System auf folgende Betriebsbedingungen:
- Systemtakt 16,777 MHz,
- interner TPU RAM im Adreßbereich von $10 0000 bis $10 07FF,
- Systemstapel ab Adresse $10 0780 abwärts,
- externer RAM im Adreßbereich von $04 0000 bis $07FFF (je nach Baustein),
- interner System- und Peripheriebereich von $FF FA00 bis $FF FFFF,
- C-Port als 7 bit Ausgabe,
- Q-Port als 7 bit Eingabe und Ausgabe,
- E-Port und F-Port als 8 bit Eingabe und Ausgabe und
- V.24 Schnittstelle 3-Draht-Verbindung 9600 Baud 8 Datenbits ohne Parität.

Das Monitorprogramm überwacht den Betrieb des Systems; die Eingabe von Kommandos und Ausgabe von Ergebnissen erfolgt über die Tastatur und den Bildschirm eines Terminals. Die wichtigsten Kommandos sind:
- Anzeigen und Ändern von Speicherstellen und Registern,
- Laden von binären Programmdateien sowie
- Starten und Testen von Programmen.

Über die V.24 Schnittstelle ist ein PC mit entsprechender Entwicklungssoftware angeschlossen. Diese besteht aus:
- einem Editor zum Erstellen des Quellprogramms im Assembler,
- einem Cross-Assembler zur Übersetzung in den binären Maschinencode und
- einem Terminalprogramm zur Bedienung des EPROM-residenten Monitors.

Das folgende *einführende Beispiel* entwickelt ein Programm, das die parallelen Ports des Controllers testet. *Bild 3-2* zeigt das mit dem Editor erstellte Assemblerprogramm, das als Quelltextdatei *k3b2.ASM* abgelegt wurde.

```
* k3b2.ASM Bild 3-2: Einführendes Beispiel Test der Ports
* Eingabe Q-Port nach C-Port Ausgabe (7 bit)
* Eingabe E-Port nach F-Port Ausgabe (8 bit)
        org     $100000       ; Lade- und Startadresse
start   move.b  #$ff,DDRF     ; F-Port als Ausgabe
loop    move.b  PORTQS,d0     ; Q-Port nach Datenregister
        move.b  d0,PORTC      ; Datenregister nach C-Port
        move.b  PORTE0,PORTF0 ; E-Port nach F-Port
        bra     loop          ; Schleifenabbruch mit RESET
        end     start         ; Startadresse
```

Bild 3-2: Assemblerprogramm des einführenden Beispiels

Das Beispiel programmiert den F-Port als Ausgabe und überträgt dann die am Q-Port eingestellten Daten auf den C-Port und die am E-Port eingestellten Daten auf den F-Port. Es läuft in einer Schleife und kann nur mit der Reset-Taste abgebrochen werden.

```
* k3b2.ASM Bild 3-2: Einführendes Beispiel Test der Ports
* Eingabe Q-Port nach C-Port Ausgabe (7 bit)
* Eingabe E-Port nach F-Port Ausgabe (8 bit)
```

Die drei ersten Zeilen beginnen mit einem * und sind Kommentarzeilen, die vom Assembler nicht in Maschinencode übersetzt werden. Sie dienen nur zur Dokumentation.

```
       org     $100000         ; Lade- und Startadresse
```

Die Anweisung org bedeutet origin oder Anfang und bestimmt die Lage des binären Maschinenprogramms im Speicher. Gewählt wurde der interne TPU RAM. Die Anweisung wird nicht in binären Code übersetzt, sondern dient dem Assembler als Bezugspunkt für alle Adreßrechnungen und bestimmt die Ladeadresse. Der Text hinter dem Semikolon ist ein Kommentar.

```
start  move.b  #$ff,DDRF       ; F-Port als Ausgabe
```

Die Zeile enthält in Spalte 1 den frei gewählten symbolischen Namen start, auf den später im Operandenfeld der letzten Zeile Bezug genommen wird. Der Befehl move.b bedeutet eine Datenübertragung in der Operandenlänge Byte. Die Konstante $FF wird in das Richtungsregister mit der fest vereinbarten symbolischen Adresse DDRF gespeichert. Dahinter befindet sich wieder ein Kommentar.

```
loop   move.b  PORTQS,d0       ; Q-Port nach Datenregister
```

Der frei gewählte Name loop dieser Zeile dient in der vorletzten Zeile als Sprungziel. Der Befehl move.b speichert das Potential des Q-Ports als Byte in das unterste Byte des Datenregisters D0.

```
       move.b  d0,PORTC        ; Datenregister nach C-Port
```

Der Befehl move.b speichert das unterste Byte des Datenregisters in das Ausgaberegister des C-Ports, dessen Potential auf Leuchtdioden angezeigt wird.

```
       move.b  PORTE0,PORTF0 ; E-Port nach F-Port
```

Der Befehl move.b dieser Zeile speichert das Potential des E-Ports direkt in das Ausgaberegister des F-Ports ohne ein Datenregister als Zwischenspeicher. Dies wäre natürlich auch für die Übertragung des Q-Ports in den C-Port möglich gewesen.

```
       bra     loop            ; Schleifenabbruch mit RESET
```

Der Befehl bra verzweigt immer zum Sprungziel loop und bildet eine Schleife, die nur mit der Reset-Taste abgebrochen werden kann.

```
       end     start           ; Startadresse
```

Die letzte Zeile enthält die Anweisung end als Endemarke des Quelltextes. Die Adresse start im Operandenfeld wird dem Monitorprogramm übergeben und vereinfacht den Start des Programms.

Der Cross-Assembler erzeugt aus der Quelltextdatei `k3b2.ASM` die in *Bild 3-3* dargestellte Übersetzungsliste in der Listentextdatei `k3b2.LST`.

```
  1 000000              * k3b2.ASM Bild 3-2: Einführendes Beispiel
002 000000              * Eingabe Q-Port nach C-Port Ausgabe
003 000000              * Eingabe E-Port nach F-Port Ausgabe
004 000000                      org     $100000       ; Lade- und
005 100000 13fc 00ff start      move.b  #$ff,DDRF     ; F-Port
           ffff fa1d
006 100008 1039 ffff loop       move.b  PORTQS,d0     ; Q-Port
           fc15
007 10000e 13c0 ffff            move.b  d0,PORTC      ;
           fa41
008 100014 13f9 ffff            move.b  PORTE0,PORTF0 ; E-Port
           fa11 ffff fa19
009 10001e 6000 ffe8            bra     loop          ;
010 100022                      end     start         ; Startadr.
```

Bild 3-3: Übersetzungsliste des einführenden Beispiels

Die Übersetzungsliste enthält eine laufende Zeilennumerierung, eine laufende Adresse, den binären Maschinencode und den eingegebenen Quelltext, der verkürzt wiedergegeben ist. Die Kommentare sowie die Assembleranweisungen `org` und `end` werden nicht in binären Code übersetzt. Der Assemblerbefehl der Zeile Nr. 5

```
    move.b  #$ff,DDRF
```

wird in vier Maschinenwörter übersetzt:
- `13fC` ist der Code des Befehls `move.b`,
- `00ff` enthält die Konstante `$ff` und
- `ffff fa1d` ist der hexadezimale Wert der symbolischen Adresse `DDRF`.

Der Cross-Assembler erzeugt die Ladetextdatei `k3b2.HEX` (*Bild 3-4*) mit Ladeadressen (`org` Anweisung) und der Startadresse (`end` Anweisung). Die Binärdatei `k3b2.BIN` enthält den Binärcode ohne Ladeinformationen. Die Textdatei `k3b2.SYM` zeigt die benutzerdefinierten Symbole mit den entsprechenden hexadezimalen Adressen.

```
S30d0010000013fc00ffffffffa1dbf
S30b001000081039ffffffc1584
S30b0010000e13c0ffffffa41ca
S30f0010001413f9ffffffa11ffffffa19a6
S3090010001e6000ffe881
S70500100000ea
```

Bild 3-4: Ladedatei des einführenden Beispiels im Motorola S-Format

Damit ist die Programmentwicklung auf dem PC abgeschlossen. Für den Test des Programms ist der binäre Maschinencode der Ladedatei mit Hilfe des Monitors in den Mikrocomputer als Zielsystem zu bringen und zu starten.

Die *Assemblersprache* ist nicht genormt wie z.B. die problemorientierte Programmiersprache C, sondern stets auf den Register- und Befehlssatz eines bestimmten Prozessors zugeschnitten. Die folgenden Eingabevorschriften des verwendeten Cross-Assemblers orientieren sich an den Befehlsbeschreibungen des Herstellers Motorola; andere Assembler können abweichende Notationen verwenden.

Die *Eingabezeile* besteht aus Feldern, die durch mindestens ein Leerzeichen voneinander zu trennen sind:
Name   Befehl   Operand   Kommentar

Kommentarzeilen beginnen mit einem Stern * oder Semikolon ; und werden nicht übersetzt. Kommentare können auch hinter einem Befehl bis zum Zeilenende stehen. Sie werden üblicherweise mit einem Semikolon ; eingeleitet.

Das *Namensfeld* kann leer sein oder einen Namen (symbolischen Bezeichner) enthalten, der mit einem Buchstaben in Spalte 1 beginnen muß, dann können Ziffern folgen. Ein Leerzeichen oder ein Doppelpunkt : beendet den Namen und leitet das Befehlsfeld ein. Die Länge eines Namens sollte 8 Zeichen nicht überschreiten. Große und kleine Buchstaben werden als verschieden angesehen. Alle in der Datei *systab.txt* vordefinierten Controlleradressen müssen immer mit großen Buchstaben erscheinen. Beispiel für das Richtungsregister des F-Ports:
```
move.b   #$ff,DDRF
```

Das *Befehlsfeld* darf erst ab Spalte 2 beginnen und enthält entweder eine Assembleranweisung oder eine Datenvereinbarung oder einen Befehl. Die Bezeichner der Befehle sind in der Datei *befli.txt* definiert; können aber wahlweise groß oder klein geschrieben werden.

Das *Operandenfeld* darf erst ab Spalte 2 beginnen und enthält entweder keinen oder einen Operanden oder mehrere Operanden, die durch ein Komma , voneinander zu trennen sind. Die Prozessorregister sind in der Datei *operli.txt* vordefiniert; sie können wahlweise groß oder klein geschrieben werden.
```
MOVE.B   PORTQS,d0   oder   move.b   PORTQS,D0
```

Symbolische Operanden sind entweder vordefinierte Controlleradressen oder benutzerdefinierte Bezeichner, die im Namensfeld eines Befehls definiert werden müssen. Dies kann vor der Verwendung oder auch hinter der Verwendung geschehen, da der Assembler im ersten Durchlauf eine Namensliste anlegt, die er im zweiten Durchlauf für die Umwandlung der Symbole in Werte verwendet. Symbolische Bezeichner können als Ausdruck geschrieben werden:
Bezeichner + Zahlenkonstante z.B. `susi+10`
Bezeichner – Zahlenkonstante z.B. `susi-$20`

Für *Konstanten*, die mit dem Operator # eingeleitet werden, gibt es folgende Schreibweisen (Beispiele *Bild 3-5*):
- symbolische Adreßkonstante als Ausdruck mit oder ohne Zahlenkonstante,
- Zahlen mit oder ohne Vorzeichen,
- Binärkonstante (0 *oder* 1) beginnend mit dem Zeichen %,
- Hexadezimalkonstante (0-9, a-f *oder* A-F) beginnend mit dem Zeichen $,
- Dezimalkonstante ohne % bzw. $ und
- Zeichenkonstante oder Textkonstante zwischen Hochkommas.

```
* k3b5.ASM Bild 3-5: Beispiele für Operanden
        org     $100000     ; Ladeadresse
susi    equ     $40000      ; Symbol definiert
anfang  nop                 ; Befehl ohne Operand
        clr     D0          ; D0 Prozessorregister
        move.b  #$ff,DDRF   ; DDRF vordefiniert
        move.l  susi,d0     ; susi benutzerdefiniert
        move.l  susi+2,d0   ; Adreßausdruck
        movea.l #susi,a0    ; Adreßkonstante
        movea.l #susi+2,a0  ; Adreßkonstante Ausdruck
        move.b  #%01010101,d0 ; Binärkonstante
        move.b  #$55,d0     ; Hexakonstante
        move.b  #-$55,d0    ; negative Hexakonstante
        move.b  #85,d0      ; Dezimalkonstante
        move.b  #-85,d0     ; negative Dezimalkonstante
        move.b  #'U',d0     ; Zeichenkonstante
        move.l  #'abcd',d0  ; Textkonstante
        bra     anfang      ; Sprungziel
        end     anfang      ; Startadresse
```

Bild 3-5: Beispiele für die Schreibweise von Operanden

Die in *Bild 3-6* dargestellten Assembleranweisungen ORG, EQU und END steuern die Übersetzung. In den Datenvereinbarungen gibt der Zusatz .x die Länge des Operanden an; .B für Byte, .W für Wort und .L für Langwort.

Namensfeld	Anweisung	Operandenfeld	Anwendung
	ORG	Ladeadresse	legt Lage im Speicher fest
Bezeichner	EQU	Wert	vereinbart Bezeichner mit Wert
	END	Startadresse	Endemarke des Quelltextes
Bezeichner	DS.x	Anzahl	reserviert Speicherplatz
Bezeichner	DC.x	Werteliste	legt Werte im Speicher ab
Bezeichner	DCB.x	Anzahl,Wert	legt mehrere gleiche Werte ab

Bild 3-6: Assembleranweisungen und Datenvereinbarungen

Für die Programmentwicklung müssen *Testdaten* ein- und ausgegeben werden. *Bild 3-7* enthält eine Liste von Controllerregistern, die vom Monitor bereits vorkonfiguriert worden sind. Geht die Voreinstellung durch einen Programmfehler verloren, so ist das System mit der Reset-Taste neu zu starten.

Symbol	*Byteadresse*	*Anwendung*
PORTC	$FF FA41	nur Datenausgabe Bit #6 bis Bit #0
PORTE0	$FF FA11	8 bit Eingabe und Ausgabe Richtung in DDRE
DDRE	$FF FA15	Richtung: 0=Eingabe (voreingestellt) 1=Ausgabe
PORTF0	$FF FA19	8 bit Eingabe und Ausgabe Richtung in DDRF
DDRF	$FF FA1D	Richtung: 0=Eingabe (voreingestellt) 1=Ausgabe
PORTQS	$FF FC15	7 bit Eingabe und Ausgabe Richtung in DDRQS
DDRQS	$FF FC17	Richtung: 0=Eingabe (voreingestellt) 1=Ausgabe
SCSR	$FF FC0C	Bit #0 Senderstatus 0: Sender belegt 1: Sender frei
SCDR+1	$FF FC0F	als Ziel: Zeichen zur Ausgabe zum Sender speichern
SCSR+1	$FF FC0D	Bit #6 Empfängerstatus: 0: kein Zeichen 1: Zeichen
SCDR+1	$FF FC0F	als Quelle: Zeichen vom Empfänger abholen

Bild 3-7 Controlleradressen für die Eingabe und Ausgabe von Testdaten

Die digitalen Ports werden vom Monitor nach einem Reset als Eingänge voreingestellt und können ohne weitere Programmierung gelesen werden. Jedes Bit des Datenregisters hat ein entsprechendes Bit im Richtungsregister. Eine 0 (voreingestellt) programmiert den Anschluß als Eingang, eine 1 programmiert ihn als Ausgang. Vor der Ausgabe von Daten ist also in das entsprechende Richtungsbit eine 1 zu schreiben. Die serielle V.24 Schnittstelle ist vom Monitor auf 9600 Baud bei 8 Datenbits ohne Parität eingestellt. Das folgende Beispiel wartet, bis der Sender frei ist und gibt dann das Zeichen * auf dem Bildschirm aus.

```
sende  BTST    #0,SCSR       ; Senderstatus testen
       BEQ     sende         ; = 0; Sender belegt: warten
       MOVE.B  #'*',SCDR+1   ; Sender frei: Daten senden
```

Das folgende Beispiel wartet, bis ein Zeichen am Empfänger angekommen ist und gibt es dann auf dem C-Port aus.

```
empf   BTST    #6,SCSR+1     ; Empfängerstatus testen
       BEQ     empf          ; = 0: kein Zeichen da
       MOVE.B  SCDR+1,PORTC  ; abholen und ausgeben
```

Der Benutzer kann die Eingabe- und Ausgabeprogramme des Monitors mit den TRAP-Befehlen *Bild 3-8* in seinen Programmen aufrufen.

Befehl	Richtung	Anwendung
TRAP #0	Ausgabe	Zeichen aus D0.B ausgeben
TRAP #1	Ausgabe	neue Zeile und 4 Zeichen aus D0.L ausgeben
TRAP #2	Ausgabe	4 Zeichen aus D0.L ausgeben
TRAP #3	Ausgabe	Byte in D0.B hexadezimal umwandeln und ausgeben
TRAP #4	Ausgabe	Wort in D0.W hexadezimal umwandeln und ausgeben
TRAP #5	Ausgabe	Langwort in D0.L hexadezimal umwandeln und ausgeben
TRAP #6	Ausgabe	neue Zeile Adresse aus A0.L hexadezimal mit $ ausgeben
TRAP #7	Eingabe	Empfänger testen C=0: kein Zeichen C=1: Zeichen in D0.B
TRAP #8	Eingabe	warten und Zeichen nach D0.B lesen ohne Echo
TRAP #9	Eingabe	warten und Zeichen nach D0.B lesen und als Echo ausgeben
TRAP #10	Eingabe	*Ausgabe*: **ADR$** *Eingabe*: Adresse nach D0.L lesen
TRAP #11	Eingabe	Hexaziffer nach D0.B lesen und dekodieren C=1: Fehler
TRAP #12	Eingabe	*Ausgabe*: **WERT->** *Eingabe*: Zahl nach D0.L lesen
TRAP #13	Eingabe	*Ausgabe*: **->** *Eingabe*: Zahl nach D0.L lesen
TRAP #14	Eingabe	Zahl (dezimal, hexadezimal, Vorzeichen) nach D0.L lesen
TRAP #15		Rücksprung in den Monitor mit Registerausgabe

Bild 3-8: Eingabe und Ausgabe von Daten mit TRAP-Befehlen

Das Testprogramm *Bild 3-9* gibt einen Text aus und wartet auf Zeichen von der Tastatur. Ein * bricht das Programm ab. Alle anderen Zeichen werden auf dem Bildschirm und dem C-Port ausgegeben.

```
* k3b9.ASM Bild 3-9: Software-Interrupts TRAP-Befehle
        org     $100000    ; Ladeadresse
start   move.l  #'--> ',d0 ; Prompt
        trap    #1         ; neue Zeile und Text
loop    trap    #8         ; Zeichen ohne Echo lesen
        cmpi.b  #'*',d0    ; Endemarke * ?
        beq     exit       ; ja: Ende
        trap    #0         ; nein: als Echo ausgeben
        move.b  d0,PORTC   ; auf C-Port ausgeben
        bra     loop       ; Schleife
exit    move.b  #$7f,PORTC ; C-Port High
        trap    #15        ; Rücksprung nach Monitor
        end     start      ; Startadresse
```

Bild 3-9: Die Eingabe und Ausgabe über das Terminal

3.2 Der Registersatz des Prozessors

Der Prozessor enthält acht Datenregister (*Bild 3-10*), die in der Länge Byte (8 bit), Wort (16 bit) und Langwort (32 bit) vorwiegend zur Datenverarbeitung dienen. Byteoperationen verwenden die Bitpositionen 0 bis 7, Wortoperationen die Bitpositionen 0 bis 15 und Langwortoperationen alle 32 Bits.

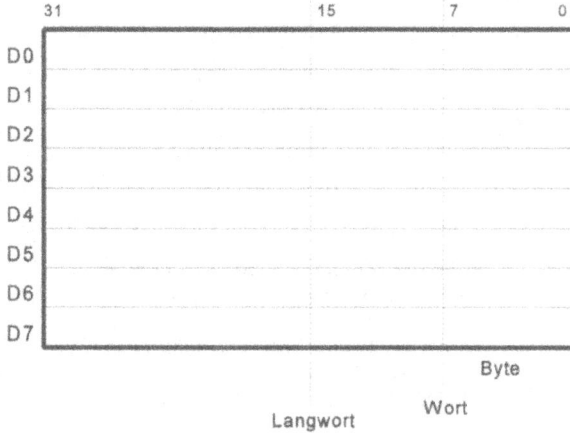

Bild 3-10: Die Datenregister des Prozessors

Der Prozessor enthält neun Adreßregister (*Bild 3-11*) für die Berechnung und Speicherung von 32 bit langen Adressen; von denen jedoch nur 24 bit für die Speicheradressierung verwendet werden. Wortoperanden werden bei der Operation in Adreßregistern immer auf ein Langwort vorzeichenausgedehnt. Das Register A7 dient als Stapelzeiger und ist doppelt vorhanden.

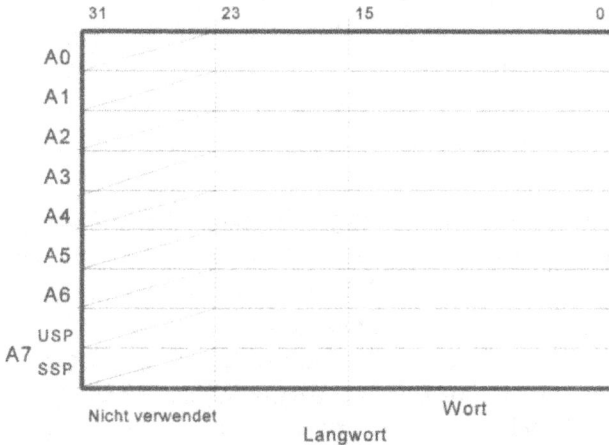

Bild 3-11: Die Adreßregister des Prozessors

Die in *Bild 3-12* dargestellten Systemregister mit Ausnahme des Befehlszählers PC und des Bedingungsregisters CCR sind nur im Systemstatus durch privilegierte Befehle zugänglich. Der Monitor konfiguriert das Statusregister und alle Steuerregister so, daß der Benutzer im Systemstatus arbeitet und alle Register und Befehle verwenden kann.

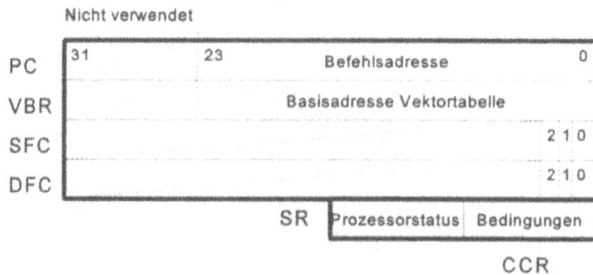

Nicht verwendet

	31	23		0
PC			Befehlsadresse	
VBR			Basisadresse Vektortabelle	
SFC				2 1 0
DFC				2 1 0

SR | Prozessorstatus | Bedingungen

CCR

PC   Befehlszählregister (Program Counter)
VBR   Vektorbasisregister
SFC   Quellcoderegister (Source Function Code)
DFC   Zielcoderegister (Destination Function Code)
SR   Statusregister
CCR   Bedingungsregister (Condition Code Register)

Bild 3-12: Die Systemregister des Prozessors

Bei der Programmverfolgung im Einzelschritt und beim Auftreten von Ausnahmen wie z.B. bei Fehlern gibt der Monitor den gesamten Registersatz mit allen Registerinhalten aus. *Bild 3-13* zeigt ein Beispiel mit zufälligen Werten, die mit der R-Funktion des Monitors ausgegeben wurden.

```
MON>R
  D0=$0000.FC8C  D1=$4137.2700  D2=$FFFF.FFFF  D3=$4E5A.5643
  D4=$FFFF.FFFF  D5=$FFFF.FFFF  D6=$FFFF.FFFF  D7=$FFFF.FFFF
  A0=$0004.6800  A1=$0005.0000  A2=$FFFF.FFFF  A3=$FFFF.FFFF
  A4=$FFFF.FFFF  A5=$FFFF.FFFF  A6=$FFFF.FFFF SSP=$0010.0780 USP=$0010.0780
  SR=%0010.0111 X0 N0 Z0 V0 C0 VBR=$0000.0000 SFC=$0000.0000 DFC=$0000.0000
  PC=$0010.0000  CODE=$08F9 Befehl:
MON>
```

Bild 3-13: Ausgabe des Registersatzes mit der R-Funktion des Monitors

Alle Datenregister des Prozessors sind gleichberechtigt. Die datenverarbeitenden Befehle können auf jedes Datenregister in der Länge Byte, Wort oder Langwort angewendet werden. Gleiches gilt für die Operationen mit Adreßregistern, für die allerdings nur Wort- und Langwortoperanden zugelassen sind. Eine Ausnahme ist das Adreßregister A7. Es dient als Stapelzeiger für den Aufruf von Unterprogrammen und in der Ausnahme-Verarbeitung. Im Systemstatus (S = 1) wird der Systemstapelzeiger SSP verwendet; im Benutzerstatus (S = 0) der Benutzerstapelzeiger USP.

Daten und Adressen sind in den Registern in der "natürlichen" Reihenfolge angeordnet; das niederwertigste Bit steht in der Bitposition 0, das höchstwertigste in Bitposition 7 (Byte) oder Bitposition 15 (Wort) oder Bitposition 31 (Langwort). *Bild 3-14* zeigt die Anordnung der Operanden im Arbeitsspeicher. Sie gilt sowohl für den internen 32 bit TPURAM als auch für externe 8 bit bzw. 16 bit Busstrukturen.

Modell des Arbeitsspeichers für

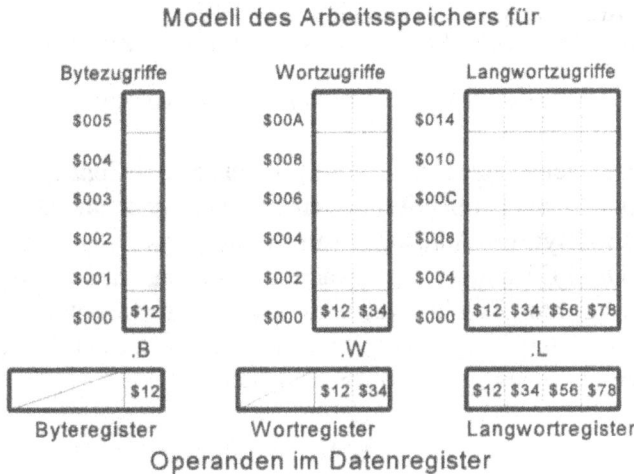

Operanden im Datenregister

Bild 3-14: Die Organisation des Arbeitsspeichers

Byteoperationen mit dem Befehlszusatz **.B** können auf alle Speicheradressen ob geradzahlig oder ungeradzahlig angewendet werden. Die drei höheren Bytes der Datenregister bleiben unverändert. Für Adreßregister sind Byteoperationen nicht zulässig. Beispiele:

```
MOVE.B   #12,D0      ; speichere Bytekonstante
MOVE.B   D0,$40000   ; Byteadresse geradzahlig
MOVE.B   D0,$40001   ; Byteadresse ungeradzahlig
```

Wortoperationen mit dem Befehlszusatz **.W** können nur auf geradzahlige Speicheradressen angewendet werden. Ein Zugriff auf eine ungeradzahlige Wortadresse bricht das Programm ab und führt auf eine Adreßfehler-Ausnahme. Im Speicher sind die Wörter in der Reihenfolge High-Byte und Low-Byte in aufeinander folgenden Bytes angeordnet. Das folgende Beispiel speichert die Wortkonstante $1234 in das untere Wort des Datenregisters D0 und speichert D0 wortweise in das Speicherwort $40000. Das werthöhere Byte $12 liegt auf der Byteadresse $40000, das wertniedere $34 auf der Byteadresse $40001.

```
MOVE.W   #$1234,D0   ; speichere Wortkonstante
MOVE.W   D0,$40000   ; speichere Wort nach Speicher
MOVE.W   D0,$40001   ; Adreßfehler Abbruch !!!!!
```

Langwortoperationen mit dem Befehlszusatz `.L` können nur auf geradzahlige Speicheradressen angewendet werden. Ein Zugriff auf eine ungeradzahlige Langwortadresse bricht das Programm ab und führt auf eine Adreßfehler-Ausnahme. Auch im Speicher sind die Daten in der Reihenfolge High-Byte bis Low-Byte in aufeinander folgenden Bytes angeordnet. Das folgende Beispiel speichert die Konstante $12345678 nach D0 und speichert D0 langwortweise in die Speicherstelle $40000. Das werthöchste Byte $12 liegt auf der Byteadresse $40000, das wertniedrigste auf der Adresse $40003

```
MOVE.L  #$12345678,D0   ; speichere Langwortkonstante
MOVE.L  D0,$40000       ; speichere Langwort
MOVE.L  D0,$40001       ; Adreßfehler Abbruch !!!!!
```

Die *internen* Speicherstellen und Peripherieregister des Controllers sowie die *externen* Speicher- und Peripherieeinheiten liegen in einem einheitlichen Adreßbereich von 16 MByte (24 Adreßbits). Auf die Möglichkeit, mit den drei Statussignalen FC0 bis FC2 weitere Adreßräume zu schaffen, wird in dem vorliegenden System verzichtet. Es gibt keine besonderen Peripheriebefehle oder Adressierungsarten für interne oder externe Speicher. *Bild 3-15* zeigt die Speicheraufteilung des vorliegenden Test- und Übungssystems.

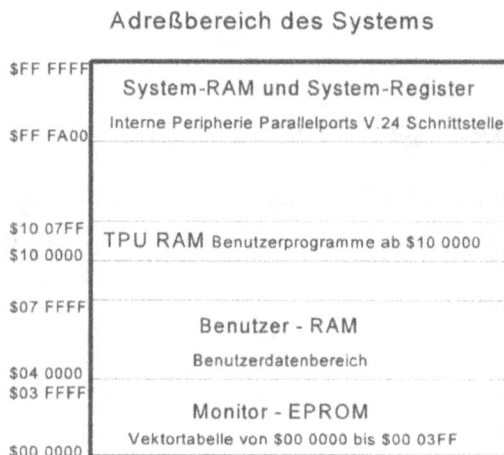

Adreßbereich des Systems

$FF FFFF	System-RAM und System-Register
$FF FA00	Interne Peripherie Parallelports V.24 Schnittstelle
$10 07FF	TPU RAM Benutzerprogramme ab $10 0000
$10 0000	
$07 FFFF	Benutzer - RAM
$04 0000	Benutzerdatenbereich
$03 FFFF	Monitor - EPROM
$00 0000	Vektortabelle von $00 0000 bis $00 03FF

Bild 3-15: Die Speicheraufteilung des Systems

In den folgenden Beispielen und Übungen liegen die Programme im TPURAM ab Adresse $10 0000. Der Benutzer-RAM ab Adresse $4 0000 ist für Variablen und Datenbereiche (Arrays oder Felder) vorgesehen. Für Interruptprogramme wird die Vektortabelle in den Benutzerspeicher kopiert, um eigene Vektoren (Einsprungadressen) eintragen zu können. Im Systemstatus sind alle Befehle und Register verfügbar.

3.3 Die grundlegenden Adressierungsarten

Bei der Adressierung des Speichers geht man davon aus, daß sich das Programm zusammen mit den Konstanten in einem Festwertspeicher (EPROM) befindet, der im Betrieb nicht geändert werden kann. Dieser *Codebereich* kann nur gelesen werden. In den Beispielen liegt er jedoch im TPURAM ab Adresse $100000.

Für variable d.h. veränderliche Daten steht ein Schreib-Lese-Speicher (RAM) zur Verfügung. Der *Datenbereich* kann gelesen und beschrieben werden. In den Beispielen liegt er im externen RAM ab Adresse $40000.

Die internen und externen *Peripherieregister* werden als im Datenbereich liegend angesehen, können aber je nach Aufgabe Einschränkungen unterworfen sein. Für die in den Beispielen verwendete Peripherie (Bild 3-7) gilt:
- in das Portregister PORTC kann nur geschrieben werden,
- für die Ports PORTE0, PORTF0 und PORTQS wird die Richtung festgelegt,
- auf Ausgabe programmierte Ports geben beim Schreiben die Daten aus,
- auf Eingabe programmierte Ports liefern beim Lesen die Leitungspotentiale,
- auf Ausgabe programmierte Ports liefern beim Lesen Daten der Datenregister,
- die Statusregister SCSR und SCSR+1 können nur gelesen werden,
- durch Schreiben des Datenregisters SCDR+1 wird ein Zeichen gesendet und
- durch Lesen des Registers SCDR+1 wird das empfangene Zeichen abgeholt.

Daten übertragen bedeutet kopieren der Daten aus dem Quelloperanden in den Zieloperanden. Der Befehl

> **MOVE**   *Quelle,Ziel*

arbeitet im Gegensatz zu den Assemblern anderer Prozessoren von links nach rechts und wird daher am besten als

> ***Speichere*** die *Quelle* in das *Ziel*

übersetzt. Er kann auf drei Operandenlängen angewendet werden, die durch einen Zusatz gekennzeichnet werden. Fehlt dieser, so wird eine Wortoperation angenommen. In den Befehlslisten steht .x für .B oder .W oder .L. Beispiele:
MOVE.B für Byteoperanden
MOVE.W oder nur MOVE für Wortoperanden
MOVE.L für Langwortoperanden

Die Befehlslisten enthalten für jeden Befehl Angaben über die zulässigen Operanden und Operandenlängen.

Bei der Datenübertragung und bei der Ausführung der Befehle im Rechenwerk werden im Bedingungsregister CCR Anzeigebits verändert, die später von bedingten Befehlen ausgewertet werden. Aufbau des Bedingungsregisters:

0	0	0	X	N	Z	V	C

- das X-Bit (Extend) ist ein Übertrag zur Erweiterung des Zahlenbereiches,
- das N-Bit (Negative) gibt das Vorzeichen von INTEGER Zahlen an,
- das Z-Bit (Zero) zeigt an, ob der Operand bzw. das Ergebnis Null ist,
- das V-Bit (Overflow) gibt den Überlauf von INTEGER Zahlen an und
- das C-Bit (Carry) zeigt einen Überlauf vorzeichenloser Zahlen an.

In den Befehlslisten wird die Wirkung der Befehle auf die Bedingungsbits durch folgende Symbole angezeigt:
- x bedeutet, daß das Bit je nach Operand gesetzt (1) oder gelöscht (0) wird,
- 0 bedeutet, daß das Bit immer gelöscht (0) wird,
- 1 bedeutet, daß das Bit immer gesetzt (1) wird,
- u bedeutet, daß das Bit unvorhersehbar verändert wird und
- *leer* bedeutet, daß das Bit durch die Operation nicht verändert wird.

Die Befehlslisten enthalten Angaben über die zulässigen *Adressierungsarten* unterschieden nach Quelloperand und Zieloperand:

#kon	abs	Dn	An	(An)	(An)+	-(An)	w(An)	b(An,Xi)	(d,An,Xi)	w(PC)	b(PC,Xi)	(d,PC,Xi)

#kon bedeutet, daß der Operand eine Konstante ist, die der Assembler hinter dem Code ablegt. Die Länge des Operanden entspricht der Längenangabe im Befehl.
Beispiel: speichere den konstanten Wert $80 in das untere Byte von D0

```
MOVE.B   #$80,D0        ; ergibt N=1 Z=0 V=0 C=0
```

abs bedeutet, daß sich der Operand auf der angegebenen absoluten Adresse befindet. Kurze Adressen können als Wort gespeichert werden, einige Assembler legen die Adresse immer in einem Langwort hinter dem Code ab.
Beispiel: Speichere den Inhalt des E-Ports nach D0

```
MOVE.B   PORTE0,D0      ; Quelladresse symbolisch
MOVE.B   $FFFA11,D0     ; Quelladresse hexadezimal
```

Dn bedeutet, daß sich der Operand in einem Datenregister befindet.
Beispiel: speichere das Byte von D0 in den F-Port

```
MOVE.B   D0,PORTF0      ; auch als  d0,PORTF0 möglich
```

Leer bedeutet, daß die Adressierungsart nicht verfügbar ist. Die register-indirekte Adressierung mit einem Adreßregister An und die befehlszähler-relative Adressierung mit dem Befehlszähler PC werden im Abschnitt 3.5 behandelt.

Die folgenden Befehle speichern Bytes, Wörter oder Langwörter.

Befehl	Operand	X	N	Z	V	C	Wirkung
MOVE.x	Quelle,Ziel		x	x	0	0	speichere die Quelle in das Ziel
MOVEQ	#kon,Dn		x	x	0	0	speichere Bytekonstante nach Dn.L
MOVEP.x	Dn,w(Ay)						speichere Dn nach Peripherie (Schrittweite 2)
MOVEP.x	w(Ay),Dn						speichere Peripherie (Schrittweite 2) nach Dn
CLR.x	Ziel	0	1	0	0		lösche den Zieloperanden
EXG	Rx,Ry						vertausche Dx oder Ax mit Dy oder Ay
SWAP	Dn		x	x	0	0	vertausche Wörter von Dn

Adressierungsarten des Quelloperanden:

#kon	abs	Dn	An	(An)	(An)+	-(An)	w(An)	b(An,Xi)	(d,An,Xi)	w(PC)	b(PC,Xi)	(d,PC,Xi)

Adressierungsarten des Zieloperanden:

	abs	Dn		(An)	(An)+	-(An)	w(An)	b(An,Xi)	(d,An,Xi)			

Für den Befehl **MOVE** sind als Quelle alle Adressierungsarten zugelassen; das Ziel kann auch ein Adreßregister An in der Operandenlänge Wort oder Langwort sein. Abschnitt 3.5 zeigt den Befehl MOVEA für Adreßregister An. Innerhalb der zulässigen Adressierungsarten sind beliebige Kombinationen möglich. Beispiele:

```
MOVE.L   D0,A0           ; Ziel Adreßregister
MOVE.B   PORTQS,PORTC    ; Speicher - Speicher
```

Der Befehl **MOVEQ** speichert eine Bytekonstante in ein Datenregister. Das Byte wird zu einem Langwort vorzeichenausgedehnt und überschreibt das gesamte Datenregister. Ist das werthöchste Bit der Konstanten 0, so wird mit Nullen aufgefüllt; ist es eine 1, so wird mit Einsen aufgefüllt. Beispiele:

```
MOVEQ   #$7F,D0   ;   D0 = $0000007F
MOVEQ   #$80,D0   ;   D0 = $FFFFFF80
```

Der Befehl **MOVEP** überträgt ein Wort oder Langwort von oder zu Peripherieregistern an einem 16 bit Datenbus, deren Adressen die Schrittweite 2 haben. Der Befehl **CLR** löscht den Zieloperanden in allen Bitpositionen. Er kann nicht auf Adreßregister angewendet werden. Der Befehl **EXG** vertauscht die Inhalte zweier Register langwortweise. Dabei sind auch Kombinationen von Datenregistern und Adreßregistern möglich. Der Befehl **SWAP** zum Vertauschen von Registerwörtern ist nur für Datenregister zulässig. Beispiele:

```
CLR.B   PORTC   ;   Ausgabe C-Port löschen
EXG     D0,A0   ;   vertausche D0 mit A0
SWAP    D0      ;   vertausche Wörter von D0
```

Die folgenden Befehle verschieben den Inhalt des Operanden *arithmetisch* um eine oder mehrere Bitpositionen nach links oder rechts.

Befehl	Operand	X	N	Z	V	C	Wirkung
ASL.x	Dx,Dy	x	x	x	x	x	schiebe Dy links, Schiebezähler Dx max. 32
ASL.x	#kon,Dy	x	x	x	x	x	schiebe Dy links, Schiebezähler 1 bis 8
ASL	Ziel	x	x	x	x	x	schiebe Wort im Zieloperanden um 1 bit links
ASR.x	Dx,Dy	x	x	x	x	x	schiebe Dy rechts, Schiebezähler Dx max. 32
ASR.x	#kon,Dy	x	x	x	x	x	schiebe Dy rechts, Schiebezähler 1 bis 8
ASR	Ziel	x	x	x	x	x	schiebe Wort im Zieloperanden um 1 bit rechts

Adressierungsarten des Zieloperanden im Speicherwort:

	abs			(An)	(An)+	-(An)	w(An)	b(An,Xi)	(d,An,Xi)			

```
  C <─┐                                      ┌─> C
      │<- Operand <- 0     Vz -> Operand ->│
  X <─┘                                      └─> X
```

Beim arithmetischen *Linksschieben* wird die rechts frei werdende Bitposition mit einer 0 aufgefüllt. Die links herausgeschobene Bitposition gelangt in das C-Bit und das X-Bit, deren Inhalte verloren gehen.

Beim arithmetischen *Rechtsschieben* wird die links frei werdende Bitposition mit dem alten Vorzeichenbit aufgefüllt, d.h. das Vorzeichen des Operanden bleibt erhalten. Die rechts herausgeschobene Bitposition gelangt in das C-Bit und das X-Bit, deren Inhalte verloren gehen.

Wird der Inhalt eines Datenregisters Dy verschoben, so ist die Anzahl der Verschiebungen entweder eine Variable in einem anderen Datenregister Dx oder eine Konstante im Bereich von 1 bis 8. Der Inhalt eines Wortes im Speicher wird ohne Angabe eines Schiebezählers immer um 1 bit verschoben.

Das arithmetische Schieben dient zum Multiplizieren (nach links) bzw. Dividieren (nach rechts) von vorzeichenbehafteten Dualzahlen (INTEGER) mit Faktoren von 2 bzw. durch Divisoren von 2. Das folgende Beispiel dividiert das Wort in D0 durch den Divisor $8 = 2^3$ durch Rechtsschieben um 3 bit. Im Gegensatz zu den Divisionsbefehlen ist der Divisionsrest nur bei einer Verschiebung um 1 bit im C-Bit verfügbar.

```
MOVE.W   #-100,D0  ; Dividend negativ dezimal
ASR.W    #3,D0     ; Divisor ist 8
```

Die folgenden Befehle verschieben den Inhalt des Operanden *logisch* um eine oder mehrere Bitpositionen nach links oder rechts.

Befehl	Operand	X	N	Z	V	C	Wirkung
LSL.x	Dx,Dy	x	x	x	0	x	schiebe Dy links, Schiebezähler Dx max. 32
LSL.x	#kon,Dy	x	x	x	0	x	schiebe Dy links, Schiebezähler 1 bis 8
LSL	Ziel	x	x	x	0	x	schiebe Wort im Zieloperanden um 1 bit links
LSR.x	Dx,Dy	x	x	x	0	x	schiebe Dy rechts, Schiebezähler Dx max. 32
LSR.x	#kon,Dy	x	x	x	0	x	schiebe Dy rechts, Schiebezähler 1 bis 8
LSR	Ziel	x	x	x	0	x	schiebe Wort im Zieloperanden um 1 bit rechts

Adressierungsarten des Zieloperanden im Speicherwort:

	abs			(An)	(An)+	-(An)	w(An)	b(An,Xi)	(d,An,Xi)			

```
C <─┐                                           ┌─> C
    │<- Operand <- 0        0 -> Operand ->│
X <─┘                                           └─> X
```

Beim logischen *Linksschieben* wird die rechts frei werdende Bitposition mit einer 0 aufgefüllt. Die links herausgeschobene Bitposition gelangt in das C-Bit und das X-Bit, deren Inhalte verloren gehen.

Beim logischen *Rechtsschieben* wird die links frei werdende Bitposition immer mit einer 0 aufgefüllt. Die rechts herausgeschobene Bitposition gelangt in das C-Bit und das X-Bit, deren Inhalte verloren gehen.

Wird der Inhalt eines Datenregisters Dy verschoben, so ist die Anzahl der Verschiebungen entweder eine Variable in einem anderen Datenregister Dx oder eine Konstante im Bereich von 1 bis 8. Der Inhalt eines Wortes im Speicher wird ohne Angabe eines Schiebezählers immer um 1 bit verschoben.

Das logische Schieben dient zum Multiplizieren (nach links) bzw. Dividieren (nach rechts) von vorzeichenlosen Dualzahlen mit Faktoren von 2 bzw. durch Divisoren von 2. Es kann auch dazu verwendet werden, die Bytegruppen innerhalb eines Wortes oder Langwortes zusammenzusetzen oder zu trennen. Das folgende Beispiel schiebt zwei Bytes zu einem Wort zusammen.

```
MOVE.B  PORTE0,D0   ; High-Byte lesen
LSL.W   #8,D0       ; um 8 bit nach links
MOVE.B  PORTF0,D0   ; Low-Byte lesen
```

Die folgenden Befehle verschieben den Inhalt des Operanden zyklisch um eine oder mehrere Bitpositionen nach links oder rechts. Dies wird auch als *rotieren* bezeichnet.

Befehl	Operand	X	N	Z	V	C	Wirkung
ROL.x	Dx,Dy		x	x	0	x	rotiere Dy links, Schiebezähler in Dx max. 32
ROL.x	#kon,Dy		x	x	0	x	rotiere Dy links, Schiebezähler 1 bis 8
ROL	Ziel		x	x	0	x	rotiere Wort im Zieloperanden um 1 bit links
ROR.x	Dx,Dy		x	x	0	x	rotiere Dy rechts, Schiebezähler in Dx max. 32
ROR.x	#kon,Dy		x	x	0	x	rotiere Dy rechts, Schiebezähler 1 bis 8
ROR	Ziel		x	x	0	x	rotiere Wort im Zieloperanden um 1 bit rechts
ROXL.x	Dx,Dy	x	x	x	0	x	rotiere (Dy + X) links, Schiebezähler in Dx
ROXL.x	#kon,Dy	x	x	x	0	x	rotiere (Dy +X) links, Schiebezähler 1 bis 8
ROXL	Ziel	x	x	x	0	x	rotiere (Wort +X) im Ziel um 1 bit links
ROXR.x	Dx,Dy	x	x	x	0	x	rotiere (Dy +X) rechts, Schiebezähler in Dx
ROXR.x	#kon,Dy	x	x	x	0	x	rotiere (Dy + X) rechts, Schiebezähler 1 bis 8
ROXR	Ziel	x	x	x	0	x	rotiere (Wort + X) im Ziel um 1 bit rechts

Adressierungsarten des Zieloperanden im Speicherwort:

	abs			(An)	(An)+	-(An)	w(An)	b(An,Xi)	(d,An,Xi)			
	abs			(An)	(An)+	-(An)	w(An)	b(An,Xi)	(d,An,Xi)			

```
    r->----------->-,              r-<----------<-,
    |              |               |              |
c <- ⊥ <- Operand <-⌟             ⌞-> Operand -> ⊥ -> c
```

Beim einfachen *Linksrotieren* wird die rechts frei werdende Bitposition mit der links herausgeschobenen Bitposition aufgefüllt, die gleichzeitig auch in das C-Bit geschoben wird. Das X-Bit bleibt unverändert.

Beim einfachen *Rechtsrotieren* wird die links frei werdende Bitposition mit der rechts herausgeschobenen Bitposition aufgefüllt, die gleichzeitig auch in das C-Bit geschoben wird. Das X-Bit bleibt unverändert.

Wird der Inhalt eines Datenregisters Dy verschoben, so ist die Anzahl der Verschiebungen entweder eine Variable in einem anderen Datenregister Dx oder eine Konstante im Bereich von 1 bis 8. Der Inhalt eines Wortes im Speicher wird ohne Angabe eines Schiebezählers immer um 1 bit verschoben.

```
    ┌->─────────────────>─┐   ┌─<────────────────<─┐
    |                     |   |                     |
 C <─ ⊥ <─ Operand <─ X <─┘   └─> X ─> Operand ─> ⊥ ─> C
```

Beim *Rotieren mit X* bilden der Operand und das X-Bit ein zusammenhängendes Schieberegister der Länge 9 bit bzw. 17 bit bzw. 33 bit. Mit diesen Befehlen läßt sich die Länge der Schiebeoperanden über 32 bit hinaus vergrößern. In dem folgenden Beispiel bilden das Datenregister D0 (Low-Langwort) und das Datenregister D1 (High-Langwort) ein Schieberegister der Länge 64 bit, das um 1 bit logisch nach links geschoben wird.

```
LSL.L   #1,D0   ;   Low-Langwort Bit #31 nach X
ROXL.L  #1,D1   ;   High-Langwort X nach Bit #0
```

Mit den folgenden Befehlen lassen sich logische Operationen auf Bitmuster durchführen. Die wichtigsten Anwendungen sind das Löschen, Setzen und Komplementieren von einzelnen Bitpositionen oder Bitgruppen.

Befehl	Operand	X	N	Z	V	C	Wirkung
NOT.x	Ziel		x	x	0	0	Ziel <= **NICHT** Ziel (Einerkomplement)
AND.x	Quelle,Dn		x	x	0	0	Dn <= Dn **UND** Quelle
AND.x	Dn,Ziel		x	x	0	0	Ziel <= Ziel **UND** Dn
ANDI.x	#kon,Ziel		x	x	0	0	Ziel <= Ziel **UND** Konstante
OR.x	Quelle,Dn		x	x	0	0	Dn <= Dn **ODER** Quelle
OR.x	Dn,Ziel		x	x	0	0	Ziel <= Ziel **ODER** Dn
ORI.x	#kon,Ziel		x	x	0	0	Ziel <= Ziel **ODER** Konstante
EOR.x	Dn,Ziel		x	x	0	0	Ziel <= Ziel **EODER** Dn
EORI.x	#kon,Ziel		x	x	0	0	Ziel <= Ziel **EODER** Konstante
ANDI	#kon,CCR	x	x	x	x	x	CCR <= CCR **UND** Konstante (lösche Bit)
ORI	#kon,CCR	x	x	x	x	x	CCR <= CCR **ODER** Konstante (setze Bit)
EORI	#kon,CCR	x	x	x	x	x	CCR <= CCR **EODER** Konstante (kompl. Bit)

Adressierungsarten der Zieloperanden:

	abs	Dn		(An)	(An)+	-(An)	w(An)	b(An,Xi)	(d,An,Xi)			

Adressierungsarten der Quelloperanden:

#kon	abs	Dn		(An)	(An)+	-(An)	w(An)	b(An,Xi)	(d,An,Xi)	w(PC)	b(PC,Xi)	(d,PC,Xi)

Die logische *NICHT-Funktion* komplementiert den Operanden in allen Bitpositionen nach der Regel *"aus 0 mach 1 und aus 1 mach 0"* (Einerkomplement). Das Beispiel liest den E-Port und gibt ihn komplementiert auf dem F-Port aus.

```
MOVE.B   PORTE0,D0    ; E-Port lesen
NOT.B    D0           ; komplementieren
MOVE.B   D0,PORTF0    ; und auf F-Port ausgeben
```

Die logische *UND-Funktion* hat nur dann das Ergebnis 1 (wahr), wenn alle Operanden den Zustand 1 (wahr) haben. Ist ein Operand 0 (falsch), ist das Ergebnis 0 (falsch). Das logische UND wird zum Löschen bestimmter Bitpositionen mit einer konstanten Maske verwendet. Der Zieloperand wird in den Bitpositionen gelöscht, in denen die Maske eine 0 enthält, und bleibt in den Bitpositionen unverändert, in denen die Maske eine 1 enthält. Das Beispiel liest den E-Port, löscht das linke Halbbyte und gibt das Ergebnis auf dem F-Port aus.

```
MOVE.B   PORTE0,D0    ; E-Port lesen
ANDI.B   #$0F,D0      ; UND-Maske %0000 1111
MOVE.B   D0,PORTF0    ; und auf F-Port ausgeben
```

Die logische *ODER-Funktion* hat nur dann das Ergebnis 0 (falsch), wenn alle Operanden den Zustand 0 (falsch) haben. Ist ein Operand 1 (wahr), ist das Ergebnis 1 (wahr). Das logische ODER wird zum Setzen bestimmter Bitpositionen mit einer konstanten Maske verwendet. Der Zieloperand wird in den Bitpositionen auf 1 gesetzt, in denen die Maske eine 1 enthält, und bleibt in den Bitpositionen unverändert, in denen die Maske eine 0 enthält. Das Beispiel liest den E-Port, setzt die höchste Bitposition auf 1 und gibt das Ergebnis auf dem F-Port aus.

```
MOVE.B   PORTE0,D0    ; E-Port lesen
ORI.B    #$80,D0      ; ODER-Maske %1000 0000
MOVE.B   D0,PORTF0    ; und auf F-Port ausgeben
```

Mit der ODER-Funktionen lassen sich einzelne Bitgruppen zusammensetzen. Das Beispiel setzt das linke Halbbyte des F-Ports und das rechte Halbbyte des E-Ports zu einem Byte zusammen und gibt es auf dem C-Port aus.

```
MOVE.B   PORTF0,D0    ; F-Port High-Nibble lesen
ANDI.B   #$F0,D0      ; rechtes Halbbyte löschen
MOVE.B   PORTE0,D1    ; E-Port Low-Nibble lesen
ANDI.B   #$0F,D1      ; linkes Halbbyte löschen
OR.B     D1,D0        ; in D0 zusammensetzen
MOVE.B   D0,PORTC     ; auf C-Port ausgeben
```

Das gleiche Beispiel läßt sich auch mit Schiebebefehlen programmieren.

```
MOVE.B   PORTF0,D0    ; F-Port High-Nibble lesen
LSL.W    #4,D0        ; High-Nibble retten
MOVE.B   PORTE0,D0    ; E-Port Low-Nibble lesen
LSL.B    #4,D0        ; Low-Nibble retten
LSR.W    #4,D0        ; zusammenschieben
MOVE.B   D0,PORTC     ; auf C-Port ausgeben
```

Die logische ***EODER-Funktion*** hat dann das Ergebnis 0 (falsch), wenn beide Operanden gleich sind, also beide 0 (falsch) oder beide 1 (wahr). Sind die beiden Operanden ungleich, also nur einer der beiden 1 (wahr), so ist das Ergebnis 1 (wahr): "*Entweder Oder, aber nicht alle beide*". Das logische EODER wird zum Komplementieren bestimmter Bitpositionen mit einer konstanten Maske verwendet. Der Zieloperand wird in den Bitpositionen komplementiert, in denen die Maske eine 1 enthält, und bleibt in den Bitpositionen unverändert, in denen die Maske eine 0 enthält. Das Beispiel liest den E-Port, komplementiert das linke Halbbyte und gibt das Ergebnis auf den C-Port aus.

```
MOVE.B   PORTE0,D0    ; E-Port lesen
EORI.B   #$F0,D0      ; EODER-Maske %1111 0000
MOVE.B   D0,PORTF0    ; und auf F-Port ausgeben
```

Die logischen Funktionen mit konstanten Masken lassen sich auch auf das Bedingungsregister CCR als Ziel anwenden. Sie dienen zum Setzen, Löschen und Komplementieren bestimmter Anzeigebits. Aufbau des Bedingungsregisters:

0	0	0	X	N	Z	V	C

Beispiele:
```
ANDI   #%11101111,CCR    ; $EF lösche das X-Bit
ANDI   #%11111110,CCR    ; $FE lösche das C-Bit
ORI    #%00000001,CCR    ; $01 setze das C-Bit
EORI   #%00010000,CCR    ; $10 komplementiere X
```

Die folgenden Einzelbitoperationen kopieren das adressierte Bit eines Langwortes (Datenregister) oder Bytes (Speicher) invertiert in das Z-Bit und verändern es anschließend.

Befehl	Operand	X	N	Z	V	C	Wirkung
BCLR	Dn,Ziel			x			lösche das in Dn positionierte Bit des Ziels
BCLR	#kon,Ziel			x			lösche das in #kon positionierte Bit des Ziels
BSET	Dn,Ziel			x			setze das in Dn positionierte Bit des Ziels
BSET	#kon,Ziel			x			setze das in #kon positionierte Bit des Ziels
BCHG	Dn,Ziel			x			komplementiere das in Dn positionierte Bit
BCHG	#kon,Ziel			x			komplementiere das in #kon positionierte Bit

Adressierungsarten des Zieloperanden:

	abs	Dn		(An)	(An)+	-(An)	w(An)	b(An,Xi)	(d,An,Xi)			

Speicher als Ziel: Operation innerhalb eines Bytes
Datenregister als Ziel: Operation innerhalb eines Langwortes

Bei einem Datenregister als Ziel kann jedes Bit des gesamten Langwortes angesprochen werden. Die letzten 5 bit (modulo 32) der Positionsangabe adressieren eine Bitposition von 0 (wertniedrigstes Bit) bis 31 (werthöchstes Bit). Liegt das Ziel im Speicher, so wird eine Bitposition in einem Speicherbyte ausgewählt. Die letzten 3 bit (modulo 8) der Positionsangabe adressieren eine Bitposition von 0 (wertniedrigstes Bit) bis 7 (werthöchstes Bit).

Die adressierte Bitposition wird zuerst invertiert in das Z-Bit kopiert und kann später von bedingten Befehlen ausgewertet werden (Abschnitt 3.4 Verzweigungen und Schleifen). Erst nach dem Kopieren wird das Bit gelöscht oder gesetzt oder komplementiert. Das folgende Beispiel komplementiert das wertniedrigste Bit des Q-Ports. Da der Port als Ausgang programmiert ist, wird das Datenregister gelesen und verändert zurückgeschrieben.

```
MOVE.B   #$FF,DDRQS   ;  Q-Port als Ausgang
CLR.B    PORTQS       ;  Ausgänge löschen
BCHG     #0,PORTQS    ;  schalte das letzte Bit um
```

Konstanten sind feste Daten, die bereits bei der Programmierung bekannt sind. Kleine Konstanten können im Befehl als Direktoperanden #kon abgelegt werden, längere Konstanten legt man meist im Codebereich ab, der in der Anwendung in einem Festwertspeicher (EPROM) liegt. In den Beispielen werden sie hinter dem Programm im internen TPURAM angeordnet.

Variablen sind veränderliche Daten, die erst während des Programmablaufes gelesen oder berechnet werden. Kleine und häufig verwendete Werte hält man in Registern, größere Variablenbereiche legt man in einem Schreib-Lese-Speicher (RAM) an. In den Beispielen werden sie im externen RAM ab Adresse $40000 angeordnet. Die in der folgenden Tabelle zusammengestellten Assembleranweisungen reservieren Speicher und legen Konstanten ab.

Namensfeld	*Anweisung*	*Operandenfeld*	*Anwendung*
Bezeichner	DS.x	Anzahl	reserviert Speicherplatz
Bezeichner	DC.x	Werteliste	legt Werte im Speicher ab
Bezeichner	DCB.x	Anzahl,Wert	legt mehrere gleiche Werte ab

Die Anweisung **DS** (Definiere Speicher) reserviert die im Operandenfeld angegebene Anzahl von Bytes, Wörtern oder Langwörtern. Für Bytes sollte immer ein geradzahliger Wert verwendet werden, damit nachfolgende Wort- oder Langwortvereinbarungen auf einer geradzahligen Adresse liegen. Der Speicherinhalt ist beim Start des Programms undefiniert. Das Beispiel reserviert 10 Bytes unter dem symbolischen Namen susi ab Adresse $40000:

```
      ORG   $40000   ;  Anfangsadresse
susi  DS.B  10       ;  reserviere 10 Bytes
```

Die Anweisung **DC** (Definiere Constante) legt die im Operandenfeld angegebenen Konstanten im Speicher ab. Sie werden zusammmen mit dem Programm geladen und stehen beim Start des Programms im Speicher zur Verfügung. Bytekonstanten sollten möglichst eine gerade Anzahl von Bytes umfassen, damit nachfolgende Wörter oder Langwörter immer auf geradzahligen Adressen liegen. Einige Assembler erhöhen automatisch eine ungerade Anzahl von Bytes um 1 auf eine gerade Zahl. In Listen werden die Elemente durch ein Komma getrennt. Textkonstanten in der Länge Byte stehen zwischen Hochkommas. Beispiele:

```
max   DC.B   85,$55,'U',-1        ;   4 Bytes
min   DC.B   'Das ist ein Test',0 ;  18 Bytes
```

Die Anweisung **DCB** (Definiere Constanten Block) legt mehrere gleiche Konstanten im Speicher ab. Bei einigen Assemblern ist die Anzahl auf ca. 250 Bytes begrenzt. Das Beispiel legt 16 Bytes mit dem Wert -1 an.

```
marke   DCB.B   16,-1   ;   16 Bytes mit dem Wert -1
```

Die symbolischen Bezeichner für Variablen und Konstanten sind wahlfrei aber zweckmäßig, da sie die Adressierung der Daten erleichtern. Die Definition kann vor oder auch hinter der Verwendung im Operandenteil der Befehle erfolgen. Mehrfach definierte Bezeichner oder Bezeichner, die mit den vordefinierten Systemnamen oder Registernamen übereinstimmen, werden vom Assembler als Fehler erkannt. *Bild 3-16* zeigt Beispiele für die Vereinbarung von Variablen und Konstanten. Die frei erfundenen Bezeichner sind nicht sehr vorbildlich; man sollte sie besser nach ihrer Aufgabe benennen.

```
* k3b16.ASM  Bild 3-16: Variablen und Konstanten
        org     $40000    ; Variablenbereich
susi    ds.b    10        ; 10 Bytes reserviert
        org     $100000   ; Programmbereich
start   move.b  max,PORTC ; Konstante nach Port
        move.l  max,susi  ; Konstante nach Variable
        move.l  susi,d0   ; Variable nach Register
        move.l  min,d0    ; Konstante nach Register
        trap    #1        ; auf Bildschirm ausgeben
        trap    #15       ; nach Monitor
* Konstantenbereich hinter dem Code angelegt
max     dc.b    85,$55,'U',-1      ; 4 Bytes
min     dc.b    'Das ist ein Text',0  ; 18 Bytes
marke   dcb.b   16,-1              ; 16 Bytes
        end     start
```

Bild 3-16: Die Vereinbarung von Variablen und Konstanten

Kapitel 6 enthält für die folgenden Übungsaufgaben Lösungsvorschläge, die nur die Befehle und Adressierungsarten dieses Abschnitts verwenden. Mit Schleifen und Bereichsadressierung lassen sich bessere und allgemeinere Lösungen programmieren.

Übungsaufgaben zum Abschnitt 3.3.

1. Aufgabe:

Im Konstantenbereich sind die vier Konstanten $55, $0F, $F0 und $AA abzulegen. Die vier digitalen Ports sind als Ausgänge zu programmieren. Der Wert
$55 werde auf dem C-Port ausgegeben, der Wert $0F auf dem Q-Port, der Wert
$F0 auf dem F-Port und $AA auf dem E-Port. Dann springe das Programm
zurück in den Monitor.

2. Aufgabe:

Im Konstantenbereich ist ein aus 4 Zeichen bestehender Text '-->' abzulegen
und mit einem TRAP-Befehl auf dem Bildschirm des Terminals auszugeben.
Von dem als Eingang programmierten E-Port ist ein Byte zu lesen und sowohl
hexadezimal als auch als Zeichen auf dem Bildschirm auszugeben. Das Programm laufe in einer Schleife und gebe immer den aktuellen Wert des E-Ports
aus, bis es mit der Reset-Taste abgebrochen wird. Vorsicht vor dem Bitmuster
$07!

3. Aufgabe:

Von der Tastatur ist in einer Schleife ein Zeichen zu lesen, in der werthöchsten
Bitposition zu löschen und auf dem C-Port auszugeben. Abbruch durch Reset.

4. Aufgabe:

Im Variablenbereich ist ein Langwort zu reservieren. Im Konstantenbereich ist
der aus 4 Zeichen bestehende Text '-->' abzulegen. In einer Schleife, die nur
durch Reset abgebrochen werden kann, ist der Text als Prompt auszugeben.
Dann sind jeweils 4 Zeichen von der Tastatur zu lesen, zu einem Langwort
zusammenzuschieben und im Variablenspeicher abzulegen. Zur Kontrolle ist der
abgespeicherte Text wieder zurückzulesen und auf dem Bildschirm auszugeben.

5. Aufgabe:

In einer Schleife, die nur durch Reset abgebrochen werden kann, sind zwei
Zeichen ohne Echo zu lesen. Bitposition Nr. 5 des 1. Zeichens werde mit einer
Bitoperation gelöscht und zur Kontrolle ausgegeben. Bitposition Nr. 5 des 2.
Zeichens werde mit einer UND-Maske gelöscht und ausgegeben. Man untersu-
che die Wirkung bei der Eingabe von kleinen Buchstaben.

6. Aufgabe:

Die vier digitalen Ports sind als Ausgang zu programmieren und zu löschen. In
einer Schleife ist dem TRAP-Befehl #12 eine Zahl zu lesen und zur Kontrolle
hexadezimal auszugeben. Das Langwort ist durch Schiebebefehle in 4 Bytes zu
zerlegen und auf dem C-Port (High-Byte) bis E-Port (Low-Byte) auszugeben.
Man beachte, daß die Bitpositionen Nr. 7 des C-Ports und des Q-Ports nicht
verfügbar sind.

3.4 Verzweigungen und Schleifen

In den bisherigen Beispielen wurden die Befehle unbedingt d.h. immer ausge-führt. Dieser Abschnitt behandelt *bedingte Befehle*, welche die Programmierung von Verzweigungs- und Schleifenstrukturen gestatten. *Bild 3-17* zeigt zunächst ein Beispiel in der problemorientierten Sprache C. Das Struktogramm beschreibt die Aufgabenstellung: In einer Schleife, die durch die Endemarke * abgebrochen wird, werden alle kleinen Buchstaben von a bis z in große Buchstaben von A bis Z umgewandelt und ausgegeben.

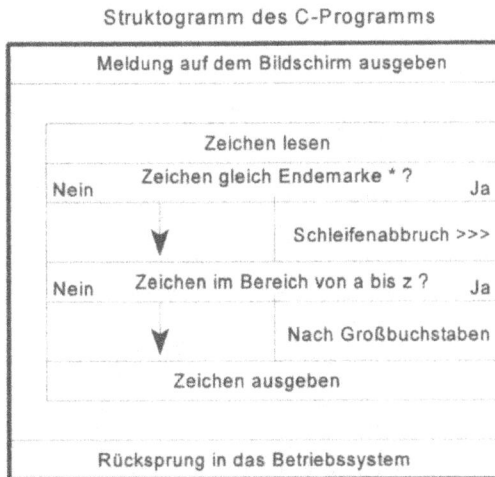

Struktogramm des C-Programms

```
Meldung auf dem Bildschirm ausgeben

                  Zeichen lesen
         Zeichen gleich Endemarke * ?
Nein                                    Ja

              ▼         Schleifenabbruch >>>

Nein   Zeichen im Bereich von a bis z ?   Ja

              ▼         Nach Großbuchstaben

              Zeichen ausgeben

        Rücksprung in das Betriebssystem
```

```
/* k3b17.CPP Bild 3-17: C-Programm Schleife und Bedingung */
#include <iostream.h>          // für cout
#include <conio.h>             // für getch  und  putch
main()
{
 char z;                       // Variable vereinbart
 cout << "\nEnde mit *\n";     // Begrüßung
 while (1)                     // Schleifenkonstruktion
 {
   z = getch();               // Zeichen lesen
   if (z == '*') break;       // Abbruchbedingung
   if (z >= 'a' && z <= 'z') z = z - 32; // bedingte Anweisung
   putch(z);                  // Zeichen ausgeben
 }
 cout << "\nAuf Wiedersehen"; // Verabschiedung
 return 0;                    // nach Betriebssystem
}
```

Bild 3-17: Schleife und Verzweigung als C-Programm mit Struktogramm

Die gleiche Aufgabe wird nun in *Bild 3-18* als Programmablaufplan dargestellt und im Assembler programmiert.

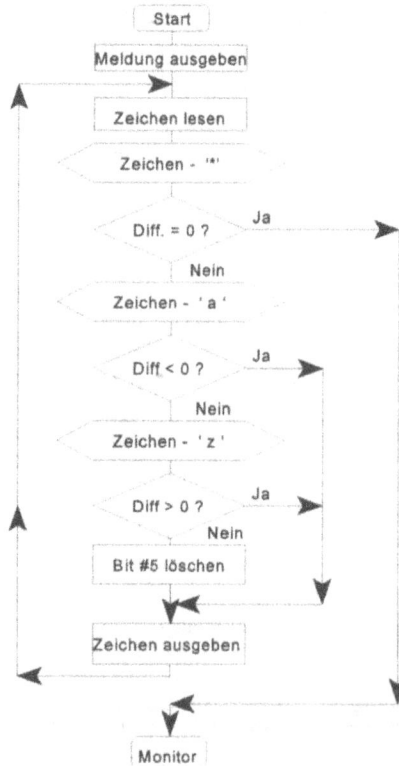

```
* k3b17.ASM Bild 3-18: Bedingte Schleife und Verzweigung
        org    $100000
start   move.l #'--> ',d0   ; Begrüßung
        trap   #1           ; ausgeben
loop    trap   #8           ; Zeichen nach D0.B ohne Echo
        cmpi.b #'*',d0       ; vergleiche Endemarke *
        beq    exit         ; ja: Endebedingung
        cmpi.b #'a',d0       ; kleiner als a ?
        blo    aus          ; ja: unverändert ausgeben
        cmpi.b #'z',d0       ; größer als z ?
        bhi    aus          ; ja: unverändert ausgeben
        bclr   #5,d0        ; Bit #5 löschen klein -> groß
aus     trap   #0           ; Zeichen ausgeben
        bra    loop         ; neuer Durchlauf
exit    move.l #'ENDE',d0   ; Verabschiedung
        trap   #1           ; ausgeben
        trap   #15          ; nach Monitor
        end    start        ;
```

Bild 3-18: Schleife und Verzweigung als Assemblerprogramm

Struktogramme beschreiben Programmstrukturen, die in den höheren Programmiersprachen als Anweisungen vorliegen. Für *Verzweigungen* sind dies die bedingte Anweisung (if...), die alternative Anweisung (if...else...) und die Fallunterscheidung (switch ... case ...). Für *Schleifen* gibt es die Zählschleife (for...), die bedingte Schleife (while...) und die wiederholende Schleife (do...while). Struktogramme eignen sich auch in der Assemblerprogrammierung für die Beschreibung von Aufgaben, da Programmablaufpläne, die bereits die Lösung enthalten, oft zu lang und unübersichtlich werden. In der Assemblerprogrammierung werden die Verzweigungs- und Schleifenkonstrukte auf die in *Bild 3-19* als ***Programmablaufplan*** dargestellte bedingte Verzweigung zurückgeführt.

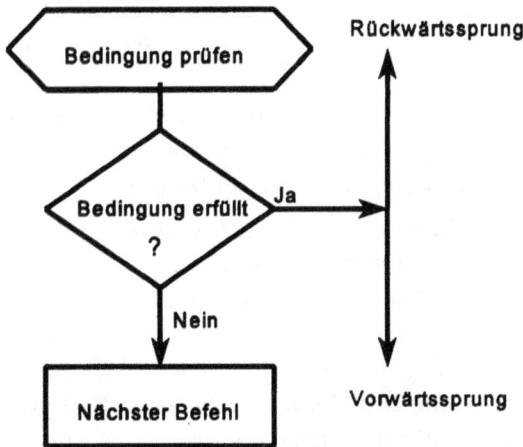

Bild 3-19: Die bedingte Verzweigungsstruktur

Die bedingten Befehle werten die Bedingungsbits N, Z , V und C des Bedingungsregisters CCR aus. Das X-Bit dient zur Erweiterung der Datenlänge und kann nicht als Bedingung verwendet werden. Die in der folgenden Tabelle zusammengefaßten Befehle wurden im Abschnitt 3.3 zum Speichern und Verändern von Daten eingeführt. Da die Ergebnisse die Bedingungsbits verändern, können sie auch einen bedingten Befehl vorbereiten.

Befehl	N	Z	V	C	Anwendung
Speicheroperation (MOVE)	x	x	0	0	prüfe Operanden auf höchstes Bit und Null
Schiebeoperation (LSR usw.)	x	x	0	x	prüfe die herausgeschobene Bitposition
Logikoperation (ANDI usw.)	x	x	0	0	maskiere Einzelbits oder Bitgruppen
Bitoperation (BCLR usw.)		x			prüfe eine bestimmte Bitposition

Für die *Vorbereitung* eines bedingten Befehls gibt es Test- und Vergleichsbefehle, welche die Operanden nicht verändern und mehrmals anwendbar sind.

Befehl	Operand	X	N	Z	V	C	Wirkung
BTST	Dn,Ziel			x			teste das in Dn positionierte Bit des Ziels
BTST	#kon,Ziel			x			teste das in #kon positionierte Bit des Ziels
TAS	Zielbyte		x	x	0	0	kopiere Bit #7 des Ziels nach N und setze 1!
TST.x	Ziel		x	x	0	0	teste Ziel auf Vorzeichenbit und Null
CMP.x	Quelle,Dn		x	x	x	x	Testsubtraktion Dn - Quelle
CMPI.x	#kon,Ziel		x	x	x	x	Testsubtraktion Ziel - #kon
CMPM.x	(Ay)+,(Ax)+		x	x	x	x	Testsubtraktion Speicherbereiche (indirekt)

Der Befehl **BTST** arbeitet wie die anderen Einzelbitbefehle mit dem Unterschied, daß er die Daten *nicht* verändert. Adressierungsarten des Ziels:

	abs	Dn		(An)	(An)+	-(An)	w(An)	b(An,Xi)	(d,An,Xi)	w(PC)	b(PC,Xi)	(d,PC,Xi)

Ist das Ziel ein Datenregister, so können alle Bitpositionen des Langwortes von Nr. 0 (wertniedrigstes) bis 31 (werthöchstes) adressiert werden. Liegt das Ziel im Speicher, so werden die Bitpositionen Nr. 0 (wertniedrigstes) bis 7 (werthöchstes) des Zielbytes adressiert. Die Bitposition wird invertiert in das Z-Bit kopiert. Ist es eine **0**, so lautet das Ergebnis ja (1) oder *gleich Null*. Bei einer **1** lautet das Ergebnis nein (0) oder *ungleich Null*. Das folgende Beispiel untersucht die Bitposition Nr. 7 des Q-Ports und wartet, bis die Leitung Low ist.

```
warte   BTST   #7,PORTQS   ;  Leitung #7 auf Low testen
        BNE    warte       ;  nein: Leitung ist High ( 1 )
```

Da der Befehl **TAS** das werthöchste Bit des Zieloperanden verändert, kann er nur in folgenden Adressierungsarten verwendet werden:

	abs	Dn		(An)	(An)+	-(An)	w(An)	b(An,Xi)	(d,An,Xi)			

Im adressierten Zielbyte wird zuerst die werthöchste Bitposition (Nr. 7) in das N-Bit kopiert und anschließend als Marke für den Zugriff auf 1 gesetzt.

Der Befehl **TST** untersucht den gesamten Zieloperanden (Byte, Wort oder Langwort) auf Vorzeichen und Null und verändert ihn nicht. Adressierungsarten:

#kon	abs	Dn	An	(An)	(An)+	-(An)	w(An)	b(An,Xi)	(d,An,Xi)	w(PC)	b(PC,Xi)	(d,PC,Xi)

Bei der Untersuchung von elektrischen Leitungspotentialen gilt die Zuordnung:
- Low-Potential entspricht logisch 0, als Vorzeichenbit positiv (plus).
- High-Potential entspricht logisch 1, als Vorzeichenbit negativ (minus):
Das Beispiel wartet, bis Bitposition Nr. 7 (Vorzeichen) des Q-Ports Low ist:

```
warte   TST.B  PORTQS   ;  Leitung #7 nach N-Bit
        BMI    warte    ;  Leitung ist High (1 = Minus)
```

Der Befehl **CMP** subtrahiert den Quelloperanden vom Zieloperanden ohne jedoch die Differenz abzuspeichern; beide Operanden bleiben unverändert!

Ist das Ziel ein *Datenregister*, so sind für die Quelle alle Adressierungsarten zulässig; bei Adreßregistern jedoch nur Wort- und Langwortoperationen:

#kon	abs	Dn	An	(An)	(An)+	-(An)	w(An)	b(An,Xi)	(d,An,Xi)	w(PC)	b(PC,Xi)	(d,PC,Xi)

Dn - Quelloperand

Der Befehl **CMPI** subtrahiert eine *Konstante* vom Zieloperanden in folgenden Adressierungsarten:

	abs	Dn		(An)	(An)+	-(An)	w(An)	b(An,Xi)	(d,An,Xi)	w(PC)	b(PC,Xi)	(d,PC,Xi)

Zieloperand - #Konstante

Da bei den Vergleichsbefehlen die Operanden erhalten bleiben und nur die Bedingungsbits verändert werden, können mehrere Vergleichsbefehle aufeinander folgen. Das Beispiel vergleicht den Q-Port auf Null (alles Low) und anschließend auf die Bitmuster $55 und $AA.

```
TST.B    PORTQS        ; statt CMPI.B #0,PORTQS
BEQ      null          ; springe bei Null
CMPI.B   #$55,PORTQS   ; PORTQS - $55
BEQ      fuenf         ; springe bei gleich
CMPI.B   #$AA,PORTQS   ; PORTQS - $AA
BEQ      ahah          ; springe bei gleich
```

Die *bedingten Befehle* **Bcc** (Branch on Condition Code) werten nur ein Bedingungsbit aus, das dabei nicht verändert wird; **BRA** verzweigt immer.

Befehl	Operand	X	N	Z	V	C	Wirkung
BRA.x	Sprungziel						verzweige **immer** zur Zieladresse (unbedingt!)
BPL.x	Sprungziel						verzweige nur bei Plus (N = 0)
BMI.x	Sprungziel						verzweige nur bei Minus (N = 1)
BNE.x	Sprungziel						verzweige nur bei Ergebnis *ungleich* Null (Z = 0)
BEQ.x	Sprungziel						verzweige nur bei Ergebnis *gleich* Null (Z = 1)
BVC.x	Sprungziel						verzweige bei kein Überlauf/Unterlauf (V = 0)
BVS.x	Sprungziel						verzweige nur bei Überlauf/Unterlauf (V = 1)
BCC.x	Sprungziel						verzweige nur bei kein Übertrag/Borgen (C = 0)
BCS.x	Sprungziel						verzweige nur bei Übertrag/Borgen (C = 1)
BSR.x	Sprungziel						verzweige immer in ein Unterprogramm

Die folgenden bedingten Verzweigungen werten logische Verknüpfungen von Bedingungsbits aus und testen *vorzeichenlose* Dualzahlen. Der Abschnitt 3.7 enthält eine entsprechende Tabelle für vorzeichenbehaftete Zahlen (INTEGER).

Befehl	Operand	X	N	Z	V	C	Wirkung
BHI.x	Sprungziel						verzweige bei größer als (**HI**gher)
BHS.x	Sprungziel						verzweige bei größer/gleich (**H**igher or **S**ame)
BEQ.x	Sprungziel						verzweige bei gleich (**EQ**ual)
BNE.x	Sprungziel						verzweige bei ungleich (**N**ot **E**qual)
BLS.x	Sprungziel						verzweige bei kleiner/gleich (**L**ower or **S**ame)
BLO.x	Sprungziel						verzweige bei kleiner (**LO**wer)

Die Adresse des Sprungziels wird bei der Ausführung errechnet aus dem Befehlszähler (PC +2) und dem vorzeichenbehafteten Abstand zum Sprungziel. Ein positiver Abstand verzweigt vorwärts, ein negativer rückwärts. Die Befehlserweiterung **.x** bestimmt die mögliche Sprungweite:

Bcc.B   *oder*   Bcc.S   Byteabstand (± 127 Bytes)
Bcc.W   *oder*   Bcc   Wortabstand (± 32767 Bytes)
Bcc.L   Langwortabstand (im gesamten Adreßbereich)

Der Assembler berechnet und kontrolliert die Sprungweite aus der symbolischen Zieladresse und dem laufenden Adreßzähler und legt sie hinter dem Code im Befehl ab. Die befehlszähler-relative Sprungadressierung wird vorzugsweise verwendet für bedingte Verzweigungen innerhalb des Programms. Dieses wird dadurch lageunabhängig und kann beliebig im Speicher verschoben werden.

Programmverzweigungen werden meist mit Vorwärtszielen programmiert. Eine *einseitig bedingte* Verzweigungsstruktur (*Bild 3-20*) programmiert man oft so, daß der Ja-Zweig übersprungen wird. Die Bedingung ist entsprechend zu formulieren und auszuwerten. Das Beispiel untersucht den Q-Port auf Null und gibt ihn nur dann auf dem C-Port aus, wenn der Wert ungleich Null ist.

```
* Überspringe die Ausgabe für den Wert Null
        MOVE.B  PORTQS,D0  ; lesen und auf Null testen
        BEQ     nein       ; bei gleich Null nicht ausgeben
        MOVE.B  D0,PORTC   ; bei ungleich Null ausgeben
nein                       ; nächster Befehl
* Variante mit Sprung zum Ja-Zweig
        MOVE.B  PORTQS,D0  ; lesen und auf Null testen
        BNE     aus        ; bei ungleich Null ausgeben
        BRA     weiter     ; bei gleich Null weiter
aus     MOVE.B  D0,PORTC   ; ausgeben
weiter                     ; nächster Befehl
```

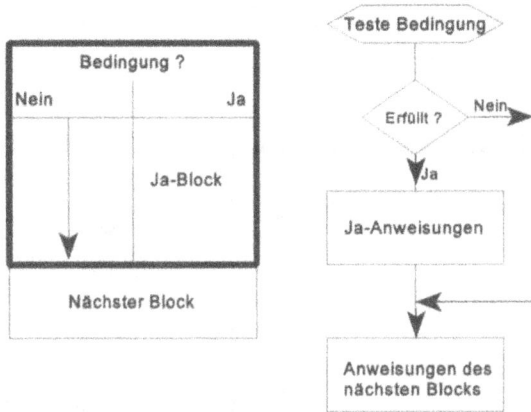

Bild 3-20: Die Struktur der einseitig bedingten Anweisung

Bei einer *zweiseitig bedingten* Verzweigungsstruktur (Alternative *Bild 3-21*) wird immer einer der beiden Zweige durchlaufen. Die beiden alternativen Programmzweige müssen wieder zusammengeführt werden.

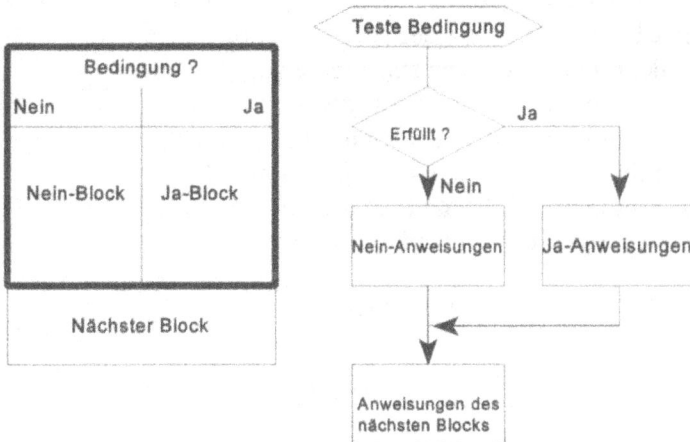

Bild 3-21: Die Struktur der zweiseitig bedingten Anweisung (Alternative)

Das Beispiel untersucht das werthöchste Bit des F-Ports. Für High wird der gesamte C-Port auf High gesetzt, für Low wird der gesamte C-Port gelöscht.

```
         BTST     #7,PORTF0    ;  Bit #7 testen
         BEQ      low          ;  Leitung Low
         MOVE.B   #$FF,PORTC   ;  Leitung High: Port High
         BRA      next         ;  weiter
low      CLR.B    PORTC        ;  Port Low
next                           ;  nächster Befehl
```

Mehrfache Verzweigungen führen zu einer *Fallunterscheidung* (*Bild 3-22*), die entweder als Folge von Einzelverzweigungen oder auch als berechneter Sprung programmiert wird. Dazu sind die in Abschnitt 3.5 behandelten indirekten Adressierungsarten erforderlich.

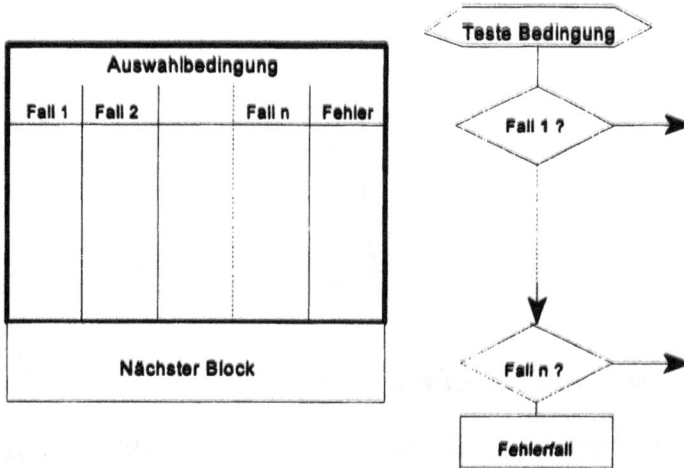

Bild 3-22: Die Struktur der Fallunterscheidung

Das in *Bild 3-23* dargestellte Beispiel liest ein Byte vom Q-Port und unterscheidet folgende Fälle bei der Ausgabe auf dem C-Port:
- Bit Nr. 7 der Eingabe ist durch eine Maske auszublenden,
- das Eingabebitmuster $00 liefert auf der Ausgabe $00,
- das Eingabebitmuster $01 liefert auf der Ausgabe $70,
- das Eingabebitmuster $02 liefert auf der Ausgabe $0F,
- das Eingabebitmuster $03 liefert auf der Ausgabe $7F und
- alle anderen Eingaben liefern auf der Ausgabe $55.

```
* k3b23.ASM Bild 3-23: Fallunterscheidung $00 - $03
        org     $100000    ;
start   move.b  PORTQS,d0  ; Eingabe lesen
        andi.b  #$7f,d0    ; Bit #7 maskieren
        cmpi.b  #$00,d0    ; 0.Fall ?
        beq     fall0      ; ja:
        cmpi.b  #$01,d0    ; 1.Fall ?
        beq     fall1      ; ja:
        cmpi.b  #$02,d0    ; 2.Fall ?
        beq     fall2      ; ja:
        cmpi.b  #$03,d0    ; 3.Fall ?
        beq     fall3      ; ja:
        move.b  #$55,PORTC ; Fehlerfall bleibt übrig
        bra     start      ; neue Eingabe
fall0   move.b  #$00,PORTC ; Ausgabe Fall0
        bra     start      ; neue Eingabe
fall1   move.b  #$70,PORTC ; Ausgabe Fall1
        bra     start      ; neue Eingabe
```

```
fall2     move.b   #$0f,PORTC  ; Ausgabe Fall2
          bra      start       ; neue Eingabe
fall3     move.b   #$7f,PORTC  ; Ausgabe Fall3
          bra      start       ; neue Eingabe
          end      start       ; Startadresse
```

Bild 3-23: Fallunterscheidung als mehrfache Programmverzweigung

In vielen Anwendungen müssen nicht einzelne Bits oder Bytes, sondern *Wertebereiche* überprüft werden. Das folgende Beispiel testet den Bereich der großen Buchstaben von A bis Z und verwandelt ihn in kleine Buchstaben; alle anderen Zeichen bleiben unverändert erhalten.

```
loop      TRAP     #8          ; lesen nach D0.B ohne Echo
          CMPI.B   #'A',D0     ; kleiner als Buchstabe A ?
          BLO      nicht       ; ja: nicht ändern
          CMPI.B   #'Z',D0     ; größer als Buchstabe Z ?
          BHI      nicht       ; ja: nicht ändern
          BSET     #5,D0       ; nein: Bit #5 = 1: groß -> klein
nicht     TRAP     #0          ; als manipuliertes Echo ausgeben
          BRA      loop        ; Schleife
```

Für **Programmschleifen** stellt die problemorientierte Programmiersprache C entsprechend *Bild 3-24* strukturierte Anweisungen zur Verfügung:
- bedingte Schleifen mit der Kontrolle vor dem Körper (for... und while...),
- wiederholende Schleifen mit der Kontrolle nach dem Körper (do...while),
- Kontrollanweisungen (break und continue) sowie die
- Sprunganweisung (goto....) für unbedingte Schleifen.

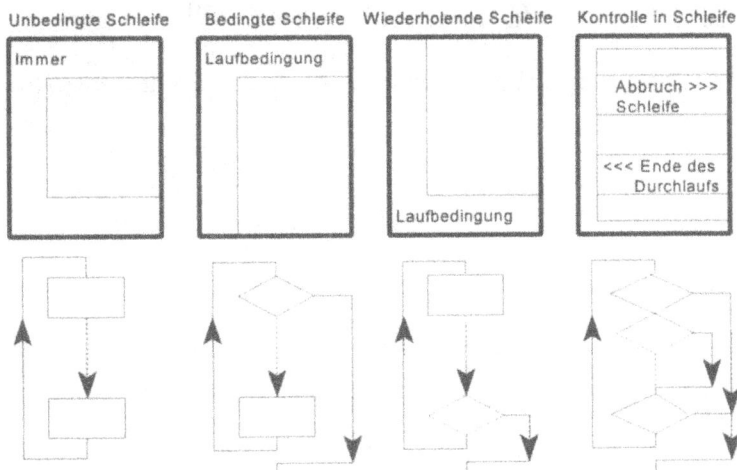

Bild 3-24: Schleifenstrukturen

Schleifen programmiert man im Assembler meist mit Rückwärtsverzweigungen. In der Anwendung unterscheidet man:

- Leseschleifen zur Eingabe von Daten bis zu einer Endemarke,
- Zählschleifen für eine feste oder variable Zahl von Durchläufen,
- Warteschleifen zur Zeitverzögerung,
- Warteschleifen auf Ereignisse wie z.B. Signalflanken und
- Suchschleifen in Tabellen (Abschnitt 3.5).

Leseschleifen werden meist bedingt (abweisend) programmiert, um die Endemarke von der Verarbeitung auszuschließen. Das Beispiel liest Zeichen von der Tastatur bis zur Endemarke *:

```
loop   TRAP    #8        ; lesen nach D0.B ohne Echo
       CMPI.B  #'*',D0   ; Endemarke ?
       BEQ     exit      ; ja: Sprung aus der Schleife
       TRAP    #0        ; nein: Echo als Schleifenkörper
       BRA     loop      ; zur Schleifenkontrolle
exit   TRAP    #15       ; Schleifenabbruch: Monitor
```

Für *Zählschleifen*, die eine bestimmte Anzahl von Schleifendurchläufen durchführen, werden folgende Befehle verwendet:

Befehl	Operand	X	N	Z	V	C	Wirkung
DBRA	Dn,Sprungziel						Dn = Dn - 1 und springe bei ungleich -1
DBcc	Dn,Sprungziel						DBRA mit Abbruchbeding. (Abschn.3.5)
ADDQ.x	#kon,Zielop.	x	x	x	x	x	Ziel = Ziel + Konstante (1 bis 8)
SUBQ.x	#kon,Zielop.	x	x	x	x	x	Ziel = Ziel – Konstante (1 bis 8)

Bild 3-25 zeigt eine *wiederholende* und eine *bedingte* Schleife mit **DBRA**.

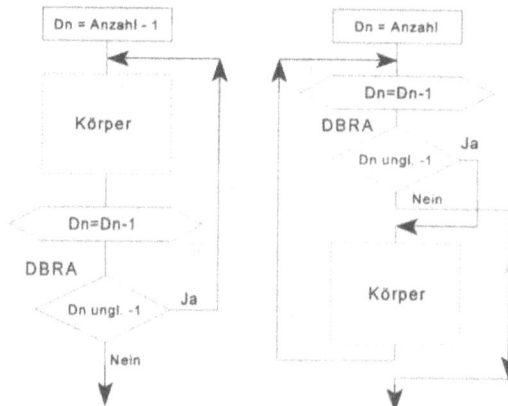

Bild 3-25: Der Schleifenbefehl DBRA (Dekrementiere und verzweige)

Der Schleifenbefehl **DBRA** führt zwei Teiloperationen durch:
- erst vermindere den Zähler im unteren **Wort** des Datenregisters Dn um 1 und
- dann springe beim Ergebnis ungleich -1 zum Ziel.

In der *wiederholenden* Struktur muß das untere Wort des Datenregisters mit der um 1 verminderten Anzahl der Schleifendurchläufe geladen werden. Das Beispiel gibt 20 Sterne auf dem Terminal aus.

```
        MOVE.W  #19,D1    ; speichere Anzahl - 1 nach Wort
        MOVE.B  #'*',D0   ; Zeichen laden
loop    TRAP    #0        ; und ausgeben
        DBRA    D1,loop   ; Schleifenkontrolle
```

Die *bedingte* (abweisende) DBRA-Schleife lädt das Datenregister mit der Anzahl der Schleifendurchläufe. Sie wird vorzugsweise für eine variable Anzahl von Durchläufen verwendet, die auch den Wert 0 (kein Durchlauf) enthalten kann. Wegen der unübersichtlichen Struktur ist es besser, eine wiederholende Schleife zu programmieren und eine abweisende Abfrage einzuführen, die den Anfangswert korrigiert und den Wert 0 (kein Durchlauf) abfängt. Vor Byteoperationen muß das Wort des Datenregisters gelöscht werden. Das Beispiel lädt die Anzahl der Durchläufe als Variable vom E-Port.

```
        CLR.W   D1        ; Zählerwort löschen
        MOVE.B  PORTE0,D1 ; variabler Zähler
        BEQ     exit      ; bei Null kein Durchlauf
        SUBQ.W  #1,D1     ; Zähler-1: Korrektur für DBRA
        MOVE.B  #'*',D0   ; Zeichen laden
loop    TRAP    #0        ; und ausgeben
        DBRA    D1,loop   ; wiederholende Schleife
exit                      ; Schleifenende
```

Der Schleifenbefehl DBRA ist gekennzeichnet durch folgende Besonderheiten:
- Kontrolle im unteren **Wort** eines Datenregisters,
- Datenregister erst um 1 vermindern,
- dann **Abbruchwert - 1** prüfen,
- maximal 65 536 Durchläufe und
- schnelle Ausführung (loop mode) bei kleinen Schleifenkörpern (1 Wort).

Abschnitt 3.5 zeigt Anwendungen des bedingten Schleifenfehls DBcc, der neben der Zählerkontrolle noch eine zusätzliche Abbruchbedingung enthält.

Für Zählschleifen mit mehr als 65 536 Durchläufen und Schrittweiten ungleich -1 verwendet man die Zählbefehle **ADDQ** und **SUBQ**, die mit bedingten Verzweigungen zu kontrollieren sind. Das in *Bild 3-26* dargestellte Programmbeispiel gibt einen Aufwärtszähler von 1 bis 100000 mit der Schrittweite +1 unverzögert auf den Ports E, F und Q aus. Dabei werden die auszugebenden Bytes durch Schiebebefehle getrennt.

```
* k3b26.ASM Bild 3-26: unverzögerter Aufwärtszähler
            org     $100000    ; Lade- und Startadresse
start       move.b  #$ff,DDRE  ; E-Port als Ausgang
            move.b  #$ff,DDRF  ; F-Port als Ausgang
            move.b  #$ff,DDRQS ; Q-Port als Ausgang
neu         moveq   #1,d0      ; D0.L = Anfangswert 1
loop        move.l  d0,d1      ; D1 = Ausgabe-Hilfsregister
            move.b  d1,PORTE0  ; Low-Byte ausgeben
            lsr.l   #8,d1      ; Middle-Byte
            move.b  d1,PORTF0  ; ausgeben
            lsr.l   #8,d1      ; High-Byte
            move.b  d1,PORTQS  ; ausgeben
            addq.l  #1,d0      ; Zähler + 1
            cmpi.l  #100000,d0 ; vergleiche Endwert
            bls     loop       ; kleiner/gleich: ausgeben
            bra     neu        ; größer: Anfangswert laden
            end     start      ;
```

Bild 3-26: Unverzögerter dualer Aufwärtszähler

Der unverzögerte Aufwärtszähler läuft so schnell, daß sich erst in den oberen Bitpositionen sichtbare Änderungen zeigen. Für Anwendungen, in denen z.B. Blinksignale oder Rechteckfrequenzen ausgegeben werden, sind Zeitverzögerungen durch Timer (Kapitel 4) oder Schleifen erforderlich.

Warteschleifen zur Zeitverzögerung lassen sich als Zählschleifen programmieren. Die Wartezeit hängt vom Wert des Zählers, den Taktzyklen der Befehle und von der Zugriffszeit des Bausteins ab, in dem das Programm abläuft. Da sich diese Werte in der Praxis nur unter großem Aufwand berechnen lassen, kann es sinnvoll sein, die Wartezeit durch Versuche einzustellen. Dies gilt besonders für Anwendungen wie z.B. Blinksignale, in denen keine besondere Genauigkeit erforderlich ist. Das in *Bild 3-27* dargestellte Programm benutzt als Verzögerungsschleife einen 32 bit Abwärtszähler im Datenregister D7, der sich durch die Symbolvereinbarung **EQU** im Programmkopf leicht einstellen läßt.

```
* k3b27.ASM Bild 3-27: verzögerter Aufwärtszähler E-Port
zeit        equ     100000     ; Wartezeit 100000 entspricht 64 ms
            org     $100000    ; Lade- und Startadresse
start       move.b  #$ff,DDRE  ; E-Port Ausgabe
            clr.b   PORTE0     ; Zähler löschen
* Verzögerungsschleife im Datenregister D7
loop        move.l  #zeit,d7   ; Anfangswert Verzögerungszähler
warte       subq.l  #1,d7      ; Verzögerungszähler - 1
            bne     warte      ; bis Endwert Null
* Ausgabezähler läuft modulo 256
            addq.b  #1,PORTE0  ; Ausgabezähler + 1
            bra     loop       ; warten und dann weiter
            end     start      ;
```

Bild 3-27: Zeitverzögerung durch eine Warteschleife

Warteschleifen zur Erkennung von Ereignissen wie z.B. Signalflanken verwenden meist Bitbefehle. Das folgende Beispiel *Bild 3-28* wartet auf eine fallende Flanke am werthöchsten Bit Nr. 7 des F-Ports und gibt dann den am Q-Port eingestellten Wert auf dem C-Port aus. Gleichzeitig wird bei jeder Flanke ein Zähler auf dem E-Port um 1 erhöht.

```
* k3b28.ASM Bild 3-28: Flanken zählen
        org     $100000     ; Lade- und Startadresse
start   clr.b   PORTC       ; C-Port Ausgabe löschen
        clr.b   DDRQS       ; Q-Port ist Eingabe
        bclr    #7,DDRF     ; F-Port Bit #7 ist Eingabe
        move.b  #$ff,DDRE   ; E-Port ist Ausgabe
        clr.b   PORTE0      ; Flankenzähler löschen
loop    btst    #7,PORTF0   ; warte auf fallende Flanke
        bne     loop        ; Leitung ist noch High
        move.b  PORTQS,PORTC ; High -> Low: Daten übertragen
        addq.b  #1,PORTE0   ; Flankenzähler + 1
wait    btst    #7,PORTF0   ; warte auf steigende Flanke
        beq     wait        ; Leitung ist noch Low
        bra     loop        ; Taste gelöst: weiter
        end     start       ;
```

Bild 3-28: Warteschleife für Flanken und Flankenzähler

Das Programm geht davon aus, daß die Leitung auf High liegt und wartet auf eine fallende Flanke:

```
loop    BTST    #7,PORTF0   ; teste Bit #7 des F-Ports
        BNE     loop        ; warte bei High (ungleich Low)
```

Die zweite Warteschleife wird bei der steigenden Flanke verlassen, wenn der Benutzer die Taste wieder freigegeben hat.

```
wait    BTST    #7,PORTF0   ; teste Bit #7 des F-Ports
        BEQ wait            ; warte bei Low
```

Ohne das Warten auf die steigende Flanke würde die erste Schleife sofort wieder ein Low erkennen und den Zähler so lange erhöhen, bis die Taste freigegeben wurde (Dauerauslösung). Bei einfachen Tastern und Schaltern zeigen sich Prellungen, die den Zähler um mehrere Schritte erhöhen (*Bild 3-29a*).

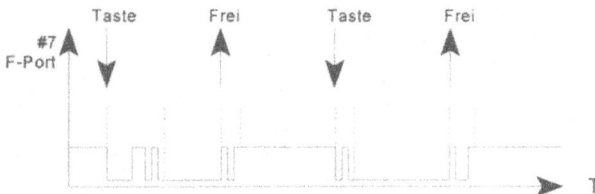

Bild 3-29a: Tastenprellungen

```
* k3b29.ASM Bild 3-29: Flanken zählen Taster entprellt
zeit     equ     10000       ; ca. 5 ms warten
         org     $100000     ; Lade- und Startadresse
start    clr.b   PORTC       ; C-Port Ausgabe löschen
         clr.b   DDRQS       ; Q-Port ist Eingabe
         bclr    #7,DDRF     ; F-Port Bit #7 ist Eingabe
         move.b  #$ff,DDRE   ; E-Port ist Ausgabe
         clr.b   PORTE0      ; Flankenzähler löschen
loop     btst    #7,PORTF0   ; warte auf fallende Flanke
         bne     loop        ; Leitung ist noch High
         move.b  PORTQS,PORTC ; High-Low: Daten übertragen
         addq.b  #1,PORTE0   ; Flankenzähler + 1
         move.l  #zeit,d7    ; Wartezeit zum Entprellen
wart1    subq.l  #1,d7       ; Wartezähler - 1
         bne     wart1       ; bis Zähler Null
wait     btst    #7,PORTF0   ; warte auf steigende Flanke
         beq     wait        ; Leitung ist noch Low
         move.l  #zeit,d7    ; Wartezeit zum Entprellen
wart2    subq.l  #1,d7       ; Wartezähler - 1
         bne     wart2       ; bis Zähler Null
         bra     loop        ; Taste gelöst: weiter
         end     start       ;
```

Bild 3-29b: Warteschleifen zum Entprellen von Tasten

Die Prellzeiten sind abhängig von der Konstruktion der Kontakte und der Art der Betätigung (Karateschläge!). Sie liegen in der Größenordnung von 1 bis 10 ms. Das Programm *Bild 3-29b* verwendet zum Entprellen zwei gleiche Warteschleifen, die in Abschnitt 3.6 als Unterprogramm aufgerufen werden.

Warteschleifen verschwenden Rechenzeit und können den Rechner blockieren, wenn das erwartete Ereignis nicht oder erst nach langer Zeit eintritt. Anstelle von Warteschleifen z.B. auf Signalflanken verwendet man besser die in Abschnitt 3.6 behandelten Interrupts. Zeitschleifen lassen sich durch den Systemtimer oder die Timer der TPU ersetzen (Beispiele in Kapitel 4).

Die folgende Tabelle faßt die bedingten Befehle zusammen, die einzelne Bitpositionen oder deren Kombinationen als Bedingung **cc** für ihre Ausführung verwenden. Die Befehle Scc und TRAPcc sind von untergeordneter Bedeutung.

Befehl	Operand	N	Z	V	C	Wirkung
Bcc	Sprungziel					verzweige bedingt (Schleife und Verzweigung)
DBcc	Dn,Sprungziel					bedingte Zählschleife (Abschnitt 3.5)
Scc	Zieloperand					$FF -> Ziel oder $00 -> Ziel (Marken setzen)
TRAPcc						bedingte Ausnahme Vektor #7

Übungsaufgaben zum Abschnitt 3.4.

1. Aufgabe:
Eine Schleife werde durch die Leitung Nr. 0 des F-Ports kontrolliert:
Eingang Nr. 0 = High (Ausgangszustand): Schleife läuft.
Eingang Nr. 0 = Low: Schleifenabbruch und Rückkehr in den Monitor.
In der Schleife entscheidet Leitung Nr. 7 des F-Port über die Ausgabe:
Eingang Nr. 7 = High: alle Ausgänge des C-Port High ($7F).
Eingang Nr. 7 = Low: alle Ausgänge des C-Port Low ($00).

2. Aufgabe:
In einer Schleife, die durch das Steuerzeichen ESC (Code $1B = 27) abgebrochen wird, sind Zeichen von der Tastatur zu lesen. Alle Ziffern von 0 bis 9 sind zu decodieren und auf dem C-Port mit ihrem dualen Wert auszugeben. Erscheint eine Nicht-Ziffer, so werde auf dem C-Port das Bitmuster $55 ausgegeben.

3. Aufgabe:
Auf dem Bildschirm sind auf je einer neuen Zeile 40 Zeichen auszugeben:
1. Mit einer DBRA-Schleife 40 Sterne *.
2. Mit einem Abwärtszähler 40 Dollarzeichen $.
3. Mit einem Aufwärtszähler 40 Rauten #.

4. Aufgabe:
Bei jeder fallenden Flanke am Eingang Nr. 7 des F-Ports ist das am E-Port eingestellte Bitmuster abzuholen und auf dem Bildschirm als Zeichen auszugeben. Alle Bitmuster kleiner als $20 (Steuerzeichen) und größer als $7F (Sonderzeichen) sind durch einen Punkt zu ersetzen. Die Eingabeschleife werde beim Wert $00 am E-Port abgebrochen.

5. Aufgabe:
In einer Leseschleife, die durch des Steuerzeichen ESC ($1B = 27) abgebrochen wird, sind Zeichen zu lesen und wie folgt zu zählen:
- alle kleinen Buchstaben von a bis z werden auf dem E-Port gezählt,
- alle großen Buchstaben von A bis Z werden auf dem F-Port gezählt,
- alle Ziffern von 0 bis 9 werden auf dem Q-Port gezählt und
- alle sonstigen Zeichen werden auf dem C-Port gezählt.

6. Aufgabe:
Die Zähler der 5. Aufgabe sind beim Abbruch mit dem Steuerzeichen ESC zusätzlich auf dem Terminal auszugeben. Dazu kann eine geeignete TRAP-Funktion verwendet werden.

3.5 Die Adressierung von Speicherbereichen

Dieser Abschnitt behandelt ***Datenstrukturen***, die in der problemorientierten Programmiersprache C als Feld (Array) bzw. Verbund (Struktur) bezeichnet werden. Die Adressierung von Feldern geschieht in C über einen Index oder mit Zeigern. Das C-Programm in *Bild 3-30* vereinbart ein Feld aus 20 Elementen vom Datentyp INTEGER und schreibt in einer Indexschleife die Werte von 1 bis 20 hinein. Ein zweites Feld wird auf dem Heap (Zusatzspeicher) angelegt und mit einem Zeiger adressiert.

```
/* k3b30.CPP Bild 3-30: Speicherbereiche in C */
#include <iostream.h>              // für Kontrollausgabe
#define N 20                       // Symbolkonstante
main()
{
int i, j, k, *izeiger;            // Laufindex und Zeiger
int x[N];                         // Feld aus N Elementen
for (i = 0; i < N; i++) x[i] = i+1;  // mit Laufindex i
izeiger = (int*) new [N];         // Zeiger auf N Elemente
for (j = 0; j < N; j++) *(izeiger + j) = j+1;   // Zeigeradr.
for (k = 0; k < N; k++)           // Kontrollausgabe
    cout << x[k] << ' ' << *(izeiger + k) << endl;
return 0;                         // nach Betriebssystem
}
```

Bild 3-30: Die Adressierung von Speicherbereichen in C

```
* k3b31.ASM Bild 3-31: Speicherbereiche im Assembler
N        equ     20        ; Symbolkonstante
         org     $40000    ; Variablenbereich
x        ds.w    N         ; N Wörter reserviert
         org     $100000   ; Befehlsbereich
* Bereich mit Daten füttern
start    movea.l #x,a0      ; A0 = Feldadresse
         move.w  #N-1,d1   ; D1 = Anzahl der Elemente - 1
         moveq   #1,d0     ; D0 = Datenanfangswert
loop     move.w  d0,(a0)+  ; Daten indirekt gespeichert
         addq.w  #1,d0     ; Datenwert + 1
         dbra    d1,loop   ; Speicherschleife
* Bereich zur Kontrolle hexadezimal ausgeben
         movea.l #x,a0      ; A0 = Feldadresse
         move.w  #N-1,d1   ; D1 = Anzahl der Elemente - 1
aus      move.l  #'---$',d0 ; neue Zeile
         trap    #1        ; ausgeben
         move.w  (a0)+,d0  ; Datenwort
         trap    #4        ; hexadezimal ausgeben
         dbra    d1,aus    ; Ausgabeschleife
         trap    #15       ; nach Monitor
         end     start
```

Bild 3-31: Die Adressierung eines Speicherbereiches im Assembler

Das in *Bild 3-31* dargestellte einführende Beispiel vereinbart einen Bereich von 20 Wörtern und schreibt in einer Schleife die Werte von 1 bis 20 hinein. Eine zweite Schleife gibt die Werte hexadezimal zur Kontrolle aus. Die Anweisung

```
x       DS.W      N          ; N Wörter reserviert
```

legt unter dem symbolischen Namen x ein Feld aus 20 Elementen im Variablenspeicher an. N wurde mit EQU auf den Wert 20 gesetzt. Der Befehl

```
start   MOVEA.L   #x,A0      ; A0 = Feldadresse
```

lädt den hexadezimalen Wert der Adresse von x in das Adreßregister A0. Der in der Schleife angeordnete Befehl

```
loop    MOVE.W    D0,(A0)+   ; Daten indirekt gespeichert
```

speichert das untere Wort des Datenregisters D0 in die Speicherstelle, deren Adresse im Adreßregister A0 enthalten ist. Dies bezeichnet man als registerindirekte Adressierung. Anschließend wird der Inhalt des Adreßregisters automatisch um die Operandenlänge 2 erhöht (post-increment).

Die in der folgenden Tabelle zusammengestellten Befehle führen Operationen mit den Adreßregistern A0 bis A6 durch. Die beiden unter der Bezeichnung A7 verfügbaren Stapelzeiger sollten für Stapeloperationen reserviert bleiben.

Befehl	Operand	X	N	Z	V	C	Wirkung
MOVEA.x	Quelle,An						speichere den Quelloperanden nach An
MOVE.x	An,Ziel	x	x	0	0		speichere An in das adressierte Ziel
LEA	Quelle,An						speichere effektive Adresse der Quelle nach An
ADDA.x	Quelle,An						An = An + Quelloperand Adreßaddition
SUBA.x	Quelle,An						An = An - Quelloperand Adreßsubtraktion
CMPA.x	Quelle,An		x	x	x	x	Testsubtraktion An - Quelloperand vergleiche
ADDQ.x	#kon,An						An = An + Konstante (1 bis 8) inkrementiere
SUBQ.x	#kon,An						An = An - Konstante (1 bis 8) dekrementiere

Alle die Adreßregister betreffenden Befehle arbeiten nur in den Operandenlängen Wort (.W) oder Langwort (.L). Ist ein Adreßregister das Ziel, so werden Wortoperanden vorzeichenausgedehnt und verändern das gesamte Langwort des Adreßregisters; mit Ausnahme des Vergleichsbefehls CMPA werden dabei die Bedingungsbits nicht verändert.

Der Befehl **MOVEA** ist eine Sonderform des MOVE-Befehls mit einem Adreßregister als Ziel. Als Quelle sind alle Adressierungsarten zugelassen:

#kon	abs	Dn	An	(An)	(An)+	-(An)	w(An)	b(An,Xi)	(d,An,Xi)	w(PC)	b(PC,Xi)	(d,PC,Xi)
#kon	abs	Dn	An	(An)	(An)+	-(An)	w(An)	b(An,Xi)	(d,An,Xi)	w(PC)	b(PC,Xi)	(d,PC,Xi)

Der Befehl **MOVE** mit einem Adreßregister als Quelle speichert An als Wort oder Langwort in das Ziel und verändert die Bedingungsbits. Zulässige Adressierungsarten:

	abs	Dn	An	(An)	(An)+	-(An)	w(An)	b(An,Xi)	(d,An,Xi)			
	abs	Dn	An	(An)	(An)+	-(An)	w(An)	b(An,Xi)	(d,An,Xi)			

Der Befehl **LEA** (Lade Effektive Adresse) bildet zunächst die für die Quelle angegebene Adresse und speichert das Ergebnis in ein Adreßregister, ohne es zur Adressierung zu verwenden. Zulässige Adreßausdrücke:

	abs			(An)			w(An)	b(An,Xi)	(d,An,Xi)	w(PC)	b(PC,Xi)	(d,PC,Xi)
	abs			(An)			w(An)	b(An,Xi)	(d,An,Xi)	w(PC)	b(PC,Xi)	(d,PC,Xi)

Das folgende Beispiel speichert den Adreßwert von x in das Adreßregister A0 und die Summe aus der Konstanten $10 und dem Inhalt von A0 nach A1.

```
LEA   x,A0          ; wie MOVEA.L #x,A0   A0 = $40000
LEA   $10(A0),A1    ; A1 = $40000 + $10 = $40010
```

Die Befehle **ADDA** und **SUBA** addieren bzw. subtrahieren den Quelloperanden zu bzw. von einem Adreßregister und speichern die Summe bzw. die Differenz nach An; die Bedingungsbits werden nicht verändert. Der Befehl **CMPA** vergleicht das Adreßregister mit dem Quelloperanden durch eine Testsubtraktion.

An - Quelle

Die Differenz verändert die Bedingungsbits und geht verloren; die Operanden bleiben unverändert. Für die drei Befehle sind alle Adressierungsarten zulässig:

#kon	abs	Dn	An	(An)	(An)+	-(An)	w(An)	b(An,Xi)	(d,An,Xi)	w(PC)	b(PC,Xi)	(d,PC,Xi)
#kon	abs	Dn	An	(An)	(An)+	-(An)	w(An)	b(An,Xi)	(d,An,Xi)	w(PC)	b(PC,Xi)	(d,PC,Xi)

Das folgende Beispiel lädt zwei Adreßregister mit der Anfangs- und der Endadresse eines Speicherbereichs und löscht alle Speicherstellen. Die Schleife wird abgebrochen, wenn die Endadresse überschritten wurde.

```
        MOVEA.L   #$40000,A0   ; oder  LEA $40000,A0
        LEA       $41FFF,A1    ; oder  MOVEA.L #41FFF,A1
loop    CLR.L     (A0)+        ; laufende Adresse + 4
        CMPA.L    A1,A0        ; A0 - A1 laufende - Endadr.
        BLS       loop         ; solange laufende <= Endadr.
```

Die Befehle **ADDQ** und **SUBQ** addieren bzw. subtrahieren eine Konstante von 1 bis 8 zu bzw. von einem Adreßregister. Sie ändern immer das gesamte Langwort. Anstelle der Zählbefehle sollten nach Möglichkeit die Adressierungsarten (An)+ und -(An) verwendet werden. Beispiel:

```
loop   CLR.L   (A0)    ; Inhalt von A0 unverändert!
       ADDQ    #4,A0   ; daher Schrittweite 4 addieren
loop   CLR.L   (A0)+   ; bessere Lösung: A0 = A0 + 4
```

Die einfachen Adressierungsarten **#kon** und **abs** des Abschnitts 3.3 legen den Operanden bzw. die Adresse des Operanden als Konstanten im Befehl ab. Sie können während des Programmablaufes nicht verändert werden. Beispiel:

```
        ORG     $40000      ; Variablenbereich
susi    DS.W    1000        ; 1000 Wörter reserviert
        ORG     $100000     ; Befehlsbereich
start   CLR.W   susi        ; lösche Wort auf Adresse susi
        CLR.W   susi+2      ; lösche das nächste Wort
```

Für die Adressierung aller 1000 Wörter eines Bereiches wären 1000 Befehle erforderlich, die sich nur in der Adresse unterscheiden. Die *register-indirekte Adressierung* verwendet den Inhalt eines Adreßregisters als Operandenadresse, die damit variabel und berechenbar wird. Da der Adreßteil hinter dem Code entfällt, werden die Befehle kürzer und schneller. Die register-indirekten Adressierungsarten werden vorzugsweise für die Arbeit mit variablen Speicherbereichen verwendet, die in einem festen Adreßbereich liegen. Dazu ist die Anfangsadresse des Bereiches in ein Adreßregister zu laden. Beispiel:

```
LEA   susi,A0  ; speichere die Adresse von susi nach A0
```

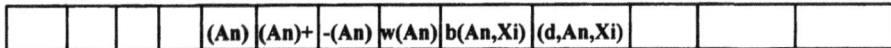

				(An)	(An)+	-(An)	w(An)	b(An,Xi)	(d,An,Xi)			

Die Adressierungsart **(An)** verwendet den Inhalt von An zur Adressierung des Operanden. Der Inhalt des Adreßregisters wird nicht verändert. Beispiel:

```
CLR.W   (A0)   ; lösche das durch A0 adressierte Wort
```

Die Adressierungsart **(An)+** verwendet erst den Inhalt von An zur Adressierung des Operanden und erhöht anschließend den Inhalt von An um die Länge des Operanden; bei Bytes (.B) um 1, bei Wörtern (.W) um 2 und bei Langwörtern (.L) um 4. Sie dient zur Adressierung von Speicherbereichen in aufsteigender Folge. Beispiel:

```
CLR.W   (A0)+  ; lösche Speicherwort und A0 = A0 2
```

Die als post-increment bezeichnete Adressierungsart (An)+ wird bei der Stapeladressierung als pop (hole von Stapel) bezeichnet:

```
MOVE.x  (A7)+,Ziel    ; pop
```

Die Adressierungsart **-(An)** vermindert erst den Inhalt von An um die Länge des Operanden; bei Bytes (.B) um 1, bei Wörtern (.W) um 2 und bei Langwörtern (.L) um 4 und wird dann zur Adressierung des Operanden verwendet. Sie dient zur Adressierung von Speicherbereichen in absteigender Folge. Beispiel:

```
LEA     susi+2002,A0 ; Endadresse + 2
CLR.W   -(A0)        ; A0 = A0 - 2 und lösche Wort
```

Die als pre-decrement bezeichnete Adressierungsart -(An) wird bei der Stapeladressierung als push (lege auf den Stapel) bezeichnet:

```
MOVE.x  Quelle,-(A7)   ; push
```

In den Adressierungsarten (An), (An)+ und -(An) bestehen die Befehle nur aus einem 16 bit Codewort. In einer DBRA- oder DBcc-Schleife ergeben sich sehr kurze Ausführungszeiten, da nur noch Daten übertragen werden (loop mode). Das Beispiel legt die Portadresse in ein Adreßregister und speichert die am Port anliegenden Daten fortlaufend in ein Feld.

```
        LEA      susi,A0      ;  A0 = Speicheradresse
        LEA      PORTE0,A1    ;  A1 = Portadresse
        MOVE.W   #99,D0       ;  D0 = Zahl der Durchläufe
loop    MOVE.B   (A1),(A0)+   ;  A1 = konst. A0 = A0 + 1
        DBRA     loop         ;  Schleifenkontrolle
```

Die Adressierungsart **w(An)** bildet die Operandenadresse aus dem Inhalt des Adreßregisters **An** *plus* einem vorzeichenausgedehnten konstanten Wortabstand **w** der Länge 16 bit. Wegen der *Vorzeichenausdehnung* liegen alle Speicherstellen mit einem Wortabstand kleiner oder gleich $7FFF adreßmäßig hinter der Basisadresse in An. Bei einem Wortabstand größer oder gleich $8000 liegen sie davor, da der Bereich von $8000 bis $FFFF *negative* Zahlen darstellt. Das Adreßregister An bleibt unverändert. Beispiele:

```
MOVE.W   D0,$7FFF(A0) ; $00007FFF + $40000 = $00047FFF
MOVE.W   D0,$8000(A0) ; $FFFF8000 + $40000 = $00038000
```

Die beiden folgenden register-indirekten Adressierungsarten addieren zu dem Basisregister **An** *plus* einem konstanten Abstand **b** ein weiteres Adreßregister Ai oder Datenregister Di als Indexregister **Xi.x*s**. Die zulässigen Operandenlängen **x** sind Wort und Langwort; die Skalenfaktoren **s** betragen 1, 2, 4 oder 8.

Xi.W: unteres Wort des Indexregisters zum Langwort vorzeichenausdehnen.

Xi.L: gesamtes Langwort des Indexregisters verwenden.

*1: Wert mit dem Skalenfaktor 1 multiplizieren.

*2: Wert mit dem Skalenfaktor 2 multiplizieren.

*4: Wert mit dem Skalenfaktor 4 multiplizieren.

*8: Wert mit dem Skalenfaktor 8 multiplizieren.

Die Adressierungsart **b(An,Xi.x*s)** bildet die Adresse des Operanden aus dem
- vorzeichenausgedehnten Byteabstand **b** (7 bit mit Vorzeichen) *plus*
- dem Inhalt eines Basisadreßregisters **An** *plus*
- dem Inhalt eines Indexregisters **Xi** multipliziert mit einem Faktor **s**.
Das Basisadreßregister An und das Indexregister Xi bleiben unverändert. Bei der Adreßbildung sind die *Vorzeichenausdehnung* des Byteabstandes (± 127) und des Indexregisters zu beachten. Die Beispiele verwenden A0 als Basis-Adreßregister und D0 als Indexregister. Alle Werte sind positiv.

```
MOVEQ   #$10,D0       ;  D0.L = $10 als Index
CLR.W   $10(A0,D0)    ;  $10 + $40000 + $10 = $40020
CLR.W   $10(A0,D0*2)  ;  $10 + $40000 + $20 = $40030
CLR.W   $10(A0,D0*8)  ;  $10 + $40000 + $80 = $40090
```

Die Adressierungsart **(d,An,Xi.x*s)** bildet die Adresse des Operanden aus dem
- vorzeichenausgedehnten Abstand (Displacement) **d** *plus*
- dem Inhalt eines Basisadreßregisters **An** *plus*
- dem Inhalt eines Indexregisters **Xi** multipliziert mit einem Faktor **s**.

Das Basisadreßregister An und das Indexregister Xi bleiben unverändert. Der
Abstand kann 0 oder ein Wort oder ein Langwort sein. Der Abstand d und der
Inhalt des Indexregisters Xi werden vorzeichenausgedehnt. Einige Assembler
nehmen immer einen Langwortabstand bzw. verwenden andere Notationen.
Beispiele für A0 als Basis-Adreßregister und D0 als Indexregister.

```
MOVEQ    #$10,D0         ;   D0.L = $10 als Index
CLR.W    ($10,A0,D0)     ;   $10 + $40000 + $10 = $40020
CLR.W    ($10,A0,D0*2)   ;   $10 + $40000 + $20 = $40030
```

Das in *Bild 3-32* dargestellte Testprogramm reserviert ein Feld aus 1000 Wörtern
und liest einen Testwert in 6 verschiedenen Adressierungsarten. Der Ausdruck
`susi+200` der Befehle

```
MOVE.W   #$123,susi+200 ; Adreßausdruck
LEA      susi+200,A0    ; Adreßausdruck
```

wird vom Assembler zur *Übersetzungszeit* berechnet und als Konstante in den
Befehl eingesetzt. Alle anderen Adreßrechnungen führt die CPU zur *Laufzeit* des
Programms in einem Adreßrechenwerk durch.

```
* k3b32.ASM Bild 3-32: Die register-indirekte Adressierung
        org     $40000          ; Variablenbereich
susi    ds.w    1000            ; Feld aus 1000 Wörtern
        org     $100000         ; Befehlsbereich
start   move.w  #$123,susi+200  ; Testwert speichern
        lea     susi+200,a0     ; A0 = Adresse des Testwertes
        move.w  (a0),d0         ; indirekt mit A0
        trap    #4              ; 1. Test ausgeben
        move.w  (a0)+,d0        ; indirekt post-increment
        trap    #4              ; 2. Test ausgeben
        move.w  -(a0),d0        ; pre-decrement indirekt
        trap    #4              ; 3. Test ausgeben
        suba    #200,a0         ; A0 = Anfangsadresse
        move.w  200(a0),d0      ; indirekt mit Wortabstand
        trap    #4              ; 4. Test ausgeben
        moveq   #100,d1         ; D1.L = Indexwert 100
        move.w  100(a0,d1),d0   ; indirekt Byteabstand Index
        trap    #4              ; 5. Test ausgeben
        move.w  (100,a0,d1),d0  ; indirekt Langwort und Index
        moveq   #25,d1          ; D1.L = neuer Indexwert 25
        move.w  (100,a0,d1*4),d0 ; indirekt Langwort Index * 4
        trap    #4              ; 6. Test ausgeben
        trap    #15             ; nach Monitor
        end     start           ; Startadresse
```

Bild 3-32: Test der register-indirekten Adressierungsarten

Bei der ***befehlszähler-relativen*** Datenadressierung tritt der Befehlszähler PC an die Stelle des Adreßregisters An. Sie wird vorzugsweise für Konstanten verwendet, die im Codebereich liegen und mit dem Programm verschoben werden können, da sie lageunabhängig sind. Da man davon ausgeht, daß der Codebereich in einem Festwertspeicher liegt, kann in diesen Adressierungsarten der Operand nur gelesen werden. Bei der Übersetzung der befehlszähler-relativen Datenadressierung setzen die Assembler nicht den Adreßwert des Operanden, sondern den Abstand der Operandenadresse zu einem laufenden Adreßzähler ein, der dem Befehlszähler der Ausführungszeit entspricht. Da der Assembler den Abstand berechnen muß, sind in vielen Fällen nur symbolische Adressierungen sinnvoll. In den Beispielen liegt die Speicherstelle `test` hinter dem letzten Befehl im Codebereich.

									w(PC)	b(PC,Xi)	(d,PC,Xi)

Die Adressierungsart **w(PC)** bildet die Operandenadresse aus dem Inhalt des Befehlszählers **PC** *plus* einem vorzeichenausgedehnten konstanten Wortabstand **w** der Länge 16 bit. Wegen der Vorzeichenausdehnung liegen alle Speicherstellen mit einem Wortabstand kleiner oder gleich $7FFF adreßmäßig hinter dem Befehlszähler. Bei einem Wortabstand größer oder gleich $8000 liegen sie davor, da der Bereich von $8000 bis $FFFF ***negative*** Zahlen darstellt. In dem Beispiel setzt der Assembler den Abstand (`test` - PC) in den Befehl ein. Zur Laufzeit wird der Befehlszähler PC addiert; das Ergebnis ist die Adresse von `test`.

```
    MOVE.W   test(PC),D0   ;  (test - PC) + PC => test
```

Die Adressierungsart **b(PC,Xi.x*s)** bildet die Adresse des Operanden aus dem
- vorzeichenausgedehnten Byteabstand **b** (7 bit mit Vorzeichen) *plus*
- dem Inhalt des Befehlszählers **PC** *plus*
- dem Inhalt eines Indexregisters **Xi** multipliziert mit einem Faktor **s**.
Der Befehlszähler PC und das Indexregister Xi bleiben unverändert. Bei der Adreßbildung sind die ***Vorzeichenausdehnung*** des Byteabstandes (± 127) und des Indexregisters zu beachten. Die Adressierungsart kann für Konstanten verwendet werden, die zwischen den Befehlen angeordnet sind (kurzer Abstand ± 127 Bytes).

Die Adressierungsart **(d,PC,Xi.x*s)** bildet die Adresse des Operanden aus dem
- vorzeichenausgedehnten Abstand (Displacement) **d** *plus*
- dem Inhalt des Befehlszählers **PC** *plus*
- dem Inhalt eines Indexregisters **Xi** multipliziert mit einem Faktor **s**.
Das Befehlszähler PC und das Indexregister Xi bleiben unverändert. Der Abstand d kann 0 oder ein Wort oder ein Langwort sein. Indexregister und Abstand werden immer vorzeichenausgedehnt.

Das in *Bild 3-33* dargestellte Programm zeigt Beispiele für die befehlszähler-relative Adressierung von Konstanten, die hinter dem Codebereich angeordnet sind. Es sei darauf hingewiesen, daß andere Assembler abweichende Notationen verwenden können.

```
* k3b33.ASM Bild 3-33: befehlszähler-relative Datenadressierung
         org      $100000       ; Befehlsbereich
start    move.w   test,d0       ; direkt adressiert (NICHT PC)
         trap     #4            ; 1. Ausgabe
         move.w   test(PC),d0   ; Abstand (test - PC) + PC = test
         trap     #4            ; 2. Ausgabe
         lea      0,a0          ; A0 = 0 Index Null
         move.w   konst(PC,A0),d0 ; kurzer Abstand nach konst
         trap     #4            ; 3. Ausgabe
         bra      next          ; Konstante überspringen
konst    dc.w     $123          ; Testkonstante im Programm
next     move.w   (test,PC,a0),d0 ; (test-PC) + PC + 0 = test
         trap     #4            ; 4. Ausgabe
         trap     #15           ; nach Monitor
* Konstantenbereich hinter den Befehlen
anfa     dcb.w    100,0         ; 100 Wörter mit Nullen
test     dc.w     $123          ; Testkonstante
         end      start         ;
```

Bild 3-33: Test der befehlszähler-relativen Datenadressierung

Bei einer *speicher-indirekten Adressierung* liegt die Operandenadresse in einer Speicherstelle. Da diese Adressierungsart in der CPU nicht vorgesehen ist, muß sie über ein Adreßregister ausgeführt werden. Speicherstellen, die Adressen enthalten, entsprechen den *Zeigern* der problemorientierten Sprache C. In dem Testprogramm *Bild 3-34* enthält die Zeigervariable maxi die Adresse von susi und die Zeigerkonstante zeige die Adresse von konst.

```
* k3b34.ASM Bild 3-34: speicher-indirekte Adressierung (Zeiger)
         org      $40000        ; Variablenbereich
susi     dc.w     $1234         ; Testwert
maxi     dc.l     susi          ; variabler Zeiger auf susi
         org      $100000       ; Befehlsbereich
start    movea.l  maxi,a0       ; A0 = Adresse aus Zeiger
         move.w   (a0),d0       ; register-indirekt lesen
         trap     #4            ; 1. Ausgabe
         movea.l  zeige(PC),A0  ; A0 = Adresse aus Zeiger
         move.w   (a0),d0       ; register-indirekt lesen
         trap     #4            ; 2. Ausgabe
         trap     #15           ; ab nach Monitor
* Konstanten hinter dem Code
konst    dc.w     $5678         ; Testkonstante
zeige    dc.l     konst         ; konstanter Zeiger auf konst
         end      start
```

Bild 3-34: Test der speicher-indirekten Adressierung (Zeiger)

Die indirekte Adressierung wird in folgenden einfachen Beispielen behandelt:
- Speicherung von Leitungszuständen in einem Feld (Bild 3-35),
- Ausgabe und Eingabe von Texten auf dem Terminal (Bild 3-36),
- kopieren der Vektortabelle in einen Benutzerbereich (Bild 3-37),
- prüfen eines Schreib-Lese-Speichers (Bild 3-38) sowie
- Sonderfragen (Direktzugriff, Suchverfahren und berechneter Sprung).

Tastenprellungen (Bild 3-29a) lassen sich in einem Feld speichern und sichtbar machen. *Bild 3-35* zeigt ein Programm, das auf eine fallende Flanke am werthöchsten Bit Nr. 7 des F-Ports wartet und dann 1000 Leitungszustände im Variablenspeicher ablegt. Da die Abtastung möglichst schnell erfolgen muß, wird der gesamte F-Port gespeichert. Bei der Kontrollausgabe auf dem Bildschirm erscheint ein Low der Leitung als Zeichen _ und ein High als Zeichen #. Der Zeitmaßstab zur Ermittlung der Prellzeit kann aus der Aufzeichnung eines Testsignals bekannter Frequenz gewonnen werden.

```
* k3b35.ASM Bild 3-35: Prellungen speichern und auswerten
          org     $40000         ; Speicherbereich
tab       ds.b    1000           ; 1000 Bytes reserviert
          org     $100000        ; Befehlsbereich
* Aufzeichnungs-Schleife startet bei fallender Flanke PF7
start     move.l  #'PF7>',d0     ; Meldung
          trap    #1             ; ausgeben
          movea.l #tab,a0        ; A0 = Speicheradresse
          movea.l #PORTF0,a1     ; A1 = Q-Portadresse
          move.w  #999,d1        ; D1 = Zähler
warte     btst    #7,PORTF0      ; Bit #7 testen
          bne     warte          ; solange Leitung High
loop      move.b  (a1),(a0)+     ; fallende Flanke: speichern
          dbra    d1,loop        ; Speicherschleife
* Auswertungs-Schleife 20 Zeilen x 50 Zeichen
          lea     tab,a0         ; A0 = Speicheradresse
          move.w  #19,d6         ; D6 = Zeilenzähler 20 Zeilen
zeil      move.w  #49,d7         ; D7 = Spaltenzähler 50 Spalten
          move.l  #'>>>>',d0     ; neue Zeile
          trap    #1             ; ausgeben
spal      move.b  #'_',d0        ; Unterstrich für 0
          btst    #7,(a0)+       ; Bit testen
          beq     aus            ; war 0: Unterstrich bleibt
          move.b  #'#',d0        ; # für 1
aus       trap    #0             ; Zeichen _ oder # ausgeben
          dbra    d7,spal        ; Spaltenschleife
          dbra    d6,zeil        ; Zeilenschleife
          move.l  #'TAS>',d0     ; Meldung
          trap    #1             ; ausgeben
          trap    #8             ; warten auf Taste
          cmpi.b  #$1b,d0        ; ESC ?
          bne     start          ; nein: neuer Durchlauf
          trap    #15            ; ja: ESC beendet Schleife
          end     start          ; Startadresse
```

```
PF7>
>>>>_____
>>>>_____
>>>>_____
>>>>_____
>>>>_____########################################
>>>>#################################################
>>>>#################################################
>>>>#################################################
>>>>#################################################
>>>>#_____#########
>>>>#################################################
>>>>######################_____
>>>>_____
>>>>_____
>>>>_____
>>>>_____
>>>>_____
>>>>_____
>>>>_____
>>>>_____
TAS>
```

Bild 3-35: Tastenprellungen speichern und auswerten

Bei der Speicherung von Texten, die auf dem Bildschirm ausgegeben werden, kann man entweder die Textlänge als Zahl vor den Textzeichen ablegen oder den Text durch eine Endemarke begrenzen. Das in *Bild 3-36* dargestellte Beispiel legt einen konstanten Text im Codebereich ab, der durch die frei vereinbarte Endemarke, das Byte $00, begrenzt wird. Vor den Textzeichen stehen die Steuerzeichen Zeilenvorschub (lf = 10) und Wagenrücklauf (cr = 13). Die Adressierung erfolgt über ein Adreßregister, das befehlszähler-relativ mit der Anfangsadresse des Textes geladen wird. Die erste Schleife loop1 unterdrückt die Endemarke bei der Ausgabe.

Eine zweite Schleife (loop2) liest Zeichen von der Tastatur ein und speichert sie in einem Variablenspeicher. Die Endemarke, das Steuerzeichen ESC, wird nicht abgelegt. Ein mitlaufender Zähler in D1 kontrolliert die Anzahl der gelesenen Zeichen und bricht die Eingabe ab, wenn die reservierte Länge des Feldes erreicht oder überschritten wurde. Die Symbolkonstante N wird sowohl bei der Feldvereinbarung als auch bei der Kontrolle der eingelesenen Zeichen verwendet; der Wert 10 diente nur dem Test. Die Anzahl der gelesenen Zeichen wird im ersten Wort des Speicherbereiches abgelegt; die Zeichen liegen dahinter.

Die Ausgabeschleife (loop3) kontrolliert die Anzahl der auszugebenden Zeichen mit dem Schleifenbefehl DBRA in einer wiederholenden Struktur. Vor der Schleife werden der Zähler Null (keine Zeichen) abgefangen und der Zähleranfangswert korrigiert.

```
* k3b36.ASM Bild 3-36: Text bis Endemarke speichern und ausgeben
N           equ     10          ; Symbolkonstante 10 für TEST TEST
            org     $40000      ; Variablenbereich
spei        ds.b    N           ; N Bytes: Länge und N-2 Zeichen
            org     $100000     ; Befehlsbereich
* Konstanten Text bis Endemarke zur Begrüssung ausgeben
start       lea     kon(PC),a0  ; A0 = Anfangsadresse
loop1       move.b  (a0)+,d0    ; Zeichen laden
            beq     exit1       ; Endemarke 0: fertig
            trap    #0          ; nein: Zeichen ausgeben
            bra     loop1       ; neues Zeichen holen
* Text von Tastatur bis ESC lesen und speichern
exit1       lea     spei+2,a0   ; A0 = Anfangsadresse + 2
            clr.w   d1          ; D1 = Zeichenzähler löschen
loop2       trap    #8          ; nach D0.B lesen ohne Echo
            cmpi.b  #$1b,d0     ; war es Endemarke ESC ?
            beq     exit2       ; ja: nicht speichern
            trap    #0          ; nein: Echo
            move.b  d0,(a0)+    ; und speichern
            addq    #1,d1       ; Zeichen zählen
            cmp.w   #N-2,d1     ; mit max. Länge vergleichen
            bhs     error       ; Speicherende erreicht: Fehler!!!!!
            bra     loop2       ; neue Eingabe
exit2       move.w  d1,spei     ; Länge vor Text ablegen
* gespeicherten Text zur Kontrolle ausgeben
            move.b  #10,d0      ; lf Zeilenvorschub
            trap    #0          ;
            move.b  #13,d0      ; cr Wagenrücklauf
            trap    #0          ;
            move.w  spei,d1     ; D1.W = Textlänge
            beq     exit3       ; Länge Null: keine Zeichen
            subq.w  #1,d1       ; korrigieren für DBRA
            lea     spei+2,a0   ; A0 = Anfangsadresse der Zeichen
loop3       move.b  (a0)+,d0    ; Zeichen laden
            trap    #0          ; und ausgeben
            dbra    d1,loop3    ; neues Zeichen
exit3       trap    #15         ; nach Monitor
error       move.l  #'err!',d0  ; Fehlermeldung
            trap    #1          ; ausgeben
            bra     exit3       ; weiter nach Monitor
* Konstantenbereich mit Begrüssungstext und Endemarke
kon         dc.b    10,13,'Ende mit ESC Eingabe -> ',0
            end     start       ; Startadresse
```

Bild 3-36: Speicherung und Ausgabe von Texten

Eine Vektortabelle enthält die Adressen (Vektoren oder Zeiger) von Programmen, die im Falle einer Ausnahme z.B. bei einem Interrupt ausgeführt werden sollen. Der Monitor setzt zunächst die Adressen eigener Ausnahmeprogramme ein. Durch Änderung des Vektorbasisregisters VBR kann die Tabelle in einen RAM Bereich verlegt werden, um dem Benutzer eigene Eintragungen zu ermöglichen. Das in *Bild 3-37* dargestellte Programm kopiert die 64 ersten Vektoren der Vektortabelle aus dem EPROM ab Adresse $0 in den Variablenspeicher ab Adresse $40000; eine Kontrolle der gespeicherten Daten findet nicht statt.

```
* k3b37.ASM Bild 3-37: Bereich kopieren ohne Kontrollen
        org     $40000      ; Variablenbereich
tab     ds.l    64          ; 64 Langwörter
        org     $100000     ; Programmbereich
start   lea     tab,a0      ; A0 = Ziel
        lea     0,a1        ; A1 = Quelle
        move.w  #63,d0      ; D0 = Zähler - 1
loop    move.l  (a1)+,(a0)+ ; kopieren mit post-increment
        dbra    d0,loop     ; Schleifenkontrolle
        trap    #15         ; Ergebnis mit D-Kommando ausgeb.
        end     start
```

Bild 3-37: Kopieren der Vektortabelle in einen Schreib-Lese-Speicher

Bei der Entwicklung von Hardware müssen die Speicherbausteine und Schaltungen getestet werden. Das in *Bild 3-38* dargestellte Programm prüft den externen RAM ab Adresse $40000 bis $5FFFF auf Speicherfehler. Es läuft in einer unendlichen Schleife, die nur durch Reset abgebrochen werden kann.

```
; k3b38.ASM Bild 3-38: Speichertest RAM $4.0000 - $5.ffff
        org     $100000     ; Programm im internen TPU-RAM
start   move.b  #$ff,DDRE   ; E-Port Richtung Ausgabe
        move.b  #$ff,DDRF   ; F-Port Richtung Ausgabe
        move.b  #$ff,DDRQS  ; Q-Port Richtung Ausgabe
        clr.l   d0          ; Zähler löschen
        clr.b   PORTC       ; Fehler-Zähler löschen
neu     move.b  d0,PORTE0   ; E-Port Zähler Ausgabe Low
        ror.w   #8,d0       ;
        move.b  d0,PORTF0   ; F-Port Zähler Ausgabe High
        rol.w   #8,d0       ;
        addq.l  #1,d0       ; Zähler + 1
        movea.l #$40000,a0  ; Anfangsadresse Benutzer-RAM
        movea.l #$50000,a1  ; Endadresse + 1 Benutzer-RAM
loop    move.l  d0,(a0)     ; schreiben
        cmp.l   (a0),d0     ; vergleichen
        beq     gut         ; gleich: gut
* Fehlermeldung auf Bildschirm und C-Port ausgeben
        trap    #6          ; ausad: Adresse ausgeben
        move.l  d0,-(a7)    ; D0 retten push
        move.l  #' =>$',d0  ; Text
        trap    #2          ; ausgeben
        move.l  (a7)+,d0    ; D0 zurück pop
        trap    #5          ; ausdw: Wert
        addq.b  #1,PORTC    ; Fehlerzähler + 1
        move.w  a0,d0       ; Fehleradresse Low
        move.b  d0,PORTQS   ; auf Q-Port ausgeben
gut     addq.l  #4,a0       ; Adresse + 1
        cmpa.l  a1,a0       ; Ende des Bereiches ?
        bge     neu         ; ja: weiter mit Anfangsadresse
        bra     loop        ; nein: Testschleife geht weiter
        end     start       ; Startadresse
```

Bild 3-38: Speichertestprogramm

In den Beispielen wurde die Länge des Feldes und damit die Steuerung der zugreifenden Schleifen bestimmt durch:
- eine konstante Anzahl von Elementen (Aufzeichnungsspeicher und Vektoren),
- eine variable Anzahl von Elementen (variable Textlänge vor dem Text),
- eine Endemarke hinter den Elementen (z.B. Endemarke $00) und
- eine konstante Anfangs- und Endadresse (Speicherbereich).

Felder lassen sich auch zur Programmierung von *Fallunterscheidungen* verwenden, die sonst auf umfangreiche Verzweigungsstrukturen (Abschnitt 3.4) führen würden. Ein einfaches Beispiel ist die Aufgabe, die Umlaute (z.B. ä) und das Zeichen ß der deutschen Sprache in Doppelzeichen (z.B. ae bzw. ss) umzucodieren. Sie sind als nationale Sonderzeichen unregelmäßig in den jeweiligen Zeichensätzen angeordnet und müßten durch einzelne Abfragen (CMPI) herausgesucht werden. Das Beispiel *Bild 3-39* legt sie in eine Tabelle, die für jeden Eintrag das zu suchende Eingabezeichen (z.B. ä) und die auszugebenden Zeichenfolge (z.B. ae) enthält. Alle Eintragungen sind gleich lang und bestehen aus drei Bytes; die Tabelle wird mit der Endemarke 0 abgeschlossen, die nicht zu den Eingabezeichen gehört. Das Programm gibt in einer Leseschleife anstelle der nationalen Sonderzeichen die umcodierten Doppelzeichen aus.

```
* k3b39.ASM Bild 3-39: Umcodiertabelle mit Endemarke
          org     $100000      ; Befehlsbereich
start     move.l  #'--> ',d0   ; Prompt
          trap    #1           ; neue Zeile
          lea     tab(PC),a0   ; A0 = Tabellenanfang
* Eingabeschleife für Zeichen Ende mit ESC
loop      trap    #8           ; lesen D0.B ohne Echo
          cmpi.b  #$1b,d0      ; Eingabe-Endemarke ?
          beq     exit         ; ja
          clr.w   d1           ; D1.W = Index löschen
* Suchschleife für Eingabezeichen in Tabelle
such      move.b  0(a0,d1.w),d2 ; D2 = Tabellenwert
          beq     nein         ; Tabellen_Ende $00 gefunden
          cmp.b   d2,d0        ; Eingabezeichen in Tabelle ?
          beq     gefu         ; ja: gefunden
          addq.w  #3,d1        ; nein: Index erhöhen
          bra     such         ; und weiter suchen
gefu      move.b  1(a0,d1.w),d0 ; 1.Ausgabezeichen
          trap    #0           ; ausgeben
          move.b  2(a0,d1.w),d0 ; 2.Ausgabezeichen
          trap    #0           ; ausgeben
          bra     loop         ; neue Eingabe
nein      trap    #0           ; Zeichen unverändert ausgeben
          bra     loop         ; neue Eingabe
exit      trap    #15          ; nach Monitor
* Konstante Tabelle hinter Code mit Endemarke 0
tab       dc.b    'äaeöoeüueÄAEÖOEÜUEßss',0
          end     start
```

Bild 3-39: Fallunterscheidung mit einer Umcodiertabelle

Legt man die Länge der Tabelle nicht durch eine Endemarke, sondern durch die Anzahl der Eintragungen fest, so ist die Tabelle in einer Schleife zu durchsuchen. Für die Steuerung lassen sich *bedingte* Schleifenbefehle **DBcc** verwenden. Sie sind eine Erweiterung des Schleifenbefehls DBRA.

Befehl	Operand	X	N	Z	V	C	Wirkung
DBPL	Dn,Ziel						Schleifenabbruch bei Ergebnis positiv (N = 0)
DBMI	Dn,Ziel						Schleifenabbruch bei Ergebnis negativ (N = 1)
DBNE	Dn,Ziel						Schleifenabbruch bei Ergebnis nicht Null (Z = 0)
DBEQ	Dn,Ziel						Schleifenabbruch bei Ergebnis Null (Z = 1)
DBVC	Dn,Ziel						Schleifenabbruch bei nicht Überlauf (V = 0)
DBVS	Dn,Ziel						Schleifenabbruch bei einem Überlauf (V = 1)
DBCC	Dn,Ziel						Schleifenabbruch bei nicht Übertrag (C = 0)
DBCS	Dn,Ziel						Schleifenabbruch bei einem Übertrag (C = 1)

Abbruchbedingung	dual *ohne* Vorzeichen		dual *mit* Vorzeichen	
größer als	DBHI	Dn,Ziel	DBGT	Dn,Ziel
größer oder gleich	DBHS	Dn,Ziel	DBGE	Dn,Ziel
gleich	DBEQ	Dn,Ziel	DBEQ	Dn,Ziel
ungleich	DBNE	Dn,Ziel	DBNE	Dn,Ziel
kleiner oder gleich	DBLS	Dn,Ziel	DBLE	Dn,Ziel
kleiner als	DBLO	Dn,Ziel	DBLT	Dn,Ziel

Die Befehle **DBcc** dienen zum Aufbau von bedingten Zählschleifen, die entweder beim Auftreten einer Abbruchbedingung oder beim Ende des Zählers abgebrochen werden. Reihenfolge der Teiloperationen:
- Schleifenabbruch bei *erfüllter* Abbruchbedingung (z.B. Ergebnis Null),
- bei *nicht erfüllter* Abbruchbedingung vermindere den Zähler um 1 und
- springe beim Zählerstand *ungleich -1* zum Ziel.

Vor dem Schleifenbefehl DBcc liegt ein Befehl, der die Abbruchbedingung prüft (z.B. CMP), dahinter ein Verzweigungsbefehl (z.B. BEQ), der zwischen dem Abbruch durch die Bedingung (gefunden) und dem Ende des Zählers (nicht gefunden) unterscheidet. Beispiel:

```
loop1    CMP.B    (A0)+,D0    ; Eingabewert - Tabellenwert
         ADDQ.L   #1,A0       ; Ausgabewert übergehen CCR bleibt
         DBEQ     D1,loop1    ; Schleifenkontrolle
         BEQ      gefu        ; Bedingung erfüllt: gefunden
nicht                         ; Zähler abgelaufen: nicht gefunden
```

Der Vergleichsbefehl CMP.B verändert die Bedingungsbits des Bedingungs-registers CCR entsprechend der Differenz zwischen dem Tabellenwert und dem Datenregister. Der darauffolgende Zählbefehl ADDQ.L #1,A0 erhöht ein *Adreßregister* um 1 und verändert das Bedingungsregister *nicht*, während der Zählbefehl ADDQ angewendet auf ein Datenregister das Bedingungsregister CCR verändern und damit das Vergleichsergebnis zerstören würde.

Das Programm *Bild 3-40* durchsucht eine Umcodiertabelle, deren Länge als Wort vor den Tabellenwerten abgelegt ist, nach den deutschen Sonderzeichen. Die Länge der Tabelle wird als Variable vor der Schleife auf den Wert 0 geprüft und entsprechend der Logik der wiederholenden Schleifenkonstruktion mit DBcc um 1 vermindert. In der Schleife bleibt die Tabellenanfangsadresse kon-stant. Als laufendes Indexregister dient hier ein Adreßregister, damit der Zählbe-fehl vor der Schleifenkontrolle das Vergleichsergebnis nicht zerstört. Der Befehl BNE verzweigt zum Fall "nicht gefunden", wenn nicht die Abbruchbedingung DBEQ, sondern die Zählerkontrolle die Schleife beendet hat.

```
* k3b40.ASM Bild 3-40: bedingte Suchschleife in Tabelle
        org     $100000     ; Befehlsbereich
start   move.l  #'--> ',d0  ; Prompt
        trap    #1          ; neue Zeile
        lea     tab(PC),a0  ; A0 = Tabellenanfang
* Eingabeschleife für Zeichen Ende mit ESC
loop    trap    #8          ; lesen D0.B ohne Echo
        cmpi.b  #$1b,d0     ; Eingabe-Endemarke ?
        beq     exit        ; ja
        move.w  (a0),d2     ; D2.W = Zähler für Einträge
        beq     nein        ; 0: Tabelle ist leer
        subq.w  #1,d2       ; Anzahl - 1 wegen DBEQ
        move    #2,a1       ; a1 = Anfangsindex
* Suchschleife für Eingabezeichen in Tabelle
such    cmp.b   0(a0,a1),d0 ; Zeichen - Tabellenwert
        addq.w  #3,a1       ; A1: Index + 3 CCR bleibt!!!!
        dbeq    d2,such     ; weiter suchen
        bne     nein        ; nicht gefunden
* Zeichen in Tabelle gefunden neuen Code ausgeben
        subq    #3,a1       ; Index wieder zurück
        move.b  1(a0,a1),d0 ; 1.Ausgabezeichen
        trap    #0          ; ausgeben
        move.b  2(a0,a1),d0 ; 2.Ausgabezeichen
        trap    #0          ; ausgeben
        bra     loop        ; neue Eingabe
* Zeichen in Tabelle nicht gefunden
nein    trap    #0          ; Zeichen unverändert ausgeben
        bra     loop        ; neue Eingabe
exit    trap    #15         ; nach Monitor
* Konstante Tabelle hinter Code mit Längenangabe
tab     dc.w    7           ; 7 Einträge
        dc.b    'äaeöoeüueÄAEÖOEÜUEßss' ; Tabellenwerte
        end     start
```

Bild 3-40: Tabellenzugriff mit bedingtem Schleifenbefehl DBcc

Für einen *direkten Tabellenzugriff* muß ein rechnerischer Zusammenhang zwischen der Eingangsgröße und der Adresse der Ausgangsgröße vorhanden sein. Dann enthält die Tabelle nur noch die Ausgangswerte, die Eingangsgröße wird in die entsprechende Indexposition umgerechnet. Das folgende Beispiel liest einen Wert von 0 bis 7 vom E-Port und gibt das entsprechend umcodierte Ergebnis auf dem Q-Port aus.

```
CLR.W   D0              ; löschen wegen d0.w als Index
MOVE.B  PORTE0,D0       ; Eingabewert = Indexposition
LEA     tab2,A0         ; A0 = Tabellenanfangsadresse
MOVE.B  0(A0,D0.W),PORTQS ; Ausgabe Tabellenwert
```

```
* Tabelle für direkten Zugriff: nur Ausgabewerte
tab2    DC.B    $00,$10,$20,$30,$40,$50,$60,$70
```

Beim direkten Tabellenzugriff muß sichergestellt sein, daß die errechnete Adresse auch tatsächlich auf einen Tabellenwert zeigt. Dazu sind Bereichsabfragen erforderlich, für die folgende Spezialbefehle zur Verfügung stehen.

Befehl	Operand	X	N	Z	V	C	Wirkung
CHK.x	Quelle,Dn		x	u	u	u	CHK-Ausnahme bei außerhalb der Grenzen
CHK2.x	Quelle,Rn		u	x	u	x	CHK-Ausnahme bei außerhalb der Grenzen
CMP2.x	Quelle,Rn		u	x	u	x	vergleiche Register auf Grenzen (Bcc-Befehle!)

Das Beispiel *Bild 3-41* prüft den Bereich der kleinen Buchstaben mit einfachen Vergleichsbefehlen und gibt die entsprechenden großen Buchstaben aus.

```
* k3b41.ASM Bild 3-41: Direkter Tabellenzugriff
        org     $100000         ; Befehlsbereich
start   move.l  #'-->',d0       ; Prompt
        trap    #1              ; ausgeben
        lea     tab(PC),a0      ; A0 = Basisadresse
loop    trap    #8              ; D0.B = Zeichen ohne Echo
        cmpi.b  #$1b,d0         ; Endemarke ESC ?
        beq     exit            ; ja: nach Hause
        cmpi.b  #'a',d0         ; untere Grenze ?
        blo     nein            ; fällt raus
        cmpi.b  #'z',d0         ; obere Grenze ?
        bhi     nein            ; fällt raus
        andi.w  #$00ff,d0       ; maskieren
        subi.b  #'a',d0         ; Index ab 0 normieren
        move.b  0(a0,d0.w),d0   ; umcodieren aus Tabelle
nein    trap    #0              ; ausgeben
        bra     loop            ; Lese-Schleife
exit    trap    #15             ; nach Monitor
* Tabelle nur mit Ausgabewerten ohne Länge und Endemarke
tab     dc.b    'ABCDEFGHIJKLMNOPQRSTUVWXYZ' ;
        end     start
```

Bild 3-41: Direkter Zugriff auf eine Umcodiertabelle

Für Tabellen, bei denen die Einträge verschieden lang sein können wie z.B. bei Ausgabetexten, legt man *Zeigertabellen* mit den Adressen der Ausgabewerte an. Das Beispiel *Bild 3-42* gibt auf Eingabe einer Zahl von 1 bis 5 einen von 5 Texten aus. Der Eingabewert adressiert einen Zeiger, der die Anfangsadresse des auszugebenden Textes enthält. Da die Tabelleneinträge Langwörter sind, muß zur Errechnung der Indexposition der Wert mit 4 multipliziert werden. Dies geschieht durch die Angabe eines Skalenfaktors bei der Indizierung. Der Befehl

```
        MOVEA.L   0(A0,D0.L*4),A2  ;  A2 = Textadresse
```

berechnet die Adresse des Zeigers aus dem Abstand 0, der Basisadresse der Zeigertabelle in A0 und dem mit 4 multiplizierten Index (Eingabewert).

```
* k3b42.ASM Bild 3-42: Tabelle mit Zeigern auf Texte
        org     $100000        ; Befehlsbereich
start   lea     tab(PC),a0     ; A0 = Basisadresse Zeigertabelle
        lea     prompt(PC),a1  ; A1 = Adresse prompt
* Prompt-Text als Eingabeaufforderung ausgeben
loop    clr.w   d1             ; D1 = Laufindex
loop1   move.b  0(a1,d1),d0    ; Zeichen laden
        beq     exit1          ; war Endemarke
        trap    #0             ; ausgeben
        addq.w  #1,d1          ; Index + 1
        bra     loop1          ; neuer Durchlauf
* Text-Nr. lesen Endemarke ist 0
exit1   trap    #13            ; D0.L = Zahl lesen
        tst.l   d0             ; Wert prüfen
        beq     exit           ; war Endemarke Null
        bmi     loop           ; war kleiner Null
        cmp.l   (a0),d0        ; Wert - Zeigerzahl
        bhi     loop           ; war größer
        movea.l 0(a0,d0.l*4),a2 ; A2 = Textadresse
loop2   move.b  (a2)+,d0       ; Zeichen lesen
        beq     loop           ; war Endemarke
        trap    #0             ; ausgeben
        bra     loop2          ; nächstes Zeichen
exit    trap    #15            ; nach Monitor
* Zeigertabelle mit Textadressen
tab     dc.l    5              ; Tabelle enthält 5 Zeiger
        dc.l    text1          ; Adresse des 1. Textes
        dc.l    text2          ; Adresse des 2. Textes
        dc.l    text3          ; Adresse des 3. Textes
        dc.l    text4          ; Adresse des 4. Textes
        dc.l    text5          ; Adresse des 5. Textes
* Hier liegen die konstanten Texte mit Endemarken
prompt  dc.b    10,13,'Ende mit 0 Zahl von 1 bis 5 ',0
text1   dc.b    10,13,'Das ist der Text Nr. 1',0
text2   dc.b    10,13,'Nr. 2 ist dieser Text',0
text3   dc.b    10,13,'Das war die Nr. 3',0
text4   dc.b    10,13,'Text Nr. 4 ist angesagt',0
text5   dc.b    10,13,'Fünf Fünf Fünf Fünf Fünf',0
        end     start
```

Bild 3-42: Direkter Zugriff auf Zeigertabelle

Die Fallunterscheidung (switch..) der problemorientieren Sprache C kann
für jeden Fall (case ..) mehrere Anweisungen ausführen. Anstelle von bedin-
gen Verzweigungen lassen sich die Fälle mit einer *Sprungtabelle* auswählen.
Dazu wird zu einem Ziel gesprungen, dessen Adresse erst zur Laufzeit des
Programms errechnet oder einer Tabelle entnommen wird. Der Verzweigungsbefehl BRA ist dazu nicht brauchbar, da der Abstand zum Sprungziel als Konstante in den Befehl eingetragen wird. Die folgenden Befehle springen immer;
die Adresse des Sprungziels kann jedoch als Variable register-indirekt bestimmt
werden.

Befehl	Operand	X	N	Z	V	C	Wirkung
JMP	Sprungziel						springe immer zur Zieladresse
JSR	Sprungziel						rufe immer das adressierte Unterprogramm auf

Adressierungsarten des Sprungziels:

	abs			(An)		w(An)	b(An,Xi)	(d,An,Xi)	w(PC)	b(PC,Xi)	(d,PC,Xi)

Bei der absoluten oder direkten Adressierung **abs** ist das Sprungziel eine Konstante, die symbolisch oder hexadezimal angegeben wird. Der Befehl wird für
Sprungziele verwendet, die sich auf festen Adressen befinden. Bei Sprüngen
innerhalb verschieblicher Programme sollten die relativen Verzweigungen BRA
und Bcc verwendet werden. Beispiel für JMP-Befehl:

```
loop    MOVE.B    PORTE0,PORTC ; Z-Bit verändert
        BEQ       exit         ; Abbruch bei Wert 0
        JMP       loop         ; besser BRA loop
exit
```

In den *register-indirekten* Adressierungsarten ist die Adresse des Sprungziels
variabel und kann berechnet oder einer Tabelle entnommen werden. Das Beispiel
liest vom E-Port eine Zahl von 0 bis 7 und springt dann über eine Zeigertabelle
zu einem von 8 verschiedenen Sprungzielen, in denen der Fall behandelt wird.

```
        CLR.W     D0             ; löschen wegen D0.W als Index
        MOVE.B    PORTE0,D0      ; Eingabewert = Indexposition
        LEA       tab3,A0        ; A0 = Anfang Zeigertabelle
        MOVEA.L   0(A0,D0*4),A0  ; Sprungadresse laden
        JMP       (A0)           ; und indirekt springen
f0                               ; Sprungziel für Index = 0

f1                               ; Sprungziel für Index = 1

* Zeigertabelle mit Sprungadressen
tab3    DC.L      f0,f1,f2,f3,f4,f5,f6,f7
```

Die *befehlszähler-relativen* Adressierungsarten des JMP-Befehls entsprechen in
ihrer Wirkung der relativen Adressierung der Verzweigungsbefehle mit dem
Unterschied, daß zum Befehlszähler PC noch ein konstanter bzw. variabler
Abstand addiert wird.

Die Arbeit mit Tabellen führt auf Lösungen für Probleme, die mit bedingten Verzweigungen nur aufwendig zu programmieren wären. Ein Beispiel ist die Aufgabe, aus den 65 536 Möglichkeiten des 16 bit Funktionscodes die symbolischen Assemblerbefehle zu gewinnen, also die Assemblierung rückgängig zu machen (Disassembler). Das Beispiel *Bild 3-43* zeigt für die Rückübersetzung der drei Befehle NOP, TRAP und SWAP eine Tabelle, die neben dem Code eine Maske und die Adresse des Programmteils enthält, in dem der Befehl weiter untersucht wird. Der Code wird vom Terminal eingelesen und in der Tabelle gesucht. Dabei ist zu berücksichtigen, daß alle Befehle, die Operanden enthalten, diesen in den Code einbauen. Dieser Operandenteil wird vor dem Vergleich mit dem Grundcode aus dem eingegebenen Wert ausgeblendet. Stimmen Grundcode (Tabellenwert) und eingegebener Wert (Operand maskiert) überein, so erfolgt ein Sprung in ein Programmteil, das den symbolischen Befehl und den aufbereiteten Operanden rückübersetzt ausgibt. Beispiel für die TRAP-Befehle:

```
TRAP #0      hat den Code    $4E40

. . . .                      . . .

TRAP #15     hat den Code    $4E4F
             Grundcode    $4E40 Maske $FFF0
```

```
* k3b43.ASM Bild 3-43: Tabelle mit Sprungzielen
        org     $40000      ; Variablenbereich
tab     dc.l    3           ; Anzahl der Befehle
        dc.w    $ffff,$4e71 ; NOP Maske und Code
        dc.l    nopb        ; NOP Sprungziel
        dc.w    $fff8,$4840 ; SWAP Maske und Code
        dc.l    swapb       ; SWAP Sprungziel
        dc.w    $fff0,$4e40 ; TRAP Maske und Code
        dc.l    trapb       ; TRAP Sprungziel
        org     $100000     ; Befehlsbereich
start   move.l  #'Code',d0  ; Promp
        trap    #1          ; ausgeben
        trap    #13         ; D0.L = Wert eingeben
        cmpi.l  #-1,d0      ; Endemarke -1
        beq     exit        ; nach Monitor
        move.l  tab,d2      ; D1.W = Anzahl der Befehle
        beq     exit        ; Null Befehle sind unsinnig
        subq.w  #1,d2       ; Korrektur
        lea     tab+4,a0    ; A0 = Tabellenanfang
loop    move.w  d0,d1       ; Codewert kopieren
        and.w   (a0)+,d1    ; maskieren
        cmp.w   (a0)+,d1    ; vergleichen
        bne     nein        ; war es nicht
        move.l  (a0),a0     ; ja: Sprungadresse laden
        jmp     (a0)        ; und springen
nein    addq.l  #4,a0       ; Sprungadresse übergehen
        dbra    d2,loop     ; Schleifenkontrolle
        move.l  #'ERR:',d0  ; Fehlermeldung
        trap    #1          ; ausgeben
        bra     start       ; neue Eingabe
exit    trap    #15         ; nach Monitor
```

```
* hier liegen die Programmstücke zur Ausgabe der Befehle
nopb    move.l  #'NOP ',d0   ; Symbol
        trap    #1           ; ausgeben
        bra     start        ;
swapb   move.b  d0,d1        ; Code retten
        move.l  #'SWAP',d0   ; Symbol
        trap    #1           ; ausgeben
        move.l  #'  D',d0    ; Datenregister
        trap    #2           ;
        move.b  d1,d0        ; Code auswerten
        andi.b  #$07,d0      ; Register maskieren
        addi.b  #$30,d0      ; codieren
        trap    #0           ; und ausgeben
        bra     start        ;
trapb   move.b  d0,d1        ; Code retten
        move.l  #'TRAP',d0   ; Symbol
        trap    #1           ; ausgeben
        move.l  #'  #$',d0   ; #
        trap    #2           ; ausgeben
        move.b  d1,d0        ; Code auswerten
        andi.b  #$0f,d0      ; Nr. maskieren
        addi.b  #'0',d0      ; codieren
        cmpi.b  #'9',d0      ; Ziffer 0..9
        bls     trapb1       ; ja: fertig
        addi.b  #7,d0        ; nach A..F
trapb1  trap    #0           ; ausgeben
        bra     start        ;
        end     start        ;
```

Bild 3-43: Berechneter Sprung zur Disassemblierung

Tabellen lassen sich auch für die Arbeit mit Daten verwenden, die über die digitalen bzw. analogen Schnittstellen ein- und ausgegeben werden. Beispiele:
- Umcodierung von Druckerzeichen,
- Umcodierung vom BCD-Code in Codes für die Ansteuerung von Segmenten,
- Ausgabe von Funktionen über Digital/Analogwandler (Funktionsgenerator),
- Analyse von Funktion, die über Analog/Digitalwandler eingelesen wurden,
- Speicherung und zyklische Ausgabe von Kurven (Speicheroszilloskop),
- Speicherung und Aufbereitung digitaler Bussignale (Logikanalysator) und
- Ansteuerung von LCD-Anzeigeeinheiten.

Übungsaufgaben zum Abschnitt 3.5.

1. Aufgabe:
Im Variablenbereich ist Speicher für ein Feld aus 256 Bytes zu reservieren. Das erste Byte nimmt die Länge des Textes auf, die restlichen die Textzeichen. In einer Leseschleife, die durch ESC abgebrochen werden soll, sind Zeichen zu lesen und zu speichern. Die Anzahl der Zeichen ist im ersten Byte abzulegen. Der Text soll zur Kontrolle auf dem Bildschirm ausgegeben werden.

2. Aufgabe:
Im Variablenbereich ist ein Feld aus 256 Bytes zu reservieren und mit den Werten von 0 bis 255 zu füllen. In einer Schleife, die nur durch Reset abgebrochen werden kann, sind die gespeicherten Werte nacheinander auszugeben. Am Ende des Speichers beginne die Ausgabe wieder von vorn. Baut man einen Wartezähler in die Ausgabeschleife ein, so läßt sich ein dualer Aufwärtszähler modulo 256 mit dem Auge verfolgen.

3. Aufgabe:
Im Programmbereich ist eine konstante Tabelle zur Umcodierung von BCD-Ziffern in einen Siebensegmentcode abzulegen.

BCD-Ziffer	0	1	2	3	4	5	6	7	8	9
Segm-Code	$7E	$30	$6D	$79	$33	$5B	$5F	$72	$7F	$7B

In einer Schleife, die nur durch Reset abgebrochen werden kann, sind BCD-Ziffern vom E-Port zu lesen. Der entsprechende Segmentcode ist auf dem F-Port auszugeben. Bei Nicht-BCD-Ziffern werde die Ausgabe durch den Code $00 als Fehlermeldung dunkel geschaltet.

4.Aufgabe:
Im Variablenspeicher ist ein Bereich von 1024 Bytes für die Aufnahme von digitalen Signalen zu reservieren. Nach einer fallenden Flanke am werthöchsten Eingang Nr. 7 des F-Ports sind die folgenden 1024 Zustände des gesamten Ports abzutasten und zu speichern. Die Aufzeichnung ist anschließend zyklisch auf dem E-Port auszugeben. Sie kann mit einem Oszilloskop betrachtet werden.

5.Aufgabe:
Man lese vom Terminal die Anfangs- und die Endadresse eines Speicherbereiches und gebe den Inhalt als Byte hexadezimal auf dem Bildschirm aus.

6.Aufgabe:
Man lese vom Terminal die Anfangsadresse und die Länge eines Speicherbereiches und bilde die Prüfsumme durch fortlaufende Addition der Bytes in einem Langwort. Die Prüfsumme ist auf dem Bildschirm auszugeben.

3.6 Unterprogramme und Interrupt

Unterprogramme werden in der problemorientierten Sprache C als Funktionen bezeichnet. Ein Interrupt bedeutet, daß ein Programm durch ein äußeres Ereignis unterbrochen wird, das eine bevorzugte Behandlung durch ein Interruptprogramm erfährt. Das C-Programm *Bild 3-44* ruft eine benutzerdefinierte Funktion austext auf, die einen nullterminierten String ausgibt. *Bild 3-45* zeigt ein entsprechendes Assemblerprogramm.

```
/* k3b44.CPP Bild 3-44: Benutzerdefinierte Ausgabefunktion */
#include <conio.h>                    // Systembibliothek
void austext( char text[] )           // Funktionsdefinition
{
 int i = 0;                           // lokale Hilfsvariable
 putch('\r'); putch ('\n');           // neue Zeile cr lf
 while (text[i] != 0) putch(text[i++]); // Ausgabeschleife
}
main()                                // Hauptfunktion
{                                     // Textkonstante
 char meldung[81] = "Benutzerdefinierte C-Funktion";
 austext(meldung);                    // Funktionsaufruf
 return 0;                            // Rücksprung
}
```

Bild 3-44: Benutzerdefinierte Ausgabefunktion in C

```
* k3b45.ASM Bild 3-45: Assembler-Unterprogramm zur Textausgabe
        org     $100000      ; Programmbereich
* Hauptprogramm liegt vor dem Unterprogramm
start   lea     text(PC),a0  ; A0 = Anfangsdresse
        bsr     austext      ; ruft Ausgabe-Unterprogramm
        trap    #15          ; nach Monitor
* Unterprogramm liegt hinter dem Hauptprogramm
austext move.l  d0,-(a7)     ; push D0: Datenregister retten
        move.l  a0,-(a7)     ; push A0: Anfangsadresse retten
        move.b  #10,d0       ; lf Line Feed
        trap    #0           ; neue Zeile ausgeben
        move.b  #13,d0       ; cr Carriage Return
        trap    #0           ; Wagenrücklauf ausgeben
austex1 move.b  (a0)+,d0     ; Textzeichen lesen
        beq     austex2      ; fertig: war Endemarke 0
        trap    #0           ; Zeichen ausgeben
        bra     austex1      ; Ausgabeschleife
austex2 move.l  (a7)+,a0     ; pop A0: Anfangsadresse zurück
        move.l  (a7)+,d0     ; pop D0: Datenregister zurück
        rts                  ; Rücksprung nach Hauptprogramm
* Textkonstante mit Endemarke hinter dem Code abgelegt
text    dc.b    'Hier ist eine Assembler-Funktion',0
        end     start        ;
```

Bild 3-45: Assembler-Unterprogramm zur Textausgabe

Im Assemblerbeispiel liegt das Unterprogramm hinter dem Hauptprogramm. Der Befehl

```
LEA    text(PC),A0
```

speichert die Anfangsadresse des Textes als Parameter in das Adreßregister A0. Der Befehl

```
BSR    austext
```

ruft das Unterprogramm durch eine Verzweigung zum Ziel austext auf. Im Gegensatz zum Befehl BRA, der den Befehlszähler mit der Zieladresse überschreibt, rettet der Befehl **BSR** den Befehlszähler mit der Rücksprungadresse auf den Stapel. Die beiden ersten Befehle des Unterprogramms

```
MOVE.L  D0,-(A7)   ;  Push D0
MOVE.L  A0,-(A7)   ;  Push A0
```

legen die beiden Register D0 und A0, die im Unterprogramm zerstört werden, auf den Stapel. Sie werden durch die Befehle

```
MOVE.L  (A7)+,A0   ;  Pop A0
MOVE.L  (A7)+,D0   ;  Pop D0
```

in umgekehrter Reihenfolge wieder zurückgespeichert. Der Rücksprungbefehl

```
RTS
```

holt die Rücksprungadresse vom Stapel zurück in den Befehlszähler. Das Hauptprogramm wird mit dem Befehl, der hinter dem Befehl BSR liegt, fortgesetzt. *Bild 3-46* zeigt die Darstellung eines Unterprogrammaufrufs im Programmablaufplan und die Verhältnisse auf dem Stapel.

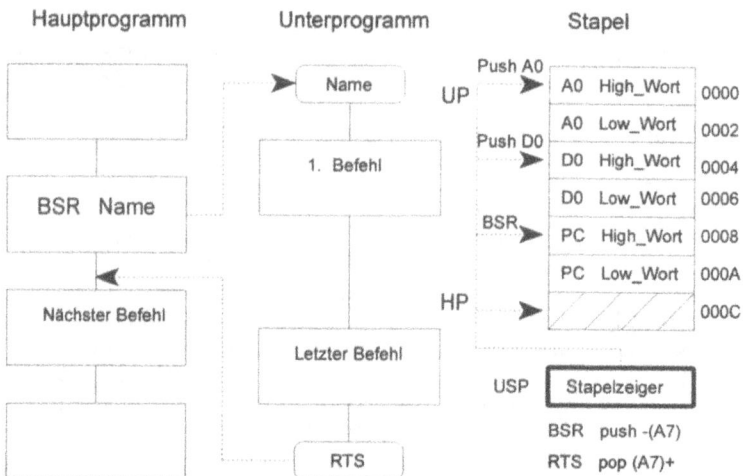

Bild 3-46: Darstellung eines Unterprogramms im Programmablaufplan

Für einfache Unterprogramme, die den Stapel nur zum Retten von Registern benutzen, gibt es die folgenden Befehle:

Befehl	Operand	X	N	Z	V	C	Wirkung
BSR.x	Unterprogramm						verzweige in das Unterprogramm am Ziel
JSR	Unterprogramm						springe in das Unterprogramm am Ziel
RTS							kehre aus dem Unterprogramm zurück
MOVE.x	Register,-(A7)		x	x	0	0	PUSH rette das Register auf den Stapel
MOVE.x	(A7)+,Register		x	x	0	0	POP hole das Register vom Stapel zurück
MOVE	CCR,-(A7)						PUSH CCR rette das Bedingungsregister
MOVE	(A7)+,CCR	x	x	x	x	x	POP CCR hole Bedingungsregister zurück

Der Befehl **BSR** legt die Rücksprungadresse in der Adressierungsart -(A7) auf den Stapel und benutzt dabei den durch das S-Bit zugeordneten Stapelzeiger. Die Adresse des Sprungziels wird berechnet aus dem Befehlszähler (PC + 2) und dem vorzeichenbehafteten Abstand zum Ziel. Die Befehlserweiterung .x bestimmt die mögliche Sprungweite:

BSR.B   *oder*   BSR.S   Byteabstand (± 127 Bytes)
BSR.W   *oder*   BSR   Wortabstand (± 32767 Bytes)
BSR.L   Langwortabstand (im gesamten Adreßbereich)

Der Befehl **JSR** legt wie der Befehl BSR die Rücksprungadresse auf den Stapel, für das Sprungziel sind jedoch folgende Adressierungsarten zulässig:

	abs			(An)			w(An)	b(An,Xi)	(d,An,Xi)	w(PC)	b(PC,Xi)	(d,PC,Xi)

Bei der absoluten (direkten) Adressierung *abs* werden Unterprogramme erreicht, die auf festen Adressen liegen und nicht mit dem Programm verschoben werden. Die indirekten Adressierungsarten gestatten die Berechnung der Sprungadresse zur Laufzeit des Programms. Abschnitt 3.5 zeigt Beispiele mit dem JMP-Befehl.

Der Befehl **RTS** speichert in der Adressierungsart (A7)+ das oberste Langwort vom Stapel in den Befehlszähler PC und setzt bei dieser Adresse das Programm fort. Dabei ist es gleich, ob das Unterprogramm mit BSR oder JSR aufgerufen wurde.

Die MOVE-Befehle retten in der Adressierungsart -(A7) Register auf den Stapel und holen sie in der Adressierungsart (A7)+ wieder zurück. In der Praxis arbeitet man nach dem Verursacherprinzip: Ein Unterprogramm, das Register zerstört, rettet sie auf den Stapel und holt sie auch wieder zurück. Eine Ausnahme sind Ergebnisse, die ein Unterprogramm in Registern an das aufrufende Programm zurückliefert.

Parameter sind Werte, die zwischen dem aufrufenden Programm und dem Unterprogramm übergeben werden. In dem Beispiel Bild 3-45 speichert das aufrufende Hauptprogramm die Adresse des auszugebenden Textes in das Adreßregister A0. Für die Parameterübergabe gibt es folgende Möglichkeiten:
- Werte in Datenregistern,
- Adressen der Werte in Adreßregistern,
- Werte über den Stapel und
- Adressen der Werte über den Stapel.

In der Assemblerprogrammierung übergibt man die Parameter möglichst als *Werte* in Datenregistern, bei Feldern wie z.B. Texten sind Adreßregister mit den *Adressen* der Parameter erforderlich. Das Beispiel *Bild 3-47* zeigt ein Unterprogramm decod, das eine Hexadezimalziffer in D0.B übernimmt und den decodierten dualen Wert in D1.B zurückliefert. Im Carrybit wird eine Fehlermarke übergeben für den Fall, daß keine gültige Hexadezimalziffer vorlag. Das Unterprogramm code übernimmt die *Adressen* der Parameter, für die Variablen angelegt wurden, in den Adreßregistern A0 und A1. Es codiert über eine Tabelle eine Dualzahl von 0 bis 15 in die entsprechende Hexadezimalziffer. Alle Register, auch das Bedingungsregister CCR, werden am Anfang auf den Stapel gerettet und vor dem Rücksprung wieder zurückgespeichert. Man beachte die Reihenfolge der Stapeloperationen: das zuletzt auf den Stapel gelegte Register (push) wird zuerst wieder entfernt (pop).

```
* k3b47.ASM Bild 3-47: Test der Parameterübergabe
         org    $40000    ; Variablenbereich
ein      ds.b   1         ; Variable für Eingabezeichen
dual     ds.b   1         ; Variable für Dualzahl
aus      ds.b   1         ; Variable für Ausgabezeichen
         org    $100000   ; Befehlsbereich
start    move.l #'-> $',d0 ; Prompt
         trap   #1        ; ausgeben
         trap   #8        ; D0.B = Zeichen ohne Echo
         cmpi.b #$1b,d0   ; ESC = Endemarke
         beq    exit      ; Kontrolle der Leseschleife
         move.b d0,ein     ; Eingabe nach Variable
* Unterprogramm decod: Datenübergabe in Registern D0 und D1
         bsr    decod     ; D0.B: Ziffer -> D1.B Zahl
         bcs    error     ; C=1: Fehlermarke
         move.b d1,dual    ; Zahl als Dualzahl speichern
* Unterprogramm code: Adreßübergabe in Registern A0 und A1
         lea    dual,a0   ; A0 = Adresse Dualzahl
         lea    aus,a1    ; A1 = Adresse Hexaziffer
         bsr    code      ; (A0) Zahl -> (A1) Ziffer
         move.b aus,d0    ; Ergebnis aus Variable nach D0
         trap   #0        ; Echo als Kontrollausgabe
         bra    start     ; Schleife
error    move.l #'ERR:',d0 ; Fehlermeldung
         trap   #2        ; ausgeben
         bra    start     ; weiter machen
exit     trap   #15       ; Monitor
```

```
* Unterprogramme liegen hinter dem Hauptprogramm
* decod: D0.B = Hexa-Ziffer Erg: D1.B = Zahl C=1: Fehler
decod     move.b  d0,d1        ; D1 = Umwandlung  D0: bleibt
          cmpi.b  #'0',d1      ; Ziffer 0 ?
          blo     decod3       ; kleiner: Nicht-Hexa
          cmpi.b  #'9',d1      ; größer Ziffer 9 ?
          bhi     decod2       ; ja: Buchstabe versuchen
          subi.b  #'0',d1      ; Ziffer decodiert
decod1    andi    #$fe,CCR     ; C = 0: kein Fehler
          rts                  ; GUT - Ausgang C = 0
decod2    bclr    #5,d1        ; klein -> groß
          cmpi.b  #'A',d1      ; Ziffer A versuchen
          blo     decod3       ; kleiner: Nicht-Hexa
          cmpi.b  #'F',d1      ; größer Ziffer F ?
          bhi     decod3       ; ja: Fehler
          subi.b  #$37,d1      ; Buchstabe decodiert
          bra     decod1       ; nach GUT-Ausgang
decod3    ori     #$01,CCR     ; C = 1: Fehler
          rts                  ; FEHLER - Ausgang C = 1
* code: A0 = Adresse Zahl Erg: A1 = Adresse Ziffer
code      move    CCR,-(a7)    ; Push CCR als Wort retten
          move.l  d0,-(a7)     ; Push D0 retten
          move.l  a2,-(a7)     ; Push A2 retten
          lea     codetab(PC),a2 ; Adresse Codetabelle
          move.b  (a0),d0        ; Zahl laden als Index
          andi.w  #$000f,d0      ; maskieren $0 - $f
          move.b  0(a2,d0.w),(a1) ; Ziffer speichern
          move.l  (a7)+,a2     ; Pop A0 zurück
          move.l  (a7)+,d0     ; Pop D0 zurück
          move    (a7)+,CCR    ; Pop CCR als Wort zurück
          rts                  ; Rücksprung
codetab   dc.b    '0123456789ABCDEF' ; Codetabelle
          end     start        ;
```

Bild 3-47: Übergabe von Werten und Adressen in Registern

Die problemorientierten Programmiersprachen bevorzugen die Übergabe von Werten und Adressen über den Stapel und legen Speicherplatz für lokale Hilfsvariablen auf dem Stapel an. Dazu gibt es folgende Befehle:

Befehl	Operand	X	N	Z	V	C	Wirkung
PEA	Quelle						speichere effektive Quelladresse nach Stapel
LINK.x	An,#kon						Stapel <= An An <= A7 A7 <= A7 + kon
UNLK	An						A7 <= An An <= Stapel hebt LINK auf
RTD	#kon						PC <= Stapel A7 <= A7 + kon
MOVEM.x	Liste,Ziel						speichere Register der Liste nach Ziel
MOVEM.x	Quelle,Liste						speichere Quelle nach Register der Liste

Der Befehl **PEA** (Push Effektive Adresse) bildet zunächst die für die Quelle angegebene Adresse und legt das Ergebnis in der Adressierungsart -(A7) als Langwort auf den Stapel. Er arbeitet ähnlich wie der Befehl LEA, der jedoch die effektive Adresse in einem Adreßregister speichert. Der Befehl PEA dient dazu, die Adressen von Parametern auf den Stapel zu legen.

Der Befehl **LINK** rettet das Adreßregister An in der Adressierungsart -(A7) als Langwort auf den Stapel und kopiert den Stapelzeiger in das Adreßregister. Dann wird die vorzeichenausgedehnte Konstante zum Stapelzeiger addiert. Ein negativer Wert vermindert den Stapelzeiger und schafft dadurch einen freien Speicherbereich, der zur Aufnahme von lokalen Variablen dient. Das Adreß-register An zeigt dabei auf die *höchste* Adresse dieses Bereiches, der nun mit negativen Abständen zum Basisregister An adressiert werden kann. Speichert man die Differenz von An minus der Konstanten in ein zweites Adreßregister, so kann der Variablenbereich mit positiven Abständen zum neuen Basisregister adressiert werden. Über dem Variablenbereich liegt, adressiert durch den Stapel-zeiger, ein neuer Stapel z.B. zum Retten von Registern oder zum Aufruf weiterer Unterprogramme.

Der Befehl **UNLK** speichert den Inhalt des Adreßregisters An in den Stapel-zeiger und lädt das Adreßregister in der Adressierungsart (A7)+ vom Stapel zurück. Hat das Adreßregister An den gleichen Inhalt, den es durch den LINK Befehl erhalten hat, so gibt UNLK den durch LINK belegten Speicherbereich wieder frei.

Der Befehl **RTD** speichert in der Adressierungsart (A7)+ das oberste Langwort vom Stapel in den Befehlszähler PC. Anschließend wird der Stapelzeiger um die vorzeichenausgedehnte Konstante erhöht. Der Befehl arbeitet wie der einfache Rücksprungbefehl RTS und gibt zusätzlich den von Übergabeparametern beleg-ten Bereich auf dem Stapel frei.

Der Befehl **MOVEM.x** speichert mehrere Register in den Speicher bzw. lädt sie zurück. Er ersetzt einzelne MOVE-Befehle und wird vorzugsweise zum Retten bzw. Zurückladen von Registern in Unterprogrammen verwendet. Beim *Speichern* von Registern in den Adressierungsarten

	abs			(An)		-(An)	w(An)	b(An,Xi)	(d,An,Xi)			

werden die Register der Liste in aufeinanderfolgenden Speicherwörtern (.W) oder Langwörtern (.L) abgelegt. Beim *Laden* in den Adressierungsarten

	abs			(An)	(An)+		w(An)	b(An,Xi)	(d,An,Xi)	w(PC)	b(PC,Xi)	(d,PC,Xi)

werden entweder vorzeichenausgedehnte Wörter (.W) oder Langwörter(.L) aus dem Speicher in die Register gebracht; bei Wortoperationen wird das gesamte Register, auch Datenregister, überschrieben. Im Gegensatz zum MOVE-Befehl verändert der Befehl **MOVEM** die Bedingungen *nicht*!

Die *Registerliste* enthält die Bezeichnungen der zu speichernden Daten- und Adreßregister in beliebiger Reihenfolge, die nicht mit der Lage im Speicher übereinstimmt:
- Listenelemente werden durch den Schrägstrich / getrennt,
- Registerbereiche werden in aufsteigender Folge mit einem Strich – getrennt,
- eine Liste kann aus Elementen oder Bereichen bestehen.

Das Beispiel rettet die Register D0 und A1 bis A2 und speichert sie zurück:

```
upro   MOVEM.L   D0/A1-A2,-(A7)   ; D0 A1-A2 retten

       MOVEM.L   (A7)+,D0/A1-A2   ; D0 A1-A2 zurück
       RTS                        ; Rücksprung
```

Das Testprogramm *Bild 3-48* zeigt die Stapeloperationen an zwei einfachen Beispielen. Das Unterprogramm upro zeigt den Umgang mit lokalen Speicherbereichen, die nur vom Unterprogramm benutzt werden. Der Befehl LINK legt einen lokalen Variablenbereich von 20 Bytes auf dem Stapel an, in den ein lokaler konstanter Text kopiert wird, der hinter den Befehlen des Unterprogramms angeordnet ist. Aus dem Variablenspeicher wird der Text zur Kontrolle auf dem Bildschirm ausgegeben. Das Unterprogramm func zeigt die Übergabe von Werten und Adressen über den Stapel. Das Hauptprogramm übergibt dem Unterprogramm über den Stapel zwei Zahlenwerte und die Adresse des Parameters, in den die Summe der beiden Zahlen zu speichern ist. Das Unterprogramm übernimmt die Parameter vom Stapel, speichert das Ergebnis und kehrt mit dem Befehl RTD zurück, der den Stapelzeiger nach dem Rücksprung um die durch die Parameter belegten Speichereinheiten korrigiert.

```
* k3b48.ASM Bild 3-48: Test der Stapeloperationen
        org     $40000  ; Variablenspeicher
var1    dc.w    1       ; Wert für 1. Operand
var2    dc.w    2       ; Wert für 2. Operand
erg     ds.w    1       ; Speicher für Ergebnis reserviert
        org     $100000   ; Befehlsbereich
start   bsr     upro    ; Unterprogramm: lokale Daten
        move.w  var1,-(a7) ; Wert von var1 -> Stapel
        move.w  var2,-(a7) ; Wert von var2 -> Stapel
        pea     erg     ; Adresse von erg  -> Stapel
        bsr     func    ; Unterprogramm: Parametertest
        move.w  erg,d0  ; Ergebnis aus Variable
        trap    #4      ; hexadezimal ausgeben
        trap    #15     ; Monitor
* Unterprogramm Konstanten und lokale Variablen
upro    link    a0,#-20   ; 20 Bytes lokaler Speicher
        move    CCR,-(a7) ; CCR retten
        movem.l d0/a1-a2,-(a7) ; D0 A1-A2 retten
        lea     uprok(PC),a1 ; A1 = Adresse Konstante
        movea.l a0,a2   ; A2 = Endadresse Bereich
upro1   move.b  (a1)+,-(a2) ; Text kopieren
        bne     upro1   ; bis Endemarke
        movea.l a0,a2   ; A2 = Adresse Variable
upro2   move.b  -(a2),d0 ; Zeichen laden
        beq     upro3   ; Endemarke: fertig
```

```
          trap     #0                ; nein: ausgeben
          bra      upro2             ; Schleife
upro3     movem.l  (a7)+,d0/a1-a2    ; D0 A1-A2 zurück
          move     (a7)+,CCR         ; CCR zurück
          unlk     a0                ; Speicher freigeben
          rts                        ; einfacher Rücksprung
uprok     dc.b     10,13,'Summe = $',0  ; lokaler Text
* Unterprogramm  Übergabe von Parametern über den Stapel
func      move     CCR,-(a7)         ; CCR retten        2 Bytes
          movem.l  d0/a0,-(a7)       ; D0 und A0 retten 8 Bytes
          move.w   20(a7),d0         ; D0 = Wert des 1. Parameters
          add.w    18(a7),d0         ; addiere Wert des 2. Parameters
          movea.l  14(a7),a0         ; A0 = Adresse des 3. Parameters
          move.w   d0,(a0)           ; Ergebnis nach 3. Parameter
          movem.l  (a7)+,d0/a0       ; D0 und A0 zurückladen
          move     (a7)+,CCR         ; CCR zurück
          rtd      #8                ; Stapel reinigen 2 Worte 1 Langw.
          end      start             ; Endemarke für alles
```

Bild 3-48: Testprogramme für Stapeloperationen

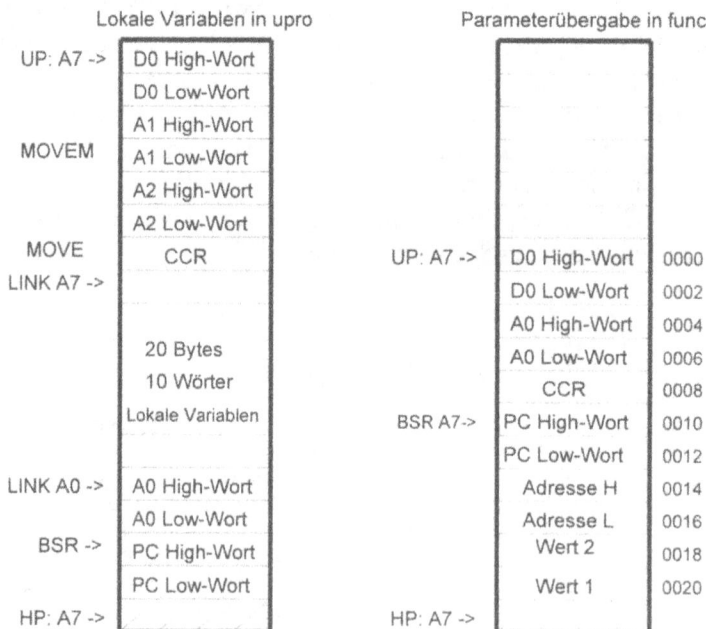

Lokale Variablen in upro		Parameterübergabe in func		
UP: A7 ->	D0 High-Wort			
	D0 Low-Wort			
	A1 High-Wort			
MOVEM	A1 Low-Wort			
	A2 High-Wort			
	A2 Low-Wort			
MOVE	CCR	UP: A7 ->	D0 High-Wort	0000
LINK A7 ->			D0 Low-Wort	0002
			A0 High-Wort	0004
	20 Bytes		A0 Low-Wort	0006
	10 Wörter		CCR	0008
	Lokale Variablen	BSR A7->	PC High-Wort	0010
			PC Low-Wort	0012
LINK A0 ->	A0 High-Wort		Adresse H	0014
	A0 Low-Wort		Adresse L	0016
BSR ->	PC High-Wort		Wert 2	0018
	PC Low-Wort		Wert 1	0020
HP: A7 ->		HP: A7 ->		

Bild 3-49: Der Aufbau des Stapels in den Unterprogrammen

Bild 3-49 zeigt den Aufbau des Stapels in den beiden Unterprogrammen upro (Lokale Variablen) und func (Parameterübergabe). Selbstverständlich kann ein Unterprogramm sowohl lokale Variablen auf dem Stapel anlegen als auch Parameter über den Stapel übernehmen.

Die häufigste *Fehlerquelle* bei der Verwendung von Unterprogrammen sind Stapelfehler, die nicht mehr an die Stelle des Aufrufs, sondern wild in die Gegend zurückspringen und Busfehler oder Adreßfehler zur Folge haben. Die wichtigsten Grundsätze einer korrekten Stapelbehandlung lauten:
- Unterprogramme werden mit BSR oder JSR aufgerufen,
- Unterprogramme ohne Stapelparameter werden mit RTS verlassen,
- Unterprogramme mit Stapelparametern werden mit RTD (Korrektur) verlassen,
- Stapelzugriff möglichst nur mit Wort- oder Langwortoperationen,
- Byteoperationen auf den Stapel sind zu vermeiden,
- das zuletzt auf den Stapel gerettete Register wird zuerst wieder entfernt,
- Anzahl der zurückgespeicherten gleich Anzahl der geretteten Wörter und
- bei LINK und UNLK das Adreßregister nicht verändern.

Die Stapeltechnik ermöglicht den Aufruf weiterer Unterprogramme in einem Unterprogramm. Dabei werden die Rücksprungadressen und Stapelbereiche (lokale Variablen, Parameter und gerettete Register) übereinander angeordnet. Das Beispiel *Bild 3-50* enthält ein Unterprogramm neuz, das die Zeichen cr und lf ausgibt und damit einen Vorschub auf den Anfang einer neuen Zeile bewirkt. Das Unterprogramm neuz benutzt nicht den Befehl TRAP #0, sondern ruft ein weiteres benutzerdefiniertes Unterprogramm ausz auf, das direkt auf die serielle Schnittstelle zugreift. Das Unterprogramm dezaus zur dezimalen Ausgabe des Datenregisters D0 ruft ebenfalls ausz zur Ausgabe einer Dezimalziffer auf. In dezaus wird der Stapel mit Wortoperationen als Zwischenspeicher verwendet, da beim Divisions-Restverfahren die wertniedrigste Stelle zuerst entsteht, aber zuletzt ausgegeben werden muß.

```
* k3b50.ASM Bild 3-50: Unterprogramm zur dezimalen Ausgabe
        org     $100000   ;
start   trap    #12     ; dezimale Eingabe
        bsr     neuz    ; neue Zeile
        bsr     dezaus  ; dezimale Ausgabe
        bra     start   ; Schleife durch RESET abbrechen
* Unterprogramme hinter dem Hauptprogramm
* neuz: cr und lf ausgeben
neuz    move    CCR,-(a7) ; CCR retten
        move.l  d0,-(a7) ; D0 retten
        move.b  #10,d0  ; lf laden
        bsr     ausz    ; und ausgeben mit ausz
        move.b  #13,d0  ; cr laden
        bsr     ausz    ; und ausgeben mit ausz
        move.l  (a7)+,d0 ; D0 zurück
        move    (a7)+,CCR ; CCR zurück
        rts
* ausz: Zeichen aus D0.B seriell ausgeben wie TRAP #0
ausz    move    CCR,-(a7) ; CCR retten
ausz1   btst    #0,SCSR ; Sendestatus testen
        beq     ausz1   ; Sender belegt
        move.b  d0,SCDR+1 ; Zeichen nach Sender
        move    (a7)+,CCR ; CCR zurück
        rts             ;
```

```
* dezaus: dezimale Ausgabe aus D0.L
dezaus   move     CCR,-(a7)      ; CCR retten
         movem.l  d0-d2,-(a7)    ; D0 D1 D2 retten
         move.w   #9,d2          ; D2 = Zähler 10 Stellen
dezaus1  divul.l  #10,d1:d0      ; d0:10 = d0 Rest d1
         addi.b   #$30,d1        ; Ziffer codieren
         move.w   d1,-(a7)       ; und nach Stapel als Wort!
         dbra     d2,dezaus1     ; Schleife 10 Ziffern
         move.w   #9,d2          ; Ausgabeschleife
         clr.b    d1             ; Null-Marke löschen
dezaus2  move.w   (a7)+,d0       ; Ziffer vom Stapel als Wort!
         tst.b    d1             ; Null-Marke testen
         bne      dezaus3        ; Ziffer immer ausgeben
         cmpi.b   #'0',d0        ; Ziffer 0 ?
         bne      dezaus3        ; nein: immer ausgeben
         bra      dezaus4        ; ja: nicht ausgeben
dezaus3  addq.b   #1,d1          ; Null-Marke ungleich 0
         bsr      ausz           ; ausgeben
dezaus4  dbra     d2,dezaus2     ; Schleife
         tst.b    d1             ; Null-Marke testen
         bne      dezaus5        ; ungleich 0: fertig
         move.b   #'0',d0        ; mindestens eine Ziffer 0
         bsr      ausz           ; ausgeben
dezaus5  movem.l  (a7)+,d0-d2    ; Register zurück
         move     (a7)+,CCR      ; CCR zurück
         rts                     ;
         end      start          ;
```

Bild 3-50: Verschachtelte Unterprogramme

Der Monitor enthält für die Eingabe und Ausgabe von Zeichen und Zahlen eine Unterprogrammbibliothek, die *vor* dem eigentlichen Monitorprogramm angeordnet ist; in den Programmbeispielen liegen die Unterprogramme hinter dem Hauptprogramm. Der Benutzer kann auf die Monitorunterprogramme über die TRAP-Befehle zugreifen. In der problemorientieren Sprache C wird der Benutzer durch vordefinierte Klassen- und Funktionsbibliotheken von den Problemen der Eingabe und Ausgabe entlastet.

Auch in der Assemblerprogrammierung ist es möglich, auf Systembibliotheken zuzugreifen und Bibliotheken mit eigenen Unterprogrammen anzulegen. Dazu ist jedoch ein Betriebssystem mit einem *Linker* erforderlich, der das aufrufende Hauptprogramm mit den Unterprogrammen der Bibliothek zu einem gemeinsamen Lademodul verbindet.

Eine weitere Hilfe beim Programmieren sind *Makrobefehle*, die aus vorgefertigten Befehlsfolgen bestehen, in die beim Aufruf aktuelle Parameter eingesetzt werden. Assembler mit der Möglichkeit, Makros zu definieren und beim Aufruf in den Code einzubauen, nennt man *Makroassembler*.

Ein ***Interrupt*** ist ein Ereignis, das ein laufendes Programm unterbricht und ein Interruptprogramm ausführt, in dem das Ereignis behandelt wird. Beispiele:
- eine Flanke an einem Eingang des F-Ports erhöht einen Zähler um 1,
- ein Zeichen im Empfänger der V.24 Schnittstelle startet ein Leseprogramm,
- ein Zählerüberlauf im Systemtimer liefert einen Uhrenimpuls oder
- ein TRAP-Befehl startet ein Monitorunterprogramm zur Zahlenausgabe.

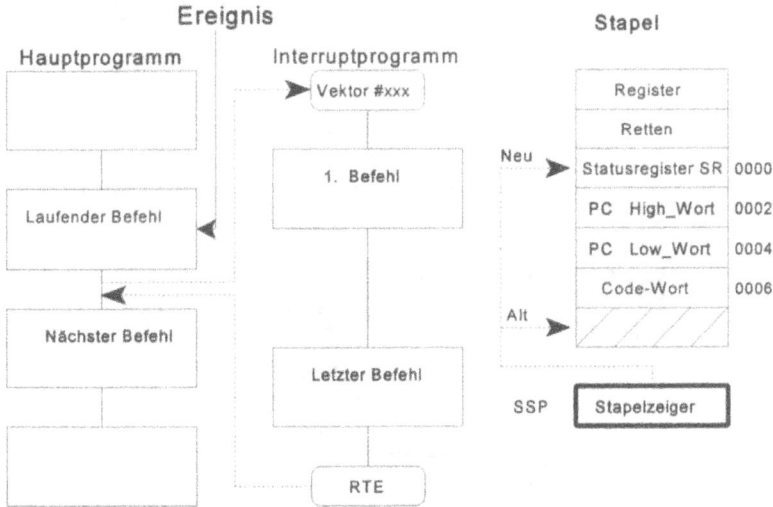

Bild 3-51: Start eines Interruptprogramms durch ein Ereignis

Im Gegensatz zu einem Unterprogramm wird ein Interruptprogramm nicht durch einen Befehl BSR oder JSR, sondern durch ein Ereignis aufgerufen. Nach Beendigung des laufenden Befehls legt die Steuerung neben dem Befehlszähler auch noch das Statusregister SR und ein Codewort auf den Stapel. Jeder Interrupt führt automatisch in den Systemstatus (S = 1) und verwendet damit den Systemstapelzeiger SSP zur Stapeladressierung mit A7. Die Startadresse des Interruptprogramms wird durch das Ereignis bestimmt und einer Vektortabelle entnommen. Am Ende des Interruptprogramms steht der Befehl **RTE**, der vier Wörter vom Stapel entfernt und in das unterbrochene Programm zurückspringt.

Befehl	Operand	X	N	Z	V	C	Wirkung
RTE		x	x	x	x	x	Rücksprung aus Ausnahme, SR zurückspeichern
RTR		x	x	x	x	x	Rücksprung: PC und CCR zurückspeichern
TRAP	#kon						Software-Interrupt: Vektor = #kon + 32
TRAPV							V = 1: Interrupt Vektor #7 V = 0: wirkungslos
TRAPcc	#kon						bedingter Software-Interrupt Vektor #7

Vektor-Tabelle

IRQ7 (NMI)   IRQ1

Programm

Software-Interrupt
TRAP #kon

Startadresse

Ebene

SIM - Modul

SIMCR

Periodic Interrupt Timer

IARB

Externer Vektor
Eigenvektor

Ebene Vektor

TPU - Modul

IARB

Ebene Vektor

QSM-Modul

IARB

Ebene Vektor

Vektor

Interruptebene

Ebene > Maske oder NMI

Vergleicher

Ebene <= Maske

Interruptprogramm starten

Kein Interrupt
Nächster Befehl

Startadresse

Befehlszähler

I2 I1 I0

Maskenbits im Statusregister

CPU 32   Interruptsteuerung

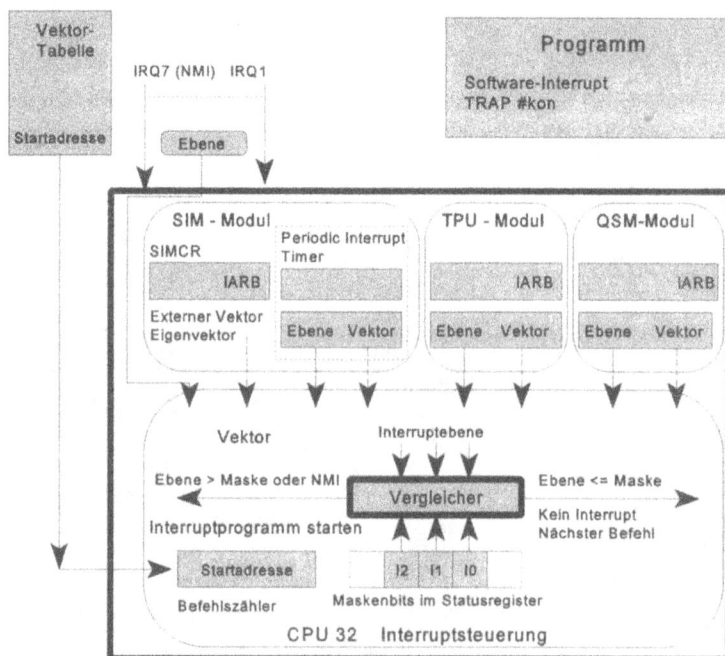

Bild 3-52: Modell der Interruptsteuerung

Die in *Bild 3-52* dargestellte *Interruptsteuerung* des 68332 ist ein Teil der Ausnahmeverarbeitung, die im Abschnitt 2.9 zusammenfassend behandelt wird. *Interrupts* sind Programmunterbrechungen, die durch wichtige Ereignisse wie z.B. Steuersignale oder Zeichen im Empfänger ausgelöst werden. Sind mehrere Interruptquellen möglich, so ergeben sich folgende *Prioritätsprobleme*:
1. Wer wird zuerst bedient, wenn mehrere Interrupts gleichzeitig auftreten?
2. Kann ein Interruptprogramm durch andere Interrupts unterbrochen werden?
3. Kann man sich gegen Unterbrechungen durch Interrupts sperren?

Die CPU erhält die *Interruptanforderung* über drei Signale, in denen acht Zustände codiert sind: keine Anforderung sowie Interrupt *Ebene 1* bis *Ebene 7*. Liegt am Ende eines Befehls eine Interruptanforderung der Ebene 1 bis 7 vor, so wird sie mit den drei *Interruptmaskenbits* des *Statusregisters* **SR** verglichen. Dieses Prozessorregister kann nur im Systemstatus angesprochen werden.

B15	B14	B13	B12	B11	B10	B9	B8	B7	B6	B5	B4	B3	B2	B1	B0
T1	T0	S	0	0	**I2**	**I1**	**I0**	0	0	0	X	N	Z	V	C
R: 0	0	1	0	0	1	1	1	0	0	0	U	U	U	U	U

I2 I1 I0: *Maskenbits*

0	0	0: alle Interruptebenen zugelassen.
0	0	1: Ebene 1 gesperrt, alle anderen zugelassen.
0	1	0: Ebenen 1 und 2 gesperrt, alle anderen zugelassen.
0	1	1: Ebenen 1 bis 3 gesperrt, alle anderen zugelassen.
1	0	0: Ebenen 1 bis 4 gesperrt, alle anderen zugelassen.
1	0	1: Ebenen 1 bis 5 gesperrt, alle anderen zugelassen.
1	1	0: Ebenen 1 bis 6 gesperrt, nur Ebene 7 zugelassen.
1	1	1: alle Interruptebenen gesperrt, nur flankengesteuertes NMI zugel.

Bei der Programmierung der Maskenbits ist darauf zu achten, daß die nicht beteiligten Bitpositionen unverändert bleiben. Die Beispiele geben alle Interrupts frei (ANDI löscht Bits) bzw. sperren sie (ORI setzt Bits).

```
ANDI  #$F8FF,SR  ;  Maske %1111 1000 1111 1111
ORI   #$0700,SR  ;  Maske %0000 0111 0000 0000
```

Ist die anfordernde Ebene *kleiner oder gleich* der Interruptmaske, so wird die Interruptanforderung **nicht** ausgeführt, und das Programm wird mit dem nächsten Befehl fortgesetzt. Eine Besonderheit ist die Anforderungsebene 7 des SIM Moduls (Periodic Interrupt Timer und externer NMI-Eingang), die mit den Maskenbits nicht gesperrt werden kann, wenn sie flankengesteuert auftritt.

Ist die anfordernde Ebene *größer* als die Interruptmaske oder liegt eine Anforderungsebene 7 vor, so wird das laufende Programm unterbrochen. Die Steuerung rettet den alten Inhalt des Statusregisters und verändert die Bitpositionen T1 = T0 = 0 (Einzelschritt gesperrt), S = 1 (Systemstatus) und schreibt die anfordernde Ebene in die Interruptmaskenbits I2, I1 und I0. Damit sind alle Anforderungen der gleichen und niederen Ebenen gesperrt. Dann beginnt die CPU einen *Interruptanforderungszyklus* auf dem internen Bus IMB, der einem Lesezyklus entspricht. Dabei wird die anfordernde Ebene auf den Adreßbits A3, A2 und A1 ausgegeben; alle anderen Adreßbits sowie die drei Statusleitungen FC2, FC1 und FC0 sind 1 (CPU Bereich). Die am internen Bus liegenden Moduleinheiten können nun wie folgt reagieren:

Im Normalfall legt die anfordernde Moduleinheit eine im entsprechenden Interruptregister programmierte Kenn-Nr. (Vektor) auf den Datenbus und erzeugt die Anwortsignale DSACKx. Die CPU übernimmt die Kenn-Nr.. Liefert die anfordernde Einheit (SIM für externe Interruptsignale IRQ) das Antwortsignal AVEC (Auto Vector = Eigenvektor), so erzeugt die Interruptsteuerung der CPU eine eigene Kenn-Nr. (Vektor) aus der Anforderungsebene (Ebene + 24).

Fordern mehrere Moduleinheiten gleichzeitig unterschiedliche Interruptebenen an, so gewinnt die höhere Anforderungsebene (Ebene 2 vor Ebene 1). Hat das IARB Feld der anfordernden Einheit den Wert 0 0 0 0 im Modulsteuerregister, so gibt der Interruptmonitor das Signal BERR aus und löst den "Falschen (spurious) Interrupt" aus. Sind die anfordernden Ebenen gleich, so gewinnt die Moduleinheit mit dem größeren IARB Feld. Antwortet keine Moduleinheit weder mit DSACKx noch mit AVEC, so gibt der Busmonitor das Signal BERR aus und löst den "Falschen (spurious) Interrupt" aus.

Die CPU rettet den Prozessorzustand im Stapelformat $0 auf den Stapel (altes Statusregister SR, Befehlszähler PC mit der Adresse des nächsten Befehls und Wort mit Code 0000 und Vektor). Die Kenn-Nr. (Vektor) wird mit 4 multipliziert, zum Inhalt des Vektorbasisregisters VBR addiert und als Adresse zum Lesen eines Langwortes aus der Vektortabelle im Systemdatenbereich verwendet. Dies ist die Startadresse des Interruptprogramms, das die Interruptanforderung bedient. Da sich die Anforderungsebene im augenblicklichen Statusregister befindet, kann das Interruptprogramm nur durch einen Interrupt einer höheren Ebene unterbrochen werden. Der Befehl RTE am Ende des Interruptprogramms holt den Befehlszähler PC, das Statusregister und weitere Codewörter wieder vom Stapel zurück und setzt des Programm an der Stelle der Unterbrechung fort. Da auch das alte Statusregister wiederhergestellt wird, können nun weitere Interrupts gleicher oder niederer Ebenen ausgelöst werden.

Die Interruptanforderungen werden in der CPU nicht gespeichert; Anforderungen niederer Ebenen, die nicht bedient werden, können verloren gehen. Die Moduleinheiten müssen daher die Anforderung solange aufrecht erhalten, bis sie bedient wurde, und dann wieder zurücknehmen, um eine mehrmalige Auslösung zu verhindern. Die Ebenen 1 bis 6 sind *zustandsgesteuert*; liegt die Anforderung an, so wird sie ausgeführt. Während der Ausführung des Interruptprogramms können sie sich nicht selbst unterbrechen. Liegen sie nach der Rückkehr mit RTE immer noch an, so werden sie erneut ausgeführt. Die Ebene 7 ist ein Sonderfall. Bei einer Freigabe (Maskenbits ungleich 1 1 1) wirkt sie ebenfalls zustandsgesteuert. Sind jedoch die Maskenbits gleich 1 1 1, so wird die Anforderung der Ebene 7 ausgeführt, wenn eine Änderung erfolgt (Flankensteuerung). Die Ebene 7 ist dann nicht sperrbar (NMI = Non Maskable Interrupt).

Dieser Abschnitt behandelt nur externe Interrupts, die durch Signale am F-Port ausgelöst werden, und Software-Interrupts mit den TRAP-Befehlen. Beispiele für Interrupts der internen Moduleinheiten QSM (serielle Schnittstellen), TPU (Timer) und des Systemtimers befinden sich im Kapitel 4 Anwendungen.

Die Vektortabelle wird adressiert durch ein besonderes Systemregister, das Vektorbasisregister **VBR**. Nach einem Reset ist der Inhalt $000000; die Vektortabelle liegt im unteren Adreßbereich, auf dem sich in dem vorliegenden System ein EPROM befindet. Der Monitor belegt dort alle Vektoren mit Einsprungadressen in Monitorprogramme, die besonders die Fehlerfälle behandeln. Der Benutzer kann nur dann eigene Vektoren in die Tabelle eintragen, wenn er das Vektorbasisregister auf einen RAM Bereich zeigen läßt. Dabei sollten jedoch die Monitorvektoren kopiert werden, damit der Benutzer weiterhin die Testhilfen verwenden kann. Das Beispiel kopiert die 64 Monitorvektoren aus dem EPROM in den Programmbereich ab Adresse $100000 und setzt das Vektorbasisregister VBR auf die Anfangsadresse der Vektortabelle.

```
vektab  DS.L      64          ; Platz für 64 Vektoren
start   MOVE.W    #63,D0      ; Zähler für 64 Vektoren
        MOVEA.L   #0,A0       ; A0 = Her-Adresse EPROM
        MOVEA.L   #vektab,A1  ; A1 = Zieladresse RAM
        MOVEC     A1,VBR      ; VBR = Basisadresse
kopie   MOVE.L    (A0)+,(A1)+ ; Kopierschleife
        DBRA      D0,kopie    ; Schleifenkontrolle
```

Der Befehl MOVEC ist privilegiert und darf nur im Systemstatus ausgeführt werden. Die folgende Tabelle zeigt die wichtigsten Einsprungpunkte für den Benutzer. Die vollständige Tabelle befindet sich in Bild 2-19 des Abschnitts 2.9.

Nr.	Abstand	Stapel	Ausnahme
5	$0014	Typ $2	Division durch Null bei Divisionsbefehlen
6	$0018	Typ $2	Bedingung erfüllt bei Befehlen CHK und CHK2
7	$001C	Typ $2	Bedingung erfüllt bei Befehlen TRAPcc und TRAPV
8	$0020	Typ $0	Privilegverletzung durch geschützte Befehle
14	$0038	Typ $0	Formatfehler bei RTE,
15	$003C	Typ $0	Nicht Initialisierter Interrupt
24	$0060	Typ $0	Falscher (Spurious) Interrupt: Interruptfehler!
25	$0064	Typ $0	Eigenvektor Ebene #1 Eingang Bit #1 F-Port
26	$0068	Typ $0	Eigenvektor Ebene #2 Eingang Bit #2 F-Port
27	$006C	Typ $0	Eigenvektor Ebene #3 Eingang Bit #3 F-Port
28	$0070	Typ $0	Eigenvektor Ebene #4 Eingang Bit #4 F-Port
29	$0074	Typ $0	Eigenvektor Ebene #5 Eingang Bit #5 F-Port
30	$0078	Typ $0	Eigenvektor Ebene #6 Eingang Bit #6 F-Port
31	$007C	Typ $0	Eigenvektor Ebene #7 NMI (nicht sperrbar) Bit #7
32	$0080	Typ $0	Software-Interrupt Befehl TRAP #0
32+kon	$80+4*kon	Typ $0	Software-Interrupt Befehle TRAP #kon
47	$00BC	Typ$0	Software-Interrupt Befehl TRAP #15
48-63	$C0-$FC		reserviert für besondere Anwendungen

In die kopierte Tabelle trägt der Benutzer an den entsprechenden Einsprungpunkten die Adressen seiner Interruptprogramme ein. Beispiel für einen Eigenvektor Ebene #1 ausgelöst durch Bit #1 des F-Ports.

```
    MOVE.L   #porint,vektab+$64 ; Eigenvektor #64 Ebene #1

* Interruptprogramm gestartet durch Bit #1 des F-Ports
porint  MOVEM.L  D0-D2,-(A7)  ; Register retten

        MOVEM.L  (A7)+,D0-D2  ; Register zurück
        RTE                   ; Rückkehr aus Interrupt
```

Bei der Auslösung von ***externen Interrupts*** durch die Eingänge des F-Ports ist zu beachten, daß der Monitor die Leitungen zunächst als Portleitungen für die Übertragung von Daten durch Lesen bzw. Schreiben konfiguriert hat. Zur Auslösung von Interrupts ist die entsprechende Bitposition des Zuordnungsregisters **PFPAR** auf 1 zu setzen. Eine 0 (voreingestellt) programmiert den Anschluß als Datenleitung; eine 1 als Interrupteingang. Beispiel zur Interruptfreigabe des Eingangs Bit #7 des F-Ports.

```
    BSET  #7,PFPAR  ;  oder ORI.B #$80,PFPAR
```

Der Interrupt am Eingang Bit #7 der F-Ports ist nicht durch Maskenbits, sondern nur durch das Zuordnungsregister PFPAR sperrbar (Bit #7 = 0)! Sind alle Interrupts durch die Maske 111 gesperrt, so wird er durch eine fallende Flanke ausgelöst und als **NMI** (Nicht Maskierbarer Interrupt) bezeichnet. Durch die Maske 110 und kleiner wirkt er wie die anderen Interrupts low-zustandsgesteuert und wird als **IRQ7** (Interrupt ReQuest = Interruptanforderung) bezeichnet.

Das Beispiel *Bild 3-53* erhöht bei jeder fallenden Flanke einen Zähler am C-Port um 1. Die Flanke wird durch einen entprellten Taster ausgelöst. Das Hauptprogramm bereitet den Interrupt vor und schlummert dann unbeteiligt in einer Schleife.

```
* k3b53.ASM Bild 3-53: flankengesteuerter NMI-Interrupt
        org     $100000     ; Programm
vektab  ds.l    64          ; Platz für 64 Vektoren
start   move.w  #63,d0      ; D0 = Zähler für 64 Vektoren
        movea.l #0,a0       ; A0 = Her-Adresse EPROM
        lea     vektab,a1   ; A1 = Ziel-Adresse RAM
        movec   a1,VBR      ; VBR = Basisadresse Vektortabelle
kopie   move.l  (a0)+,(a1)+ ; Monitor-EPROM -> Benutzer-RAM
        dbra    d0,kopie    ; Schleifenkontrolle
        move.l  #nmi,vektab+$7C ; Einsprungadresse eintragen
        bset    #7,PFPAR    ; Bit #7 F-Port als Interrupteingang
        ori     #$0700,SR   ; alle anderen Interrupts sperren
        clr.b   PORTC       ; Flankenzähler löschen
loop    bra     loop        ; Schleife schlummert schlau
* Interruptprogramm ausgelöst durch NMI
nmi     addi.b  #1,PORTC    ; Zähler um 1 erhöhen
        rte                 ; Rückkehr nach Schlummerschleife
        end     start
```

Bild 3-53: Flankengesteuerter NMI-Interrupt

Für alle anderen externen Interrupts sind die Maskenbits im Statusregister freizugeben. Bei den zustandsgesteuerten Interrupteingängen muß das Signal nach
der Bedienung durch das Interruptprogramm wieder entfernt werden, um nicht
erneut einen Interrupt auszulösen. Durch Lesen des entsprechenden Bits im
Datenregister PORTF0 kann das Interruptprogramm feststellen, ob die Leitung
noch auf Low liegt. Das Testprogramm *Bild 3-54* zeigt die zustandsgesteuerten
IRQ-Interrupts, die durch Warteschleifen flankengesteuert werden.
- eine fallende Flanke am Eingang #1 erhöht den C-Port um 1,
- eine fallende Flanke am Eingang #2 vermindert den C-Port um 1 und
- eine fallende Flanke am Eingang #3 löscht den C-Port.

```
* k3b54.ASM Bild 3-54: Zustandsgesteuerte externe Interrupt
         org     $100000     ; Programm
vektab   ds.l    64          ; Platz für 64 Vektoren
start    move.w  #63,d0      ; D0 = Zähler für 64 Vektoren
         movea.l #0,a0       ; A0 = Her-Adresse EPROM
         lea     vektab,a1   ; A1 = Ziel-Adresse RAM
         movec   a1,VBR      ; VBR = Basisadresse Vektortabelle
kopie    move.l  (a0)+,(a1)+ ; Monitor-EPROM -> Benutzer-RAM
         dbra    d0,kopie    ; Schleifenkontrolle
         move.l  #irq1,vektab+$64 ; Einsprungadresse IRQ1
         move.l  #irq2,vektab+$68 ; Einsprungadresse IRQ2
         move.l  #irq3,vektab+$6c ; Einsprungadresse IRQ3
         ori.b   #$0e,PFPAR  ; F-Port als Interrupteingang
         andi    #$f8ff,SR   ; alle Interrupts freigeben
         clr.b   PORTC       ; Flankenzähler löschen
loop     bra     loop        ; Schleife schlummert schlau
* Interruptprogramme ausgelöst durch IRQ-Interrupts
irq1     addi.b  #1,PORTC    ; Zähler um 1 erhöhen
irq1a    btst    #1,PORTF0   ; Eingang noch Low ?
         beq     irq1a       ; ja: warten
         rte                 ;
irq2     subi.b  #1,PORTC    ; Zähler um 1 vermindern
irq2a    btst    #2,PORTF0   ; Eingang noch Low ?
         beq     irq2a       ; ja: warten
         rte                 ;
irq3     clr.b   PORTC       ; Zähler löschen
irq3a    btst    #3,PORTF0   ; Eingang noch Low ?
         beq     irq3a       ; ja: warten
         rte                 ;
         end     start       ;
```

Bild 3-54: Externe IRQ-Interrupts am F-Port

Die Interruptprogramme warten in Schleifen, bis der entsprechende Eingang
wieder High ist. Damit lassen sich die ***Prioritäten*** der IRQ-Interrupteingänge
untersuchen. Die IRQ1-Warteschleife läßt sich durch die Interrupts IRQ2 und
IRQ3 unterbrechen. In der IRQ2-Warteschleife ist IRQ1 wirkungslos; nur IRQ3
kann ausgelöst werden. Der Eingang IRQ3 hat die höchste Priorität und kann
weder von IRQ1 noch von IRQ2 unterbrochen werden. Nicht bediente IRQ-
Interruptanforderungen werden nicht gespeichert und gehen verloren.

Die vom Monitor vorbesetzten TRAP-Befehle stellen Eingabe- und Ausgabefunktionen über die serielle Schnittstelle zur Verfügung. Das Programmbeispiel
Bild 3-55 ersetzt die Funktion TRAP #11 (Hexadezimalziffer lesen) des Monitors durch ein Benutzerinterruptprogramm, das in Inhalt von D0.L dezimal
ausgibt (dezaus in Bild 3-50).

```
* k3b55.ASM Bild 3-55: benutzerdefinierter Software-Interrupt
         org     $100000   ; Programm
tab      ds.l    64        ; Platz für 64 Vektoren
init     move.w  #63,d0    ; Zähler für 64 Vektoren
         movea.l #0,a0      ; A0 = Her-Adresse
         movea.l #tab,a1    ; A1 = Ziel-Adresse
         movec   a1,VBR      ; VBR = Basisadresse der Tabelle
init1    move.l  (a0)+,(a1)+ ; Kopierschleife
         dbra    d0,init1    ; Schleifenkontrolle
         move.l  #dezaus,tab+$ac ; $80 * 4*11= $80 +$2C = $AC
loop     trap    #12         ; MONITOR: dezimale Eingabe
         move.l  d0,-(a7)    ; Wert retten
         move.l  #'dez:',d0  ; neue Zeile cr lf und Text
         trap    #1          ; MONITOR:
         move.l  (a7)+,d0    ; Wert wieder zurück
         trap    #11         ; BENUTZER: dezimale Ausgabe
         bra     loop        ; Schleife durch RESET abbrechen
* Software- Interruptprogramm hinter dem Hauptprogramm
dezaus   movem.l d0-d2,-(a7) ; D0 D1 D2 retten
         move.w  #9,d2       ; D2 = Zähler 10 Stellen
dezaus1  divul.l #10,d1:d0   ; d0:10 = d0 Rest d1
         addi.b  #$30,d1     ; Ziffer codieren
         move.w  d1,-(a7)    ; und nach Stapel als Wort!
         dbra    d2,dezaus1  ; Schleife 10 Ziffern
         move.w  #9,d2       ; Ausgabeschleife
         clr.b   d1          ; Null-Marke löschen
dezaus2  move.w  (a7)+,d0    ; Ziffer vom Stapel
         tst.b   d1          ; Null-Marke testen als Wort!
         bne     dezaus3     ; Ziffer immer ausgeben
         cmpi.b  #'0',d0     ; Ziffer 0 ?
         bne     dezaus3     ; nein: immer ausgeben
         bra     dezaus4     ; ja: nicht ausgeben
dezaus3  addq.b  #1,d1       ; Null-Marke ungleich 0
         trap    #0          ; ausgeben
dezaus4  dbra    d2,dezaus2  ; Schleife
         tst.b   d1          ; Null-Marke testen
         bne     dezaus5     ; ungleich 0: fertig
         move.b  #'0',d0     ; mindestens eine Ziffer 0
         trap    #0          ; ausgeben
dezaus5  movem.l (a7)+,d0-d2 ; Register zurück
         rte                 ; statt rts
         end     init        ;
```

Bild 3-55: Benutzerdefinierter Software-Interrupt TRAP

Übungsaufgaben zum Abschnitt 3.6.

1. Aufgabe:

Es ist ein Unterprogramm zu entwickeln, das ein Zeichen in D0.B übernimmt und für den Fall, daß ein Kleinbuchstabe von a bis z bzw. ein Umlaut ä, ö oder ü vorliegt, den entsprechenden Großbuchstaben zurückliefert. Alle anderen Zeichen bleiben unverändert. In einem Hauptprogramm sind Zeichen zu lesen, mit dem Unterprogramm umzuwandeln und zur Kontrolle auszugeben.

2. Aufgabe:

Ein Unterprogramm übernimmt die Zieladresse in A0.L, kopiert die 64 Langwörter der Vektortabelle aus dem Monitor-EPROM in das Ziel und setzt das Vektorbasisregister VBR auf die Anfangsadresse der neuen Tabelle. In einem Hauptprogramm ist nach dem Aufruf des Unterprogramms die Einsprungadresse eines NMI-Interruptprogramms einzutragen, das bei einer fallenden Flanke am NMI-Eingang die am Q-Port anliegenden Daten in den C-Port überträgt.

3. Aufgabe:

Ein Unterprogramm übernimmt eine Interruptmaske von 0 bis 7 in D0.B und setzt sie in das Statusregister SR ein, ohne die anderen Bitpositionen zu verändern. Ein Hauptprogramm liest Zahlen von 0 bis 7, setzt die Masken durch den Aufruf des Unterprogramms in die Interruptmaskenbits ein und prüft die Wirkung durch Lesen des Statusregisters und Ausgabe mit einem TRAP-Befehl.

4. Aufgabe:

Es sind drei Unterprogramme zu entwickeln, die D0.B bzw. D0.W bzw. D0.L binär auf dem Terminal ausgeben. Jede Ausgabe erfolge auf einer neuen Zeile mit dem Zeichen % als Binärmarke. In einem Hauptprogramm sind Werte zu lesen und binär in allen drei Datenlängen auszugeben.

5. Aufgabe:

In einem Hauptprogramm ist durch Kopieren der Vektortabelle und Eintragen der Einsprungadresse ein externer Interrupt durch die Leitung Bit #7 des F-Ports vorzubereiten; die IRQ-Interrupts sind zu sperren. Das NMI-Interruptprogramm gebe bei einer fallenden Flanke den Q-Port auf dem C-Port aus und zähle das Ereignis auf dem E-Port.

6. Aufgabe:

In einem Hauptprogramm ist durch Kopieren der Vektortabelle und Eintragen der Einsprungadresse ein externer Interrupt durch die Leitung Bit #7 des F-Ports vorzubereiten; die IRQ-Interrupts sind freizugeben. Das IRQ7-Interruptprogramm gebe bei einer fallenden Flanke den Q-Port auf dem C-Port aus und zähle das Ereignis auf dem E-Port. Man beachte die Zustandssteuerung der IRQ-Interrupts.

3.7 Die Verarbeitung von Zahlen

Der Register- und Befehlssatz der CPU ist ausgelegt für die Verarbeitung folgender ganzzahliger Zahlentypen:
- BCD-codierte Dezimalzahlen,
- vorzeichenlose Dualzahlen und
-vorzeichenbehaftete Dualzahlen.

Dieser Abschnitt behandelt zusätzlich reelle Zahlen mit Stellen hinter dem Dezimalpunkt in folgenden Zahlendarstellungen:
- Festpunktzahlen (Fixed Point) und
- Gleitpunktzahlen (Floating Point).

3.7.1 BCD-codierte Dezimalzahlen

Bei der Speicherung von Dezimalzahlen muß jede Dezimalstelle binär codiert werden. Der BCD-Code (Binär Codierte Dezimalziffer) stellt die Dezimalziffern durch die entsprechende vierstellige Dualzahl dar.

Ziffer	0	1	2	3	4	5	6	7	8	9
ASCII	$30	$31	$32	$33	$34	$35	$36	$37	$38	$39
BCD	0000	0001	0010	0011	0100	0101	0110	0111	1000	1001

Bei der *Eingabe* von Zahlen über ein Terminal erscheinen die Ziffern als ASCII-Zeichen, aus denen sich durch Subtraktion bzw. Maskierung (UND) die BCD-Codierungen gewinnen lassen. Für die *Ausgabe* von BCD-Zahlen erzeugt man durch Addition bzw. Masken (ODER) entsprechende ASCII-Zeichen, die als Ziffern auf dem Bildschirm erscheinen. Beispiele:

```
Ziffer 5   ASCII-Code $35 - $30 = $5 = %0101   BCD-Code
BCD-Code %1001 = $9 + $30 = $39 ASCII-Code der Ziffer 9
```

Die *Addition* von BCD-codierten Dezimalzahlen läßt sich mit einem dualen Rechenwerk und einer zusätzlichen Korrektureinrichtung durchführen. Beispiele für einstellige Dualzahlen; die 5. Stelle ist das Carry-Bit (Übertrag):

```
Ziffer "5"      0101|Ziffer "5"      0101|Ziffer "9"      1001
Ziffer "4" +    0100|Ziffer "5" +    0101|Ziffer "9" +    1001
Summe   "9" = 01001|Summe       = 01010|Summe       = 10010
keine Korrektur     |Korrektur +    0110|Korrektur +    0110
Summe "9"   = 01001|Summe "10" = 10000|Summe "18" = 11000
```

Nach der Addition ist eine *Korrektur* mit Zahl "6" = %0110 erforderlich, wenn
- eine Pseudotetrade von %1010 bis %1111 entsteht (Ergebnis > 9) oder
- ein Übertrag auftritt (Ergebnis > 15).
Die Addition zweistelliger BCD-Zahlen erfordert eine zweistellige Korrektur.

Die folgenden Befehle verarbeiten zweistellige BCD-codierte Dezimalzahlen in einem Byte und korrigieren die Zwischenergebnisse automatisch. Das X-Bit wird immer als zusätzlicher Operand verwendet und enthält nach der Operation den Gruppenübertrag. Das Z-Bit wird nur dann gelöscht, wenn das Ergebnis nicht Null ist. Es bleibt unverändert, wenn das Ergebnis Null ist. Vor Schleifen setzt man X = 0 und Z = 1. Waren alle Teilergebnisse Null, so bleibt Z = 1 und zeigt das Gesamtergebnis Null an.

Befehl	Operand	X	N	Z	V	C	Wirkung
ABCD	Dy,Dx	x	u	x	u	x	addiere Bytes Dx = Dx + Dy + X-Bit
ABCD	-(Ay),-(Ax)	x	u	x	u	x	addiere Bytes -(Ax) = -(Ax) + -(Ay) + X-Bit
SBCD	Dy,Dx	x	u	x	u	x	subtrahiere Bytes Dx = Dx - Dy - X-Bit
SBCD	-(Ay),-(Ax)	x	u	x	u	x	subtrahiere Bytes -(Ax) = -(Ax) - -(Ay) - X-Bit
NBCD	Zieloperand	x	u	x	u	x	negiere Ziel = 0 - Zielbyte - X-Bit

Die BCD-Befehle führen nur *Byteoperationen* mit zweistelligen Dezimalzahlen durch, die im gültigen Codebereich von %0000 bis %1001 vorliegen müssen. Pseudotetraden von %1010 bis %1111 führen auf fehlerhafte Ergebnisse. Die Operanden liegen entweder im unteren Byte eines Datenregisters oder werden indirekt adressiert. Der Befehl **NBCD** bildet negative Dezimalzahlen, die im Zehnerkomplement dargestellt werden. Es gelten die Adressierungsarten:

	abs	Dn		(An)	(An)+	-(An)	w(An)	b(An,Xi)	(d,An,Xi)			
	abs	Dn		(An)	(An)+	-(An)	w(An)	b(An,Xi)	(d,An,Xi)			

Multiplikation und Division sind nicht als Befehle verfügbar und müssen durch Unterprogramme nachgebildet werden. Der Bereich zweistelliger BCD-Zahlen von 00 bis 99 läßt sich mit Hilfe des X-Bits (eXtend = ausdehnen) erweitern, da alle BCD-Operationen dieses Bit als zusätzlichen Operanden verwenden. Das folgende Beispiel addiert zwei achtstellige Dezimalzahlen in den beiden Datenregistern D0 und D1 in einer Schleife. Die Addition beginnt mit den beiden wertniedrigsten Stellen, für die das X-Bit gelöscht werden muß. Nach der Schleife enthält das X-Bit die Überlaufanzeige. Da das C-Bit durch die Schiebefehle zerstört wird, muß das X-Bit zur Auswertung der Überlaufbedingung in das C-Bit kopiert werden.

```
        ANDI    #$EF,CCR    ; Maske 1110 1111 X-Bit = 0
        ORI     #$04,CCR    ; Maske 0000 0100 Z-Bit = 1
        MOVEQ   #3,D2       ; D2 = Zähler für 4 Ziffernpaare
loop    ABCD    D1,D0       ; D0 = D0 + D1 + X-Bit
        ROR.L   #8,D0       ; das nächsthöhere Paar
        ROR.L   #8,D1       ; das nächsthöhere Paar
        DBRA    D2,loop     ; Schleife
        BEQ     null        ; Z = 1: Ergebnis Null
        ROXL.B  #1,D2       ; D2 <= X-Bit
        ROXR.B  #1,D2       ; D2 => C-Bit
        BCS     ueber       ; C = 1: Zahlenüberlauf
```

Liegen die Byteoperanden im Speicher, so setzt man wegen der Adressierungsart
-(An) das Adreßregister auf die Adresse des wertniedrigsten Bytes + 1, da *vor*
der ersten Operation die Adresse um 1 vermindert wird. Beispiel:

```
          ORG    $40000      ; Variablenbereich
var1      DS.B   4           ; 4 Bytes = 8 Dezimalstellen
var2      DS.B   4           ; 4 Bytes = 8 Dezimalstellen

          ORG    $100000     ; Befehlsbereich
          LEA    var1+4,A0   ; A0 = Endadresse +1
          LEA    var2+4,A1   ; A1 = Endadresse +1
          ANDI   #$EF,CCR    ; X = 0
          MOVEQ  #3,D0       ; D0 = Zähler 4 Paare
loop      ABCD   -(A1),-(A0) ; var1 = var1 + var2 + X
          DBRA   D0,loop     ; Schleife
```

BCD-Zahlen werden vorzugsweise für die Ausgabe von Ergebnissen auf Sieben-
segmentanzeigen verwendet, die von einem BCD-zu-Siebensegment-Decoder
angesteuert werden. Dies sind Bausteine (z.B. 7447), die den am Eingang anliegenden BCD-Code in die Ansteuerung der Segmente einer Ziffernanzeige
umsetzen. Liegen die Daten dual vor, so sind sie in eine Dezimalzahl umzuwandeln. Das Beispiel *Bild 3-56* zeigt das Lesen eines dualen Eingabewertes vom E-
Port, die Umwandlung in eine dreistellige BCD-Zahl und die Ausgabe der
Ziffern auf dem Q-Port (Hunderterstelle) und dem F-Port (Zehner- und Einer-
stelle).

```
* k3b56.ASM Bild 3-56: dual -> BCD-Umwandlung und Portausgabe
          org    $100000    ;
start     move.b #$ff,DDRQS ; Q-Port ist Ausgabe          Hundert
          move.b #$ff,DDRF  ; F-Port ist Ausgabe Zehner Einer
loop      clr.l  D0         ; D0.L Dualzahl löschen
          move.b PORTE0,d0  ; D0.B = duale Eingabe
          divul.l #10,d1:d0 ; D1   = Einer      D0 = Quotient
          divu.w #10,d0     ; D0_H = Zehner D0_L = Hunderter
          move.b d0,PORTQS  ; Q-Port: Hunderter
          swap   d0         ; D0 = Zehner
          lsl.l  #4,d0      ; Zehner nach links
          or.b   d1,d0      ; Einer dazu
          move.b d0,PORTF0  ; F-Port: Zehner und Einer
          bra    loop       ; Testschleife
          end    start      ;
```

Bild 3-56: Zahlenumwandlung und BCD-Ausgabe

Der Anhang enthält eine Unterprogrammbibliothek zur Behandlung achtstelliger
Dezimalzahlen im BCD-Code:
- Eingabe und Ausgabe von BCD-Zahlen auf dem Terminal,
- Addition und Subtraktion mit Überlaufkontrolle,
- Multiplikation und Division über die Dualarithmetik sowie
- Umwandlungen BCD nach dual und dual nach BCD.

3.7.2 Ganze Dualzahlen

Die folgenden arithmetischen Befehle gelten sowohl für vorzeichenlose als auch für vorzeichenbehaftete Dualzahlen in den Operandenlängen Byte (.B), Wort (.W) und Langwort (.L).

Befehl	Operand	X	N	Z	V	C	Wirkung
ADD.x	Quelle,Dn	x	x	x	x	x	addiere Dn = Dn + Quelle
ADD.x	Dn,Ziel	x	x	x	x	x	addiere Ziel = Ziel + Dn
ADDI.x	#kon,Ziel	x	x	x	x	x	addiere Ziel = Ziel + Konstante
ADDQ.x	#kon,Ziel	x	x	x	x	x	addiere Ziel = Ziel + Konstante von 1 bis 8
SUB.x	Quelle,Dn	x	x	x	x	x	subtrahiere Dn = Dn - Quelle
SUB.x	Dn,Ziel	x	x	x	x	x	subtrahiere Ziel = Ziel - Dn
SUBI.x	#kon,Ziel	x	x	x	x	x	subtrahiere Ziel = Ziel - Konstante
SUBQ.x	#kon,Ziel	x	x	x	x	x	subtrahiere Ziel = Ziel - Konstante von 1 bis 8

Die *Quelloperanden* werden nur gelesen, es gelten alle Adressierungsarten:

#kon	abs	Dn	An	(An)	(An)+	-(An)	w(An)	b(An,Xi)	(d,An,Xi)	w(PC)	b(PC,Xi)	(d,PC,Xi)

Die *Zieloperanden* werden mit dem Ergebnis überschrieben. Adressierungsarten:

	abs	Dn	An	(An)	(An)+	-(An)	w(An)	b(An,Xi)	(d,An,Xi)			

Die Additions- und Subtraktionsbefehle werden im Rechenwerk auf Bitmuster angewendet, unabhängig davon, welchen Inhalt bzw. welche Bedeutung die Werte haben. Das Ergebnis wird durch logische Schaltungen immer auf folgende Eigenschaften geprüft:
- das Z-Bit (Nullanzeige) ist eine NOR-Verknüpfung aller Bitpositionen,
- das N-Bit (Negativ) ist die linkeste Bitposition des Ergebnisses,
- das C-Bit (Carry) und das X-Bit (eXtend) speichern den Überlauf und
- das V-Bit (oVerflow) speichert die Überlauflogik vorzeichenbehafteter Zahlen.

Es ist Aufgabe des Programmierers, nach einer arithmetischen Operation die der Zahlendarstellung entsprechenden Anzeigebits durch bedingte Befehle auszuwerten. Beispiele für Überlauffehler in beiden Zahlendarstellungen:

```
MOVE.B  #$FF,D0   ;  größter vorzeichenloser Wert
ADDI.B  #1,D0     ;  D0.B = 255 + 1 = 0  C = 1 V = 0
BCS     fehler    ;  Carry-Fehler abgefangen

MOVE.B  #$7F,D0   ;  größter vorzeichenbehafteter Wert
ADDI.B  #1,D0     ;  D0.B = 127 + 1 = -128 C = 0 V = 1
BVS     fehler    ;  Overflow-Fehler abgefangen
```

Der Wertebereich *vorzeichenloser Dualzahlen* ist abhängig vom Operandentyp:
- Länge Byte (8 bit): 0 bis 255 ($00 bis $FF),
- Länge Wort (16 bit): 0 bis 65 535 ($0000 bis $FFFF) und
- Länge Langwort (32 bit): 0 bis 4294967295 ($00000000 bis $FFFFFFFF).

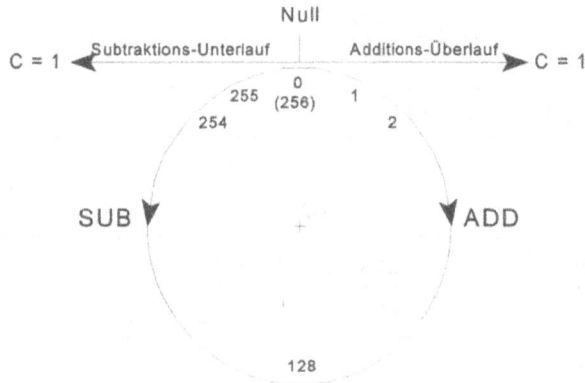

Null

C = 1 ◄— Subtraktions-Unterlauf | Additions-Überlauf —► C = 1

0
255 (256) 1
254 2

SUB ▼ + ▼ ADD

128

Bild 3-57: Der Zahlenkreis vorzeichenloser Dualzahlen der Länge Byte

Der Zahlenkreis vorzeichenloser Dualzahlen (*Bild 3-57*) zeigt die Fehlerbedingungen der Datenlänge Byte. Beim Addieren bewegt man sich im Uhrzeigersinn. Beispiel: Addition des Wertes 1 zum größten Wert 255.

```
255 =    $FF =    %11111111
+ 1 = +  $01 = +  %00000001
--------------------------
        C = 1 %00000000 = $100 = 256 (zu groß!)
```

Die 9 bit Summe ist $100 = 256. Die unteren 8 Bitpositionen liefern das Ergebnis %00000000 = $00 = 0; die oberste (werthöchste) Bitposition gelangt in das Carry-Bit und zeigt einen Überlauffehler an, da das entscheidende neunte Bit verloren ging. Beim Subtrahieren bewegt man sich gegen den Uhrzeigersinn. Beispiel: Subtraktion des Wertes 1 vom kleinsten Wert 0.

```
  0 =    $00 =    %00000000
 -1 = -  $01 = -  %00000001
--------------------------
        C = 1 %11111111 = $FF = -1 (zu klein!)
```

Das entstehende Bitmuster $FF wäre, als vorzeichenbehaftete Dualzahl interpretiert, richtig -1. Bewegt man sich aber vereinbarungsgemäß nur im Bereich vorzeichenloser Zahlen, so liegt bei einem negativen Ergebnis ein Unterlauf vor, der mit C = 1 (Borgen) angezeigt wird. Das V-Bit und das N-Bit werden gemäß der vorzeichenbehafteten Zahlendarstellung gesetzt oder zurückgesetzt, aber beim Arbeiten mit vorzeichenlosen Dualzahlen nicht ausgewertet.

Die folgenden bedingten Befehle untersuchen das Ergebnis nach Operationen mit vorzeichenlosen Dualzahlen, z.B. nach Vergleichen mit CMP oder CMPI.

Bedingung	Verzweigung Bcc		Schleifenabbruch DBcc	
größer als	BHI	Zieladresse	DBHI	Dn,Ziel
größer oder gleich	BHS	Zieladresse	DBHS	Dn,Ziel
gleich	BEQ	Zieladresse	DBEQ	Dn,Ziel
ungleich	BNE	Zieladresse	DBNE	Dn,Ziel
kleiner oder gleich	BLS	Zieladresse	DBLS	Dn,Ziel
kleiner als	BLO	Zieladresse	DBLO	Dn,Ziel

Die Linksschiebebefehle LSL verschieben eine Dualzahl nach links und multiplizieren sie mit dem Faktor 2 bzw. einem Vielfachen davon. Die Rechtsschiebebefehle LSR dividieren durch 2 und füllen mit Nullen auf. Der Kennbuchstabe U der Multiplikations- und Divisionsbefehle bedeutet Unsigned = vorzeichenlos.

Befehl	Operand	X	N	Z	V	C	Wirkung
MULU.W	Quelle,Dn 16 * 16 -> 32		x	x	x	0	Dn [Wort] * Quelle [Wort] Produkt = Dn [Langwort]
MULU.L	Quelle,Dn 32 * 32 -> 32		x	x	x	0	Dn [Langwort] * Quelle [Langwort] Produkt = Dn [Langwort] High-Teil verloren
MULU.L	Quelle,Dh:Dl 32 * 32 -> 64		x	x	x	0	Dl [Langwort] * Quelle [Langwort] {High-Pro. = Dh [Lang] Low-Pro. = Dl [Lang]}
DIVU.W	Quelle,Dn 32 / 16 = 16 Rest 16		x	x	x	0	Dn [Langwort] / Quelle [Wort] Quotient = Dn [Low-Wort] Rest = Dn [High-Wort]
DIVU.L	Quelle,Dn 32 / 32 = 32		x	x	x	0	Dn [Langwort] / Quelle [Langwort] Quotient = Dn [Langwort] Rest verloren
DIVU.L	Quelle,Dr,Dq 64 / 32 = 32 Rest 32		x	x	x	0	{Dr [High-Lang] Dq[Low-Lang]} / Quelle [Lang] Quotient = Dq [Langwort] Rest = Dr [Langwort]
DIVUL.L	Quelle,Dr,Dq 32 / 32 = 32 Rest 32		x	x	x	0	Dq [Langwort] / Quelle [Langwort] Quotient = Dq [Langwort] Rest = Dr [Langwort]

Die Ergebnisse erscheinen immer in Datenregistern. Für die Quelloperanden, die nur gelesen werden, sind folgende Adressierungsarten zulässig:

#kon	abs	Dn		(An)	(An)+	-(An)	w(An)	b(An,Xi)	(d,An,Xi)	w(PC)	b(PC,Xi)	(d,PC,Xi)

Das *V-Bit* kennzeichnet hier einen *Überlauf* in der vorzeichenlosen Arithmetik. Die Multiplikationsbefehle **MULU** setzen das V-Bit auf 1, wenn das höherwertige Langwort des 64 bit Produktes ungleich Null ist. Die Divisionsbefehle **DIVU** setzen das V-Bit auf 1, wenn der Quotient die vorgesehene Länge überschreitet. Eine Division durch Null führt auf eine Fehler-Ausnahme Vektor #5. In diesem Fehlerfall sind die Bedingungsbits und Operanden undefiniert. Abschnitt 3.7.4 behandelt die Tabellenbefehle TBLU, die einen direkten Tabellenzugriff verbunden mit einer linearen Interpolation durchführen. *Bild 3-58* zeigt die Befehle MULU und DIVU bei der Umwandlung von Zahlen.

```
* k3b58.ASM Bild 3-58: Eingabe und Ausgabe von Zahlen
          org     $100000      ; Befehlsbereich
start     move.l  #'--> ',d0   ; Prompt
          trap    #1           ; ausgeben
          bsr     eindua       ; D0.L = Dualzahl lesen
          bcs     error        ; C = 1: Zahlenüberlauf
          bsr     ausdua       ; D0.L = Dualzahl ausgeben
          bra     start        ;
error     move.l  #'ERR:',d0   ; Fehlermeldung
          trap    #1           ; ausgeben
          bra     start        ;
* eindua: Zahl lesen und nach D0.L dual umwandeln
* Ende mit cr oder Nicht-Ziffer C=0: gut  C=1: Überlauf
eindua    move.l  d1,-(a7)     ; D1 retten
          clr.l   d1           ; D1.L = Dualzahl
          clr.l   d0           ; D0 = Hilfsregister
eindua1   trap    #8           ; D0.B = Zeichen ohne Echo
          cmpi.b  #'0',d0      ; kleiner Ziffer 0 ?
          blo     eindua3      ; ja: fertig
          cmpi.b  #'9',d0      ; größer Ziffer 9 ?
          bhi     eindua3      ; ja: fertig
          trap    #0           ; nein: Echo
          subi.b  #'0',d0      ; und decodieren
          mulu.l  #10,d1       ; D1 = D1 * 10
          bvs     eindua2      ; Überlauffehler
          add.l   d0,d1        ; D1 = D1 + Stelle
          bcs     eindua2      ; Überlauffehler
          bra     eindua1      ; Eingabeschleife
eindua2   move.l  (a7)+,d1     ; D1 zurück
          ori     #$01,CCR     ; C=1: Fehler
          bra     eindua4      ; kein Echo
eindua3   move.l  d1,d0        ; D0.L = Rückgabewert
          move.l  (a7)+,d1     ; D1 zurück
          andi    #$fe,CCR     ; C = 0: gut
eindua4   rts                  ;

* ausdua: Dualzal aus D0.L dezimal ausgeben
ausdua    movem.l d0-d2,-(a7)  ;
          clr.w   d2           ; D2 = Ziffernzähler löschen
ausdua1   divul.l #10,d1:d0    ; D0 = Quot  D1 = Rest
          beq     ausdua2      ; Quotient Null: fertig
          move.w  d1,-(a7)     ; Rest nach Stapel
          addq.w  #1,d2        ; Ziffer zählen
          bra     ausdua1      ; Schleife bis Quotient 0
ausdua2   move.b  d1,d0        ; Rest ausgeben
```

```
ausdua3 addi.b  #'0',d0      ; codieren
        trap    #0           ; und ausgeben
        subq.w  #1,d2        ; Zähler vermindern
        blo     ausdua4      ; kleiner 0: fertig
        move.w  (a7)+,d0     ; Ziffer vom Stapel
        bra     ausdua3      ; Ausgabeschleife
ausdua4 movem.l (a7)+,d0-d2  ; Register zurück
        rts
        end     start
```

Bild 3-58: Zahlenumwandlungen dezimal - dual und dual - dezimal

Das Unterprogramm eindua liest Dezimalzahlen von der Konsole und verwandelt sie in vorzeichenlose Dualzahlen. Die Dezimalziffern werden gelesen, geprüft, decodiert und bewertet. Die höchste Stelle erscheint zuerst und muß daher mit der höchsten Wertigkeit multipliziert werden. Die niedrigste Stelle erscheint zuletzt und hat die Wertigkeit $10^0 = 1$. Das Programm arbeitet nach dem Verfahren der fortlaufenden Multiplikation mit 10. Die Rechnung wird im dualen Zahlensystem durchgeführt und ergibt eine Dualzahl. Beispiel:

1234 = **1** * 1000 + **2** * 100 + **3** * 10 + **4** * 1

```
        Dualzahl löschen
        bis Nicht-Ziffer
            Ziffer lesen prüfen decodieren
            Dualzahl = Dualzahl * 10
            Dualzahl = Dualzahl + Ziffer
```

Das Unterprogramm ausdua gibt eine Dualzahl als Dezimalzahl auf dem Bildschirm aus. Es arbeitet nach dem Divisionsrestverfahren und dividiert die Dualzahl fortlaufend durch 10. Da der Rest der ersten Division die wertniedrigste Stelle ergibt, die zuletzt auszugeben ist, wandern alle Dezimalstellen zunächst auf den Stapel und werden dann in umgekehrter Reihenfolge ausgegeben. Beispiel:

```
1234 : 10 = 123 Rest 4
 123 : 10 =  12 Rest 3
  12 : 10 =   1 Rest 2
   1 : 10 =   0 Rest 1
```

Ausgabe in der Reihenfolge: **1 2 3 4**

Das Eingabeprogramm führt eine Überlaufprüfung durch. Bei der Ausgabe können keine Fehler auftreten; das gesamte Langwort wird ohne Rücksicht auf den Inhalt dezimal ausgegeben. Bei der Eingabe und Ausgabe vorzeichenbehafteter Zahlen ist das Vorzeichen auszuwerten, um den Zahlenwert in der entsprechenden Darstellung abspeichern zu können.

Bei *vorzeichenbehafteten Dualzahlen* verwendet man eine Zahlendarstellung, die negative Werte als *Komplement* ablegt; positive Zahlen bleiben unverändert. Dazu wird ein Verschiebewert addiert, der das negative Vorzeichen beseitigt. Beispiel für den Verschiebewert %11111111 der Datenlänge Byte.

```
Verschiebewert:   %11111111   255
negative Zahl    -%00011010   -26
-----------------------------------
Einerkomplement: %11100101   229 = 255 + (-26)
```

Die Addition des Verschiebewertes %11111111 bildet das *Einerkomplement* und entspricht dem Befehl NOT, der sich durch einfache Negierer realisieren läßt. Addiert man zusätzlich noch eine 1, so entsteht das *Zweierkomplement* mit dem Verschiebewert %10000000 = 256. Beispiel für die negative Zahl -26:

```
Verschiebewert:   %11111111   255
negative Zahl    -%00011010   -26
-----------------------------------
Einerkomplement: %11100101   229
                      +1    +1    Zusatzaddition
-----------------------------------
Zweierkomplement:%11100110   230 = 256 + (-26)
```

Für die Rückwandlung aus der Komplementdarstellung in eine Dualzahl mit negativem Vorzeichen gilt das gleiche Verfahren:
- Einerkomplement bilden (aus 0 mach 1 und aus 1 mach 0) und
- addiere eine 1 zum Einerkomplement.

Die Komplementbildung führt das Rechenwerk mit dem Befehl NEG und der Operation *Ziel = 0 - Ziel* durch. Bei negativen Zahlen entsteht immer eine **1** in der linkesten Bitposition, die nun die Bedeutung als Vorzeichenbit annimmt und nicht mehr die werthöchste Dualstelle darstellt. Bei positiven Zahlen ist das Vorzeichenbit eine 0. Das Vorzeichen erscheint als N-Bit im Bedingungsregister.
N = 0: Zahl positiv, Darstellung als reine Dualzahl z.B. +1 = %00000001
N = 1: Zahl negativ, Darstellung im Zweierkomplement z.B. -1 = %11111111

Durch die Komplementdarstellung negativer Zahlen lassen sich die Befehle ADD und SUB sowohl auf vorzeichenlose (Unsigned) als auch auf vorzeichenbehaftete (Signed) Dualzahlen anwenden. Für bedingte Befehle sowie für die Multiplikation und Division sind gesonderte Befehle erforderlich, welche die unterschiedlichen Überlaufbedingungen und die Vorzeichen der beiden Zahlendarstellungen berücksichtigen.

Der Wertebereich *vorzeichenbehafteter Dualzahlen* verschiebt sich gegenüber den vorzeichenlosen Zahlen; die Anzahl der darstellbaren Zahlen bleibt gleich:
- Byte (8 bit): -128 bis +127 ($80 bis $7F),
- Wort (16 bit): -32768 bis +32767 ($8000 bis $7FFF) und
- Langwort (32 bit):-2147483648 bis +2147483647 ($80000000 ... $7FFFFFFF)

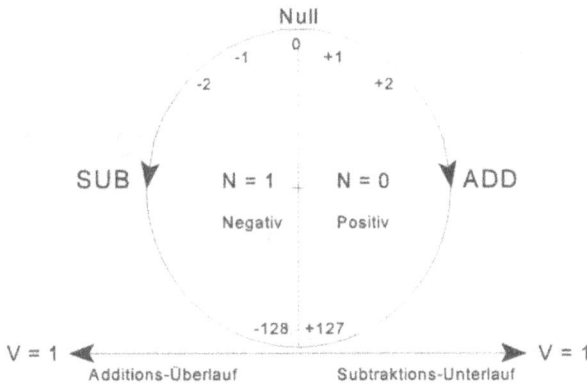

Bild 3-59: Der Zahlenkreis vorzeichenbehafteter Dualzahlen der Länge Byte

Der Zahlenkreis vorzeichenbehafteter Dualzahlen (*Bild 3-59*) zeigt die Fehlerbedingungen der Datenlänge Byte. Beim Addieren bewegt man sich im Uhrzeigersinn. Beispiel: Addition des Wertes +1 zum größten Wert +127.

```
+127  =    $7F  =    %01111111
+  +1 = +  $01  = +  %00000001
--------------------------------
          C = 0 %10000000 = -128 Vorzeichenwechsel V = 1
```

Bei der Addition zweier positiver Zahlen entsteht in dem Beispiel eine negative Summe; durch einen Vorzeichenvergleicher wird V = 1 gesetzt und zeigt einen Überlauf der vorzeichenbehafteten Arithmetik an. Für die vorzeichenlose Arithmetik ergäben die gleichen Bitmuster 127 + 1 richtig 128 (C = 0). Das Beispiel -128 (kleinster Wert) - (+1) führt auf das Ergebnis +127 (größter Wert). Dieser Unterlauffehler wird ebenfalls durch V = 1 angezeigt. Für vorzeichenbehaftete Dualzahlen gibt es eine Reihe von Sonderbefehlen.

Befehl	Operand	X	N	Z	V	C	Wirkung
TRAPV							V = 1: Ausnahme Vektor #7 V = 0: wirkungslos
NEG.x	Ziel	x	x	x	x	x	bilde das Zweierkomplement Ziel = 0 - Ziel
EXT.W	Dn		x	x	0	0	erweitere Dn.B vorzeichenrichtig zum Wort
EXT.L	Dn		x	x	0	0	erweitere Dn.W vorzeichenrichtig zum Langwort
EXTB.L	Dn		x	x	0	0	erweitere Dn.B vorzeichenrichtig zum Langwort

Die folgenden bedingten Befehle untersuchen das Ergebnis nach Operationen mit vorzeichenbehafteten Dualzahlen, z.B. nach Vergleichen mit CMP.

Bedingung	Verzweigung Bcc		Schleifenabbruch DBcc	
größer als	BGT	Zieladresse	DBGT	Dn,Ziel
größer oder gleich	BGE	Zieladresse	DBGE	Dn,Ziel
gleich	BEQ	Zieladresse	DBEQ	Dn,Ziel
ungleich	BNE	Zieladresse	DBNE	Dn,Ziel
kleiner oder gleich	BLE	Zieladresse	DBLE	Dn,Ziel
kleiner als	BLT	Zieladresse	DBLT	Dn,Ziel

Die Linksschiebebefehle ASL verschieben eine Dualzahl nach links und multiplizieren sie mit dem Faktor 2 bzw. einem Vielfachen davon. Die Rechtsschiebebefehle ASR dividieren durch 2 und füllen mit dem Vorzeichen auf. Für die Multiplikation und Division vorzeichenbehafteter Dualzahlen sind besondere Befehle vorgesehen, die sich nicht auf vorzeichenlose Zahlen anwenden lassen. Der Kennbuchstabe **S** bedeutet Signed = vorzeichenbehaftet.

Befehl	Operand	X	N	Z	V	C	Wirkung
MULS.W	Quelle,Dn 16 * 16 -> 32		x	x	x	0	Dn [Wort] * Quelle [Wort] Produkt = Dn [Langwort]
MULS.L	Quelle,Dn 32 * 32 -> 32		x	x	x	0	Dn [Langwort] * Quelle [Langwort] Produkt = Dn [Langwort] High-Teil verloren
MULS.L	Quelle,Dh:Dl 32 * 32 -> 64		x	x	x	0	Dl [Langwort] * Quelle [Langwort] {High-Pro. = Dh [Lang] Low-Pro. = Dl [Lang]}
DIVS.W	Quelle,Dn 32 / 16 = 16 Rest 16		x	x	x	0	Dn [Langwort] / Quelle [Wort] Quotient = Dn [Low-Wort] Rest = Dn [High-Wort]
DIVS.L	Quelle,Dn 32 / 32 = 32		x	x	x	0	Dn [Langwort] / Quelle [Langwort] Quotient = Dn [Langwort] Rest verloren
DIVS.L	Quelle,Dr,Dq 64 / 32 = 32 Rest 32		x	x	x	0	{Dr [High-Lang] Dq[Low-Lang]} / Quelle [Lang] Quotient = Dq [Langwort] Rest = Dr [Langwort]
DIVSL.L	Quelle,Dr,Dq 32 / 32 = 32 Rest 32		x	x	x	0	Dq [Langwort] / Quelle [Langwort] Quotient = Dq [Langwort] Rest = Dr [Langwort]

Für die Quelloperanden sind folgende Adressierungsarten zulässig:

#kon	abs	Dn		(An)	(An)+	-(An)	w(An)	b(An,Xi)	(d,An,Xi)	w(PC)	b(PC,Xi)	(d,PC,Xi)

Die Befehle **MULS** multiplizieren unter Berücksichtigung der Vorzeichen der Operanden. Sie setzen bei einem Überlauf das V-Bit auf 1. Die Befehle **DIVS** dividieren unter Berücksichtigung der Vorzeichen der Operanden. Der Rest hat das gleiche Vorzeichen wie der Quotient. Sie setzen das V-Bit auf 1, wenn der Quotient die vorgesehene Länge überschreitet. Eine Division durch Null führt auf eine Fehler-Ausnahme Vektor #5. In diesem Fehlerfall sind die Bedingungsbits und Operanden undefiniert. Abschnitt 3.7.4 behandelt die Tabellenbefehle TBLS, die einen direkten Tabellenzugriff verbunden mit einer linearen Interpolation durchführen. Der Anhang enthält Eingabe- und Ausgabeunterprogramme für vorzeichenbehaftete Zahlen.

Mit dem X-Bit (eXtend = ausdehnen) läßt sich der Zahlenbereich über die Länge eines Langwortes (32 bit) hinaus erweitern. Die folgenden Befehle führen alle Operationen zusätzlich mit dem X-Bit durch.

Befehl	Operand	X	N	Z	V	C	Wirkung
ADDX.x	Dy,Dx	x	x	x	x	x	addiere Dx = Dx + Dy + X
ADDX.x	-(Ay),-(Ax)	x	x	x	x	x	addiere -(Ax) = -(Ax) + -(Ay) + X
SUBX.x	Dy,Dx	x	x	x	x	x	subtrahiere Dx = Dx - Dy - X
SUBX.x	-(Ay),-(Ax)	x	x	x	x	x	subtrahiere -(Ax) = -(Ax) - -(Ay) - X
NEGX.x	Ziel	x	x	x	x	x	negiere Ziel = 0 - Ziel - X
ROXL.x	Operanden	x	x	x	0	x	verschiebe den Operanden und X nach links
ROXR.x	Operanden	x	x	x	0	x	verschiebe den Operanden und X nach rechts

Für den Zieloperanden des Befehls NEGX gelten die Adressierungsarten:

	abs	Dn		(An)	(An)+	-(An)	w(An)	b(An,Xi)	(d,An,Xi)			
	abs	Dn		(An)	(An)+	-(An)	w(An)	b(An,Xi)	(d,An,Xi)			

Das X-Bit wird immer als zusätzlicher Operand verwendet und enthält nach der Operation den Gruppenübertrag. Das Z-Bit wird nur dann gelöscht, wenn das Ergebnis *nicht* Null ist. Es bleibt *unverändert*, wenn das Ergebnis Null ist. Vor Schleifen setzt man X = 0 und Z = 1. Waren alle Teilergebnisse Null, so bleibt Z = 1 und zeigt das Gesamtergebnis Null an. Das folgende Beispiel addiert eine 64 bit Dualzahl in den Registern D0 und D1 zu einer zweiten 64 bit Dualzahl in den Registern D2 und D3. Die Addition beginnt mit den beiden wertniedrigeren Anteilen in den Registern D1 und D3. Bei den beiden werthöheren Anteilen wird ein eventuell aufgetretener Gruppenübertrag über das X-Bit mitaddiert.

```
ANDI    #$EF,CCR  ;  Maske 1110 1111 X-Bit = 0
ORI     #$04,CCR  ;  Maske 0000 0100 Z-Bit = 1 (Null)
ADDX.L  D1,D3     ;  D3 = D3 + D1 + X
ADDX.L  D0,D2     ;  D2 = D2 + D0 + X
BEQ     null      ;  64 bit Ergebnis ist Null
BCS     error     ;  Überlauf über 64 bit
```

3.7.3 Reelle Zahlendarstellungen

Die Dualarithmetik der CPU ist nur auf ganze Zahlen und nicht auf reelle Zahlen eingerichtet, die Stellen hinter dem Dezimal- bzw. Dualpunkt (Komma) enthalten können. Mit besonderen Darstellungsformen ist es möglich, reelle Rechnungen ganzzahlig durchzuführen. Am Anfang steht die Aufgabe, reelle Zahlen zu lesen und wieder auszugeben.

Die Vorpunktstellen werden bei der Eingabe und Ausgabe wie ganze Zahlen behandelt, die Nachpunktstellen sind mit Faktoren zu bewerten, die aus der Basis des Zahlensystems mit negativen Exponenten bestehen. Beispiele:

```
0.6875₁₀ = 6*10⁻¹ + 8*10⁻² + 7*10⁻³ + 5*10⁻⁴
         = 0.6 + 0.08 + 0.007 + 0.0005
```

$$0.6875_{10} = 6*10^{-1} + 8*10^{-2} + 7*10^{-3} + 5*10^{-4}$$
$$= 0.6 + 0.08 + 0.007 + 0.0005$$

$$0.10110_{2} = 1*2^{-1} + 0*2^{-2} + 1*2^{-3} + 1*2^{-4} + 0*2^{-5}$$
$$= 1*0.5 + 0*0.25 + 1*0.125 + 1*0.0625 + 0*0.03125$$

Für die Dezimal-Dualumwandlung werden die dezimalen Nachpunktstellen fortlaufend mit 2, der Basis des dualen Zahlensystems, multipliziert. Jedes der dabei entstehenden Produkte wird in eine Vorpunktstelle und in Nachpunktstellen zerlegt. Die Vorpunktstelle ergibt die Dualziffer; mit den Nachpunktstellen wird das Verfahren fortgesetzt, bis das Produkt Null ist oder die maximale Stellenzahl erreicht wurde. Das Beispiel verwandelt die Dezimalzahl 0.6875 in eine entsprechende Dualzahl durch Multiplikation mit dem Faktor 2.

```
0.6875 * 2 = 1.3750 = 1        + 0.3750
0.3750 * 2 = 0.7500 = 0        + 0,7500
0.7500 * 2 = 1.5000 = 1        + 0.5000
0.5000 * 2 = 1.0000 = 1        + 0.0000
0.0000 * 2 = 0.0000 = 0        + 0.0000
fertig!
        Dualzahl genau: 0.10110 mit folgenden Nullen: 0.10110000
```

Im ersten Schritt entsteht die erste Stelle hinter dem Punkt. Wird das Verfahren mit dem Produkt Null vorzeitig beendet, so füllt man die restlichen Stellen mit Nullen auf. Muß das Verfahren beim Erreichen der maximalen Stellenzahl vorzeitig abgebrochen werden, so entsteht ein Umwandlungsfehler. Beispiel:

```
0.4₁₀ = 0.0110 0110 0110 0110 0110 .... Periode 0110
0.4₁₀ = 0.0110 0110 + Restfehler bei acht Nachpunktstellen
```

Bei der Dual-Dezimalumwandlung der dualen Nachpunktstellen multipliziert man die Dualzahl fortlaufend mit 10 und spaltet die Vorpunktstellen ab. Das in *Bild 3-60* dargestellte Testprogramm ruft zwei Umwandlungsprogramme auf. Das Unterprogramm nein liest dezimale Nachpunktstellen und wandelt sie um in duale Nachpunktstellen linksbündig in einem Langwort. Das Unterprogramm naus gibt die dualen Nachpunktstellen wieder dezimal aus. Bei der Eingabe müssen unendliche Dualbrüche abgeschnitten werden; die dezimale Ausgabe versucht den Fehler durch Rundung zu korrigieren.

```
* k3b60.ASM Bild 3-60: Umwandlung von Nachpunktstellen
* Eingabe: max. 8 Nachpunkt-Dezimalziffern -> dual Langwort
* Ausgabe: dual Langwort -> 8 Dezimalstellen
            org     $40000      ; Variablenbereich
var         dc.l    1           ; Langwort-Variable
            org     $100000     ;
start       move.l  #'-> .',d0  ; Prompt
            trap    #1          ;
            bsr     nein        ; D0.L <= Eingabe
            bcs     error       ; Eingabefehler
            move.l  d0,var      ; D0.L nach Variable
            move.l  #' = .',d0  ; Abstand
            trap    #2          ; dahinter ausgeben
            move.l  var,d0      ; D0.L von Variable
            bsr     naus        ; D0.L => Ausgabe
            bra     start       ;
error       move.l  #'ERR:',d0  ; Fehlermeldung
            trap    #1          ;
            bra     start       ;
* nein: D0.L = Eingabe dezimale Nachpunktstellen
* Abbruch: <= Leerz. max. 8 Stellen   Fehler: Nicht-Ziffer
nein        movem.l d1-d3,-(a7) ; Register retten
            clr.l   d0          ; D0.L = Akkumulator
            clr.l   d1          ; D1.L = Dualzahl rechtsbündig
            moveq   #1,d2       ; D2.L = dezimale Verschiebung
            moveq   #8,d3       ; D3 = Stellenzähler
* Eingabeschleife als ganze Dualzahl rechtsbündig
nein1       trap    #8          ; D0.B = Zeichen ohne Echo
            cmpi.b  #$20,d0     ; Endemarke <= Leerzeichen ?
            bls     nein2       ; ja: nun umwandeln
            cmpi.b  #'0',d0     ; Ziffer 0 ?
            blo     neine       ; kleiner: Fehler
            cmpi.b  #'9',d0     ; Ziffer 9 ?
            bhi     neine       ; größer: Fehler
            trap    #0          ; Echo
            subi.b  #'0',d0     ; decodieren
            mulu.l  #10,d1      ; Zahl * 10
            bvs     neine       ; Überlauffehler
            add.l   d0,d1       ; Stelle addieren
            bcs     neine       ; Überlauffehler
            mulu.l  #10,d2      ; Faktor * 10
            subq    #1,d3       ; Stellenzähler - 1
            bne     nein1       ; max. Zahl noch nicht erreicht
nein2       clr.l   d0          ; D0.L = Nachpunkt-Dualzahl
            move.l  #32,d3      ; D2.B = Position und Zähler
nein3       subq.l  #1,d3       ; Zähler - 1
            beq     nein4       ; Abbruch: max. Stellen
            lsl.l   #1,d1       ; Zahl * 2
            cmp.l   d2,d1       ; Zahl - Faktor
            blo     nein3       ; kleiner: gibt 0
            bset    d3,d0       ; >=: gibt 1
            sub.l   d2,d1       ; und abziehen
            bne     nein3       ; Abbruch: Stellen Null
nein4       andi    #$fe,CCR    ; C = 0: gut
            bra     nein5       ; nach Ausgang
neine       ori     #$01,CCR    ; C = 1: Fehler
nein5       movem.l (a7)+,d1-d3 ; Register zurück
            rts                 ;
```

```
* naus D0.L: Ausgabe 6 Nachpunkt-Dezimalstellen
naus      movem.l  d0-d3,-(a7)  ; Register retten
          moveq    #7,d3        ; D3.W = Zähler 8 Stellen
          clr.l    d2           ; D2.L = Dezimalziffern
naus1     mulu.l   #10,d1:d0    ; D0*10: D1.L = High D0.L = Low
          lsl.l    #4,d2        ; links <= alte Stellen
          add.l    d1,d2        ; neue Stelle dazu
          dbra     d3,naus1     ;
* Rundung wenn 9. Stelle >= 5
          mulu.l   #10,d1:d0    ; 9.Rundungsstelle
          cmpi.b   #5,d1        ; Rundung ?
          blo      naus2        ; < 5: nein
          moveq    #1,d1        ; für BCD-Addition + 1
          andi     #$ef,CCR     ; X = 0
          moveq    #3,d3        ; Zähler 4 BCD-Gruppen
naus2x    abcd     d1,d2        ; D2 = D2 + D1
          ror.l    #8,d1        ; nächste Gruppe
          ror.l    #8,d2        ; nächste Gruppe
          dbra     d3,naus2x    ; Fehler bei Überlauf!!!!!!!!!!
* Ausgabe der 8 Dezimalstellen
naus2     moveq    #7,d3        ; Zähler 8 Stellen
naus3     rol.l    #4,d2        ; Stelle positionieren
          move.b   d2,d0        ; zur Ausgabe
          andi.b   #$0f,d0      ; maskieren %0000 1111
          ori.b    #$30,d0      ; codieren
          trap     #0           ; und ausgeben
          dbra     d3,naus3     ;
          movem.l  (a7)+,d0-d3  ; Register zurück
          rts                   ;
          end      start        ;
```

Bild 3-60: Umwandlung der Nachpunktstellen

Das Eingabeunterprogramm **nein** liest maximal acht dezimale Nachpunktstellen und verwandelt sie zunächst in eine ganze Dualzahl, die rechtsbündig abgelegt wird. Dabei wird ein dezimaler Verschiebewert laufend mit 10 multipliziert. Die folgende Zerlegungsschleife multipliziert die ganze Dualzahl mit 2, der Basis des neuen Zahlensystems, und zerlegt das Produkt durch Subtraktion des Verschiebewertes. Ist das Produkt größer oder gleich dem Verschiebewert, so wird dieser subtrahiert und die Dualstelle ist eine 1, sonst eine 0. Die Zerlegungsschleife endet bei der Differenz 0 bzw. wird beim Erreichen von 32 Stellen hinter dem Dualpunkt abgebrochen. Das Unterprogramm liefert im Carrybit eine Fehlermarke, wenn eine Nicht-Ziffer eingegeben wurde bzw. wenn bei der Umwandlung ein Überlauf auftrat.

Das Ausgabeunterprogramm **naus** verwandelt die dualen Nachpunktstellen durch eine fortlaufende Multiplikation mit 10 zunächst in acht BCD-Ziffern; die neunte Stelle dient der Rundung. Beim Aufrunden wird ein Überlauf auf die letzte Vorpunktstelle allerdings nicht berücksichtigt. In der Praxis wäre es zweckmäßig, die Ausgabe auf 6 oder sogar 4 Stellen zu reduzieren.

In der **Festpunktdarstellung** (Fixed Point) legt man Vorpunkt- und Nachpunkt-stellen hintereinander ab und *denkt* sich den Punkt zwischen den beiden An-teilen. Beispiele für jeweils 4 Dezimalstellen bzw. 8 Dualstellen (2 Bytes):

$$26.6875 = 00266875 * 10^{-4}$$
$$\blacktriangle$$

$$11010.1011 = 0001101010110000 * 2^{-8}$$
$$\blacktriangle$$

Beide Anteile zusammen können behandelt werden wie eine ganze Zahl multipli-ziert mit einem konstanten Skalenfaktor `*f`. In dieser Darstellung lassen sich reelle Zahlen mit den für ganze Zahlen vorgesehenen Befehlen berechnen.

addieren: `(a*f)` **+** `(b*f)` = `(a + b)*f`

subtrahieren: `(a*f)` **-** `(b*f)` = `(a - b)*f`

multiplizieren: `(a*f)` ***** `(b*f)` = `(a * b)*f` *Korrektur danach*

dividieren: `(a*f)` `*f` **/** `b(*f)` = `(a *f / b)*f` *Korrektur vorher*

Nach der Multiplikation ist das Produkt durch Division des Skalenfaktors zu korrigieren. Vor der Division ist der Dividend mit dem Skalenfaktor zu multipli-zieren. Bei der Multiplikation und Division (Rest) können Nachpunktstellen, die nicht mehr in die Speicherlänge passen, verloren gehen. Durch den Übergang von einem festen zu einem variablen Skalenfaktor, der mit abgespeichert wird, läßt sich der Zahlenumfang erweitern.

In der **Gleitpunktdarstellung** (Floating Point) besteht die Zahl aus einer norma-lisierten Mantisse und einem variablen Faktor mit einem ganzzahligen Exponen-ten zur Basis des Zahlensystems. In den folgenden Beispielen enthält die Mantis-se eine Vorpunktstelle.

$$26.6875 \text{ dezimal} = 2.66875 \quad * 10^1$$
$$11010.1011 \text{ dual} \quad = 1.10101011 * 2^4$$

Normalisieren bedeutet, den Punkt so zu verschieben, daß er hinter der wert-höchsten Ziffer steht. Der Exponent enthält die Anzahl der Verschiebungen. Bei Zahlen größer als 1 ist der Exponent positiv (Schieben nach rechts), bei Zahlen kleiner als 1 (Schieben nach links) ist er negativ. Die folgenden Beispiele ent-sprechen dem Datentyp `float` der Programmiersprache C, der standardmäßig ein Langwort (32 bit) belegt.

Das Vorzeichen der Zahl steht in der linkesten Bitposition, dann folgt der *Abso-lutwert*, nicht das Zweierkomplement. Die 8 bit lange Charakteristik setzt sich zusammen aus dem dualen Exponenten und einem Verschiebewert (127 dezimal = 01111111 dual), der das Vorzeichen des Exponenten beseitigt. Damit ergibt sich ein dezimaler Zahlenbereich von ca. $-3.4*10^{-38}$ bis $+3.4*10^{+38}$. Die 23 bit lange Mantisse enthält eine Genauigkeit von ca. 7 Dezimalstellen. Die führende 1 der Vorpunktstelle wird bei der Speicherung unterdrückt und muß bei allen Rechnungen und Umwandlungen wieder hinzugefügt werden.

Das Beispiel zeigt die Dezimalzahl +26.6875 als normalisierte Gleitpunktzahl in der Darstellung des Datentyps `float`.

```
+26.6875 = + 11010.1011000000000000000
         = + 1.10101011000000000000000 * 2⁴ normalisiert
```

Charakteristik: $127_{10} + 4_{10} = 131_{10} = 10000011_2$

Zusammensetzung:

```
     Vorzeichen: 0
Charakteristik:    10000011
      Mantisse:            10101011000000000000000
----------------------------------------------------------
Speicher binär: 01000001110101011000000000000000
   hexadezimal:   4   1   D   5   8   0   0   0
```

Diese Gleitpunktdarstellung ist in IEEE 754 genormt. Dort finden sich weitere Angaben über nichtnormalisierte, aber gültige Zahlen verminderter Genauigkeit, über die Darstellung von Unendlich (INF) und Fehlermarken (NAN). Vor der Addition und Subtraktion wird die Mantisse der kleineren Zahl so verschoben, daß ihre Charakteristik gleich der Charakteristik der größeren Zahl wird. Bei einer Multiplikation werden die Exponenten addiert und die Mantissen multipliziert. Bei einer Division subtrahiert man die Exponenten und dividiert die Mantissen. Anschließend sind die Mantissen der Ergebnisse wieder zu normalisieren.

Bei arithmetischen Operationen mit reellen Zahlen sind die Vorpunktstellen immer genau; Überläufe und Unterläufe lassen sich mit den Bedingungsbits abfangen. Bei den Nachpunktstellen muß man mit einem Verlust an Genauigkeit rechnen, die durch die Art der Zahlendarstellung bedingt ist. Ein Beispiel ist die Umwandlung der Dezimalzahl 0.4, die auf einen periodischen Dualbruch führt, der abgebrochen werden muß. Weitere Ungenauigkeiten ergeben sich bei der Division ganzer Zahlen wie z.B. 1 dividiert durch 3. Bei der Addition und Subtraktion können bei der Anpassung der Charakteristiken Stellen in der Mantisse verloren gehen. Beispiel einer Addition mit 6 Dezimalstellen:

```
Speicher:        Reelle dezimale Arithmetik:
1.000000*10⁷ =>   1.000000          * 10⁷ bleibt
1.234567*10¹ => + 0.000001 234567 * 10⁷ anpassen !
------------------------------------------------------
           Summe = 1.000001          * 10⁷ geschnitten !
```

In der praktischen Anwendung programmiert man die Umwandlungs- und Rechenoperationen der reellen Arithmetik als Unterprogramme. Eine wesentliche Erhöhung der Rechengeschwindigkeit etwa um den Faktor 100 liefern arithmetische Coprozessoren, die zu den Gleitpunktbefehlen noch mathematische Funktionen (z.B. Sinus) enthalten. Ein Beispiel ist der Baustein MC 68881, der am Adreß-, Daten- und Steuerbus des Controllers 68332 betrieben werden kann.

3.7.4 Die Interpolations- und Tabellenbefehle

Eine Tabelle besteht aus Eingangswerten (unabhängige Größe X) und aus Ausgangswerten (abhängige Größe Y). Legt man beide Werte als Paar in Tabellenform ab, so wird man das vorgegebene X in der Tabelle suchen und den entsprechenden Y-Wert entnehmen. Liegt bei *Zahlen* der X-Wert zwischen zwei Einträgen, so ist zu interpolieren. Der direkte Tabellenzugriff legt nur die Ausgangsgrößen Y in der Tabelle ab und berechnet aus der unabhängigen Größe X die Adresse des gesuchten Y-Wertes, auf den dann durch indirekte Adressierung zugegriffen wird.

Bei Zahlentabellen kann man den X-Wert in einen ganzzahligen Anteil zum **direkten Tabellenzugriff** und einen gebrochenen Anteil zur **linearen Interpolation** zerlegen. Beispiel mit Dezimalzahlen:
Wurzeltabelle mit Wurzeln der Zahlen von 0 bis 9 und Faktor 1000:
Adresse 0: Wert 0
Adresse 1: Wert 1000 entspricht 1.000
Adresse 2: Wert 1414 entspricht 1.414
Adresse 3: Wert 1732 entspricht 1.732

....
Adresse 9: Wert 3000 entspricht 3.000

Gesucht wird die Wurzel aus X = 2.25:
Der ganze Anteil 2 liefert den 2. Wert 1414; der nächste ist 1732.
Der gebrochene Anteil 0.25 dient zur Interpolation zwischen dem 2. und 3. Wert.

Interpolationsergebnis: Y = 1414 + 0.25 * (1732 - 1414) = 1414 + 79.5 = 1493.5
Unter Berücksichtigung des Faktors 1000 ergibt sich:
$\sqrt{2.25}$ = 1.4935 (genau wäre 1.5!)

Durch die lineare Interpolation der Wurzelfunktion und die gerundeten Tabellenwerte ergibt sich eine Abweichung vom erwarteten Wert (1.5). Die gleiche Rechnung läßt sich auch mit ganzen dualen Zahlen durchführen.

Die Interpolations- und Tabellenbefehle der CPU gibt es in folgenden Formen:
- Operandenlängen Byte `.B`, Wort `.W` bzw. Langwort `.L`,
- vorzeichenlose (Unsigned) bzw. vorzeichenbehaftete (Signed) Arithmetik,
- gerundete bzw. nicht gerundete (Not rounded) Ergebnisse und
- Interpolation gegebener Werte bzw. direkter Tabellenzugriff mit Interpolation.

Die folgenden Befehle *interpolieren* zwischen gegebenen Tabellenwerten. Sie erwarten in Dx.B einen gebrochenen dualen Abstand dx von $00 = 0_{10}$ bis $FF = 0.996_{10}$ (gerundet) von X_n bis X_{n+1}. Die entsprechenden Y-Tabellenwerte befinden sich in Dym (Y_n) und Dyn (Y_{n+1}).

Befehl	Operand	X	N	Z	V	C	Wirkung
TBLS.x	Dym:Dyn,Dx		x	x	x	0	Interpolation mit Vorzeichen gerundet
TBLSN.x	Dym:Dyn,Dx		x	x	x	0	Interpolation mit Vorz. nicht gerundet
TBLU.x	Dym:Dyn,Dx		x	x	x	0	Interpolation ohne Vorzeichen gerundet
TBLUN.x	Dym:Dyn,Dx		x	x	x	0	Interpolation ohne Vorz. nicht gerundet

Die folgenden Befehle entnehmen die Y-Werte einer Tabelle, der Quelloperand ist die Anfangsadresse. Nach dem direkten Tabellenzugriff wird interpoliert. Die unabhängige Variable X_n befindet sich im unteren Wort Dx.W. Das obere Byte in den Bitpositionen B8 bis B15 enthält für den direkten Tabellenzugriff den ganzzahligen Index als Abstand zum Quelloperanden und adressiert Y_n; der nächste Wert ist Y_{n+1}. Der Indexwert wird entsprechend der Operandenlänge Byte, Wort oder Langwort mit 1 bzw. 2 bzw 4 multipliziert. Das untere Byte Dx.B ist der gebrochene duale Abstand dx von \$00 = 0_{10} bis \$FF = 0.996_{10} (gerundet) von X_n bis X_{n+1}.

Befehl	Operand	X	N	Z	V	C	Wirkung
TBLS.x	Quelle,Dx		x	x	x	0	Interpolation mit Vorzeichen gerundet
TBLSN.x	Quelle,Dx		x	x	x	0	Interpolation mit Vorzeichen nicht gerundet
TBLU.x	Quelle,Dx		x	x	x	0	Interpolation ohne Vorzeichen gerundet
TBLUN.x	Quelle,Dx		x	x	x	0	Interpolation ohne Vorzeichen nicht gerundet

Für den Quelloperanden, den Anfang der Tabellenwerte, sind folgende Adressierungsarten zulässig:

	abs			(An)			w(An)	b(An,Xi)	(d,An,Xi)	w(PC)	b(PC,Xi)	(d,PC,Xi)
	abs			(An)			w(An)	b(An,Xi)	(d,An,Xi)	w(PC)	b(PC,Xi)	(d,PC,Xi)

Gerundete Ergebnisse erscheinen als ganze Zahlen je nach Operandenlänge im Datenregister Dx als Byte, Wort oder Langwort nach der Formel

$$Dx = Y_n + \{(Y_{n+1} - Y_n) * Dx.B\}/256$$

Nicht gerundete Ergebnisse erscheinen als reelle Zahlen im Datenregister Dx. Das untere Byte Dx.B enthält den gebrochenen Anteil, der ganze Anteil steht vorzeichenausgedehnt bzw. mit Nullen aufgefüllt in den Bitpositionen B8 bis B15 (Byte) bzw. B8 bis B23 (Wort) bzw. B8 bis B31 (Langwort auf 24 bit verkürzt). Berechnungsformel für Dx:

$$Dx = 256 * Y_n + \{(Y_{n+1} - Y_n) * Dx.B\}$$

Bild 3-61 zeigt die lineare Interpolation für Y-Werte, die sich in Datenregistern befinden (links) und den direkten Tabellenzugriff mit anschließender Interpolation (rechts).

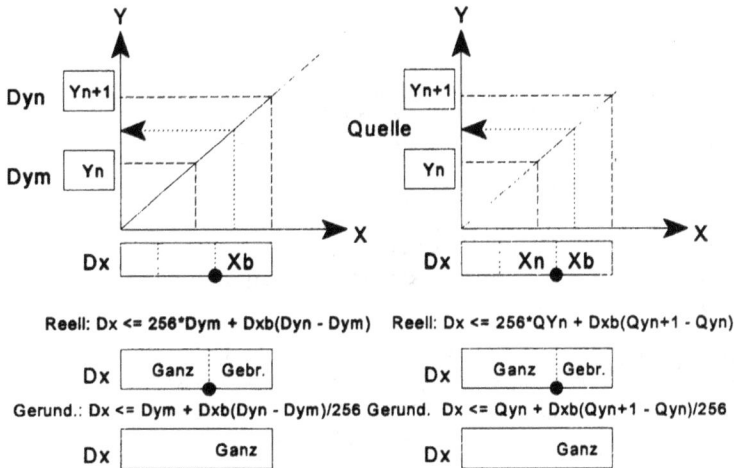

Bild 3-61: Die Interpolations- und Tabellenbefehle

Das Programm *Bild 3-62* untersucht die Interpolation bei einzugebenden Tabellenwerten, die in die Register Dm und Dn gespeichert werden. Die Differenz zwischen den entsprechenden X-Werten wird als dezimale Bruchzahl gelesen und als duale Bruchzahl in D0.B abgelegt. Die Ergebnisse werden sowohl gerundet als auch nicht gerundet berechnet und ausgegeben.

```
* k3b62.ASM Bild 3-62: Test der Interpolationsbefehle
        org     $100000   ;
start   move.l  #' Dm ',d0 ; n. Tabellenwert
        trap    #1        ;
        trap    #13       ; D0.L lesen
        move.l  d0,d3     ; D3.L = Dm
        move.l  #' Dn ',d0 ; n+1. Tabellenwert
        trap    #1        ;
        trap    #13       ; D0.L lesen
        move.l  d0,d2     ; D2.L = Dn
        move.l  #'Dx .',d0 ;
        trap    #1        ;
        bsr     nein      ; D0.L lesen
        rol.l   #8,d0     ; D0.B = Bruchanteil
        move.l  d0,d1     ; D1.L = Dx
        move.l  d0,d4     ; D4.L = Dx
* Interpolation unsigned gerundet Ergebnis ganzzahlig
        tblu.w  d3:d2,d1  ; D1 = ganz
        move.l  #'TBLU',d0 ;
        trap    #1        ;
        move.l  #'.W  ',d0 ;
        trap    #2        ;
        clr.l   d0        ;
```

```
        move.w   d1,d0        ;
        bsr      ausdua       ; dezimal ausgeben
* Interpolation unsigned nicht gerundet mit Nachpunktstellen
        tblun.w  d3:d2,d4     ; D4 = ganz.nach
        move.l   #'TBLU',d0 ;
        trap     #1           ;
        move.l   #'N.W ',d0 ;
        trap     #2           ;
        clr.l    d0           ; Vorpunkt- und Nachpunkt
        ror.l    #8,d4        ; trennen
        move.w   d4,d0        ; Vorpunkstellen
        bsr      ausdua       ; dezimal ausgeben
        move.b   #'.',d0      ; Punkt
        trap     #0           ; ausgeben
        clr.w    d4           ;
        move.l   d4,d0        ; Nachpunktstellen
        bsr      naus         ; dezimal ausgeben
        bra      start        ;

* Hilfsprogramme aus Bild 3-60 und Bild 3-58
* nein:   D0.L = Eingabe dezimale Nachpunktstellen
* naus:   D0.L: Ausgabe 6 Nachpunkt-Dezimalstellen
* ausdua: Dualzahl aus D0.L dezimal ausgeben

        end      start
```

Testlauf:
```
  Dm   -> 0
  Dn   -> 100
Dx .5
TBLU.W   50
TBLUN.W  50.00000000
```

Bild 3-62: Test der Interpolationsbefehle

Das in *Bild 3-63* dargestellte Programmbeispiel untersucht den Tabellenzugriff mit Interpolation am Beispiel der Wurzeltabelle. Die Wurzeln der ganzen Zahlen von 0 bis 11 wurden als ganze Zahlen mit dem Faktor 1000 abgelegt. Die einzugebenden Radikanden sind reelle Zahlen im Bereich von 0 bis < 11. Der ganzzahlige Anteil des Radikanden dient dem direkten Zugriff auf die Tabelle; der gebrochene Anteil wird für eine lineare Interpolation verwendet. Die Ergebnisse erscheinen sowohl gerundet als auch nicht gerundet. Die Hilfsprogramme zur Zahlenumwandlung sind nicht dargestellt und können den entsprechenden Bildern entnommen werden. Die Genauigkeit wird beeinträchtigt durch:
- die Rundung der abgelegten Tabellenwerte,
- Fehler bei der Umwandlung der Nachpunktstellen und
- die lineare Interpolation einer nichtlinearen Funktion.

```
* k3b63.ASM Bild 3-63: Test Tabellenzugriff und Interpolation
        org      $40000      ; Wurzeltabelle Faktor 1000
tab     dc.w     0,1000,1414,1732,2000,2236    ; Tabelle 0 - 5
        dc.w     2449,2646,2828,3000,3162,3317 ; Tabelle 6 - 11
        org      $100000     ;
```

```
start    move.l  #' Dx ',d0  ; Radikand 0 bis < 11.0
         trap    #1          ;
         trap    #13         ; D0.L lesen
         move.l  d0,d1       ; D1.L = Vorpunktstellen
         bsr     nein        ; D0.L = Nachpunktstellen
         move.w  d1,d0       ; Vorpunktwort
         rol.l   #8,d0       ; D0.L Vorpunktwort.Nachpunktbyte
         andi.l  #$00ffffff,d0 ;  Maske %000000001111....1111
         move.l  d0,d1       ; D1.L Vorpunktwort.Nachpunktbyte
         move.l  d0,d2       ; D2.L
* Interpolation unsigned gerundet Ergebnis ganzzahlig
         tblu.w  tab,d1      ; D1 = ganz
         divs.l  #1000,d1    ; Tabellenwert / 1000
         move.l  #'TBLU',d0  ;
         trap    #1          ;
         move.l  #'.W  ',d0  ;
         trap    #2          ;
         clr.l   d0          ;
         move.w  d1,d0       ;
         bsr     ausdua      ; dezimal ausgeben
* Interpolation unsigned nicht gerundet mit Nachpunktstellen
         tblun.w tab,d2      ; D2 = ganz.nach
         divs.l  #1000,d2    ; Tabellenwert / 1000
         move.l  #'TBLU',d0  ;
         trap    #1          ;
         move.l  #'N.W ',d0  ;
         trap    #2          ;
         clr.l   d0          ;
         ror.l   #8,d2       ; Vorpunkt und Nachpunkt trennen
         move.w  d2,d0       ; Vorpunkstellen
         bsr     ausdua      ; dezimal ausgeben
         move.b  #'.',d0     ; Punkt
         trap    #0          ; ausgeben
         clr.w   d2          ;
         move.l  d2,d0       ; Nachpunktstellen
         bsr     naus        ; dezimal ausgeben
         bra     start       ;
```

```
* Hilfsprogramme aus Bild 3-60 und Bild 3-58
* nein:   D0.L = Eingabe dezimale Nachpunktstellen
* naus:   D0.L: Ausgabe 6 Nachpunkt-Dezimalstellen
* ausdua: Dualzahl aus D0.L dezimal ausgeben
```

```
         end     start
```

Testlauf:
```
 Dx   -> 6.25
TBLU.W   2
TBLUN.W  2.49609375
```

Bild 3-63: Tabellen- und Interpolationsbefehle mit Wurzeltabelle

Übungsaufgaben zum Abschnitt 3.7

1. Aufgabe:
Bei jeder fallenden Flanke am Eingang B7 des F-Ports ist das am E-Port anliegende Bitmuster als vorzeichenlose Dualzahl im Bereich von 0 bis 255 seriell auf dem Terminal auszugeben.

2. Aufgabe:
Bei jeder fallenden Flanke am Eingang B7 des F-Ports ist das am E-Port anliegende Bitmuster als Dualzahl mit Vorzeichen im Bereich von -128 bis +127 seriell auf dem Terminal auszugeben.

3. Aufgabe:
Bei jeder fallenden Flanke am Eingang B7 des F-Ports ist das am E-Port anliegende Bitmuster als BCD-codierte Dezimalzahl im Bereich von 0 bis 99 seriell auf dem Terminal auszugeben. Liegen keine BCD-Ziffern, sondern Pseudotetraden an, so erscheine eine Fehlermeldung.

4. Aufgabe:
Die am Eingang B7 des F-Ports eingegebenen fallenden Flanken sind zu zählen und auszugeben:
- am C-Port als Dualzahl von 1 bis 127 und
- am E-Port als zweistellige BCD-Zahl von 0 bis 99.
Überläufe der Zähler können unberücksichtigt bleiben.

5. Aufgabe:
Auf dem F-Port und E-Port laufe ein zeitverzögerter BCD-Zähler von 0000 bis 9999, der Überlauf bleibe unberücksichtigt. Die Verzögerungszeit kann mit einer Warteschleife so eingestellt werden, daß der Zähler etwa jede Sekunde um 1 erhöht wird.

6. Aufgabe:
Im Variablenbereich ab $40000 ist eine Tabelle aufzubauen, die alle BCD-Codierungen von der Dezimalzahlen von 0 bis 99 enthält.

In einer Schleife sind vom E-Port Dualzahlen von 0 bis 99_{10} zu lesen, mit direktem Tabellenzugriff in den BCD-Code umzusetzen und auf dem F-Port zweistellig dezimal auszugeben. Ist die Eingabe größer als 99, so erscheine eine Fehlermarke.

3.8 Systemprogrammierung

Die bisherigen Beispiele und Übungsaufgaben liefen unter der Kontrolle des Monitors, eines kleinen Betriebssystems. In der Anwendung des Controllers z.B. als Steuerungsrechner einer Kaffeemaschine, arbeitet das Programm ohne diese Systemhilfen. Die in diesem Abschnitt behandelten Befehle laufen größtenteils nur im Systemstatus **S = 1** und verursachen im Benutzerstatus S = 0 eine Fehler-Ausnahme Vektor #8 (Privilegverletzung). Das Statusregister **SR** enthält im unteren Byte das Bedingungsregister CCR.

T1	T0	S	0	0	I2	I1	I0	0	0	0	X	N	Z	V	C

Die beiden **T-Bits** (Trace = verfolgen) dienen der Programmverfolgung im Einzelschritt. Die lösen eine Ausnahme Vektor #9 (Trace) aus.

T1 T0
- 0   0: kein Einzelschrittbetrieb.
- 0   1: Ausnahme bei einem Verzweigungsbefehl (z.B. Bcc, JMP).
- 1   0: Ausnahme bei jedem Befehl.
- 1   1: reserviert

Das **S-Bit** (Status = Zustand) unterscheidet zwischen dem Systemstatus (S = 1) und dem Benutzerstatus (S = 0). Im Benutzerstatus führen die privilegierten Befehle auf eine Fehlerausnahme; die Systemregister SSP, VBR, SFC und DFC sowie eine Reihe von Systemsteuerregistern bzw. Steuerbits sind für den Benutzer gesperrt. Bisher liefen alle Beispiele im Systemstatus.

Die I-Bits (Interrupt Priority Mask = Interrupt-Prioritäts-Masken) legen die Ebene fest, die einen Interrupt auslösen kann.

I2 I1 I0
- 0   0   0: alle Interruptebenen zugelassen.
- 1   1   1: nur flankengesteuerte Interrupts (NMI) zugelassen.

Nach einem Reset sind die Einzelschrittverfolgung gesperrt (T1 = T0 = 0), der Systemstatus eingeschaltet (S = 1) und die Interrupts gesperrt (I2 = I1 = I0 = 1). Die folgenden Befehle verändern das Statusregister:

Befehl	Operand	X	N	Z	V	C	Wirkung
ANDI	#kon,SR	x	x	x	x	x	SR = SR UND #kon lösche Bitpositionen
EORI	#kon,SR	x	x	x	x	x	SR = SR EODER #kon komplementiere Bitpos.
ORI	#kon,SR	x	x	x	x	x	SR = SR ODER #kon setze Bitpositionen
MOVE	Quelle,SR	x	x	x	x	x	SR = Quelle lade Statusregister mit Quellwort
MOVE	SR,Ziel						Ziel = SR speichere Statusregister nach Zielwort

Die auf das Statusregister SR wirkenden logischen Befehle verändern auch das Bedingungsregister CCR. Als Quelle zum Laden des Statusregisters mit einem Wort sind folgende Adressierungsarten zugelassen:

#kon	abs	Dn		(An)	(An)+	-(An)	w(An)	b(An,Xi)	(d,An,Xi)	w(PC)	b(PC,Xi)	(d,PC,Xi)

Adressierungsarten des Zieloperanden zum Speichern des Statusregisters:

	abs	Dn		(An)	(An)+	-(An)	w(An)	b(An,Xi)	(d,An,Xi)			

Neben den allgemein verfügbaren Registern **Rn** (acht Datenregister **Dn**, acht Adreßregister **An**), dem Statusregister SR und dem Bedingungsregister CCR als unteres Byte von SR gibt in der CPU eine Reihe von Steuerregistern **Rc**, die nicht direkt, sondern nur über *Sonderbefehle* erreichbar sind. Dazu gehören:
- der Benutzerstapelzeiger **USP** (User Stack Pointer) gleich A7 für S = 0,
- das Vektorbasisregister **VBR** (Vector Base Register) für die Vektortabelle,
- das Quellcoderegister **SFC** (Source Function Code) und
- das Zielcoderegister **DFC** (Destination Function Code).

Befehl	Operand	X	N	Z	V	C	Wirkung
MOVE	An,USP						USP =An lade USP mit Adreßregister An
MOVE	USP,An						An = USP speichere USP nach Adreßreg. An
MOVEC	Rn,Rc						Rc = Rn lade Steuerregister Rc mit Register Rn
MOVEC	Rc,Rn						Rn = Rc speichere Steuerregister Rc nach Rn
MOVES	Quelle,Rn						Rn = Quelle [adressiert mit SFC] (Rn = An, Dn)
MOVES	Rn,Ziel						Ziel [adressiert mit DFC] = Rn (Rn = An, Dn)

Bei jedem Speicherzugriff bestimmen die Signale FC0, FC1 und FC2 (Abschnitt 2.3) den zu adressierenden Bereich (System oder Benutzer bzw. Daten oder Code bzw. CPU). Der Befehl **MOVES** verwendet für die Signale FC0, FC1 und FC2 zur Auswahl des Ziels das Zielcoderegister DFC bzw. zur Auswahl der Quelle das Quellcoderegister SFC. Diese Register sind vorher mit dem Befehl **MOVEC** mit dem entsprechenden 3 bit Code zu laden.

FC2 FC1 FC0

0	0	1	: Benutzer Datenbereich
0	1	0	: Benutzer Codebereich
1	0	1	: System Datenbereich
1	1	0	: System Codebereich
1	1	1	: CPU-Bereich (z.B. Interrupt)

Adressierungsarten für das Ziel bzw. die Quelle:

	abs			(An)	(An)+	-(An)	w(An)	b(An,Xi)	(d,An,Xi)			

Die folgenden Befehle bringen den Controller in besondere Betriebszustände, die in der Test- und Übungsphase normalerweise nicht verwendet werden, sondern der Systemprogrammierung vorbehalten bleiben:

Befehl	Operand	X	N	Z	V	C	Wirkung
STOP	#kon	x	x	x	x	x	SR = #kon und gehe in einen Wartezustand
LPSTOP	#kon	x	x	x	x	x	SR = #kon und gehe in Stromsparbetrieb
RESET							lege RESET-Ausgang für 512 Takte auf Low
NOP							beende Buszugriffe und leere Warteschlange
BKPT	#kon						setze Haltepunkt für Programmverfolgung
BGND							gehe in Background Debug Mode (wenn aktiv)
ILLEGAL							löse Codefehler-Ausnahme Vektor #4 aus

Bei der Programmierung von Anwendungen, die ohne Unterstützung durch einen vorgefertigten Monitor oder ein Betriebssystem arbeiten, sollte folgendes beachtet werden:

Die *Vektortabelle* liegt nach einem Systemreset im unteren Adreßbereich ab $0. Sie enthält im untersten Langwort ab Adresse $0 den Anfangswert für den Systemstapelzeiger SSP und im folgenden Langwort ab Adresse $4 die Startadresse des Programms. Alle weiteren Langwörter enthalten die Startadressen von Ausnahmeprogrammen (Vektoren) und sollten mit Systemadressen belegt werden. Die Tabelle läßt sich durch Änderung des Vektorbasisregisters VBR z.B. in einen Schreib-Lese-Speicher verlegen.

Nach dem Start ist die Betriebsart des Controllers in den Steuerregistern zu programmieren. Dazu gehören die Taktversorgung, die Systemtimer (Watchdog!), die Auswahlsignale der Bausteine und die Richtung der Ports.

Lageunabhängige Programme, die auf beliebige Adressen geladen bzw. verschoben werden können, verwenden für die Verzweigungsbefehle die relative Adressierung und für konstante Daten die befehlszähler-relative Datenadressierung. Unterprogramme und Sprungziele zu festen Adressen erreicht man mit direkter Adressierung (JMP bzw. JSR) oder über die TRAP-Befehle.

Wiedereintrittsfeste (reentrant) und rekursiv aufrufbare Ausnahmeprogramme bzw. Unterprogramme müssen alle benutzten Register auf den Stapel retten und dürfen für Variablen keine festen Adressen verwenden, sondern müssen sie auf dem Stapel als lokale Variablen anlegen. Dann können sie jederzeit unterbrochen und in der Ausnahmeverarbeitung erneut aufgerufen werden, ohne daß Daten überschrieben oder verloren gehen.

Testhilfen unterstützen die Entwicklung der Hardware (Schaltung) und der Software (Programme). Dazu gibt es folgende Einrichtungen:

Liegt bereits eine fertige Schaltung vor, so bedient man sich eines EPROM-residenten *Monitorprogramms*, das den Entwickler bei der Programmerstellung unterstützt. Dieses Buch arbeitet mit dieser Testhilfe:
- Editieren und Assemblieren mit Cross-Software auf einem PC,
- Herunterladen des Codes in das Zielsystem über die serielle Schnittstelle,
- Programm starten, Haltepunkte setzen bzw. Einzelschrittverfolgung,
- Speicher und Register anzeigen und ändern sowie
- Eingabe und Ausgabe von Testdaten mit Unterprogrammen des Monitors.

Bei der Entwicklung der Hardware bedient man sich üblicherweise eines In-Circuit *Emulators*, der anstelle des Prozessors (hier Controllers) an die Schaltung angeschlossen wird und diesen simuliert.

Für die Entwicklung von Hardware *und* Software stellt der Controller 68332 den **Background Debug Mode** BDM zur Verfügung. Dies ist ein im Hintergrund arbeitender Monitor, der bereits im Mikrocode des Prozessormoduls CPU32 enthalten ist. Der Controller stellt dafür folgende Anschlüsse zur Verfügung:
- BKPT/DSCLK als Steuer- bzw. Takteingang,
- FREEZE als Statusausgang,
- DSI als Eingang für serielle Steuerdaten und
- DSO als Ausgang für serielle Ausgabedaten.

Die Anschlüsse des Controllers können über eine Interfaceschaltung an die parallele Druckerschnittstelle des PC angeschlossen werden. Dann übernimmt der CPU-residente Monitor zusammen mit einer entsprechenden Cross-Software etwa die gleichen Funktionen, die der EPROM-residente Monitor ausführt:
- Anzeigen und Ändern von Registern und Speicherinhalten sowie
- herunterladen, starten und testen von Programmen.

Liegt beim Reset der Eingang BKPT auf Low, so geht der Controller in den BDM-Betrieb und zeigt dies durch das FREEZE Signal an. Entsprechend dem QSPI-Betrieb (Abschnitt 4.5) werden zwischen der Cross-Software des PC und dem Debug-Monitor der CPU über die Leitungen DSI (PC nach Controller), DSO (Controller nach PC) Daten und Steuerinformationen übertragen; die Leitung DSCLK (BKPT) liefert den Übertragungstakt. Weitere Informationen finden sich im Systemhandbuch des Herstellers.

4. Anwendungsbeispiele

4.1 Die Systemtimer

Bild 4-1 zeigt den Periodic Interrupt Timer, der zusammen mit dem Watchdog Timer (Wachhund) im SIM Modul angeordnet ist.

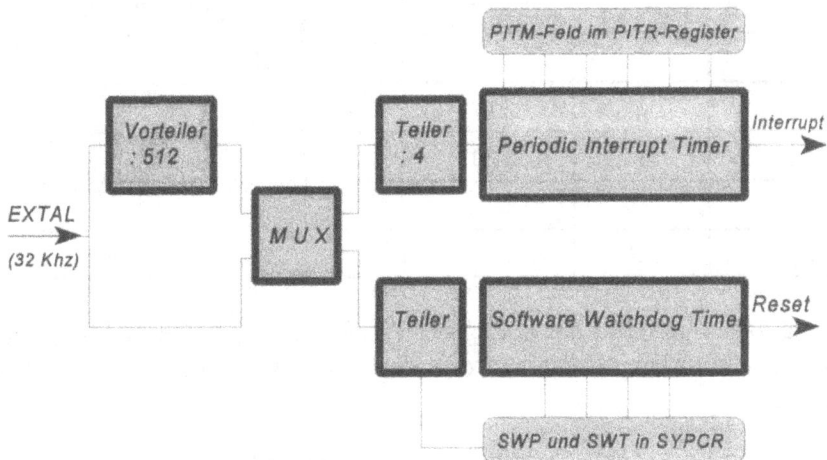

Bild 4-1: Die Systemtimer (Wachhund und periodischer Interrupt)

Der **Periodic Interrupt Timer** ist ein Zähler, der periodisch einen Interrupt auslösen kann. Die Zeit T_{Uhr} läßt sich im Steuerregister PITR programmieren aus dem *Vorteiler* PTP und dem *Teiler* PITM sowie dem Referenztakt F_{Ref} (Quarz):

$$T_{Uhr} = \frac{4 * Vorteiler * Teiler}{F_{Ref}}$$

Das Periodic Interrupt Timer Register **PITR** auf der Wortadresse $FF FA24 legt die Teiler für Auslösezeit des Timers fest.

Bit 15	Bit 14	Bit 13	Bit 12	Bit 11	Bit 10	Bit 9	Bit 8
0	0	0	0	0	0	0	PTP
Reset:0	0	0	0	0	0	0	MODCLK

Bit 7	Bit 6	Bit 5	Bit 4	Bit 3	Bit 2	Bit 1	Bit 0
PITM	PITM	PITM	PITM	PITM	PITM	PITM	PITM
Reset:0	0	0	0	0	0	0	0

PTP = 0: kein Vorteiler, Vorteilerfaktor = 1 (MODCLK = High)
PTP = 1: Vorteilerfaktor = 512

PITM = 8 bit Teilerfaktor
PITM = $00: Teilerfaktor = 0; Timer abgeschaltet (*Vorgabe*)

Beispiele zur Einstellung der Auslösezeit:

PTP-Feld	Vorteiler	PITM-Feld	Teiler	T_{uhr} (32,768 kHz)
0	1	$01	1	122,1 us
0	1	$FF	255	31,13 ms
1	512	$01	1	62,5 ms
1	512	$10	16	1 sek
1	512	$FF	255	15,9375 sek

Das Periodic Interrupt Control Register **PICR** auf der Wortadresse $FF FA22 bestimmt die Interruptebene und den Vektor des zu startenden Interruptprogramms.

Bit 15	Bit 14	Bit 13	Bit 12	Bit 11	Bit 10	Bit 9	Bit 8
0	0	0	0	0	PIRQL	PIRQL	PIRQL

Reset:0   0   0   0   0   0   0   0

Bit 7	Bit 6	Bit 5	Bit 4	Bit 3	Bit 2	Bit 1	Bit 0
PIV	PIV	PIV	PIV	PIV	PIV	PIV	PIV

Reset:0   0   0   0   1   1   1   1

PIRQL = Interruptebene des Periodic Interrupt Timers
PIRQL = 0 0 0: Timer löst keinen Interrupt aus
PIRQL = 0 0 1 bis 1 1 1: Interruptebene 1 bis 7

PIV = Interruptvektor des Periodic Interrupt Timers
PIV = $0F: Voreinstellung führt auf "Nicht Initialisierten Interrupt"

Beispiel: Timerzeit 1 sek, Interruptebene 7, Interruptvektor-Nr. 65

```
MOVE.W   #$0110,PITR   ; PTP = 1 (512) PITM = $10 = 16
MOVE.W   #7,PICR       ; Interruptebene 7
MOVE.W   #65,PICR+1    ; Interrupt Vektor Nr. 65
```

Der *Watchdog Timer* (Wachhund) ist ein Zähler, der innerhalb einer programmierbaren Zeit T_{Aus} durch einen Befehl (Software) neu gestartet werden muß. Geschieht dies nicht, so löst der Überlauf einen Reset, den Watchdog Reset aus. Die Auslösezeit berechnet sich aus dem Teiler der Felder SWP und SWT des Systemschutzregisters **SYPCR** und dem Referenztakt F_{Ref} (Quarz):

$$T_{Aus} = \frac{Teiler}{F_{Ref}}$$

Das High-Byte des Systemschutzregisters SYPCR wird nicht verwendet.

Bit 7	Bit 6	Bit 5	Bit 4	Bit 3	Bit 2	Bit 1	Bit 0
SWE	SWP	SWT	SWT	HME	BME	BMT	BMT
Reset:1	MODCLK	0	0	0	0	0	0

Die Bitpositionen des Watchdog Timers haben folgende Bedeutung:
SWE = 0: Watchdog Timer gesperrt
SWE = 1: Watchdog Timer freigegeben (*Vorgabewert!*)

PTP = 0: kein Vorteiler, Vorteilerfaktor = 1 (MODCLK = High)
PTP = 1: Vorteilerfaktor = 512

SWT = Software Watchdog Teiler (siehe Tabelle)

Teilerfaktoren des Watchdog Timers in der Formel T_{Aus} =:

SWP-Feld	SWT-Feld		Teiler	T_{aus} (32,768 kHz)
0	0	0	$2^9 = 512$	15,625 ms
0	0	1	$2^{11} = 2048$	62,5 ms
0	1	0	$2^{13} = 8192$	250 ms
0	1	1	$2^{15} = 32768$	1 sek
1	0	0	$2^{18} = 262144$	8 sek
1	0	1	$2^{20} = 1048576$	32 sek
1	1	0	$2^{22} = 4194304$	128 sek
1	1	1	$2^{24} = 16777216$	512 sek

Die anderen Bitpositionen steuern die internen Überwachungseinheiten:
HME: interner Haltmonitor (0 = gesperrt)
BME: interner Busmonitor (0 = gesperrt)
BMT: Wartezeit des internen Busmonitors

Das folgende Beispiel programmiert den Watchdog Timer auf eine Auslösezeit von 8 sek bei einem Referenztakt von 32,768 kHz.

```
MOVE.B  #$C0,SYPCR ; SWE = 1  SWP = 1   SWT = 00
```

Das Software Service Register **SWSR** auf der Wortadresse $FF FA26 muß bei eingeschaltetem Watchdog Timer vor Ablauf der Auslösezeit T_{Aus} beschrieben werden. Dazu genügt das Low-Byte; das High-Byte wird nicht verwendet.

Low-Byte: erst Bitmuster $55 und dann $AA einschreiben.

Der folgende Abschnitt enthält ein Programmbeispiel zu den Systemtimern zusammen mit dem Empfängerinterrupt.

4.2 Der Empfängerinterrupt

Die *asynchrone serielle Schnittstelle* (Abschnitt 2.7) des QSM Moduls kann durch Programmierung des Steuerregisters **SCCR1** folgende Interrupts auslösen:
- TIE = 1: Interrupt bei "Sendedatenregister leer" freigegeben
- TCIE = 1: Interrupt bei "Zeichen gesendet" freigegeben
- RIE = 1: Interrupt bei "Empfangsdatenregister voll" freigegeben
- ILIE = 1: Interrupt bei "Empfänger erkennt Ruhe (idle line)" freigegeben

Das QSM Configuration Register **QSMCR** auf der Wortadresse $FF FC00 bestimmt im Feld IARB die Interruptpriorität innerhalb der Module.

Bit 15	Bit 14	Bit 13	Bit 12	Bit 11	Bit 10	Bit 9	Bit 8
STOP	FRZ1	FRZ0	0	0	0	0	0
Reset:0	0	0	0	0	0	0	0

Bit 7	Bit 6	Bit 5	Bit 4	Bit 3	Bit 2	Bit 1	Bit 0
SUPV	0	0	0	IARB	IARB	IARB	IARB
Reset:1	0	0	0	0	0	0	0

STOP = 0: normaler Takt eingeschaltet
FRZ1 = FRZ0 = 0: Signal FREEZE nicht wirksam
SUPV = 0: Zugriff auch im Benutzerstatus
IARB = xxxx: Interruptpriorität des QSM Moduls von 0001 bis 1111

Das QSM Interrupt Level Register **QILR** auf der Byteadresse $FF FC04 sowie das QSM Interrupt Vector Register **QIVR** auf der Byteadresse $FF FC05 legen die Interruptebenen und die Interruptvektoren sowohl der seriellen Busschnittstelle (QSPI) als auch der asynchronen seriellen Schnittstelle (SCI) fest. Die beiden Byteregister lassen sich auch als Wort adressieren.

Byteregister **QILR**:

Bit 15	Bit 14	Bit 13	Bit 12	Bit 11	Bit 10	Bit 9	Bit 8
0	0	ILQSPI	ILQSPI	ILQSPI	ILSCI	ILSCI	ILSCI
Reset:0	0	0	0	0	0	0	0

Byteregister **QIVR**:

Bit 7	Bit 6	Bit 5	Bit 4	Bit 3	Bit 2	Bit 1	Bit 0
INTV	INTV	INTV	INTV	INTV	INTV	INTV	INTV=x
Reset:0	0	0	0	1	1	1	1

`ILQSPI` = Interruptebene der seriellen Busschnittstelle QSPI

`ILQSPI` = 0 0 0 : Interrupt gesperrt

`ILQSPI` = 0 0 1 bis 1 1 1: Interruptebene 1 bis 7

`ILSCI` = Interruptebene der asynchronen seriellen Schnittstelle SCI

`ILSCI` = 0 0 0 : Interrupt gesperrt

`ILSCI` = 0 0 1 bis 1 1 1: Interruptebene 1 bis 7

`INTV` = Interruptvektoren für die beiden seriellen Untermodule

`INTV` = $0F: Voreinstellung führt auf "Nicht Initialisierten Interrupt"

Die beiden Untermodule QSPI und SCI benutzen das gleiche Vektorfeld `INTV`. Die letzte Bitposition Bit 0 wird bei der Programmierung des Vektorfeldes nicht verwendet. Bei einem Interrupt durch SCI wird eine 0 genommen, bei einem Interrupt durch QSPI eine 1. Das bedeutet, daß die Interruptstartadressen in der Tabelle immer hintereinander angeordnet sind; für SCI auf dem unteren Langwort und für QSPI auf dem folgenden Langwort.

Das folgende Beispiel gibt dem QSM Modul die Modulpriorität 1110 und der asynchronen seriellen Schnittstelle die Interruptebene 6. Die Startadresse des Interruptprogramms liegt durch den Vektor 64 auf Adreßplatz 64*4 = 256 = $100 der Vektortabelle. Bei der Programmierung der Übertragungsparameter werden der Empfängerinterrupt, der Empfänger und der Sender freigegeben.

```
MOVE.W   #$000E,QSMCR   ; Modulpriorität 1110
MOVE.B   #06,QILR       ; SCI Interruptebene 6
MOVE.B   #64,QIVR       ; Interruptvektor Nr. 64
MOVE.W   #$002c,SCCR1   ; Empfängerinterrupt frei
```

Die asynchrone serielle Schnittstelle kann beim Auftreten von vier verschiedenen Ereignissen einen Interrupt auslösen. Das Interruptprogramm muß durch Abfragen der Statusbits im Statusregister SCSR das auslösende Ereignis ermitteln und dadurch die Bedingung zurücksetzen. Das folgende Beispiel prüft im Interruptprogramm das Empfängerstatusbit und holt das Zeichen ab.

```
empfi   BTST    #6,SCSR+1  ; Empfängermarke testen
        BEQ     empfi1     ; kein Zeichen da
        MOVE.B  SCDR+1,D0  ; Zeichen abholen
```

Das in *Bild 4-2* dargestellte Programmbeispiel zeigt einen dualen Sekundenzähler auf dem E-Port. Der Systemtimerinterrupt erhöht den Zähler jede Sekunde und setzt den Watchdogtimer zurück. Bei einem Empfängerinterrupt wird das ankommende Zeichen im Echo zurückgeschickt und zur Kontrolle auf dem C-Port ausgegeben.

```
* k4b2.asm Bild 4-2: Systemtimer und Empfänger Interrupt
stapel  equ     $100800         ; Stapel im oberen TPURAM
        org     $100000         ; TEST Vektortabelle
        dc.l    stapel          ; Vektor A7 = Stapelzeiger
        dc.l    start           ; Vektor PC = Startadresse
        dcb.l   62,ausna        ; für alle Ausnahmen: Meldung
* Benutzerinterrupts ab $100 besetzen
        dc.l    empfi           ; #64 Empfängerinterrupt
        dc.l    uhr             ; #65 Periodic Interrupt Timer
        dcb.l   62,ausna        ; für alle Ausnahmen: Meldung
* Die anderen Benutzerinterrupts sind nicht besetzt
start   move.b  #$ff,DDRE       ; PE0 bis PE7 als Ausgänge
* Nur für Test VBR verlegen
        movea.l #$100000,A0     ; Vektortabelle im TPURAM
        movec   A0,VBR          ; nach Vektorbasisregister VBR
* Interrupt Uhrentimer 1 sek und Wachhund 8 sek
        move.b  #$C0,SYPCR      ; %11000000 SWE=1 Taus = 8 sek
        move.w  #$0110,PITR     ; %0000000100010000 T = 1 sek
        move.b  #7,PICR         ; Interrupt Ebene 7
        move.b  #65,PICR+1      ; Interrupt #65
        clr.b   PORTE0          ; Zähler löschen
* Interrupt Empfänger Baudrate Parameter serielle Schnittst.
        move.w  #55,SCCR0       ; Baudrate 9600 bps
        move.w  #$002c,SCCR1    ; Empf.-Interrupt Sender Empf.
        move.w  #$000E,QSMCR    ; IARB-Priorität 14
        move.b  #6,QILR         ; SCI Ebene 6
        move.b  #64,QIVR        ; Interrupt #64
* Zeichen > als Prompt auf dem Terminal ausgeben
        move.b  #'>',d0         ; Zeichen laden
        bsr     sende           ; Unterprogramm Zeichenausgabe
* alle Interrupts freigeben und dann schlafen legen
        andi.w  #$F8FF,SR       ; Maske %1111 1000 1111 1111
loop    bra     loop            ; schlafen: Interrupts wachen
* Unterprogramm zum Senden eines Zeichens aus D0.B
sende   btst    #0,SCSR         ; Sender frei ?
        beq     sende           ; nein: warten
        move.b  d0,SCDR+1       ; ja: zum Sender
        rts                     ; Rücksprung
* Einsprung für Uhrentimer-Interrupt
uhr     move.b  #$55,SWSR       ; Wachhund beruhigen
        move.b  #$aa,SWSR       ; und gut füttern
        addq.b  #1,PORTE0       ; Sekunde zählen
        rte                     ; Rückkehr
* Einsprung für Empfängerinterrupt
empfi   btst    #6,SCSR+1       ; Marke prüfen
        beq     empfi1          ; war es nicht
        move.b  SCDR+1,d0       ; Zeichen lesen
        move.b  d0,PORTC        ; nach C-Port und
        bsr     sende           ; im Echo senden
empfi1  rte                     ; Rückkehr
```

```
* Einsprung für alle sonstigen Ausnahmen
ausna  move.b  #7,d0            ; Hupe
       bsr     sende            ; senden
       rte                      ; Rückkehr (hoffentlich!!!)
       end     start            ; Startadresse
```

Bild 4-2: Testprogramm für Uhrentimer und Empfängerinterrupt

4.3 Synchrone Peripherie (Parallelschnittstelle 6821)

Für den 8 bit Prozessor 6800 und seinen Nachfolger 6809 gibt es eine Reihe von Peripheriebausteinen, die auch für den 32 bit Prozessor 68000 und die Controller der 68300 Familie verwendet werden können. Als Beispiel für den Betrieb synchroner Peripheriebausteine dient hier die Parallelschnittstelle 6821. Dieser Abschnitt enthält einfache Beispiele für die Datenübertragung und Interrupt-steuerung, für weitergehende Anwendungen sollten die Unterlagen des Herstellers herangezogen werden. *Bild 4-3* zeigt das Programmiermodell, die Schaltung der Ausgangstreiber und die zum Controller führenden Busanschlüsse.

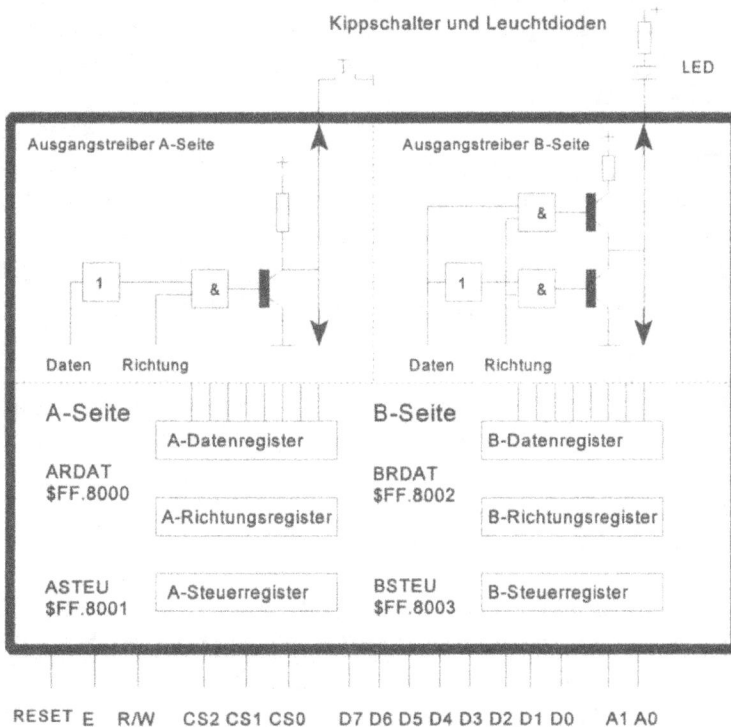

Bild 4-3: Programmiermodell der Parallelschnittstelle 6821

Der Baustein wird auch als PIA (Peripheral Interface Adapter) bezeichnet. Jede der beiden Seiten (A-Port bzw. B-Port) enthält drei 8 bit Register, ein Datenregister, ein Richtungsregister und ein Steuerregister, mit dem verschiedene Betriebsarten programmiert werden können. Die Ausgänge des A-Ports werden durch interne Widerstände auf High Potential gelegt, der B-Port besitzt Tristate-Ausgänge. Jede der acht Portleitungen jeder Seite kann wahlweise als Eingang oder als Ausgang programmiert werden. Nach einem Reset sind alle Register gelöscht (binäre Nullen); die Leitungen sind dadurch als Eingänge geschaltet. Die in Bild 4-3 dargestellte Beschaltung des A-Ports mit Kippschaltern und des B-Ports mit Leuchtdioden wird in den Testprogrammen Bild 4-4 und 4-6 zur Eingabe und Ausgabe von Daten verwendet.

Für jedes Bit des Datenregisters gibt es ein entsprechendes Bit im Richtungsregister. Eine 0 im Richtungsbit programmiert den Anschluß als Eingang, beim Lesen des Datenregisters wird das Potential der Leitung übernommen. Eine 1 im Richtungsbit programmiert den Anschluß zur Datenausgabe; die in das Datenregister geschriebenen Daten werden gespeichert und erscheinen als Low bzw. High am Ausgang. Beim Lesen des A-Ports wird immer der Leitungszustand unabhängig von der Richtung und vom Inhalt des A-Datenregisters gelesen. Beim Lesen des auf Eingang programmierten B-Ports wird das Leitungspotential übernommen, beim Lesen des auf Ausgang programmierten B-Ports erscheint der Inhalt des B-Datenregisters.

Daten- und Richtungsregister jeder Seite liegen auf der gleichen Adresse und werden durch die Bitposition CR2 des Steuerregisters unterschieden. Eine 0 (Vorgabe nach Reset) adressiert das Richtungsregister, eine 1 das entsprechende Datenregister. Die übrigen Bitpositionen des Steuerregisters kontrollieren die in Bild 4-5 dargestellten Steuerleitungen CA1 und CA2 bzw. CB1 und CB2.

Bit 7	Bit 6	Bit 5	Bit 4	Bit 3	Bit 2	Bit 1	Bit 0
CR7	CR6	CR5	CR4	CR3	CR2	CR1	CR0

Reset: 0   0   0   0   0   0   0   0

CR7: Interruptanzeige für CA1 bzw. CB2
CR6: Interruptanzeige für CA2 bzw. CB2

CR5: Richtungs- und Steuerbit für CA2 bzw. CB2
CR5 = 0 und CR4 = 0: fallende Flanke an CA2 bzw. CB2
CR5 = 0 und CR4 = 1: steigende Flanke an CA2 bzw. CB2
CR5 = 0 und CR3 = 0: CA2 bzw. CB2 Interrupt gesperrt
CR5 = 0 und CR3 = 1: CA2 bzw. CB2 Interrupt freigegeben

CR2 = 0: Richtungsregister adressiert
CR2 = 1: Datenregister adressiert

CR1 = 0: fallende Flanke an CA1 bzw. CB1
CR1 = 1: steigende Flanke an CA1 bzw. CB1

CR0 = 0: CA1 bzw. CB1 Interrupt gesperrt
CR0 = 1: CA1 bzw. CB1 Interrupt freigegeben

Für CR5 = 1 dienen CA2 bzw. CB2 als Ausgänge, CR4 und CR3 legen drei verschiedene Funktionen fest. Die A-Seite verhält sich anders als die B-Seite. Für diese Betriebsarten sollen die Unterlagen des Herstellers herangezogen werden.

Der Eingang **RESET** der Parallelschnittstelle 6821 setzt im Zustand Low alle Register der Schnittstelle auf 0 zurück. Er wird mit dem Anschluß RESET des Controllers verbunden. Die Schnittstelle kann mit dem Befehl RESET zurückgesetzt werden, der den Controllerausgang RESET 512 Takte auf Low legt.

Der Eingang **E** (Enable = Freigabe) ist das Taktsignal für die Bussteuerung und Datenübertragung. Die Ausführung 6821 ist für einen Takt von 1 MHz, die Ausführung 68A21 für 1,5 MHz und die Ausführung 68B21 für 2 MHz vorgesehen. Der Eingang E wird mit dem Ausgang ECLK (A23 bzw. CS10) des Controllers verbunden. Dazu ist der Anschluß im Feld CS10 des Chip Select Pin Assignment Registers Nr. 1 CSPAR1 mit 0 0 als ECLK-Ausgang zu programmieren. Die Ausgangsfrequenz wird im Feld EDIV des Clock Synthesizer Control Registers SYNCR als Teiler durch 8 oder durch 16 eingestellt.

Der Eingang **R/W** (Read/Write) steuert die Richtung der Datenübertragung zwischen Schnittstelle und Controller und wird mit dem entsprechenden Controllerausgang R/W verbunden.

Die Freigabeeingänge **CS0** und **CS1** (aktiv High) und **CS2** (aktiv Low) sind durch ein logisches UND verknüpft. Legt man CS0 und CS1 fest auf High und verbindet man CS2 mit einem Auswahlsignal CSxx des Controllers, so ist bei der Programmierung des entsprechenden Chip Select Option Registers CSORxx das Feld MODE für synchrone Übertragung zu programmieren.

Die Datenbusanschlüsse **D0** bis **D7** werden üblicherweise mit den Datenbusleitungen D8 bis D15 des Controllers verbunden und legen den Baustein an den oberen Datenbus.

Die Adreßbusanschlüsse **A0** und **A1** wählen zusammen mit Bitposition CR2 des Steuerregisters die sechs Register der Schnittstelle aus. In dem Beispiel Bild 4-3 liegen die Register jeder Seite auf aufeinanderfolgenden Byteadressen. Vertauscht man die Adreßbusleitungen, so liegen die beiden Daten- bzw. Richtungsregister und die beiden Steuerregister hintereinander.

```
* k4b4.ASM    6821 Parallelschnittstelle A-Port -> B-Port
ARDAT    equ     $ff8000         ; A-Seite Richtung/Daten
ASTEU    equ     $ff8001         ; A-Seite Steuerregister
BRDAT    equ     $ff8002         ; B-Seite Richtung/Daten
BSTEU    equ     $ff8003         ; B-Seite Richtung/Daten
         org     $100000         ; Lade- und Startadresse
start    bset    #7,PFPAR        ; NMI STOP-Taste frei
         bclr    #2,ASTEU        ; A-Richtungsregister
         move.b  #$00,ARDAT      ; A-Port ist Eingang
         bset    #2,ASTEU        ; A-Datenregister
         bclr    #2,BSTEU        ; B-Richtungsregister
         move.b  #$ff,BRDAT      ; B-Port ist Ausgang
         bset    #2,BSTEU        ; B-Datenregister
loop     move.b  ARDAT,d0        ; A-Port Schalter lesen
         move.b  d0,BRDAT        ; nach B-Port LED ausgeben
         bra     loop            ; Schleife
         end     start
```

Bild 4-4: Fortlaufende Datenübertragung A-Seite nach B-Seite

Das in *Bild 4-4* dargestellte Programmbeispiel programmiert den A-Port als Eingang und den B-Port als Ausgang. Der mit internen Pull Up Widerständen ausgerüstete A-Port kann mit acht Kippschaltern wahlweise auf High gehalten oder auf Low gelegt werden. In einer Schleife werden die Potentiale der A-Seite fortlaufend gelesen und auf acht Leuchtdioden der B-Seite ausgegeben. Anstelle der beiden einzelnen Bytebefehle hätte auch ein einziger Befehl genügt.

```
loop    MOVE.B  ARDAT,BRDAT ; Speicher-Speicher-Operation
        BRA     loop        ; Schleife
```

Sollen die Eingabedaten nicht fortlaufend, sondern nur zu einem bestimmten Zeitpunkt gelesen werden, so ist ein zusätzliches Steuersignal erforderlich, das mit einer Flanke den Übernahmezeitpunkt bestimmt. Für diese Aufgabe sind die Steuerleitungen CA1 und CA2 bzw. CB1 und CB2 der Parallelschnittstelle vorgesehen. *Bild 4-5* zeigt den Anschluß eines entprellten Tasters an den Steuereingang CA1. Die Bitposition CR1 programmiert die Flanke, mit der das Anzeigebit CR7 gesetzt wird. Es wird durch Lesen des Datenregisters, also durch Übernahme der Daten, wieder zurückgesetzt. Das von der Signalflanke gesetzte Anzeigebit kann entweder in einer Schleife kontrolliert werden oder einen Interrupt auslösen. Der Zustand des Anzeigebits wird durch eine 1 im Steuerbit CR0 auf den Ausgang IRQA weitergeleitet. Die Anzeigen für CA1 und CA2 führen auf den Ausgang IRQA; CB1 und CB2 auf den Ausgang IRQB. Die beiden Ausgänge IRQA und IRQB können parallel geschaltet werden (O.D. = Open Drain) und erfordern einen Pull Up Widerstand gegen High. Sie können über einen der Interrupteingänge IRQ1 (PF1) bis IRQ7 (PF7) zur Auslösung eines Eigenvektor Interrupts dienen. In Bild 4-5 ist CA1 über IRQA mit dem Eingang IRQ1 (Eigenvektor Ebene #1) verbunden.

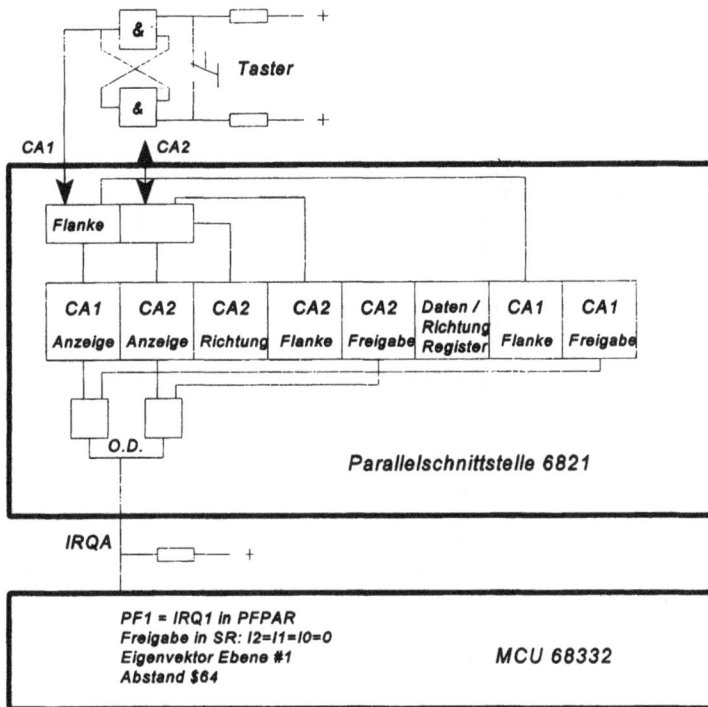

Bild 4-5: Die Interruptsteuereingänge der A-Seite

Das in *Bild 4-6* dargestellte Programmbeispiel überträgt die an den Kippschaltern des A-Ports eingestellten Daten nur bei einer steigenden Flanke am Steuereingang CA1 auf die Leuchtdioden des B-Ports. Das Hauptprogramm programmiert den A-Port als Eingang, den B-Port als Ausgang sowie die Flanke und die Interruptweitergabe von CA1. Durch Verlegen des Vektorbasisregisters auf den Anfang des Benutzer-RAMs und Kopieren der Vektortabelle sind alle Ausnahmen auch für den Monitor verfügbar. Dann wird der Eigenvektor Interrupt #1 vorbereitet und freigegeben. Die Einsprungadresse für die Interruptauslösung, die Adresse des Interruptprogramms `ca1int`, wird in die Vektortabelle eingetragen. Dann wartet des Hauptprogramm in einer Schleife auf einen Interrupt.

Eine durch den Taster ausgelöste steigende Flanke am Eingang CA1 setzt das Anzeigeflipflop CR7 im Steuerregister der A-Seite und bringt den Ausgang IRQA auf Low. Dadurch wird über den Interrupteingang PF1 ein Eigenvektor Interrupt der Ebene #1 ausgelöst, der das Interruptprogramm `ca1int` startet. Durch Lesen des Datenregisters ARDAT wird das Anzeigeflipflop CR7 gelöscht, IRQA und damit PF1 wieder auf High gelegt. Mit dem Befehl RTE wird das unterbrochene Hauptprogramm fortgesetzt.

```
* k4b6.ASM   PIA 6821 CA1-Interrupt: A-Port -> B-Port
ARDAT    equ    $ff8000        ; A-Seite Richtung/Daten
ASTEU    equ    $ff8001        ; A-Seite Steuerregister
BRDAT    equ    $ff8002        ; B-Seite Richtung/Daten
BSTEU    equ    $ff8003        ; B-Seite Richtung/Daten
TPURAM   equ    $100000        ; Anfang TPU-RAM
         org    TPURAM+$100    ; Lade- und Startadresse
start    bset   #7,PFPAR       ; NMI STOP-Taste frei
* PIA: A=Dateneingabe B=Datenausgabe CA1=Interruptsignal
         bclr   #2,ASTEU       ; A-Richtungsregister
         move.b #$00,ARDAT     ; A-Port ist Eingang
         move.b #%00000111,ASTEU  ; A-Daten CA1 Interrupt frei
         bclr   #2,BSTEU       ; B-Richtungsregister
         move.b #$ff,BRDAT     ; B-Port ist Ausgang
         bset   #2,BSTEU       ; B-Datenregister
* Ausnahmevektoren kopieren INT1 vorbereiten
         move.w #63,d0         ; Zähler für 64 Vektoren
         movea.l #0,a0         ; A0 = Her-Adresse Monitor
         movea.l #TPURAM,a1    ; A1 = Ziel-Adresse TPURAM
         movec  a1,VBR         ; nach Vektorbasisregister
kopie    move.l (a0)+,(a1)+    ; Monitor-EPROM -> Benutzer
         dbra   d0,kopie       ; Schleife
         andi.w #$f8ff,SR      ; Maske %1111 1000 1111 1111
         move.l #calint,TPURAM+$64 ; Eigenvektor Ebene #1
         bset   #1,PFPAR       ; Leitung PF1 als IRQ #1
         move.b #$ff,BRDAT     ; LED B-Port ausschalten
loop     bra    loop           ; Schleife schläft
* Steigende Flanke CA1 überträgt Daten vom A-Port -> B-Port
calint   move.b ARDAT,d0       ; A-Port Schalter lesen
         not.b  d0             ; komplementieren
         move.b d0,BRDAT       ; und ausgeben LED B-Port
         rte                   ; zurück in den Schlummer
         end    start
```

Bild 4-6: Interruptgesteuerte Datenübertragung

Die Leitungen CA2 und CB2 lassen sich auch als Ausgänge programmieren.
CR5 = 1 CR4 = 1 CR3 = x: CR3 wird auf CA2 bzw. CB2 ausgegeben

*Für die **A-Seite** gilt:*
CR5 = 1 CR4 = 0 CR3 = 0: Anzeigeflipflop CR6 wird auf CA2 ausgegeben
CR6 wird durch CA1 gesetzt und durch *Lesen* des A-Datenregisters gelöscht.
CR5 = 1 CR4 = 0 CR3 = 1: Low-Impuls auf CA2 beim *Lesen* des A-Daten-
registers.

*Für die **B-Seite** gilt:*
CR5 = 1 CR4 = 0 CR3 = 0: Anzeigeflipflop CR6 wird auf CB2 ausgegeben
CR6 wird durch CB1 gesetzt und durch *Schreiben* des B-Datenregisters ge-
löscht.

CR5 = 1 CR4 = 0 CR3 = 1: Low-Impuls auf CB2 beim *Schreiben* des B-
Datenregisters.

Der parallele Schnittstellenbaustein 6821 bietet gegenüber TTL-Bausteinen folgende Vorteile:

- Einzelbitprogrammierung der Datenleitungen,
- Änderung der Datenrichtung während des Betriebes,
- zusätzliche Steuersignale zum melden und bestätigen der Daten sowie
- Flankensteuerung und Speicherung von Interruptsignalen.

4.4 Analoge Schnittstellen

Ein *Digital/Analogwandler* setzt einen binären Eingangswert um in eine analoge Ausgangsspannung. Der Wert $00 liefert z.B. eine Spannung von 0 Volt, der Wert $FF eine Spannung von + 2,55 Volt. Dazwischen liegen bei einem 8 bit Wandler noch 253 weitere Spannungsstufen. Mit Operationsverstärkern läßt sich die Ausgangsspannung verstärken (z.B. 0 bis + 10 Volt) oder auf bipolares Potential verschieben (z.B. - 5 bis + 5 Volt).

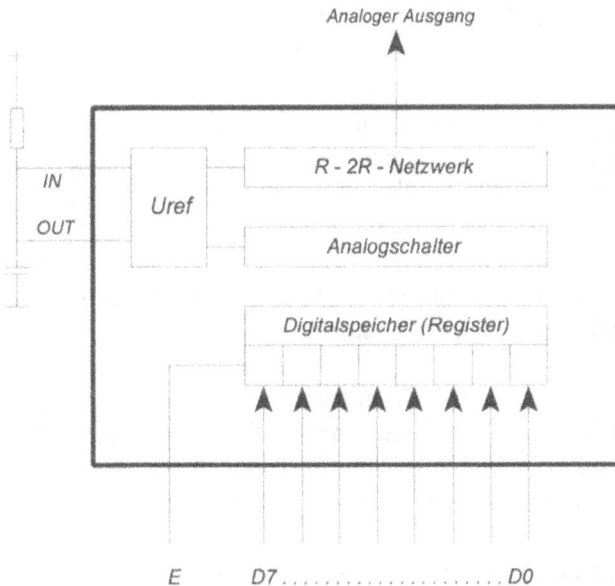

Bild 4-7: Der Aufbau eines Digital/Analogwandlers (ZN 428)

Bei dem in *Bild 4-7* dargestellten Wandlerbaustein bestimmt eine außen an-zulegende Referenzspannung die Höhe der analogen Ausgangsspannung. Ein Low Potential am Freigabeeingang **E** (Enable) übernimmt den an den Datenein-gängen **D0** bis **D7** anliegenden binären Wert; dieser wird für E = High bis zum nächsten Schreibvorgang gespeichert. Die Umsetzzeit vom Einschreiben des digitalen Wertes bis zur analogen Ausgabe hängt nur ab von der Schaltzeit der

Analogschalter und des Bewertungsnetzwerkes und liegt unter 1 μs. Betreibt man den Baustein an den Ausgängen einer parallelen digitalen Schnittstelle, z.B. am A-Port einer PIA, so legt man den Freigabeeingang E fest auf Low. Beim Betrieb am Datenbus wird der Freigabeeingang (aktiv Low) mit einem Bausteinauswahlsignal (Chip Select) verbunden; der Baustein erhält eine eigene Adresse.

```
* k4b8.ASM Test D/A-Wandler Sägezahn ca. 500 us ausgeben
anaus    equ      $ff8020      ; Adresse D/A-Wandler Y2
         org      $100000      ; Lade- und Startadresse
start    clr.b    d0           ; Zähler löschen
loop     move.b   d0,anaus     ; ausgeben
         addq.b   #1,d0        ; Zähler + 1
         bra      loop         ; Schleife mod 256
         end      start        ; Startadresse
```

Bild 4-8: Ausgabe eines Sägezahns mit einem Digital/Analogwandler

Das in *Bild 4-8* dargestellte Programmbeispiel gibt einen dualen Zähler modulo 256 als Sägezahn analog aus. Die Periode des Signals ist abhängig von der Ausführungszeit der Befehle. Beim Ablauf des Programms im internen TPU-RAM (org $100000) wurde eine Periode von ca. 500 μs gemessen. Im externen RAM (org $80000) bei 1 Wartetakt ergaben sich ca. 750 μs.

Ein ***Analog/Digitalwandler*** setzt eine analoge Eingangsspannung um in einen digitalen Ausgabewert. Ein Eingang von 0 Volt liefert z.B. den Wert $00, ein Eingang von + 2,55 Volt den Wert $FF. Die zu erfassende Spannung läßt sich mit analogen Schaltungen an den Analogeingang des Wandlerbausteins anpassen. Man unterscheidet folgende *parallele Umwandlungsverfahren*, die im wesentlichen die zu messende Spannung mit einer Spannung vergleichen, die von einem Digital/Analogwandler erzeugt wird.

Rampenumsetzer vergleichen die umzusetzende Spannung mit einer Sägezahnspannung, die bei Übereinstimmung abgebrochen wird. Sie werden vorwiegend zur hochgenauen Erfassung langsamer Vorgänge in der Meßtechnik verwendet, haben aber eine relativ lange Umsetzzeit im Millisekundenbereich.

Umsetzer nach dem Verfahren der *schrittweisen Näherung* (Sukzessive Approximation oder Wägeverfahren) führen den Vergleich bitweise durch. Beginnend mit der werthöchsten Bitposition wird die Vergleichsspannung probeweise um den Wert einer Bitposition erhöht und, wenn diese größer als die zu messende Spannung ist, wieder entfernt. Ein 8 bit Wandler benötigt also 8 Schritte. Die Umsetzzeit liegt je nach Takt und Bitbreite zwischen 1 und 20 μs.

Parallelumsetzer erzeugen für jede Stufe eine eigene Vergleichsspannung; ein 8 bit Wandler besteht also aus 256 Vergleichsspannungen und Vergleichern sowie einer digitalen Bewertungsschaltung. Die Umsetzzeit liegt unter 1 μs.

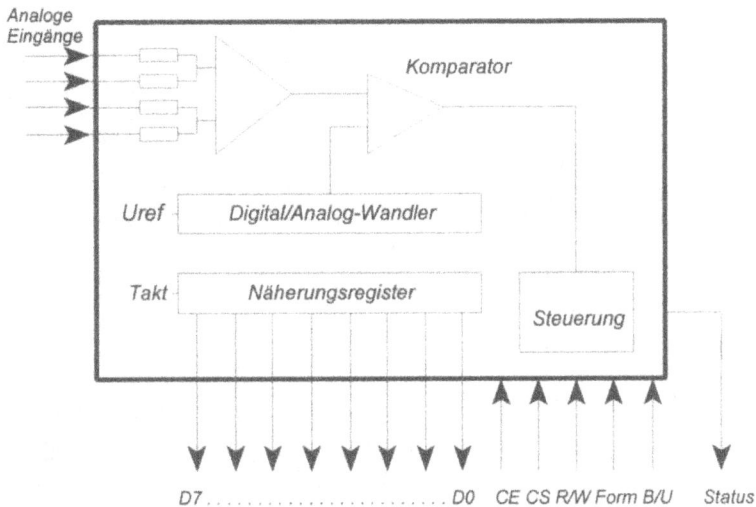

Bild 4-9: Der Aufbau eines Analog/Digitalwandlers (AD 670)

Der in *Bild 4-9* dargestellte Analog/Digitalwandlerbaustein arbeitet nach dem Verfahren der *Schrittweisen Näherung* mit einer Umsetzzeit von ca. 10 µs. Referenzspannung und Umsetztakt sind auf dem Baustein integriert. Mit den vier analogen Eingangsleitungen lassen sich verschiedene Meßbereiche einstellen. Die digitalen Freigabeeingänge **CE** (Chip Enable) und **CS** (Chip Select) werden meist parallel geschaltet und beim Betrieb des Bausteins am Datenbus mit einem Bausteinauswahlsignal Chip Select verbunden, das dem Baustein eine Adresse gibt. Beim Schreiben (Freigabe und **R/W** = Low) werden die an den Steuereingängen **Form** und **B/U** anliegenden Einstellungen vom Baustein übernommen, und der Umsetzvorgang wird *gestartet*. **Form** und **B/U** legen zusammen mit den analogen Eingangsleitungen das Format und die Polarität der umzuwandelnden Eingangsspannung fest. Sie können entweder auf festes Potential gelegt oder über den Datenbus gelesen werden. **Form** = Low und **B/U** = Low ergeben eine unipolare binäre Messung. Mit dem Beginn der Umwandlung wird der Ausgang **Status** von der Steuerung des Bausteins auf High gesetzt und nach Beendigung der Wandlung wieder auf Low gelegt. Dann kann das digitale Ergebnis von den Datenbusanschlüssen **D0** bis **D7** ausgelesen werden (Freigabe und **R/W** = High). Das in *Bild 4-10* dargestellte Programm verzichtet auf eine Auswertung des Statussignals und liest die Daten nach einer Verzögerungszeit, die durch oszilloskopische Beobachtung des Signals bestimmt wurde.

```
* k4b10.ASM   Analog ein und analog und digital aus
anein    equ     $ff8010             ; analoge Eingabe Y1
anaus    equ     $ff8020             ; analoge Ausgabe Y2
         org     $100000             ; Lade- und Startadresse
start    move.b  #$ff,DDRE           ; E-Port digitale Ausgabe
loop     move.b  #$00,anein          ; A/D-Wandler starten unipolar
         move.w  #15,d0              ; 16 Durchläufe warten
wait     dbra    d0,wait             ; ca. 11 us im TPURAM!!!!
         move.b  anein,d0            ; A/D-Wandler auslesen
         move.b  d0,anaus            ; analog ausgeben
         move.b  d0,PORTE0           ; digital ausgeben
         bra     loop                ; neuer Durchgang
         end     start               ;
```

Bild 4-10: Die Eingabe und Ausgabe von analogen Daten

Das Programm tastet alle 10 bis 12 µs den analogen Eingang ab und gibt den Wert analog und digital wieder aus. Bei den Testläufen wurden als Signalquelle ein Potentiometer (0 bis + 5 Volt Gleichspannung) sowie ein Funktionsgenerator mit einem Sinusausgang verwendet. Bis zu einer Frequenz von ca. 10 kHz (T = 100 µs) ergaben sich bei ca. 4 bis 5 Abtastungen pro Halbwelle recht gut erkennbare sinusförmige Ausgangsspannungen.

Die in diesem Abschnitt dargestellen analogen Wandler haben parallele Datenleitungen und können direkt am Datenbus betrieben werden. Serielle analoge Bausteine liefern bzw. übernehmen die Daten seriell. Sie können an dem im nächsten Abschnitt beschriebenen seriellen Bus betrieben werden.

4.5 Die serielle Peripherieschnittstelle

Die in *Bild 4-11* dargestellte QSM-Moduleinheit (Queued Serial Modul) besteht aus zwei unabhängig voneinander arbeitenden seriellen Schnittstellen.

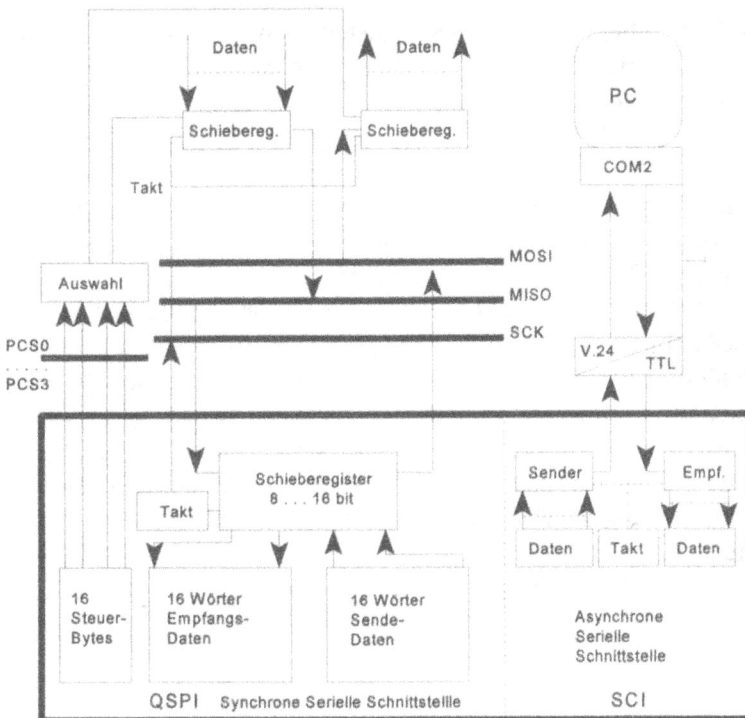

Bild 4-11: Die QSM-Moduleinheit (QSPI im Masterbetrieb)

Die SCI-Untereinheit (Serial Communication Interface) ist eine asynchrone serielle Schnittstelle für die Datenübertragung nach V.24 bzw. RS232C. Sie ist gekennzeichnet durch:
- Sender und Empfänger arbeiten unabhängig voneinander,
- keine Taktleitung bzw. Taktsignale (NRZ),
- nur jeweils ein Zeichen (7 oder 8 oder 9 bit) wird gesendet bzw. empfangen,
- Rahmen bestehend aus Startbit, Paritätsbit (programmierbar) und Stopbit,
- Synchronisation bei jedem Zeichen durch das Startbit und
- Kontrolleinrichtungen für einen Busbetrieb.

Abschnitt 2.7 behandelt die serielle V.24 Schnittstelle zum Anschluß an eine COM-Schnittstelle des PC; Abschnitt 4.2 zeigt die Interruptsteuerung.

Die *QSPI-Untereinheit* (Queued Serial Peripheral Interface) besteht aus einem *Schieberegister* (8 bis 16 bit programmierbar), das *gleichzeitig* sendet und empfängt. Die zu sendenden Daten werden einem 16 Wörter umfassen *Sendedatenbereich* (RAM) entnommen; die empfangenen Daten werden in einem 16 Wörter umfassenden *Empfangsdatenbereich* (RAM) abgelegt. Jeder Schiebevorgang wird von einem der 16 *Steuerbytes* (RAM) kontrolliert.

Im *Masterbetrieb* liefert die QSPI-Schnittstelle den Schiebetakt, der auf dem Ausgang SCK (Serial Clock) herausgeführt wird und der die peripherieseitig angeschlossenen Schieberegister taktet. Die am Ausgang MOSI (Master Out) herausgeschobenen Bits werden in die peripheren Empfangsschieberegister (Slave) hineingeschoben und stehen dort wieder parallel zur Verfügung. Die mit dem Takt aus den peripheren Sendeschieberegistern (Slave) herausgeschobenen Bits gelangen in den Eingang MISO (Master In). Die vier Ausgänge PCS0 bis PCS3 (Peripheral Chip Select) der Steuerbytes sind Adressen zur Auswahl von maximal 16 Peripherieeinheiten. Im *Slavebetrieb* ist der interne Takt abgeschaltet, und der Schiebetakt wird von einem äußeren Busmaster zugeführt. Am Eingang MOSI (Slave In) liegen die seriellen Eingangsdaten an; am Ausgang MISO (Slave Out) werden die Ausgangsdaten herausgeschoben. Der Eingang SS (Slave Select) - im Masterbetrieb Ausgang PCS0 - gibt die Übertragung im Slavebetrieb frei. In den folgenden Ausführungen wird nur der *Masterbetrieb* behandelt, der Anfang und Ende der Datenübertragung bestimmt und den Schiebetakt liefert.

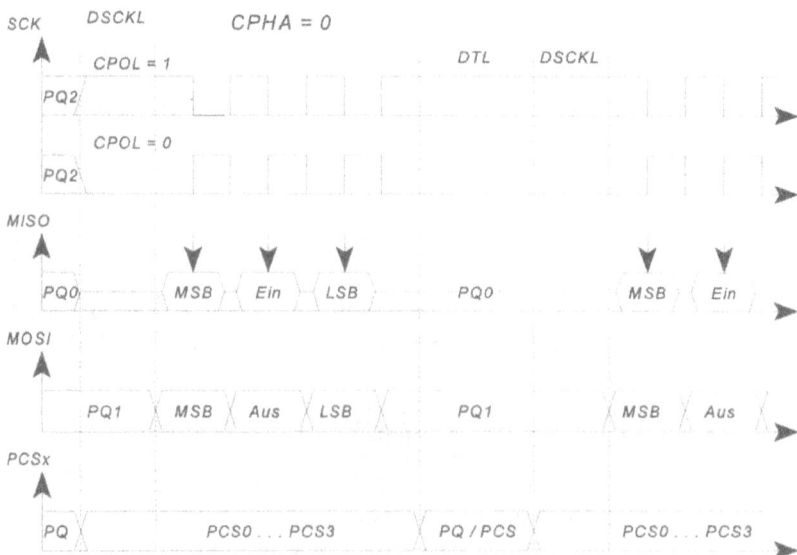

Bild 4-12: Senden und Empfangen vordere Flanke (CPHA = 0) als Master

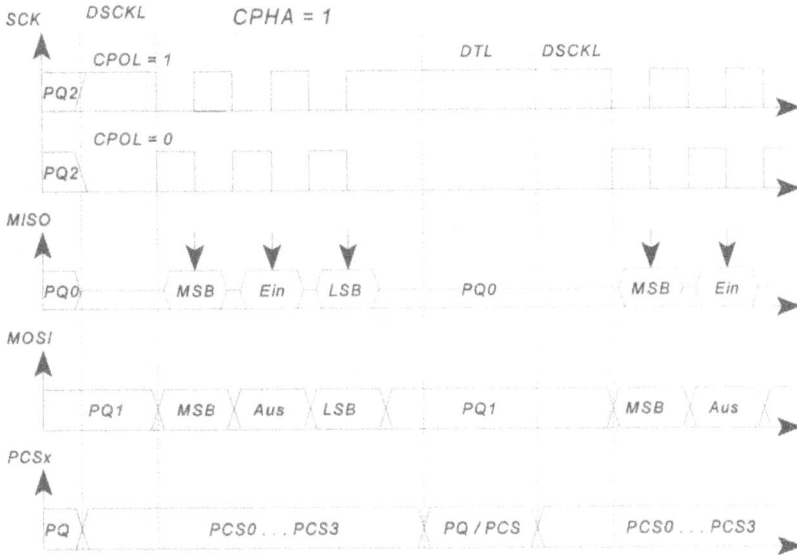

Bild 4-13: Senden und Empfangen hintere Flanke (CPHA = 1) als Master

Die seriellen Peripherieleitungen sind gleichzeitig auch Portleitungen des in Abschnitt 2.6 behandelten parallelen QS-Datenports.
- Portleitung PQ0 ist der serielle Eingang MISO,
- Portleitung PQ1 ist der serielle Ausgang MOSI,
- Portleitung PQ2 ist der serielle Takt SCK und
- Portleitungen PQ3 bis PQ6 sind die Auswahlleitungen PCS0 (SS) bis PCS3.
- Portleitung PQ7 ist die Sendeleitung TxD der SCI Schnittstelle.

Im ***Masterbetrieb*** (*Bilder 4-12 und 4-13*) wird erst beim Start der Übertragung von den entsprechend vorzubereitenden Portanschlüssen zu den seriellen Bussignalen umgeschaltet. Die Polarität des Taktes (CPOL) und die aktive Taktflanke (CPHA) lassen sich programmieren. Die Abtastung des Eingangs MISO (Master In) ist in beiden Bildern durch einen Pfeil markiert. Die Eingangsdaten müssen mindestens 30 ns vor der aktiven Flanke (Vorbereitungszeit) und 0 ns nach der Flanke (Haltezeit) stabil sein. Die am Ausgang MOSI (Master Out) herausgeschobenen Datenbits liegen 1 Taktzeit stabil an. Die zeitliche Verzögerung des Taktes *vor* der Übertragung (DSCKL) und *nach* der Übertragung (DTL) eines Zeichens (8 bis 16 bit) sind programmierbar. Die Auswahlausgänge PCS0 bis PCS3 sind mindestens 2 Taktzyklen vor der ersten Taktflanke und mindestens ½ Taktzyklus nach der letzten Taktflanke stabil. Die Übertragung eines Zeichens beginnt mit dem höchstwertigen Bit (MSB) und endet mit niederwertigsten (LSB). Das Lesen bzw. Speichern im RAM erfolgt rechtsbündig; freie Bitpositionen werden mit 0 besetzt.

Die folgenden *Modul Steuerregister* programmieren sowohl die serielle Peripherieschnittstelle QSPI als auch die asynchrone Serienschnittstelle SCI.

Das QSM Configuration Register **QSMCR** auf der Wortadresse $FF FC00 legt die Steuerparameter und Interruptbedingungen der QSM Einheit fest.

Bit 15	Bit 14	Bit 13	Bit 12	Bit 11	Bit 10	Bit 9	Bit 8
STOP	FRZ1	FRZ0	0	0	0	0	0
Reset:0	0	0	0	0	0	0	0

Bit 7	Bit 6	Bit 5	Bit 4	Bit 3	Bit 2	Bit 1	Bit 0
SUPV	0	0	0	IARB	IARB	IARB	IARB
Reset:1	0	0	0	0	0	0	0

STOP = 0: QSM Modul arbeitet mit normalem Takt
STOP = 1: QSM Modul im Stromsparmodus abgeschaltet
FRZ1 = 0: Signal FREEZE des Background Debug Mode unwirksam
FRZ1 - 1: FREEZE hält QSPI nach Übertragung des laufenden Zeichens an
FRZ0: nicht verwendet (reserviert)
SUPV = 0: Zugriff auf QSM Register und RAM auch im Benutzerstatus
SUPV = 1: Zugriff auf QSM Register und RAM nur im Systemstatus
IARB = xxxx: Interruptpriorität des QSM Moduls von 0001 bis 1111

Das QSM Interrupt Level Register **QILR** auf der Byteadresse $FF FC04 sowie das QSM Interrupt Vector Register **QIVR** auf der Byteadresse $FF FC05 legen die Interruptebenen und die Interruptvektoren sowohl der seriellen Peripherieschnittstelle (QSPI) als auch der asynchronen seriellen Schnittstelle (SCI) fest. Die beiden Byteregister lassen sich auch als ein Wort adressieren.

QSM Interrupt Level Register **QILR** Byteadresse $FF FC04:

Bit 15	Bit 14	Bit 13	Bit 12	Bit 11	Bit 10	Bit 9	Bit 8
0	0	ILQSPI	ILQSPI	ILQSPI	ILSCI	ILSCI	ILSCI
Reset:0	0	0	0	0	0	0	0

QSM Interrupt Vector Register **QIVR** Byteadresse $FF FC05:

Bit 7	Bit 6	Bit 5	Bit 4	Bit 3	Bit 2	Bit 1	Bit 0
INTV	INTV	INTV	INTV	INTV	INTV	INTV	INTV=x
Reset:0	0	0	0	1	1	1	1

ILQSPI = Interruptebene der seriellen Peripherieschnittstelle QSPI
ILQSPI = 0 0 0: Interrupt gesperrt
ILQSPI = 0 0 1 bis 1 1 1: Interruptebene 1 bis 7

ILSCI = Interruptebene der asynchronen seriellen Schnittstelle SCI
ILSCI = 0 0 0: Interrupt gesperrt
ILSCI = 0 0 1 bis 1 1 1: Interruptebene 1 bis 7

`INTV` = Interruptvektoren für beide seriellen Untermodule

`INTV` = `$0F`: Voreinstellung führt auf "Nicht Initialisierten Interrupt"

Die beiden Untermodule QSPI und SCI benutzen das gleiche Vektorfeld `INTV`. Die letzte Bitposition Bit 0 wird bei der Programmierung des Vektorfeldes nicht verwendet. Bei einem Interrupt durch SCI wird eine 0 genommen, bei einem Interrupt durch QSPI eine 1. Das folgende Beispiel gibt dem QSM Modul die Modulpriorität 14 = %1110 und der QSPI Einheit die Interruptebene 6. Die Startadresse des Interruptprogramms liegt durch den Vektor 65 auf Adreßplatz 65*4 = 260 = \$104 der Vektortabelle.

```
MOVE.W  #$000E,QSMCR       ; Modulpriorität 1110
MOVE.B  #%00110000,QILR    ; QSPI Interruptebene 6
MOVE.B  #65,QIVR           ; QSPI Interruptvektor Nr. 65
```

Nach einem *Reset* sind die Anschlüsse der QSM Einheit zunächst nicht als serieller Peripheriebus, sondern als Eingänge des QS Datenports vorbesetzt. Da sich die Leitungen im Tristatezustand befinden, kann es u.U. notwendig sein, sie mit Widerständen auf ein festes Anfangspotential zu legen. Vor und nach der seriellen Datenübertragung nehmen die Leitungen Portpotentiale an; der QS Datenport ist entsprechend vorzubereiten.

QS Port Datenregister **PORTQS** Byteadresse \$FF FC15
QS Port Richtungsregister **DDRQS** Byteadresse \$FF FC17
QS Port Anschlußregister **PQSPAR** Byteadresse \$FF FC16

Bit 7	Bit 6	Bit 5	Bit 4	Bit 3	Bit 2	Bit 1	Bit 0
(TxD)	PCS3	PCS2	PCS1	PCS0	SCK	MOSI	MISO
Reset:0	0	0	0	0	0	0	0

Die *Daten* für die Auswahlleitungen PCS0 bis PCS3 und der Taktausgang SCK sind entsprechend den Signalen zu wählen, also z.B. alle Auswahlleitungen inaktiv High und der Taktruhezustand Low. Die *Richtung* der Leitung MISO ist durch eine 0 als Eingabe zu programmieren, die der anderen Leitungen durch eine 1 als Ausgabe. Bei der *Zuordnung* der Anschlüsse durch eine 1 für die Betriebsart QSPI werden die Bitpositionen TxD und SCK nicht durch das Anschlußregister, sondern durch die Steuerregister bestimmt. Beispiel:

```
MOVE.B  #%01111011,PORTQS  ; PCSx MOSI High  SCK Low
MOVE.B  #%01111110,DDRQS   ; PCSx MOSI aus   MISO ein
MOVE.B  #%01111011,PQSPAR  ; Betriebsart QSPI
```

Die *QSPI Steuerregister* legen die Betriebsbedingung fest. Sie gelten für *alle* 16 möglichen Übertragungen; zusätzlich kann *jedes* der 16 Steuerbytes Einzelangaben enthalten. Bitposition SPE des Steuerregisters SPCR1 hat eine besondere Bedeutung. Durch Einschreiben einer 1 wird die serielle Übertragung gestartet; am Ende der Übertragung setzt die Steuerung SPE wieder auf 0 zurück. Der Zustand der Übertragung läßt sich im Statusregister SPSR überwachen.

QSPI Control Register Nr. 0 **SPCR0** Wortadresse $FF FC18

Bit 15	Bit 14	Bit 13	Bit 12	Bit 11	Bit 10	Bit 9	Bit 8
MSTR	WOMQ	BITS	BITS	BITS	BITS	CPOL	CPHA
Reset:0	0	0	0	0	0	0	1

Bit 7	Bit 6	Bit 5	Bit 4	Bit 3	Bit 2	Bit 1	Bit 0
SPBR	SPBR	SPBR	SPBR	SPBR	SPBR	SPBR	SPBR
Reset:0	0	0	0	0	1	0	0

MSTR = 0: Betrieb als Slave (Vorgabe)
MSTR = 1: Betrieb als **Master** kontrolliert Übertragung und liefert Takt SCK

WOMQ = 0: Totem Pole Ausgangstreiber (Vorgabe)
WOMQ = 1: Open Drain Ausgangstreiber (Pull Up Widerstände erforderlich)
Die Festlegung der Ausgangstreiber gilt auch für den Betrieb als Port PQ!

Für BITSE = 1 des *Steuerbytes* wird das Feld BITS verwendet:
BITS = 0000: 16 bit Übertragung (Vorgabe)
BITS = 1000 bis 1111: 8 bis 15 bit Übertragung
Für BITSE = 0 des *Steuerbytes* ist BITS wirkungslos (immer 8 bit).

Bilder 4-12 und 4-13 zeigen Ruhezustand und aktive Flanke des Taktes SCK
CPOL = 0: Ruhezustand der Taktleitung SCK ist Low
CPOL = 1: Ruhezustand der Taktleitung SCK ist High
CPHA = 0: Eingabe: Vorderflanke, Änderung der Ausgabe: Folgeflanke
CPHA = 1: Eingabe: Folgeflanke, Änderung der Ausgabe: Vorderflanke

Das Feld SPBR legt die Frequenz (Baudrate) des Taktes fest nach der Formel:

$$SPBR = \frac{Systemtakt\,[Hz]}{2 * Baudrate\,[bps]}$$

Die zulässigen Werte für SPBR liegen zwischen 2 und 255. Beispiele für einen Systemtakt (CLKOUT) von 16,777 MHz:

```
SPBR = 0 bzw. 1: Takt abgeschaltet
SPBR =   2: Takt 4,2 MHz Bitzeit 0,24 µs
SPBR =   4: Takt 2,1 MHz Bitzeit 0,48 µs (Vorgabe)
SPBR =   8: Takt 1 MHz   Bitzeit 1 µs
SPBR =  16: Takt 524 kHz Bitzeit 1,91 µs
SPBR =  32: Takt 262 kHz Bitzeit 3,81 µs
SPBR =  64: Takt 131 kHz Bitzeit 7,63 µs
SPBR = 128: Takt 65 kHz  Bitzeit 15,26 µs
SPBR = 255: Takt 33 kHz  Bitzeit 30,4 µs
```

QSPI Control Register Nr. 1 **SPCR1** Wortadresse $FF FC1A

Bit 15	Bit 14	Bit 13	Bit 12	Bit 11	Bit 10	Bit 9	Bit 8
SPE	DSCKL	DSCKL	DSCKL	DSCKL	DSCKL	DSCKL	DSCKL

Reset: 0   0   0   0   0   1   0   0

Bit 7	Bit 6	Bit 5	Bit 4	Bit 3	Bit 2	Bit 1	Bit 0
DTL	DTL	DTL	DTL	DTL	DTL	DTL	DTL

Reset: 0   0   0   0   0   1   0   0

SPE = 0: QSPI Betrieb ist gesperrt (Vorgabe)
SPE = 1: QSPI Betrieb ist freigegeben

Durch Einschreiben einer 1 in das Feld SPE wird in der Betriebsart *Master* die serielle Übertragung gestartet; in der Betriebsart *Slave* wird auf das Signal SS gewartet. Am Ende der Übertragung setzt die Steuerung SPE wieder auf 0 zurück. Das Register SPCR1 sollte entweder zuletzt programmiert werden, oder SPE ist durch den Bitbefehl bset #7,SPCR1 auf 1 zu setzen, um die Übertragung zu starten.

Für DSCK = 1 des *Steuerbytes* bestimmt das Feld DSCKL die Verzögerungszeit zwischen der Ausgabe der Freigabesignale PCS0 bis PCS3 am Beginn einer Übertragung bis zur Ausgabe des Übertragungstaktes SCK. Der in DSCKL eingetragene Wert ist gleich der Anzahl der zu verzögernden Systemtakte von 1 bis 127; der Wert 0 entspricht 128 Systemtakten. Beispiele für 16,777 MHz:
DSCKL = 1: Wartezeit 59,6 ns
DSCKL = 4: Wartezeit 238 ns (Vorgabe)
DSCKL = 0: Wartezeit 7,63 µs
Für DSCK = 0 des *Steuerbytes* ist DSCKL wirkungslos; die Verzögerung beträgt immer ½ Systemtaktzeit (ca. 30 ns bei 16,777 MHz).

Für DT = 1 des *Steuerbytes* bestimmt das Feld DTL die Verzögerungszeit nach dem Ende der Übertragung. Der in DTL eingetragene Wert * 32 ergibt die Anzahl der zu verzögernden Systemtakte von 1 bis 255; der Wert 0 entspricht 256 Systemtakten. Beispiele für 16,777 MHz:
DTL = 1: Wartezeit 1 * 32 * 59,6 ns = 1,9 µs
DTL = 4: Wartezeit 4 * 32 * 59,6   = 7,6 µs (Vorgabe)
DTL = 0: Wartezeit 256 * 32 * 59,6 = 488,2 µs

Für DT = 0 des *Steuerbytes* ist DTL wirkungslos; die Verzögerung beträgt immer 17 Systemtaktzeiten (ca. 1 µs bei 16,777 MHz).

Für CONT = 1 des *Steuerbytes* bleiben während der Wartezeit am Ende der Übertragung die Freigabesignale PCS0 bis PCS3 erhalten; für CONT = 0 wird auf die Portdaten umgeschaltet.

QSPI Control Register Nr. 2 **SPCR2** Wortadresse $FF FC1C

Bit 15	Bit 14	Bit 13	Bit 12	Bit 11	Bit 10	Bit 9	Bit 8
SPIFIE	WREN	WRTO	0	ENDQP	ENDQP	ENDQP	ENDQP
Reset: 0	0	0	0	0	0	0	0

Bit 7	Bit 6	Bit 5	Bit 4	Bit 3	Bit 2	Bit 1	Bit 0
0	0	0	0	NEWQP	NEWQP	NEWQP	NEWQP
Reset: 0	0	0	0	0	0	0	0

SPIFIE = 0: QSPI Interrupt gesperrt (für Ende der Sendung SPIF = 1)
SPIFIE = 1: QSPI Interrupt freigegeben (für Ende der Sendung SPIF = 1)

WREN = 0: Sendung am Ende der Liste (ENDQP) beendet
WREN = 1: am Ende der Liste (ENDQP) beginnt Sendung wieder von vorn

WRTO = 0: für WREN = 1 beginnt Sendung wieder beim Eintrag Nr. 0
WRTO = 1: für WREN = 1 beginnt Sendung wieder beim Eintrag NEWQP

ENDQP = Nr. des letzten zu übertragenden Eintrags (0 bis 15)
NEWQP = Nr. des ersten zu übertragenden Eintrags (0 bis 15)

Das Steuerregister SPCR3 enthält im höherwertigen Byte drei einzutragende Steuerbits und im niederwertigen Byte SPSR vier Statusanzeigen, die nur gelesen werden können.

QSPI Control Register Nr. 3 **SPCR3** Byteadresse $FF FC1E (nur schreiben)

Bit 7	Bit 6	Bit 5	Bit 4	Bit 3	Bit 2	Bit 1	Bit 0
0	0	0	0	0	LOOPQ	HMIE	HALT
Reset: 0	0	0	0	0	0	0	0

LOOPQ = 0: keine interne Rückführung (Schleife) für Testzwecke
LOOPQ = 1: Interne Rückführung des seriellen Ausgangs auf den Eingang

HMIE = 0: kein Interrupt im Fehlerfall und bei Halt
HMIE = 1: Interrupt im Fehlerfall und bei Halt freigegeben

HALT = 0: Halt gesperrt
HALT = 1: Halt am Ende der Übertragung

Für WREN = 1 läuft die Übertragung in einer Endlosschleife, die durch Löschen von WREN oder Setzen von HALT abgebrochen werden kann. Das Ende eines Durchlaufs wird im Feld SPIF des Statusregisters angezeigt. Dieses Anzeigebit muß durch den Benutzer wieder gelöscht werden.

QSPI Statusregister **SPSR** Byteadresse $FF FC1F (nur lesen)

Bit 7	Bit 6	Bit 5	Bit 4	Bit 3	Bit 2	Bit 1	Bit 0
SPIF	MODF	HALTA	0	CPTQP	CPTQP	CPTQP	CPTQP
Reset:0	0	0	0	0	0	0	0

SPIF = 0: **Sendung nicht beendet**
SPIF = 1: **Sendung mit letztem Eintrag** ENDQP **beendet**

MODF = 0: **kein Fehler**
MODF = 1: **Übertragungsfehler (z.B. Signal SS im Masterbetrieb angelegt)**

HALTA = 0: **kein Halt-Zustand**
HALTA = 1: **QSPI im Halt-Zustand**

CPTQP = **Nr. des zuletzt übertragenen Eintrags (0 bis 15)**

Die übertragenen Daten sowie die entsprechenden Steuerbytes liegen im RAM auf den Adressen $FF FD00 bis $FF FD4F. Diese insgesamt 80 Bytes können bei nicht aktiviertem QSPI Betrieb als Datenspeicher benutzt werden.

Die *Empfangsdaten* sind in 16 Wörtern **RR0** bis **RRF** ab Adresse $FF FD00 rechtsbündig verfügbar. Nicht benutzte Bitpositionen werden mit 0 besetzt.

Die *Sendedaten* sind in 16 Wörtern **TR0** bis **TRF** ab Adresse $FF FD20 rechtsbündig abzulegen. Sie werden durch die Übertragung nicht verändert.

Die 16 *Steuerbytes* **CR0** bis **CRF** ab Adresse $FF FD40 wirken nur in der Masterbetriebsart und müssen vor der Übertragung besetzt werden.

Bit 7	Bit 6	Bit 5	Bit 4	Bit 3	Bit 2	Bit 1	Bit 0
CONT	BITSE	DT	DSCK	PCS3	PCS2	PCS1	PCS0

CONT = 0: **Portdaten nach der Übertragung ausgeben**
CONT = 1: **Freigabesignale PCS0 bis PCS3 bleiben erhalten**

BITSE = 0: **Übertragung mit 8 bit (Feld** BITS **in SPCR0 wirkungslos)**
BITSE = 1: **Feld** BITS **in SPCR0 bestimmt Anzahl der Bits**

DT = 0: **Standardwartezeit von 17 Systemtakten nach der Übertragung**
DT = 1: **Feld** DTL **in SPCR1 bestimmt Wartezeit nach der Übertragung**

DSCK = 0: **Standardverzögerung von ½ Systemtakt vor dem Taktsignal**
DSCK = 1: **Feld** DSCKL **in SPCR1 bestimmt Verzögerung des Taktsignals**

PCS3 bis PCS0: **Freigabesignale für die externen Peripherieeinheiten (Slave)**

Bei einer Übertragung werden jeweils ein Empfangsdatenwort, ein Sendedatenwort und ein Steuerbyte gleicher Nr. gleichzeitig bearbeitet. Für den Eintrag Nr. 0 wird z.B. das Steuerbyte CR0 ausgeführt, die Sendedaten werden TR0 entnommen und die Empfangsdaten in RR0 abgelegt. Das Feld NEWQP im Register SPCR2 bestimmt die Nr. des Eintrags, mit dem die Sendung begonnen wird. Das Feld ENDQP im Register SPCR2 bestimmt die Nr. des zuletzt zu übertragenden Eintrags. Für WREN = 0 im Register SPCR2 ist mit dem letzten Eintrag die Sendung beendet; für WREN = 1 wird sie wiederholt.

```
* k4b14.ASM Test QSPI serielle Peripherieschnittstelle
          org     $100000          ; Lade- und Startadresse
; Globale QSM Programmierung
start     move.w  #$0001,QSMCR     ; SUPV = 0 IARB = 1
          move.b  #$00,QILR        ; Interrupts gesperrt
          move.b  #$0f,QIVR        ; nicht initial. Int.
; QS Datenport vorbesetzen QSPI zuordnen
          move.b  #$7b,PORTQS      ; PCSx MOSI High  SCK Low
          move.b  #$7e,DDRQS       ; PCSx MOSI aus  MISO ein
          move.b  #$7f,PQSPAR      ; Betriebsart QSPI
; QSPI Steuerregister einstellen
          move.w  #$a008,SPCR0     ; Master 8bit Ruhe=Low 1 MHz
          move.w  #$0404,SPCR1     ; STOP 240ns vor  7,6us nach
          move.w  #$6f00,SPCR2     ; WRAP von 0 bis 15
          move.b  #$00,SPCR3       ; kein LOOP Int. Halt
; alle 16 RAM-Einträge vorbesetzen
          move.w  #15,d0           ; Zähler für 16 Einträge
          movea.l #RR0,a0          ; A0 => Empfangsdaten
          movea.l #TR0,a1          ; A1 => Sendedaten
          movea.l #CR0,a2          ; A2 => Steuerbytes
          move.b  #$70,d1          ; CONT=0 BITSE=DT=DSCK=1
          move.w  #$0000,d2        ; D2 = Sendedaten
loop      move.w  #$0000,(a0)+     ; Empfangsdaten löschen
          move.w  d2,(a1)+         ; Sendedaten speichern
          addq.w  #1,d2            ; Sendedaten + 1
          move.b  d1,(a2)+         ; Steuerbytes speichern
          addq.b  #1,d1            ; Freigabewert + 1
          dbra    d0,loop          ; Schleife
; Übertragung in Endlosschleife starten Abbruch mit Reset
          bset    #7,SPCR1         ; SPE = 1: Start des QSPI
warte     bra     warte            ; Endlosschleife RESET!
          end     start
```

Bild 4-14: Testprogramm der seriellen Peripherieschnittstelle QSPI

Das in *Bild 4-14* dargestellte Programm dient zur Untersuchung der seriellen Schnittstelle, ohne daß externe Peripheriebausteine angeschlossen werden müssen. Verbindet man den Ausgang MOSI mit dem Eingang MISO durch eine Leitung, so werden die Daten aus dem Sendedatenbereich TRx in den Empfangsdatenbereich RRx geschoben. Da die Sendung in einer Endlosschleife (WREN = 1) läuft, läßt sich der zeitliche Verlauf der Signale mit einem Oszilloskop untersuchen.

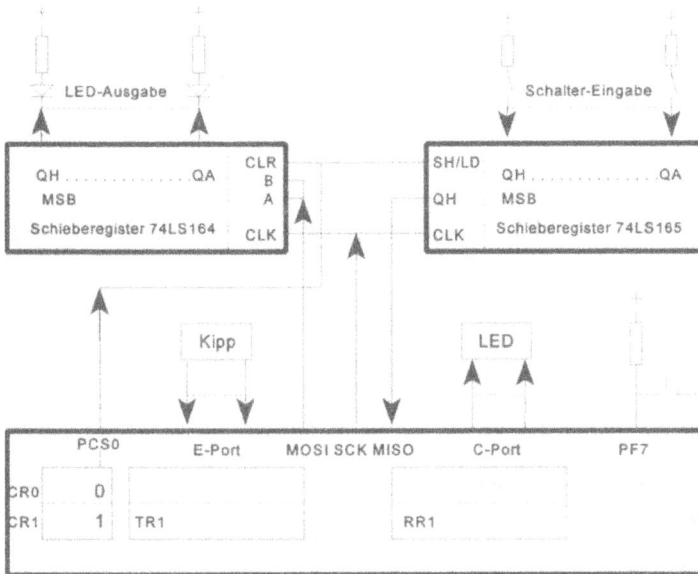

Bild 4-15: Serielle Eingabe und Ausgabe mit Schieberegistern

Die in *Bild 4-15* dargestellte Anwendung verwendet handelsübliche TTL-Schieberegister als serielle Peripheriebausteine. Da jeweils nur ein Sender und ein Empfänger angeschlossen ist, kann auf eine besondere Auswahlschaltung verzichtet werden. Werden mehrere *Sender* parallel am Bus MISO betrieben, so sind Ausgänge mit Tristate Treibern oder offenen Kollektoren bzw. Open Drain zu verwenden und entsprechend freizugeben. In den seriellen Speicher- und Peripheriebausteinen ist dies bereits vorgesehen.

Das Schieberegister 74LS164 empfängt die Daten seriell an den Eingängen A&B und gibt sie parallel an 8 Ausgängen aus. Die Bits werden mit der steigenden Flanke des Schiebetaktes CLK vom Flipflop Q_A (Eingang) bis zum Flipflop Q_H (letztes Bit) durchgeschoben und erscheinen ohne Zwischenspeicherung direkt an den Ausgängen. Das zuerst übertragene Bit MSB liegt nach dem 1. Takt an Q_A, nach dem 2. Takt an Q_B und nach dem 8. Takt an Q_H. Im Zustand Low des Steuereingangs CLR (Clear) ist der Takt gesperrt, und alle 8 Flipflops werden auf 0 gesetzt (gelöscht). Die Daten laufen während des Schiebevorganges durch die Leuchtdiodenanzeige durch und müssen danach genügend lange stabil anstehen, um den Eindruck eines "Flimmerns" zu vermeiden. In Anwendungen, in denen Daten nur an der vorgesehenen Position erscheinen dürfen, müssen sie am Ende des Schiebevorganges aus dem Schieberegister (Vorspeicher) in einen Hauptspeicher übertragen werden. Die beiden Eingänge A und B bilden eine logische UND Verknüpfung und wurden parallel geschaltet.

Das Schieberegister 74LS165 besitzt einen besonderen Steuereingang SH/LD (Shift/Load). Im Zustand Low erscheinen die 8 parallelen Eingangpotentiale in den Flipflops des Schieberegisters, und der Takt ist gesperrt. Im Zustand High sind die parallelen Eingänge vom Schieberegister getrennt; am seriellen Ausgang Q liegt der gespeicherte Zustand des Eingangs H. Die 1. steigende Flanke des Schiebetaktes CLK (Clock) schiebt das folgende Bit G am Ausgang Q heraus; nach der 7. Taktflanke erscheint der Zustand des Eingangs A. Der Steuereingang Clock Inhibit, der das Taktsignal sperrt, wurde fest auf Low gelegt; der zu Q komplementäre Ausgang und der serielle Eingang wurden nicht verwendet.

```
* k4b16.ASM   QSPI serielle Eingabe und Ausgabe
        org     $100000         ; Lade- und Startadresse
; Globale QSM Programmierung
start   move.w  #$0001,QSMCR    ; SUPV = 0 IARB = 1
        move.b  #$00,QILR       ; Interrupts gesperrt
        move.b  #$0f,QIVR       ; nicht initial. Int.
; QS Datenport vorbesetzen QSPI zuordnen
        move.b  #$7b,PORTQS     ; PCSx MOSI High  SCK Low
        move.b  #$7e,DDRQS      ; PCSx MOSI aus  MISO ein
        move.b  #$7f,PQSPAR     ; Betriebsart QSPI
; QSPI Steuerregister einstellen
        move.w  #$a008,SPCR0    ; Master 8bit Ruhe=Low 1 MHz
        move.w  #$0101,SPCR1    ; STOP 60ns vor  2us nach
        move.w  #$0100,SPCR2    ; einmal von 0 bis 1
        move.b  #$00,SPCR3      ; kein LOOP Int. Halt
; RAM-Einträge vorbereiten
        move.w  #$0000,RR0      ; 0.Eintrag beliebig
        move.w  #$0000,TR0      ; 0.Eintrag beliebig
        move.b  #$80,CR0        ; Systemwerte Low-Impuls
        move.w  #$0000,RR1      ; 1.Eintrag: löschen
        move.w  #$0000,TR1      ; 1.Eintrag: Null ausgeben
        move.b  #$8f,CR1        ; Systemwerte High
; Parallelschnittstelle C-Port vorbereiten
        clr.b   CSPAR0          ; PC2 PC1 PC0 als Ausgabe
        clr.b   CSPAR1+1        ; PC6 PC5 PC4 PC3 Ausgabe
; Schleife PF7=Tastsignal E-Port -> Ausgabe Eingabe -> C-Port
warte   btst    #7,PORTF0       ; warten bis PF7 Low(gedrückt)
        bne     warte           ; Nicht Low: warten
        move.b  PORTE0,d0       ; E-Port lesen
        not.b   d0              ; Daten komplementieren
        move.b  d0,TR1+1        ; nach Sendedaten
        bset    #7,SPCR1        ; SPE = 1: Start des QSPI
fertig  btst    #7,SPCR1        ; Ende der Sendung?
        bne     fertig          ; nein: warten
        move.b  RR1+1,d1        ; Empfangsdaten lesen
        move.b  d1,PORTC        ; nach C-Port ausgeben
high    btst    #7,PORTF0       ; warten bis PF7 wieder High
        beq     high            ; immer noch Low: warten
        bra     warte           ; Abbruch mit RESET
        end     start
```

Bild 4-16: Programmbeispiel zur seriellen Eingabe und Ausgabe

Das in *Bild 4-16* dargestellte Programm gibt die am E-Port eingestellten Kipp-schalterpotentiale auf den Leuchtdioden des Schieberegisters 74LS164 aus und überträgt die an den Schaltern des Schieberegisters 74LS165 eingestellten Daten auf die Leuchtdioden des C-Ports (nur 7 Anzeigen). Eingabe und Ausgabe sind parallel; die Datenübertragung erfolgt seriell. Die Sendung wird durch Betätigen des am Eingang PF7 liegenden Tasters ausgelöst. Sie besteht aus zwei Über-tragungsvorgängen.

Im *Eintrag Nr. 0* wird das Steuersignal PCS0 aus CR0 auf Low gelegt, um die LED Ausgabe zu löschen und die Schalterpotentiale zu speichern. Die Takt-eingänge beider Schieberegister sind dabei gesperrt, das Taktsignal SCK ist unwirksam. Die aus TR0 gesendeten und die in RR0 empfangenen Daten haben keine Bedeutung.

Im *Eintrag Nr.1* wird das Steuersignal PCS0 aus CR1 auf High gelegt, die Takteingänge der Schieberegister sind freigegeben. Das in TR1 liegende Byte wird mit dem werthöchsten Bit MSB zuerst in das Empfangsschieberegister geschoben und erscheint nach dem 8. Takt an Q_H. Das an den Schaltern des Sendeschieberegisters eingestellte Bitmuster wird mit dem werthöchsten Bit MSB (H) zuerst nach RR1 geschoben.

Ausgelöst durch die fallende Flanke am Taster PF1 wird der E-Port gelesen, komplementiert und in das wertniedere Byte von TR1 (Sendedaten) gebracht. Das Setzen des Feldes SPE im Steuerregister SPCR1 startet die Sendung beider Einträge. Die folgende Schleife wartet, bis die Steuerung am Ende der Sendung SPE wieder gelöscht hat. Dann werden die empfangenen Daten aus RR1 auf dem C-Port ausgegeben. Das Programm wartet auf die Freigabe des Tasters PF7 und setzt dann die Verarbeitungsschleife fort.

Die serielle QSPI-Schnittstelle ist gekennzeichnet durch:
- getrennte Sende-, Empfangs-, Takt- und Steuerleitungen,
- gleichzeitiges Senden und Empfangen jeweils eines Datenwertes,
- max. 16 Sende- bzw. Empfangsdaten in einer "Queue" (Schlange, Liste),
- max. 16 Steuerbytes zur Auswahl von max. 16 Peripherieeinheiten,
- programmierbarer Übertragungstakt (4 MHz bis 33 kHz),
- programmierbare Datenlänge (8 bis 16 bit),
- programmierbare Verzögerungszeiten zwischen den Übertragungen,
- Betrieb als Master (Taktausgabe) oder Slave (Takteinspeisung) und
- Interruptauslösung am Ende einer Sendung.

4.6 Die Timerfunktionen der TPU

Die Moduleinheit TPU (Time Processor Unit) ist ein eigenständiger Mikrocomputer, der zeitabhängige Eingabe- und Ausgabefunktionen auf max. 16 Kanälen gleichzeitig ausführen kann. *Bild 4-17* zeigt einen Überblick.

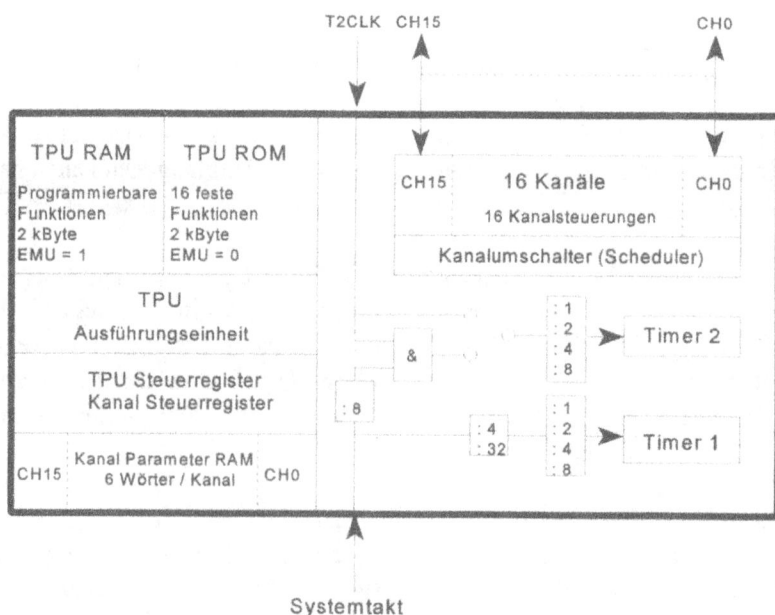

T2CLK CH15   CH0

```
TPU RAM        TPU ROM                CH15      16 Kanäle      CH0
Programmierbare  16 feste                      16 Kanalsteuerungen
Funktionen       Funktionen
2 kByte          2 kByte                    Kanalumschalter (Scheduler)
EMU = 1          EMU = 0

        TPU                                                : 1
   Ausführungseinheit                                      : 2    → Timer 2
                                               &           : 4
   TPU Steuerregister                                      : 8
   Kanal Steuerregister                 : 8
                                                : 4        : 1
   Kanal Parameter RAM                          : 32       : 2    → Timer 1
CH15      6 Wörter / Kanal   CH0                           : 4
                                                           : 8
```

Systemtakt

Bild 4-17: Der Aufbau der TPU Moduleinheit

Alle Zeitfunktionen werden von den beiden 16 bit Aufwärtszählern *Timer 1* und *Timer 2* abgeleitet, die "frei" laufen und nach dem Endwert $FFFF wieder mit dem Anfangswert $0000 beginnen. Der Takt für *Timer 1* wird über Teiler immer vom Systemtakt (z.B. 16,777 MHz) der CPU abgeleitet. Der Takt für *Timer 2* wird entweder am Eingang T2CLK eingespeist oder ebenfalls vom Systemtakt abgeleitet. Im zweiten Fall dient T2CLK als Gate (Tor) zum Sperren bzw. Freigeben des Taktes für *Timer 2*.

Die beiden Timer sind dem Anwender nicht direkt über CPU Befehle zugänglich, sondern werden von der *Ausführungseinheit* der TPU kontrolliert. Dies ist ein Mikroprozessor bestehend aus Steuerwerk und Rechenwerk, der seine "Mikrobefehle" entweder dem Festwertspeicher (TPU ROM) oder dem Schreib-Lese-Speicher (TPU RAM) entnimmt. Für EMU = 0 (Vorgabe!) im Konfigurationsregister der TPU können max. 16 fertige Steuerprogramme (Mikroprogramme) dem ROM entnommen und ausgeführt werden; der TPU RAM steht dem Anwender als Programm- bzw. Datenspeicher zur Verfügung. Diese vorgefertigten Steuerprogramme decken die häufigsten Anwendungsfälle ab; die wichtigsten werden anschließend mit Beispielen besprochen. Für EMU = 1 werden Steuerprogramme (Mikroprogramme) aus dem TPU RAM ausgeführt, die der Anwender selbst erstellen und laden muß. Diese Anwendung wird hier nicht behandelt. Für jeden der 16 *Timerkanäle* kann die TPU unabhängig von den anderen Kanälen ein eigenes Steuerprogramm ausführen. Ein Kanal kann jedoch andere Kanäle über einen Link (Verbindung) anstoßen oder von ihnen angestoßen werden. Ein Scheduler (Kanalumschalter) sorgt dafür, daß jeder Kanal entsprechend einer einstellbaren Priorität von der TPU bedient wird. *Bild 4-18* zeigt ein vereinfachtes Modell einer *Kanalsteuerung*, die für jeden Kanal gleich aufgebaut ist.

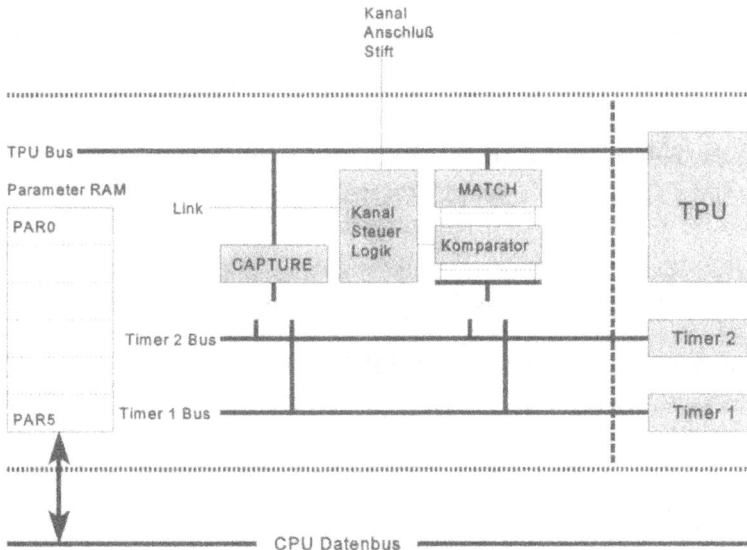

Bild 4-18: Modell einer Kanalsteuerung

Ein 16 bit *Komparator* vergleicht den Inhalt des *MATCH* Registers (Compare- oder Vergleichsregister) mit einem der beiden Timer und kann bei größer/gleich ein Event (Ereignis) auslösen. Beim Auftreten eines Ereignisses kann die Steuerlogik das *CAPTURE* Register (Auffangregister) mit einem der beiden Timerwerte laden. Die beiden Kanalregister sind wie die Timer dem Benutzer nicht zugänglich, sondern werden entsprechend dem für den Kanal ablaufenden Steuerprogramm von der TPU über den TPU Bus geladen und gelesen. Weitere Ereignisse sind Flanken am Anschlußstift des Kanals oder eine Verbindung (Link) eines anderen Kanals. Der Anwender legt die Betriebsart (das Steuerprogramm) und die Betriebsbedingungen des Kanals in Steuerregistern fest und tauscht Daten mit dem Kanal über einen 6 Wörter umfassenden *Parameter RAM* aus, auf den sowohl die CPU als auch die TPU zugreifen kann.

Die folgenden *Steuerregister der TPU* sind nur im Systemstatus (S = 1) zugänglich; für SUPV = 0 können die Register HSQR und HSRR sowie die Parameter RAM Bereiche der Kanäle auch im Benutzerstatus (S = 0) bedient werden. Der Zugriff muß wort- oder langwortweise erfolgen; nur das Interruptstatusregister CISR ist byteadressierbar und kann mit Bitbefehlen getestet werden.

Das TPU Module Configuration Register **TPUMCR** Wortadresse $FF FE00 kann in den Feldern TCR1P, TCR2P, EMU und PSCK nur *einmal* nach einem Reset beschrieben werden.

Bit 15	Bit 14	Bit 13	Bit 12	Bit 11	Bit 10	Bit 9	Bit 8
STOP	TCR1P	TCR1P	TCR2P	TCR2P	EMU	T2CG	STF

Reset:0   0   0   0   0   0   0   0

Bit 7	Bit 6	Bit 5	Bit 4	Bit 3	Bit 2	Bit 1	Bit 0
SUPV	PSCK	0	0	IARB	IARB	IABR	IARB

Reset:1   0   0   0   0   0   0   0

STOP = 0: die TPU arbeitet normal
STOP = 1: die TPU wird am Ende einer Kanalbedienung angehalten

STF = 0: Anzeigebit: TPU arbeitet normal
STF = 1: Anzeigebit: TPU hat angehalten

EMU = 0: feste Steuerprogramme im TPU ROM (Vorgabe!)
EMU = 1: Steuerprogramme im TPU RAM

SUPV = 0: Parameter und Register HSQR und HSRR auch im Benutzerstatus
SUPV = 1: Parameter und alle Register nur im Systemstatus (Vorgabe!)

TCR1P = 0 0: Teiler durch 1 für Timer 1
TCR1P = 0 1: Teiler durch 2 für Timer 1
TCR1P = 1 0: Teiler durch 4 für Timer 1
TCR1P = 1 1: Teiler durch 8 für Timer 1
PSCK = 0: Vorteiler durch 32 für Timer 1
PSCK = 1: Vorteiler durch 4 für Timer 1

Die folgenden Angaben gelten für einen Systemtakt von 16,777 MHz

PSCK	TCR1P	gesamt	Taktfrequenz	Taktperiode	Timerdurchlauf
1	0 0	/ 4	4,195 MHz	238,4 ns	15,62 ms
1	0 1	/ 8	2,097 MHz	476,8 ns	31,25 ms
1	1 0	/ 16	1,049 MHz	953,6 ns	62,5 ms
1	1 1	/ 32	524 kHz	1,91 μs	125 ms
0	0 0	/ 32	524 kHz	1,91 μs	125 ms
0	0 1	/ 64	262 kHz	3,81 μs	250 ms
0	1 0	/ 128	131 kHz	7,63 μs	500 ms
0	1 1	/ 256	65,5 kHz	15,3 μs	1 sek

T2CG = 0: Eingang TCR2 ist Taktquelle für Timer 2
T2CG = 1: Eingang TCR2 schaltet Systemtakt für Timer 2
      TCR2 = *Low:* Systemtakt für Timer 2 ist abgeschaltet
      TCR2 = *High:* Systemtakt / 8 ist Taktquelle für Timer 2
TCR2P = 0 0: Teiler durch 1 für Timer 2
TCR2P = 0 1: Teiler durch 2 für Timer 2
TCR2P = 1 0: Teiler durch 4 für Timer 2
TCR2P = 1 1: Teiler durch 8 für Timer 2

Bei Verwendung von Timer 2 *muß* der Eingang TCR2 entweder mit der Takt-quelle oder mit High (Freigabe des Systemtakts) beschaltet werden. Für einen Systemtakt von 16,777 MHz bzw. einen externen Takt von 2,097 MHz gilt:

TCR1P	Taktfrequenz	Taktperiode	Timerdurchlauf
0 0	2,097 MHz	476,8 ns	31,25 ms
0 1	1,049 MHz	953,6 ns	62,5 ms
1 0	524 kHz	1,91 µs	125 ms
1 1	262 kHz	3,81 µs	250 ms

IARB = xxxx: Interruptpriorität des TPU Moduls von 0001 bis 1111

Das TPU Interrupt Configuration Register **TICR** Wortadresse $FF FE08 legt die Interruptebene und die Interruptvektoren der TPU fest

Bit 15	Bit 14	Bit 13	Bit 12	Bit 11	Bit 10	Bit 9	Bit 8
0	0	0	0	0	CIRL	CIRL	CIRL
Reset:0	0	0	0	0	0	0	0

Bit 7	Bit 6	Bit 5	Bit 4	Bit 3	Bit 2	Bit 1	Bit 0
CIBV	CIBV	CIBV	CIBV	CIBV=x	CIBV=x	CIBV=x	CIBV=x
Reset:0	0	0	0	0	0	0	0

CIRL = Interruptebene der TPU
CIRL = 0 0 0: Interrupts aller Kanäle gesperrt
CIRL = 0 0 1 bis 1 1 1: Interruptebene 1 bis 7

CIBV = Interruptvektoren der Kanäle 0 bis 15
Bei der Programmierung werden nur die vier oberen Bitpositionen verwendet, bei einem Interrupt wird in die unteren vier Bitpositionen die Nr. des auslösen-den Kanals eingesetzt.

Das Channel Interrupt Enable Register **CIER** Wortadresse $FF FE0A gibt die Interruptauslösung für jeden Kanal frei. Die Vorgabe nach Reset ist 0 (gesperrt).

CH	CH	CH	CH	CH	CH	CH	CH	CH	CH	CH	CH	CH	CH	CH	CH
15	14	13	12	11	10	9	8	7	6	5	4	3	2	1	0

Eine 0 sperrt den Interrupt des Kanals, eine 1 gibt den Interrupt des Kanals frei.

Das Channel Interrupt Status Register **CISR** Wortadresse $FF FE20 gibt für jeden Kanal einzeln an, ob eine Interruptbedingung aufgetreten ist. Es ist das einzige TPU Register, das sich *byteweise* lesen läßt.

High Byte **CISR+1** $FF FE21   *Low Byte* **CISR+0** $FF FE20

CH 15	CH 14	CH 13	CH 12	CH 11	CH 10	CH 9	CH 8	CH 7	CH 6	CH 5	CH 4	CH 3	CH 2	CH 1	CH 0

Bei einem Reset sind alle Bitpositionen mit 0 (keine Bedingung) vorbesetzt. Eine 1 zeigt, daß eine Interruptbedingung an dem entsprechenden Kanal aufgetreten ist. Sie wird durch Lesen des auf 1 befindlichen Bits mit anschließendem Löschen wieder auf 0 zurückgesetzt. Ist beim Auftreten der Interruptbedingung der Interrupt freigegeben (in CIER, TICR und TPUMCR), so wird das dem Kanal entsprechende Interruptprogramm gestartet, welches das Bit wieder zurücksetzen muß. Zur *Abfrage* einzelner Interruptanzeigen können Bytebefehle (BTST) verwendet werden; zum gleichzeitigen *Löschen* sind Wortoperationen erforderlich. Das folgende Beispiel löscht die Anzeige für Kanal Nr. 0:

```
ANDI.W   #$FFFE,CISR   ; Maske %1111 1111 1111 1110
```

Die vier Channel Function Select Register Nr. 0 bis 3 legen in jeweils 4 Bitpositionen für jeden Kanal die Timerfunktion fest. Nach einem Reset sind alle Felder mit %0000 vorbesetzt; diese Funktion ist z.Z. im TPU ROM nicht belegt.

CFSR0 Wortadresse $FF FE0C für die Kanäle 15 bis 12

Kanal CH15	Kanal CH14	Kanal CH13	Kanal CH12

CFSR1 Wortadresse $FF FE0E für die Kanäle 11 bis 8

Kanal CH11	Kanal CH10	Kanal CH9	Kanal CH8

CFSR2 Wortadresse $FF FE10 für die Kanäle 7 bis 4

Kanal CH7	Kanal CH6	Kanal CH5	Kanal CH4

CFSR3 Wortadresse $FF FE12 für die Kanäle 3 bis 0

Kanal CH3	Kanal CH2	Kanal CH1	Kanal CH0

Die vordefinierten Timerfunktionen im TPU ROM sind abhängig von der Version des Controllers und können vom Hersteller geändert werden. Für die Standardversion MC 68332 mit der Maske A gelten folgende Codes:

$0 bis $5: nicht belegt (können Fehlfunktionen auslösen)

$6 QDEC (Quadrature Decode): 2 Eingangskanäle mit zeitversetzten Impulsen

$7: SPWM (Synchronized Pulse-Width Modulation): Ausgabe max. 8 Kanäle

$8: DIO (Discrete Input / Output): Digitale Eingabe oder Ausgabe

$9: PWM (Pulse-Width Modulation): Pulsweitenmodulierte Ausgabe

$A: ITC (Input Capture / Input Transition Counter): Ereigniszähler
$B: PMA/PMM (Period Measurement): Funktionen für Frequenzmessung
$C: PSP (Position-Synchronized Pulse Generator): Ausgabe von Impulsen
$D: SM (Stepper Motor): Ansteuerung für Schrittmotoren max. 8 Kanäle
$E: OC (Output Compare): Ausgabe einer Signalflanke oder einer Frequenz
$F: PPWA (Period/Pulse-Width Accumulator): Impulse messen und addieren

Die beiden Host Sequence Register Nr. 0 und 1 legen für jeden Kanal in zwei Bitpositionen Zusatzfunktionen fest, die von der jeweils gewählten Timerfunktion abhängig sind. Das Wort host bedeutet Wirt oder Gastgeber; gemeint sind hier CPU Programme, die der TPU Anforderungen übermitteln.

HSQR0 Wortadresse $FF FE14 für die Kanäle 15 bis 8

CH15	CH14	CH13	CH12	CH11	CH10	CH9	CH8

HSQR1 Wortadresse $FF FE16 für die Kanäle 7 bis 0

CH7	CH6	CH5	CH4	CH3	CH2	CH1	CH0

Die beiden Host Service Request Register Nr. 0 und 1 legen für jeden Kanal in zwei Bitpositionen Anforderungsfunktionen fest, die von der jeweils gewählten Timerfunktion abhängig sind. Nach einem Reset sind alle Bitpositionen gelöscht.

HSRR0 Wortadresse $FF FE18 für die Kanäle 15 bis 8

CH15	CH14	CH13	CH12	CH11	CH10	CH9	CH8

HSRR1 Wortadresse $FF FE1A für die Kanäle 7 bis 0

CH7	CH6	CH5	CH4	CH3	CH2	CH1	CH0

Die beiden Register können von der CPU nur beschrieben werden; beim Lesen enthalten sie einen Kanalstatus, der von der TPU geliefert wird. Die Bitpositionen lassen sich von der CPU nur setzen, nicht aber löschen.

Die Bitkombination %00 hat für *alle* Timerfunktionen und Kanäle eine besondere Bedeutung. Beim *Schreiben* durch die CPU löst sie keine Steuerfunktion aus, beim *Lesen* des Registers zeigt sie an, daß die TPU bereit ist, von der CPU neue Einstellungen in den Kanalregistern oder im Parameter RAM entgegenzunehmen. Ist die TPU nicht zur Übernahme bereit, so setzt sie das Feld des entsprechenden Kanals auf einen Wert ungleich %00. Es wird empfohlen, die beiden Host Service Request Register nur zu beschreiben, wenn sie den Wert 0 haben. Die drei anderen Bitkombinationen lösen bestimmte, von der Timerfunktion abhängige Aktionen in der Kanalsteuerung aus.

Die beiden Channel Priority Register Nr. 0 und 1 legen für jeden Kanal in zwei Bitpositionen die Priorität fest, mit welcher der Kanal von Scheduler (Kanalumschalter) bedient wird. Nach einem Reset sind alle Bitpositionen gelöscht; alle Kanäle sind gesperrt.

CPR0 Wortadresse $FF FE1C für die Kanäle 15 bis 8

CH15	CH14	CH13	CH12	CH11	CH10	CH9	CH8

CPR1 Wortadresse $FF FE1E für die Kanäle 7 bis 0

CH7	CH6	CH5	CH4	CH3	CH2	CH1	CH0

0 0: Kanal ist gesperrt
0 1: Start mit niederer Priorität
1 0: Start mit mittlerer Priorität
1 1: Start mit hoher Priorität

Für jeden Kanal gibt es im RAM von den Adressen $FF FF00 bis $FF FFFE einen 16 byte großen *Parameterbereich*, der sowohl von der TPU als auch von der CPU gelesen und beschrieben werden kann. Die Kanäle belegen nur 6 der 8 Wörter; die beiden unbenutzten Wörter der Kanäle 14 und 15 haben bei einigen Funktionen eine besondere Bedeutung. Zugriff wort- und langwortweise z.B. für Hilfsgrößen auch ohne Initialisierung des Kanals.
Kanal 0: **CH0** Anfangsadresse $FF FF00 (nur 6 von 8 Wörtern)
Kanal 1: **CH1** Anfangsadresse $FF FF10 (nur 6 von 8 Wörten)
Kanal 2: **CH2** Anfangsadresse $FF FF20 (nur 6 von 8 Wörtern)
Kanal 3: **CH3** Anfangsadresse $FF FF30 (nur 6 von 8 Wörtern)
Kanal 4: **CH4** Anfangsadresse $FF FF40 (nur 6 von 8 Wörtern)
Kanal 5: **CH5** Anfangsadresse $FF FF50 (nur 6 von 8 Wörtern)
Kanal 6: **CH6** Anfangsadresse $FF FF60 (nur 6 von 8 Wörtern)
Kanal 7: **CH7** Anfangsadresse $FF FF70 (nur 6 von 8 Wörtern)
Kanal 8: **CH8** Anfangsadresse $FF FF80 (nur 6 von 8 Wörtern)
Kanal 9: **CH9** Anfangsadresse $FF FF90 (nur 6 von 8 Wörtern)
Kanal 10: **CH10** Anfangsadresse $FF FFA0 (nur 6 von 8 Wörtern)
Kanal 11: **CH11** Anfangsadresse $FF FFB0 (nur 6 von 8 Wörtern)
Kanal 12: **CH12** Anfangsadresse $FF FFC0 (nur 6 von 8 Wörtern)
Kanal 13: **CH13** Anfangsadresse $FF FFD0 (nur 6 von 8 Wörtern)
Kanal 14: **CH14** Anfangsadresse $FF FFE0 (alle 8 Wörter)
Kanal 15: **CH15** Anfangsadresse $FF FFF0 (alle 8 Wörter)

Sonderparameter je nach Funktion:
Wortadresse $FF FFEC: (Timer 1 bei Initialisierung und Match)
Wortadresse $FF FFEE: (Timer 2 bei Initialisierung und Match)
Wortadresse $FF FFFC: (z.B. bei Funktionen PMA und PMM)
Wortadresse $FF FFFE:

Für die *Übergabeparameter* eines Kanals gilt allgemein:

```
        15 14 13 12 11 10  9  8   7  6  5   4  3  2   1  0
CHx+0:CPU                    |     TBS    |   PAC  |  PSC
Chx+2:TPU
CHx+4:C/P
CHx+6:
CHx+8:
CHx+10:
```

Die mit **CPU** gekennzeichneten Eintragungen in den Parametern sind vom Benutzer vorzunehmen. Die mit TPU gekennzeichneten Werte werden von der TPU eingetragen und dürfen vom Benutzer gelesen, aber nicht verändert werden. Auf die Parameter C/P können beide zugreifen. Es werden nicht immer alle Parameter verwendet. Die Bitpositionen 0 bis 8 des Parameters Nr. 0 haben bei den meisten Funktionen folgende Bedeutung:

Feld **TBS** (Time Base/Directionality Selection): Richtung und Zeitbasis
Bit 8 = 1: keine Änderung von TBS, Bitpositionen 7 bis 5 beliebig (x)
    = 0: Änderungen in TBS wirksam
Bit 7 = 0: Kanal ist Eingang
    = 1: Kanal ist Ausgang
Bit 6 = 0: CAPTURE = Timer 1
    = 1: CAPTURE = Timer 2
Bit 5 = 0: MATCH = Timer 1
    = 1: MATCH = Timer 2

Feld **PAC** (Pin Action Control) Wirkung bei Anforderung :
Bit 4 = 1: keine Änderung von PAC, Bitpositionen 3 und 2 beliebig (x)
    = 0: Änderungen in PAC wirksam
Für die *Eingaberichtung* gilt:
Bit 3/2 = 0 0: *Eingabe* ohne Flankenerkennung
    = 0 1: *Eingabe* reagiert auf steigende Flanke
    = 1 0: *Eingabe* reagiert auf fallende Flanke
    = 1 1: *Eingabe* reagiert auf beide Flanken
Für die *Ausgaberichtung* gilt:
Bit 3/2 = 0 0: *Ausgabe* bei "Match" nicht ändern
    = 0 1: *Ausgabe* auf High bei "Match"
    = 1 0: *Ausgabe* auf Low bei "Match"
    = 1 1: *Ausgabe* umschalten bei "Match"

Feld **PSC** (Pin State Control): *Ausgabeleitung* bei Initialisierung:
Bit 1/0 = 0 0: Anschluß sofort wie im PAC Feld angegeben
    = 0 1: Anschluß sofort auf High setzen
    = 1 0: Anschluß sofort auf Low setzen
    = 1 1: Anschluß nicht ändern

Für die *Steuerwerte* ergeben sich keine Zeiteinheiten, sondern Takte des jeweils verwendeten Timers, die von der Taktquelle abhängig sind. Für den Systemtakt sollte von der Takteinspeisung (Taktgenerator bzw. Quarz) des Controllers und den Einstellungen des Taktgenerators im Steuerregister SYNCR ausgegangen werden. Beispiel:
- Quarz 32,768 kHz,
- $Y = 63$ $W = 0$ $X = 1$ ergeben $512 * 32,768 = 16,777$ MHz Systemtakt
- ein Teiler durch 4 ergibt eine Taktperiode = 238,4 ns
- für eine Wartezeit von 1 ms ergeben sich 4194,3 gerundet 4194 Perioden

Die Eintragungen in den Wörtern der Parameterfelder sind ganze vorzeichenlose Zahlen von 0 bis 65 535 ($FFFF); bei einigen Funktionen ist der Wertebereich auf 32 767 ($7FFF) beschränkt.

4.6.1 Die Funktion PWM pulsweitenmodulierte Ausgabe
gibt ein Rechtecksignal aus; Frequenz und Tastverhältnis lassen sich während des Betriebes ändern. Die Funktion kann periodische Interrupts auslösen.

Eintragungen in den *Kanalsteuerregistern*:
Funktionsauswahlcode in CFSRx: %1001 = $9
Zusatzfunktionen in HSQRx: keine
Anforderungsfunktionen in HSRRx:
%01: sofort Einstellungen ändern
%10: Einstellungen initialisieren

Übergabeparameter des Kanals:

	15 14 13 12 11 10 9 8 7 6 5 4 3 2 1 0
CHx+0:**CPU**	| TBS | PAC | PSC
CHx+2:TPU	OLDRIS Zählerwert der letzten steigenden Flanke
CHx+4:**CPU**	PWMHI Anzahl der Takte für die High-Zeit
CHx+6:**CPU**	PWMPER Anzahl der Takte für die Periodendauer
CHx+8:TPU	PWMRIS Zählerwert der nächsten steigenden Flanke

Die mit **CPU** gekennzeichneten Parameter sind vom Benutzer einzutragen.
TBS = 0100: Kanalrichtung Ausgabe, Zeitbasis Timer 1
TBS = 0111: Kanalrichtung Ausgabe, Zeitbasis Timer 2
TBS = 1xxx: keine Änderung im Feld TBS
PSC = 00: Ausgabe wie in PAC angegeben

In das Feld PWMPER ist die Anzahl der Takte für die Periodendauer einzutragen. Die dem Wert entsprechende Zeit soll im besten Fall (nur 1 Kanal) größer sein als 48 Systemtakte (1,9 µs bei 16,777 MHz). Der größte Wert ist 65 535 Takte.

In das Feld PWMHI ist die Anzahl der Takte für die High-Zeit einzutragen. Die dem Wert entsprechende Zeit soll im besten Fall (nur 1 Kanal) größer sein als 32 Systemtakte (2,9 µs bei 16,777 MHz). Der größte Wert ist 65 535 Takte.

Die mit TPU gekennzeichneten Parameter werden von der TPU eingetragen und dürfen vom Benutzer gelesen, aber nicht verändert werden.

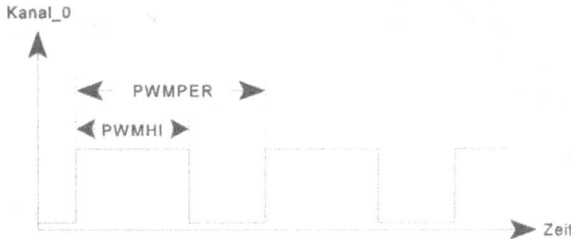

```
* k4b19.ASM Bild 4-19: TPU im PWM-Betrieb 1 kHz
          org     $100000           ; Start nach RESET!
; TPU Register: Timer1=4 MHz Timer2=2 MHz Modulpriorität 1
start     move.w  #$0241,TPUMCR     ; 0 00 00 0 1 x  0 1 xx 0001
          move.w  #$0000,TICR       ; kein Interrupt kein Vektor
          move.w  #$0000,CIER       ; alle Interrupts gesperrt
          move.w  #$0009,CFSR3      ; Code $9 PWM für Kanal 0
          move.w  #$0000,HSQR1      ; keine Zusatzfunktionen
; Kanal_0 Parameter im RAM Ausgabe Timer_1
          move.w  #$0090,CH0+0      ; 0000000 0100 100 00
          move.w  #4194,d0          ; 4194 Takte für 1 kHz
          move.w  d0,CH0+6          ; nach Periode
          lsr.w   #1,d0             ; / 2
          move.w  d0,CH0+4          ; Halbperiode High-Zeit
warte     tst.w   HSRR1             ; Kanal frei?
          bne     warte
          move.w  #$0002,HSRR1      ; ja: initialisiere
          move.w  #$0003,CPR1       ; Start: hohe Priorität
; Grundfrequenz bleibt High-Zeit wird gelesen
loop      clr.w   d1                ;
          move.b  PORTE0,d1         ; neuer High-Abstand
          lsl.w   #3,d1             ; Faktor * 8
          add.w   d0,d1             ; neue High-Zeit
          move.w  d1,CH0+4          ; neuer Parameter
          bra     loop              ; Schleife
          end     start
```

Bild 4-19: Ausgabe eines pulsweitenmodulierten Rechtecksignals

Das in *Bild 4-19* dargestellte Beispiel zeigt die Ausgabe eines Rechtecksignals der Frequenz 1 kHz. Die Länge der positiven Halbwelle (High-Zeit) kann während des Betriebes geändert werden. Der am E-Port eingestellte Wert von 0 bis 255 wird mit 8 multipliziert und zu einer Grundzeit addiert, die der halben Periode (Tastverhältnis 1:1) entspricht.

Als Zeitbasis dient der Timer 1 mit der größten Auflösung von 238,4 ns bei max. 15,625 ms Durchlaufzeit. Für eine Periodendauer von 1 ms ergeben sich rechnerisch 4194,3 Takte. Für ein Tastverhältnis von 1:1 wurden 4194 Takte für die Periode und 2097 Takte für die positive Halbperiode gewählt. Die Felder in den Steuerregistern werden so eingestellt, daß kein Interrupt am Ende einer Periode ausgelöst wird. Die Änderung der High-Zeit erfolgt durch Einschreiben eines neuen Wertes in den entsprechenden Parameter und wird erst bei der Ausgabe der nächsten Periode wirksam. Eine sofortige Berücksichtigung des neuen Wertes ließe sich durch ein entsprechendes Kommando im Anforderungsregister HSRR1 erreichen. Bei der größtmöglichen Periode von 65 535 Takten wurden ca. 64 Hz gemessen, bei 32 Takten waren es ca. 131 kHz.

```
* k4b20.ASM Bild 4-20: PWM-Betrieb mit Interrupt
TPURAM   equ     $100000          ; Anfang Vektortabelle
         org     TPURAM+$200      ; Start nach RESET!
; TPU Register: Timer1=65,5 kHz mit Modulpriorität 14
start    move.w  #$7a0e,TPUMCR    ; 0 11 11 0 1 x  0 0 xx 1110
         move.w  #$0640,TICR      ; 00000 110 0100xxxx Level 6
         move.w  #$0001,CIER      ; Kanal_0 Interrupt frei
         move.w  #$0009,CFSR3     ; Code $9 PWM für Kanal 0
         move.w  #$0000,HSQR1     ; keine Zusatzfunktionen
; Kanal_0 Parameter im RAM eintragen Ausgang Timer_1
         move.w  #$0090,CH0+0     ; 0000000 0100 100 00
         move.w  #$8000,d0        ; 37768 Takte für 500 ms
         move.w  d0,CH0+6         ; nach Periode
         lsr.w   #1,d0            ; / 2
         move.w  d0,CH0+4         ; Halbperiode High-Zeit
; E-Port und Interrupt vorbereiten
         move.b  #$ff,DDRE        ; E-Port Ausgabe
         clr.b   PORTE0           ; Zähler löschen
         move.w  #63,d0           ; Zähler für 64 Vektoren
         movea.l #0,a0            ; A0 = Her-Adresse Monitor
         movea.l #TPURAM,a1       ; A1 = Ziel-Adresse RAM
         movec   a1,VBR           ; nach Vektorbasisregister
kopie    move.l  (a0)+,(a1)+      ; Monitor-EPROM -> RAM
         dbra    d0,kopie         ; Kopierschleife
         andi.w  #$f8ff,SR        ; Maske %000 Interrupts frei
         move.l  #zaehl,TPURAM+$100 ; Vektor $40 * 4 = $100
warte    tst.w   HSRR1            ; Kanal frei?
         bne     warte            ; nein:  warten
         move.w  #$0002,HSRR1     ; ja: initialisiere
         move.w  #$0003,CPR1      ; Start: hohe Priorität
loop     bra     loop             ; Schlummerschleife bis Reset
; Einsprung Interrupt Kanal_0 nach 500 ms
zaehl    andi.w  #$fffe,CISR      ; Anzeige lesen und löschen
         addq.b  #1,PORTE0        ; Ausgabezähler +1
         rte                      ; zurück in den Schlummer
         end     start
```

Bild 4-20: Periodische Interruptauslösung mit der Funktion PWM

Das in *Bild 4-20* dargestellte Programm erzeugt ein Rechtecksignal von 2 Hz mit einem Tastverhältnis von 1:1 und löst am Ende einer Periode alle 500 ms einen

Interrupt aus. Die größte mit der Funktion PWM erreichbare Zeit liegt bei 999,98 ms (Systemtakt 16,777 MHz). Mit dem in Abschnitt 4.1 behandelten Systemtimer läßt sich eine Auslösezeit von fast 16 sek einstellen.

Das Vektorbasisregister VBR wird auf den Anfang der in den RAM kopierten Vektortabelle des Monitors gesetzt. Die Einsprungadresse `zaehl` des Interruptprogramms für Kanal Nr. 0 wird im Abstand (Offset) $100 + 0 abgelegt; dies entspricht dem Vektor $40+0 = ($100 / 4) + 0. Im Interruptprogramm muß das Anzeigebit in CISR mit der Wortoperation `ANDI.W` (lesen, maskieren und schreiben) zurückgesetzt werden; Bytebefehle (`BCLR`) sind unwirksam.

4.6.2 Die Funktion DIO diskrete Eingabe und Ausgabe
arbeitet wie eine parallele Schnittstelle zur Eingabe bzw. Ausgabe von digitalen Signalen. Die Anforderungsfunktionen und Eintragungen in den Steuerfeldern TBS, PAC und PSC sind abhängig von der Kanalrichtung und der gewählten Zusatzfunktion. Es werden nur die in den Beispielprogrammen verwendeten Codes dargestellt!

Eintragungen in den *Kanalsteuerregistern*:
Funktionsauswahlcode in CFSRx: %1000 = $8
Zusatzfunktionen in HSQRx:
%00: Eingabe bei Änderung (Flanke) des Signals
%01: Eingabe periodisch entsprechend Timer
%10: Eingabe bei Anforderung durch HSRR = %11
%11:
Anforderungsfunktionen in HSRRx:
%00: keine
%01: Ausgabe High setzen
%10: Ausgabe Low setzen
%11: Einstellungen initialisieren bzw. Eingabe anfordern

Übergabeparameter des Kanals:

```
               15 14 13 12 11 10  9  8  7  6  5  4  3  2  1  0
CHx+0:CPU                         |    TBS    |   PAC  | PSC
CHx+2:TPU PINLEVEL    (schiebe 1 bit rechts  Bit 15 = letzter Zustand)
CHx+4:CPU MATCHRATE              (Abtastrate < $8000)
```

Die mit **CPU** gekennzeichneten Parameter sind vom Benutzer einzutragen.
TBS = 01xx: Kanalrichtung Ausgabe, keine Zeitbasis
TBS = 0000: Kanalrichtung Eingabe, Zeitbasis Timer 1 für MATCHRATE
TBS = 0011: Kanalrichtung Eingabe, Zeitbasis Timer 2 für MATCHRATE
TBS = 1xxx: keine Änderung im Feld TBS
PAC = 000: keine Flanke
PAC = 001: Eingabe bei steigender Flanke
PAC = 010: Eingabe bei fallender Flanke

PAC = 011: Eingabe bei beiden Flanken

PAC = 1xx: keine Änderung im Feld PAC

PSC = 00: Ausgabe wie in PAC angegeben

PSC = 01: Ausgabe "sofort" auf High

PSC = 10: Ausgabe "sofort" auf Low

PSC = 1x: keine Änderung im Feld PSC

In das Feld MATCHRATE ist die Abtastrate für die Zusatzfunktion HSQR = %01 periodische Abtastung der Eingabe einzutragen. Die Anzahl der Taktperioden für den ausgewählten Timer muß kleiner als $8000 = 32768$ sein. In das Feld PINLEVEL trägt die TPU sowohl bei der Eingabe als auch bei der Ausgabe die logischen Zustände des Kanalanschlusses ein. Bitposition 15 enthält den letzten; Bitposition 14 den vorletzten Wert usw. Dies entspricht einem 16 bit Rechtsschieberegister.

Im *Ausgabebetrieb* sind keine Zusatzfunktionen vorgesehen. Das Feld PSC legt den Anfangszustand des Ausgangs nach der Initialisierung fest. Das Bitmuster %10 legt bei der Anforderung im Anforderungsregister HSRR den Anschluß auf Low, das Bitmuster %01 legt ihn auf High. *Bild 4-21* zeigt ein Programm, das bei jeder fallenden Flanke am Porteingang PF7 den Ausgang des Kanals Nr. 0 auf Low schaltet und ihn bei jeder steigenden Flanke an PF7 auf High legt.

```
* k4b21.ASM Bild 4-21: TPU im DIO-Betrieb Ausgabe Kanal_0
        org     $100000         ; Start nach RESET!
; TPU Register: Timer1=x MHz Timer2=x MHz Modulpriorität x
start   move.w  #$0241,TPUMCR   ; 0 00 00 0 1 x  0 1 xx 0001
        move.w  #$0000,TICR     ; kein Interrupt kein Vektor
        move.w  #$0000,CIER     ; alle Interrupts gesperrt
        move.w  #$0008,CFSR3    ; Code $8 DIO für Kanal_0
        move.w  #$0000,HSQR1    ; keine Zusatzfunktion
; Kanal_0 Parameter im RAM: Ausgabe Ausgangszustand High
        move.w  #$0091,CH0+0    ; 0000000 0100 100 01
wart1   tst.w   HSRR1           ; Kanal frei?
        bne     wart1           ; nein:
        move.w  #$0003,HSRR1    ; ja: initialisiere
        move.w  #$0003,CPR1     ; Start: hohe Priorität
; Flanke Taster PF7 -> Kanal_0 umschalten
loop1   btst    #7,PORTF0       ; PF7 Low ?
        bne     loop1           ; nein: warten
wart2   tst.w   HSRR1           ; PF7 = Low: Kanal frei ?
        bne     wart2           ; nein:
        move.w  #$0002,HSRR1    ; ja: Kanal_0 auf Low
loop2   btst    #7,PORTF0       ; PF7 Low ?
        beq     loop2           ; ja: warten
wart3   tst.w   HSRR1           ; PF7 = High: Kanal frei ?
        bne     wart3           ; nein:
        move.w  #$0001,HSRR1    ; ja: Kanal_0 auf High
        bra     loop1           ; Schleife
        end     start
```

Bild 4-21: DIO Funktion zur digitalen Ausgabe

Für den *Eingabebetrieb* gibt es die drei Zusatzfunktionen
- Eingangspotential bei Änderung (Flanke) des Signals speichern,
- Eingangspotential periodisch abtasten und speichern sowie
- Eingangspotential bei Anforderung abspeichern.
Die abgespeicherten Potentiale stehen im Parameterfeld PINLEVEL zur Verfügung; in Bitposition 15 steht der letzte Wert (Schieberegister).

Das in *Bild 4-22* dargestellte Programmbeispiel untersucht die drei Eingabefunktionen. Die vier Kanäle Nr. 0 bis 3 sind parallel geschaltet und können mit einem Taster auf High bzw. Low gelegt werden. Kanal Nr. 0 ist auf beide Flanken programmiert; das High-Byte des PINLEVEL Wortes wird auf dem E-Port ausgegeben. Kanal Nr. 1 wird periodisch mit Timer 1 abgetastet; die 8 letzten Werte erscheinen auf dem F-Port. Kanal Nr. 2 wird periodisch (Warteschleife!) durch eine Anforderung abgetastet; auf dem C-Port können nur die letzten 7 Potentiale angezeigt werden. Kanal Nr. 3 wird in Bild 4-23 zur Interruptauslösung verwendet.

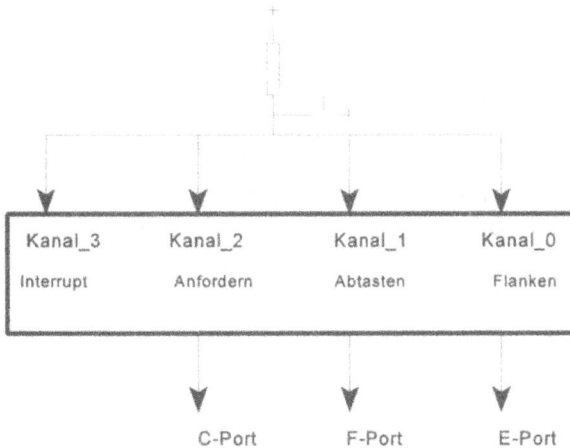

```
* k4b22.ASM Bild 4-22: TPU im DIO-Betrieb Eingabe 3 Kanäle
* Kanal_2: Anforderung  Kanal_1: Match  Kanal_0: Flanke
        org     $100000         ; Start nach RESET!
; TPU Register: Timer1=65 kHz Timer2=262 kHz Priorität 1
start   move.w  #$7a01,TPUMCR   ; 0 11 11 0 1 x  0 0 xx 0001
        move.w  #$0000,TICR     ; kein Interrupt kein Vektor
        move.w  #$0000,CIER     ; alle Interrupts gesperrt
        move.w  #$0888,CFSR3    ; DIO Kanal_2 Kanal_1 Kanal_0
        move.w  #$0024,HSQR1    ; xx xx xx xx xx 10 01 00
; Kanal_0: Parameter für Eingabe durch beide Flanken
        move.w  #$000c,CH0+0    ; 0000000 0000 011 00
; Kanal_1: Parameter für Eingabe durch Abtastung Timer_1
        move.w  #$0000,CH1+0    ; 0000000 0000 000 00
        move.w  #$7fff,CH1+4    ; max. Verzögerung
; Kanal_2: Parameter für Eingabe durch Anforderung
        move.w  #$0000,CH2+0    ; 0000000 0000 000 00
```

```
; Kanäle nacheinander programmieren
wart1   move.w  HSRR1,d0        ; Kanal_0 frei?
        andi.w  #$0003,d0       ; Maske 00 00 00 11
        bne     wart1           ; nein:
        move.w  #$0003,HSRR1    ; ja: Kanal_0:  00 00 00 11
wart2   move.w  HSRR1,d0        ; Kanal_1 frei?
        andi.w  #$000c,d0       ; Maske 00 00 11 00
        bne     wart2           ; nein:
        move.w  #$000c,HSRR1    ; ja: Kanal_1:  00 00 11 00
wart3   move.w  HSRR1,d0        ; Kanal_2 frei?
        andi.w  #$0030,d0       ; Maske 00 11 00 00
        bne     wart3           ; nein:
        move.w  #$0030,HSRR1    ; ja: Kanal_2:  00 11 00 00
; alle Ausgaberegister für Anzeige programmieren
        move.b  #$ff,DDRE       ; E-Port Ausgabe
        clr.b   PORTE0          ; für Werte Kanal_0
        move.b  #$ff,DDRF       ; F-Port Ausgabe
        clr.b   PORTF0          ; für Werte Kanal_1
        clr.b   CSPAR0          ; C-Port Bit_6 bis Bit_0
        clr.b   CSPAR1+1        ; Ausgabe
        clr.b   PORTC           ; für Werte Kanal_2
        move.w  #$003f,CPR1     ; xx xx xx xx 11 11 11 Start
; Schleife gibt Anzeigen der 3 Kanäle aus und startet Kanal 3
loop    move.w  CH0+2,d0        ; Kanal_0: Flankenauslösung
        lsr.w   #8,d0           ; nur High-Byte
        move.b  d0,PORTE0       ; ausgeben
        move.w  CH1+2,d0        ; Kanal_1: verzög. Abtastung
        lsr.w   #8,d0           ; nur High-Byte
        move.b  d0,PORTF0       ; ausgeben
        move.w  #$0030,HSRR1    ; Kanal_2: Abtastanforderung
        move.w  CH2+2,d0        ; Kanal_2: Ergebnis
        lsr.w   #8,d0           ; nur High-Byte
        lsr.b   #1,d0           ; Bit_6 bis Bit_0
        move.b  d0,PORTC        ; ausgeben
        move.w  #$ffff,d0       ; Warteschleife
wait    dbra    d0,wait         ; für Abtastanforderung
        bra     loop            ; Schleife
        end     start
```

Bild 4-22: DIO Funktion zur digitalen Eingabe auf 3 Kanälen

Das in *Bild 4-23* dargestellte Programmbeispiel benutzt den Timerkanal Nr. 3 zur Auslösung eines Interrupts bei jeder Flanke (fallend und steigend). Das Interruptprogramm erhöht einen Zähler auf dem E-Port und löscht das Anzeigebit. Zu dem Basisinterruptvektor $40 (Register TICR) wird noch die Kanalnummer addiert; das Interruptprogramm liegt also auf der Adresse $43 * 4 = $10C. Durch das Kopieren der Vektortabelle und Verlegen des Vektorbasisregisters bleiben alle anderen Ausnahmen verfügbar.

```
* k4b23.ASM Bild 4-23: DIO Eingabe Kanal_3 löst Interrupt aus
TPURAM  equ     $100000         ; Anfang Vektortabelle
        org     TPURAM+$200     ; Start nach RESET!
; TPU Register: Timer1=xx  Modulpriorität 14
start   move.w  #$7a0e,TPUMCR   ; 0 11 11 0 1 x  0 0 xx 1110
        move.w  #$0640,TICR     ; 00000 110 0100xxxx Level 6
```

```
            move.w   #$8000,CFSR3     ; Code $8 DIO für Kanal_3
            move.w   #$0000,HSQR1     ; Zusatzfunktion 0 0: Flanke
; Kanal_3 Parameter beide Flanken (Änderung)
            move.w   #$000d,CH3+0     ; 0000000 0000 011 01
; E-Port und Interrupt vorbereiten
            move.b   #$ff,DDRE        ; E-Port Ausgabe
            clr.b    PORTE0           ; Ausgabezähler löschen
            move.w   #63,d0           ; 64 Vektoren kopieren
            movea.l  #0,a0            ; A0 = Her-Adresse Monitor
            movea.l  #TPURAM,a1       ; A1 = Ziel-Adresse RAM
            movec    a1,VBR           ; nach Vektorbasisregister
kopie       move.l   (a0)+,(a1)+      ; Monitor-EPROM -> RAM
            dbra     d0,kopie         ; Kopierschleife
            andi.w   #$f8ff,SR        ; Maske %000 Interrupts frei
            move.l   #zaehl,TPURAM+$10c ; Vektor ($40+3)*4 = $10c
warte       tst.w    HSRR1            ; Kanal frei?
            bne      warte            ; nein:   warten
            move.w   #$00c0,HSRR1     ; ja:     11 00 00 00
            move.w   #$00c0,CPR1      ; Start:  11 00 00 00
            andi.w   #$fff7,CISR      ; F 0111 Anzeige löschen
            move.w   #$0008,CIER      ; 0 1000 Interrupt frei
loop        bra      loop             ; Schlummerschleife bis Reset
; Interrupteinsprung Kanal_3 Flanke UND-Maske F 0111
zaehl       andi.w   #$fff7,CISR      ; Anzeige lesen und löschen
            addq.b   #1,PORTE0        ; Ausgabezähler +1
            rte                       ; zurück in den Schlummer
            end      start
```

Bild 4-23: DIO Funktion löst Interrupt aus

4.6.3 Die Funktion OC (Output Compare)

dient zur Ausgabe von zeitverzögerten Signalen. In der hier behandelten Betriebsart "Host-Initiated Pulse" werden die Flanken durch Anforderung des Programms (der CPU) ausgelöst. Die Betriebsart "Continuous Pulse" wird durch eine Verbindungsanforderung (Link) gestartet.

Eintragungen in den *Kanalsteuerregistern*:
Funktionsauswahlcode in CFSRx: %1110 = $E

Zusatzfunktionen in HSQRx:
%00: Ausgabe durch Anforderung
%11: nur Timer auslesen

Anforderungsfunktionen in HSRRx:
%00: keine Anforderung
%01: Einzelimpuls ausgeben durch CPU Anforderung
%10:
%11: Rechteckfunktion 1:1 ausgelöst durch Link

Übergabeparameter des Kanals für *Einzelimpulse* (HSRRx = %01):

	15	14	13	12	11	10	9	8	7	6	5	4	3	2	1	0

```
CHx+0:CPU                           |    TBS    |  PAC  | PSC
CHx+2:CPU                OFFSET < $8000
Chx+4:          (bei Einzelimpulsen ohne Bedeutung)
Chx+6:          (bei Einzelimpulsen ohne Bedeutung)
Chx+8:TPU                REF_TIME
Chx+10:TPU          ACTUAL_MATCH_TIME


$FFFFEC:TPU          Zählerstand Timer 1
$FFFFEE:TPU          Zählerstand Timer 2
```

Die mit **CPU** gekennzeichneten Parameter sind vom Benutzer einzutragen.

TBS = 0100: Kanalrichtung Ausgabe Zeitbasis Timer 1
TBS = 0111: Kanalrichtung Ausgabe Zeitbasis Timer 2
TBS = 1xxx: keine Änderung im Feld TBS
PAC = 000: keine Flanke
PAC = 001: High ausgeben am Ende der Zeit (match)
PAC = 010: Low ausgeben am Ende der Zeit (match)
PAC = 011: Ausgabe umschalten am Ende der Zeit (match)
PAC = 1xx: keine Änderung im Feld PAC
PSC = 00: Ausgabe wie Feld PAC bei Initialisierung und Anforderung
PSC = 01: Ausgabe sofort High bei Initialisierung und Anforderung
PSC = 10: Ausgabe sofort Low bei Initialisierung und Anforderung
PSC = 1x: keine Änderung im Feld PSC

In das Feld OFFSET ist die Anzahl der Wartezyklen zwischen der Anforderung und der Auslösung des Impulses einzutragen. Der Wert in Takten des ausgewählten Timers muß kleiner sein als $8000.

In das Feld REF_TIME trägt die TPU den Vergleichswert für die nächste Auslösung ein. Der Inhalt des CAPTURE Registers wird von der CPU in das Feld ACTUAL_MATCH_TIME gebracht. Bei jeder Anforderung und jeder Timerauslösung setzt die TPU die laufenden Timerwerte in die Wörter auf den Adressen $FFFFEC und $FFFFEE ein.

Die folgenden Beispiele behandeln die Auslösung von Einzelimpulsen durch Anforderungen.

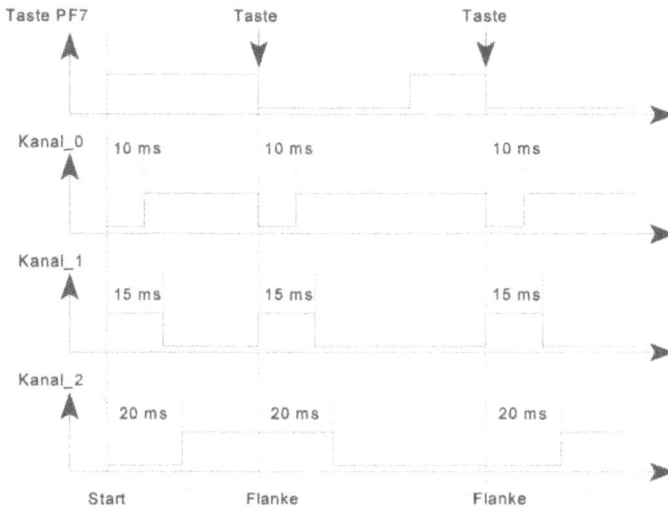

```
* k4b24.ASM Bild 4-24: TPU im OC-Betrieb Ausgabe 3 Kanäle
* Kanal_0: Low-Impuls  Kanal_1: High-Impuls  Kanal_2: Flanke
        org       $100000           ; Start nach RESET!
; TPU Register: Timer1=65 kHz Timer2=262 kHz Modulpriorität 1
start   move.w  #$7a01,TPUMCR    ; 0 11 11 0 1 x  0 0 xx 0001
        move.w  #$0000,TICR      ; kein Interrupt kein Vektor
        move.w  #$0000,CIER      ; alle Interrupts gesperrt
        move.w  #$0eee,CFSR3     ; OC Kanal_2 Kanal_1 Kanal_0
        move.w  #$0000,HSQR1     ; xx xx xx xx xx 00 00 00
; Kanal_0: Ausgang Timer_1 sofort Low  Match umschalten
        move.w  #$008e,CH0+0     ; 0000000 0100 011 10
        move.w  #654,CH0+2       ; 10 ms
        move.w  #$00ec,CH0+4     ;         Basis Timer_1
; Kanal_1: Ausgang Timer_2 sofort High  Match umschalten
        move.w  #$00ed,CH1+0     ; 0000000 0111 011 01
        move.w  #3937,CH1+2      ; 15 ms
        move.w  #$00ee,CH1+4     ;         Basis Timer_2
; Kanal_2: Ausgang Timer_1 nicht ändern  Match umschalten
        move.w  #$008f,CH2+0     ; 0000000 0100 011 11
        move.w  #1307,CH2+2      ; 20 ms
        move.w  #$00ec,CH2+4     ;         Basis Timer_1
; Kanäle nacheinander programmieren
wart1   move.w  HSRR1,d0         ; Kanal_0 frei?
        andi.w  #$0003,d0        ; Maske 00 00 00 11
        bne     wart1            ; nein:
        move.w  #$0001,HSRR1     ; ja: Impuls:  00 00 00 01
wart2   move.w  HSRR1,d0         ; Kanal_1 frei?
        andi.w  #$000c,d0        ; Maske 00 00 11 00
        bne     wart2            ; nein:
        move.w  #$0004,HSRR1     ; ja: Impuls:  00 00 01 00
wart3   move.w  HSRR1,d0         ; Kanal_2 frei?
        andi.w  #$0030,d0        ; Maske 00 11 00 00
        bne     wart3            ; nein:
        move.w  #$0010,HSRR1     ; ja:    00 01 00 00
        move.w  #$0039,CPR1      ; Start: 00 11 10 01
; fallende Flanke an PF7 gibt Impulse aus
```

```
loop      btst     #7,PORTF0        ; Taster Low ?
          bne      loop             ; nein: warten
wart4     move.w   HSRR1,d0         ; Kanal_0 frei?
          andi.w   #$0003,d0        ; Maske 00 00 00 11
          bne      wart4            ; nein:
          move.w   #$0001,HSRR1     ; ja: Impuls:  00 00 00 01
wart5     move.w   HSRR1,d0         ; Kanal_1 frei?
          andi.w   #$000c,d0        ; Maske 00 00 11 00
          bne      wart5            ; nein:
          move.w   #$0004,HSRR1     ; ja: Impuls:  00 00 01 00
wart6     move.w   HSRR1,d0         ; Kanal_2 frei?
          andi.w   #$0030,d0        ; Maske 00 11 00 00
          bne      wart6            ; nein:
          move.w   #$0010,HSRR1     ; ja: Flanke:  00 01 00 00
warte     btst     #7,PORTF0        ; Taster Low ?
          beq      warte            ; ja: warten
          bra      loop             ; Schleife
          end      start
```

Bild 4-24: Auslösung von Einzelimpulsen mit der Funktion OC

Das in *Bild 4-24* dargestellte Programm wartet auf eine fallende Flanke am Porteingang PF7 und gibt auf drei Kanälen unterschiedliche Einzelimpulse aus. Es wird vorausgesetzt, daß die Zeit zwischen den Flanken größer ist als die Impulslängen.

Kanal Nr. 0 wird bei Initialisierung sofort auf Low gelegt und nach einer Wartezeit von 10 ms umgeschaltet, also auf High gesetzt. Bei jeder weiteren Anforderung geht der Ausgang sofort auf Low und nach 10 ms wieder auf High. Es entsteht ein Low-Impuls von 10 ms Länge.

Kanal Nr. 1 wird bei Initialisierung sofort auf High gelegt und nach einer Wartezeit von 15 ms umgeschaltet, also auf Low gesetzt. Bei jeder weiteren Anforderung geht der Ausgang sofort auf High und nach 15 ms wieder auf Low. Es entsteht ein High-Impuls von 15 ms Länge.

Kanal Nr. 2 bleibt bei Initialisierung unverändert (z.B. Low) und wird nach einer Wartezeit von 20 ms umgeschaltet, also z.B. auf High gesetzt. Bei jeder weiteren Anforderung bleibt der Kanal zunächst unverändert und wird nach 20 ms umgeschaltet. Ein fallende Flanke am Eingang PF7 hat 20 ms später am Ausgang des Kanals Nr. 2 eine Änderung (High nach Low bzw. Low nach High) zur Folge.

Die Betriebsart *Rechteckausgabe* der Funktion OC muß von einem anderen Kanal durch eine Verbindung (Link) gestartet werden. Dies kann durch eine der Funktionen ITC (Ereigniszähler), PPWA (Frequenzzähler) oder SPWM (Synchronisierte Pulsweitenmodulation) erfolgen. Dabei muß der auslösende Kanal Werte an den angestoßenen Kanal übergeben. Dies geschieht über Zeiger.

Übergabeparameter des Kanals für ***Rechteckfunktion*** (HSRRx = %11):

```
              15 14 13 12 11 10  9  8  7  6  5  4  3  2  1  0
CHx+0:CPU                         |    TBS   |  PAC  | PSC
CHx+2:TPU          (OFFSET von TPU eingesetzt)
Chx+4:CPU          RATIO       |       REFADDR1
Chx+6:CPU          REFADDR2     |       REFADDR3
Chx+8:TPU                    REF_TIME
Chx+10:TPU               ACTUAL_MATCH_TIME


$FFFFEC:TPU            Zählerstand Timer 1
$FFFFEE:TPU            Zählerstand Timer 2
```

Die mit **CPU** gekennzeichneten Parameter sind vom Benutzer einzutragen.
TBS = 0100: Kanalrichtung Ausgabe Zeitbasis Timer 1
TBS = 0111: Kanalrichtung Ausgabe Zeitbasis Timer 2

Bei Anforderung (Link) durch einen anderen Kanal wird immer eine Rechteck-
funktion ausgegeben. Die Felder PAC und PSC bestimmen den Zustand bei der
Initialisierung. Für die Erstinitialisierung nach Reset gilt:
PAC = 011: Ausgabe bei Initialisierung siehe Feld PSC
PSC = 00: Ausgabe High bei Initialisierung
PSC = 01: Ausgabe High bei Initialisierung
PSC = 10: Ausgabe Low bei Initialisierung
PSC = 11: Ausgabe Low bei Initialisierung

Das Feld OFFSET mit der Anzahl der Taktperioden jeder Halbwelle wird von der
TPU bei der auslösenden Anforderung berechnet und eingetragen. Das Tastverhältnis von 1:1 kann nicht geändert werden.

Das Feld RATIO gibt das Teilerverhältnis an, mit dem der OFFSET berechnet
wird. Der Eintrag REFADDR2 enthält die Adresse des Parameterwortes mit dem
einzusetzenden Wert. Die Frequenz F der Rechteckausgabe berechnet sich aus

$$F = 2*OFFSET = 2*\frac{RATIO*[REFADDR2]}{256}$$

Die drei Felder REFADDR1 bis REFADDR3 enthalten ***Zeiger*** (Adressen) auf
Wörter im Parameter RAM, welche die zu verwendenden *Übergabewerte* enthal-
ten. Sie können ein Parameter des auslösenden Kanals oder eines anderen akti-
ven oder nicht benutzten Kanals sein. Mit einem Byte lassen sich alle Para-
meterwörter durch Vorsetzen der absoluten Adresse $FF FFxx ansprechen.
Beispiel:
REFADDR1 = $12 *zeigt auf* $FF FF12 = CH1+2 (Kanal Nr. 1 Wort 2)
Im Wort Nr. 2 des Kanals Nr. 1 liegt der zu verwendende Wert.

Das Feld REFADDR2 enthält die Adresse des Wortes, aus dem bei *jeder* Anforderung (Link) erneut die Frequenz des Rechtecksignals berechnet wird.

Das Feld REFADDR3 enthält die Adresse des Wortes, aus dem bei der *ersten* Anforderung (Link) zur Synchronisation mit dem anfordernden Kanal der Zeitpunkt der ersten Ausgabe berechnet wird.

Das Feld REFADDR1 enthält die Adresse des Wortes, aus dem bei jeder *folgenden* Anforderung (Link) zur Synchronisation der Zeitpunkt der nächsten Ausgabe berechnet wird.

In das Feld REF_TIME trägt die TPU wie bei der Einzelimpulsausgabe den Vergleichswert für die nächste Auslösung ein. Der Wert des CAPTURE Registers wird nach ACTUAL_MATCH_TIME gebracht. Bei jeder Anforderung und jeder Timerauslösung setzt die TPU die laufenden Timerwerte in die Wörter auf den Adressen $FFFFEC und $FFFFEE ein. Das in Bild 4-26 dargestellte Programmbeispiel zeigt die Auslösung eines OC Kanals durch einen anderen Kanal, der für die Funktion ITC (Ereigniszähler) programmiert wurde.

4.6.4 Die Funktion ITC (Input Capture / Input Transition Counter)
dient zur Zählung von Ereignissen wie z.B. Flanken am Kanaleingang. Der 16 bit Zähler für maximal 65535 ($FFFF) Ereignisse läßt sich auf 24 bit (ca. $1,6*10^7$) erweitern.

Eintragungen in den *Kanalsteuerregistern*:
Funktionsauswahlcode in CFSRx: %1010 = $A

Zusatzfunktionen in HSQRx:
%00: einmalige Zählung ohne Link
%01: fortlaufende Zählung ohne Link
%10: einmalige Zählung mit Link
%11: fortlaufende Zählung mit Link

Anforderungsfunktionen in HSRRx:
%01: Initialisierung

Übergabeparameter des Kanals:

```
              15 14 13 12 11 10  9  8  7  6  5  4  3  2  1  0
CHx+0:CPU                          |    TBS   |  PAC | PSC
CHx+2:CPU     LINK    |    COUNT    |      BANKADDRESS
CHx+4:CPU                  MAXCOUNT      (maximaler Zähler)
CHx+6:TPU                  TRANSCOUNT    (laufender Zähler)
CHx+8:TPU                  FINALTIME     (letzter Timerstand)
CHx+10:TPU                 LASTTIME      (vorletzter Timerstand)
```
Die mit **CPU** gekennzeichneten Parameter sind vom Benutzer einzutragen.

TBS = 0000: Kanalrichtung Eingabe Zeitbasis Timer 1
TBS = 0011: Kanalrichtung Eingabe Zeitbasis Timer 2
TBS = 1xxx: keine Änderung im Feld TBS
PAC = 000: keine Flanken; keine Ereignisse
PAC = 001: Ereignis ist steigende Flanke am Eingang
PAC = 010: Ereignis ist fallende Flanke am Eingang
PAC = 011: Ereignis ist jede Flanke am Eingang
PAC = 1xx: keine Änderung im Feld PAC
PSC = xx: keine Bedeutung

Das Feld LINK (Bitpositionen 15 bis 12) enthält die Nr. des ersten Kanals, der beim Erreichen des Zählerendstandes eine Anforderung (Link) erhält. Das Feld COUNT (Bitpositionen 11 bis 8) gibt die Anzahl (1 bis 8) der anzufordernden Kanäle an; sie müssen hintereinander liegen. Für nur einen Kanal ist eine 1 einzutragen. Die beiden Felder werden nur für die Zusatzfunktionen "mit Link" verwendet, bei den Zusatzfunktionen "ohne Link" sind sie bedeutungslos.

Das Feld BANKADDRESS (Bitpositionen 7 bis 0) *zeigt* auf das Wort im Parameter RAM, dessen oberes Byte beim Erreichen des Zählerendstandes (Überlauf) um 1 erhöht wird; das untere Byte bleibt dabei unverändert. Setzt man in das Feld MAXCOUNT den Wert $FFFF, so entsteht ein 24 bit Zähler. Die Adresse muß geradzahlig sein und im Parameter RAM z.B. eines unbenutzten Kanals liegen. Bei der Auswertung ist zu beachten, daß das gelesene Wort im höheren Byte den Überlaufzähler und im unteren Byte den Initialisierungswert enthält. Wird der BANK Zähler nicht verwendet, so ist die Adresse eines nicht benutzten Wortes einzutragen; für die Kanäle Nr. 0 bis Nr. 13 können dies die beiden letzten Wörter der Adressen CHx+12 und CHx+14 sein.

In das Feld MAXCOUNT ist die Anzahl der Ereignisse (Flanken) einzutragen, bei der die Zählung beendet wird. In dem Feld TRANSCOUNT zählt die TPU die tatsächlich erkannten Ereignisse. Sind beide Felder gleich, so ist der Endstand des Zählers erreicht:
- das durch BANKADDRESS adressierte Byte wird um 1 erhöht,
- das Interruptanzeigebit wird gesetzt und kann einen Interrupt auslösen und
- in den Zusatzfunktionen "mit Link" wird ein anderer Kanal angestoßen.

Die Zusatzfunktionen "einmalige Zählung" sind beim Erreichen des Zählerendstandes beendet und müssen gegebenenfalls neu initialisiert werden. Die Zusatzfunktionen "fortlaufende Zählung" setzen den laufenden Zähler TRANSCOUNT auf Null zurück und fahren mit der Zählung der Ereignisse fort. In die Felder FINALTIME und LASTTIME setzt die TPU den Timerwert beim letzten bzw. vorletzten Ereignis (Flanke) ein. Ihre Differenz kann nur dann ausgewertet werden, wenn die beiden letzten Ereignisse nicht mehr als 65 535 ($FFFF) Timertakte auseinander liegen, da Timerüberläufe nicht erkannt und angezeigt werden.

Kanal 0   Kanal 1

Kanal 0	Kanal 1	Kanal 3
	Zählerende: BANK + 1	BANK
	Interrupt: Hilfszähler + 1	Hilfs-
Interrupt: Differenz		Zähler

F-Port   E-Port   C-Port

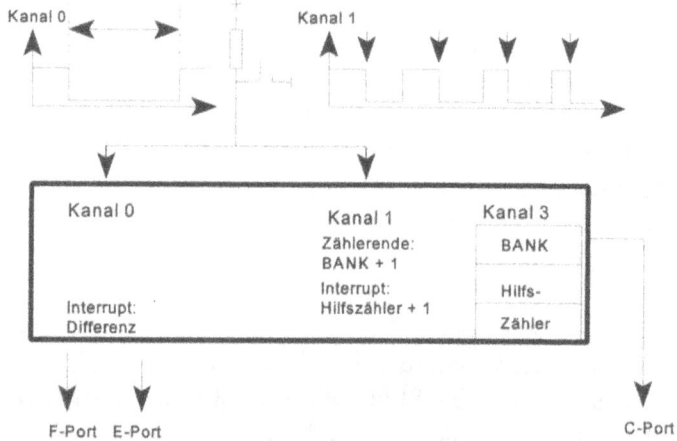

```
* k4b25.ASM Bild 4-25: ITC-Betrieb Ereigniszähler Interrupt
TPURAM   equ    $100000      ; Anfang Vektortabelle
         org    TPURAM+$200  ; Start nach RESET!
; TPU Register: Timer1=65,5 kHz Timer2=262 kHz Priorität 14
start    move.w #$7a0e,TPUMCR ; 0 11 11 0 1 x  0 0 xx 1110
         move.w #$0640,TICR   ; 00000 110 0100xxxx $4x
         move.w #$0003,CIER   ; Kanal_1 _0 Interrupt frei
         move.w #$00aa,CFSR3  ; Code $A ITC Kanal_1 und  _0
         move.w #$0004,HSQR1  ; Mode:  01 00
; Kanal_0 Eingang Timer_1 Flankendifferenz messen
         move.w #$000f,CH0+0  ; 0000000 0000 011 11
         move.w #$000c,CH0+2  ; kein Link keine BANK
         move.w #2,CH0+4      ; End-Zähler 2 Flanken
; Kanal_1 Eingang Timer_1 fallende Flanken zählen
         move.w #$000b,CH1+0  ; 0000000 0000 010 11
         move.w #$0030,CH1+2  ; kein Link BANK 30
         move.w #10,CH1+4     ; Überlauf für TEST 10
; Kanal_3 nicht aktiv:  BANK und Hilfszähler für Kanal_1
         move.w #$0000,CH3+0  ; BANK für Kanal_1
         clr.l  CH3+2         ; 32-bit Hilfszähler
; Ports und Interrupt vorbereiten
         clr.b  CSPAR0        ; C-Port
         clr.b  CSPAR1+1      ; als Ausgabe
         clr.b  PORTC         ; löschen
         move.b #$ff,DDRF     ; F-Port Ausgabe
         clr.b  PORTF0        ; löschen
         move.b #$ff,DDRE     ; E-Port Ausgabe
         clr.b  PORTE0        ; löschen
         move.w #63,d0        ; Zähler für 64 Vektoren
         movea.l #0,a0        ; A0 = Her-Adresse Monitor
         movea.l #TPURAM,a1   ; A1 = Ziel-Adresse RAM
         movec  a1,VBR        ; nach Vektorbasisregister
kopie    move.l (a0)+,(a1)+   ; Monitor-EPROM -> RAM
         dbra   d0,kopie      ; Kopierschleife
         andi.w #$f8ff,SR     ; Maske %000 Interrupts frei
         move.l #zaehl0,TPURAM+$100 ; Vektor $40 * 4 = $100
         move.l #zaehl1,TPURAM+$104 ; Vektor $41 * 4 = $104
warte0   move.w HSRR1,d0      ; Kanal_0 frei?
```

```
          andi.w   #$0003,d0      ; Maske 00 00 00 11
          bne      warte0         ; nein:  warten
          move.w   #$0001,HSRR1   ; ja: 00 00 00 00 01 initial
warte1    move.w   HSRR1,d0       ; Kanal_1 frei?
          andi.w   #$000c,d0      ; Maske 00 00 11 00
          bne      warte1         ; nein:  warten
          move.w   #$0004,HSRR1   ; ja: 00 00 00 01 00 initial
          move.w   #$000e,CPR1    ; Start:  00 00 11 10
; Schlummerschleife gibt laufenden Überlauf BANK Kanal_1 aus
loop      move.w   CH3+0,d0       ; BANK Kanal_1 lesen
          lsr.w    #8,d0                 und auf
          move.b   d0,PORTC       ; C-Port ausgeben
          bra      loop           ; Schlummerschleife bis Reset
; Einsprung Interrupt Kanal_0 einmal nach 2 Flanken
zaehl0    andi.w   #$fffe,CISR    ; x 1110 lesen und löschen
          move.w   CH0+8,d0       ; Zeitpunkt letzte Flanke
          sub.w    CH0+10,d0      ; Zeitpunkt vorletzte Flanke
          move.b   d0,PORTE0      ; Differenz Low
          lsr.w    #8,d0          ;
          move.b   d0,PORTF0      ; Differenz High
          rte                     ; zurück in den Schlummer
; Einsprung Interrupt Kanal_1 nach n fallenden Flanken
zaehl1    andi.w   #$fffd,CISR    ; x 1101 lesen und löschen
          addq.l   #1,CH3+2       ; Hilfszähler +1
          rte                     ; zurück in den Schlummer
          end      start
```

Bild 4-25: Zeitdifferenz messen und Ereignisse zählen (ohne Link)

Das in *Bild 4-25* dargestellte Programmbeispiel zeigt zwei Anwendungen in der Betriebsart "ohne Link". An die Kanäle Nr. 0 und Nr. 1 ist ein (entprellter) Taster angeschlossen, der die Ereignisse liefert. In den Parametern des nicht angeschlossenen Kanals Nr. 3 sind Hilfsspeicherstellen für den Kanal Nr. 1 angelegt. Der Takt für Timer 1 beträgt 65,5 kHz; dies entspricht einer Durchlaufzeit von 1 sek.

Kanal Nr. 0 ist auf beide Flanken bei zwei Ereignissen und einmalige Messung programmiert und erfasst die Zeit zwischen zwei Flanken. Nach der zweiten Flanke wird ein Interruptprogramm gestartet, das die Differenz zwischen der zweiten und der ersten Flanke berechnet und ausgibt. Die Zeit muß kleiner sein als 65 535 ($FFFF) Durchläufe, bei 65,5 kHz entspricht dies 1 sek. Eine Vergrößerung des Meßbereiches ist mit einfachen Mitteln nicht möglich.

Kanal Nr. 1 ist als Ereigniszähler auf fallende Flanken und mehrmalige Messung programmiert. Trägt man als größten Zählerwert $FFFF ein, so wird der Zähler BANK bei einem Überlauf um 1 erhöht; es entsteht ein 24 bit Zähler mit einem Maximalwert von ca. $1,6*10^7$ Ereignissen, der nur von der TPU verwaltet wird und die CPU nicht belastet.

Bei einem Überlauf wird ein Interrupt ausgelöst, der einen Langwortzähler um 1 erhöht. Dieser wurde in die Parameterwörter +2 und +4 des unbenutzten Kanals

Nr. 3 gelegt. Die Schleife des Hauptprogramms gibt den BANK Zähler laufend aus. Für den Test wurde der Zählerendwert auf 10 gesetzt; jeder zehnte Tastendruck erhöht dann den C-Port um 1.

Das in *Bild 4-26* dargestellte Beispiel zeigt die Zusatzfunktionen "mit Link", in denen ein anderer Kanal der Funktion OC in der Betriebsart Rechteckausgabe gestartet wird. Der nicht verwendete Kanal Nr. 3 enthält Hilfsgrößen.

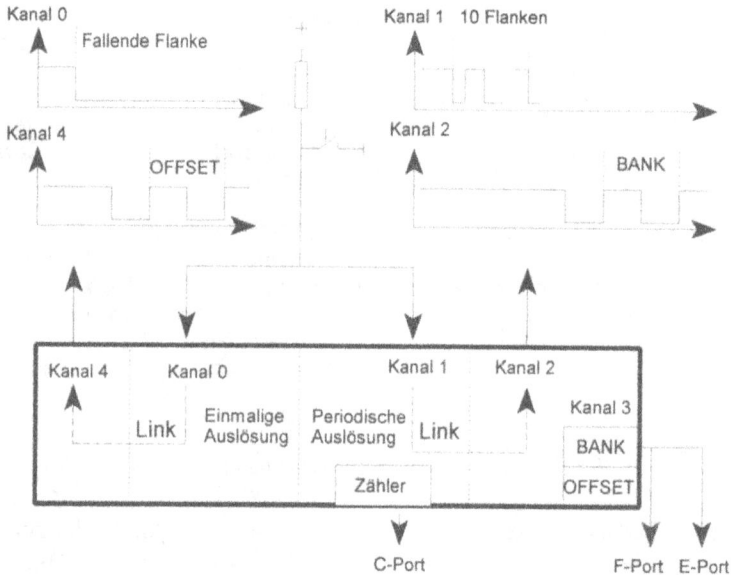

```
*  k4b26.ASM Bild 4-26: ITC-Betrieb mit LINK nach OC-Funktion
         org      $10000      ; Start nach RESET!
; TPU Register: Timer1=65,5 kHz Timer2=262 kHz
start    move.w   #$7a01,TPUMCR   ; 0 11 11 0 1 x  0 0 xx 0001
         move.w   #$0000,TICR     ; keine Interrupts
         move.w   #$0000,CIER     ; Interrupts gesperrt
         move.w   #$000e,CFSR2    ; Kanal_4: OC
         move.w   #$0eaa,CFSR3    ; _3:xx _2:OC _1:ITC _0:ITC
         move.w   #$000e,HSQR1    ; Mode: 00 xx 00 11 10
; Kanal_0 Eingang Timer_1 fallende Flanke 1 LINK nach Kanal_4
         move.w   #$000b,CH0+0    ; 0000000 0000 010 11
         move.w   #$410c,CH0+2    ; 1 LINK Kanal_4  BANK: -
         move.w   #1,CH0+4        ; End-Zähler 1
; Kanal_1 Eingang Timer_1 fallende Flanke LINK nach Kanal_2
         move.w   #$000b,CH1+0    ; 0000000 0000 010 11
         move.w   #$2130,CH1+2    ; 1 LINK Kanal_2  BANK: 30
         move.w   #10,CH1+4       ; End-Zähler 10
; Kanal_2 OC Rechteckausgabe dauernd LINK von Kanal_1
         move.w   #$008d,CH2+0    ; 0000000 0100 011 01
         move.w   #$0000,CH2+2    ; xxxx wegen LINK
         move.w   #$8018,CH2+4    ; RATIO 128/256 / Kanal_1
         move.w   #$3018,CH2+6    ; OFFSET BANK   / Kanal_1
```

```
; Kanal_3 RAM für BANK  und OFFSET
          move.w  #$00ff,CH3+0    ; BANK    _1 = OFFSET -> _1
          move.w  #$2000,CH3+2    ; REFAD2 _4 = OFFSET -> _4
; Kanal_4 OC Rechteckausgabe einmal LINK von Kanal_0
          move.w  #$008d,CH4+0    ; 0000000 0100 011 01
          move.w  #$0000,CH4+2    ; xxxx wegen LINK
          move.w  #$8008,CH4+4    ; RATIO 128/256  / Kanal_0
          move.w  #$3208,CH4+6    ; OFFSET konst   / Kanal_0
; Ports und Interrupt vorbereiten
          clr.b   CSPAR0          ; C-Port
          clr.b   CSPAR1+1        ; als Ausgabe
          clr.b   PORTC           ; löschen
          move.b  #$ff,DDRF       ; F-Port Ausgabe
          clr.b   PORTF0          ; löschen
          move.b  #$ff,DDRE       ; E-Port Ausgabe
          clr.b   PORTE0          ; löschen
          move.w  #63,d0          ; Zähler für 64 Vektoren
warte0    move.w  HSRR1,d0        ; Kanal_0 frei?
          andi.w  #$0003,d0       ; Maske 00 00 00 11
          bne     warte0          ; nein: warten
          move.w  #$0001,HSRR1    ; ja: 00 00 00 00 01 initial
warte1    move.w  HSRR1,d0        ; Kanal_1 frei?
          andi.w  #$000c,d0       ; Maske 00 00 11 00
          bne     warte1          ; nein: warten
          move.w  #$0004,HSRR1    ; ja: 00 00 00 01 00 initial
warte2    move.w  HSRR1,d0        ; Kanal_2 frei?
          andi.w  #$0030,d0       ; Maske 00 00 11 00 00
          bne     warte2          ; nein: warten
          move.w  #$0030,HSRR1    ; ja: 00 00 11 00 00 initial
; Kanal_3 wird nicht freigegeben Variablen-RAM!!!!
warte4    move.w  HSRR1,d0        ; Kanal_4 frei?
          andi.w  #$0300,d0       ; Maske 11 00 00 00 00
          bne     warte4          ; nein: warten
          move.w  #$0300,HSRR1    ; ja: 11 00 00 00 00 initial
          move.w  #$0119,CPR1     ; START: 01  00 01 10 11
; Schlummerschleife Kontrollausgabe Zähler Kanal_1
loop      move.w  CH3+0,d0        ; BANK Überlaufzähler Kanal_1
          move.b  d0,PORTE0       ; E-Port:  Low = konstant
          lsr.w   #8,d0           ;
          move.b  d0,PORTF0       ; F-Port: High = variabel
          move.w  CH1+6,d0        ; Ist-Zähler Kanal_1
          move.b  d0,PORTC        ; C-Port ausgeben
          bra     loop            ; Schlummerschleife bis Reset
          end     start
```

Bild 4-26: Ereigniszähler starten durch Link Frequenzausgabe

Kanal Nr. 0 ist als einmaliger Ereigniszähler programmiert, der mit der ersten fallenden Flanke den Kanal Nr. 4 mit einem Link anstößt. Dieser ist für die Funktion OC in der Betriebsart (Zusatzfunktion) Rechteckausgabe eingestellt. Der Zeiger REFADDR2 entnimmt den OFFSET für die Frequenzberechnung dem Wort +2 des Kanals Nr. 3, in das der Wert $2000 eingetragen wurde. Die Frequenz des Kanals Nr. 4 wird nur einmal eingestellt und bleibt konstant.

Kanal Nr. 1 ist als periodischer Ereigniszähler programmiert, der nach jeweils 10 fallenden Flanken den Zähler BANK im Wort +0 des Kanals Nr. 3 um 1 erhöht. Gleichzeitig wird der Kanal Nr. 2 angestoßen, der aus dem Zähler BANK eine neue Frequenz berechnet und ausgibt. Sie ist variabel und wird vom anfordern-den Kanal als Parameter übergeben. Die Hauptprogrammschleife gibt zur Kon-trolle den laufenden Wert des Ereigniszählers und des Zählers BANK aus, der im oberen Byte des adressierten Wortes läuft.

Weitere Funktionen können dem Systemhandbuch des Herstellers entnommen werden.

5. Befehlslisten

Die Befehlsbeschreibungen enthalten folgende Angaben über die zulässigen
Adressierungsarten

#kon	abs	Dn	An	(An)	(An)+	-(An)	w(An)	b(An,Xi)	(d,An,Xi)	w(PC)	b(PC,Xi)	(d,PC,Xi)

#kon bedeutet, daß der Operand eine Konstante ist, die der Assembler hinter
dem Code ablegt. Die Länge des Operanden entspricht der Längenangabe im
Befehl. Datenkonstanten werden bei der Ausführung mit binären Nullen aufgefüllt.
Beispiel: speichere den Wert $8000 nach D0

```
MOVE.L   #$8000,D0   ; Datenkonstante gibt $000080000
```

Adreßkonstanten werden bei der Ausführung vorzeichenausgedehnt.
Beispiel: speichere die Adresse $8000 bzw. $7FFF nach A0

```
MOVEA.W #$8000,A0   ; Adreßkonstante gibt $FFFF8000
MOVEA.W #$7fff,A0   ; Adreßkonstante gibt $00007FFF
```

abs bedeutet, daß sich der Operand auf der angegebenen absoluten Adresse
befindet. Kurze Adressen können als Wort gespeichert werden, einige Assembler
legen die Adresse immer in einem Langwort hinter dem Code ab.
Beispiel: Speichere den Inhalt eines Bytes nach D0

```
MOVE.B      susi,D0   ; Adresse symbolisch
MOVE.B  $100000,D0   ; Adresse hexadezimal
```

Dn bedeutet, daß sich der Operand in einem Datenregister befindet.
Beispiel: lösche das gesamte Register D0 (Langwort)

```
CLR.L   D0
```

An bedeutet, daß der Operand der *Inhalt* eines Adreßregisters ist. Es sind nur
Wort- und Langwortoperationen zulässig.
Beispiel: speichere die Adresse von susi nach A0

```
MOVEA.L  #susi,A0   ; symbolische Adresse
```

(An) bedeutet, daß sich die *Adresse* des Operanden in einem Adreßregister
befindet (register-indirekte Adressierung).
Beispiel: lösche das durch A0 adressierte Wort

```
CLR.W   (A0)   ; register-indirekte Adressierung
```

(An)+ bedeutet, daß das Adreßregister *nach* der Ausführung der register-indirekten Adressierung um die Operandenlänge erhöht wird (post increment).
Beispiel: Speichere Langwort (Adresse in A7) nach D0

```
MOVE.L  (A7)+,D0   ; pop = hole vom Stapel
```

-(An) bedeutet, daß das Adreßregister *vor* der Ausführung der register-indirekten Adressierung um die Operandenlänge vermindert wird (pre decrement).
Beispiel: speichere D0 in das durch (A7 - 4) adressierte Langwort
```
    MOVE.L  D0,-(A7)  ; push = lege auf Stapel
```

w(An) bedeutet, daß die Operandenadresse gebildet wird aus dem Inhalt des Adreßregisters *plus* dem vorzeichenausgedehnten Wort (16 bit). Der Inhalt des Adreßregisters wird nicht verändert.
Beispiel: Adresse ist Summe aus der Konstanten 10 plus Inhalt von A0
```
    CLR.W  10(A0)  ; register-indirekt mit Wortabstand
```

Indexausdrücke **Xi** können bestehen aus
- einem Datenregister Dn mit oder ohne Längenangabe .W bzw. .L
- einem Adreßregister An mit oder ohne Längenangabe .W bzw. .L
- einem Skalenfaktor *1 bzw. *2 bzw. *4 bzw. *8 hinter der Registerangabe.
Beispiele:
```
    A0    D0.L*1    D7.W*8
```

b(An,Xi) bedeutet, daß die Operandenadresse gebildet wird aus dem vorzeichen-ausgedehnten Byte (8 bit) *plus* dem Inhalt des Adreßregisters *plus* einem Index-ausdruck. Die Register werden nicht verändert.
Beispiel: Adresse ist Summe aus Konstante 4 + Inhalt von A0 + Inhalt von D0
```
    CLR.L  4(A0,D0)  ; reg.-indirekt Byteabst. Index
```

(d,An,Xi) bedeutet, daß die Operandenadresse gebildet wird aus dem vorzei-chenausgedehnten Abstand (displacement) *plus* dem Inhalt eines Adreßregisters *plus* einem Indexausdruck. Die Register werden nicht verändert. Der Abstand kann 0 oder 16 oder 32 bit groß sein; einige Assembler verwenden immer einen 32 bit Abstand (Langwort).
Beispiel: Adresse ist Summe aus Konstante 4 + Inhalt von A0 + Inhalt von D0
```
    CLR.L  (4,A0,D0)  ; reg.-indirekt Abstand Index
```

Die *befehlszähler-relative* Datenadressierung kann nur für Quelloperanden (Lesezugriffe) verwendet werden. Da der Assembler den Abstand zum Adreß-zähler berechnet und in den Befehl einsetzt, sind nur symbolische Adressen sinnvoll.

w(PC) bedeutet, daß die Operandenadresse gebildet wird aus dem vorzeichen-ausgedehnten Wortabstand (16 bit max. ± 32767 Bytes) *plus* dem Inhalt des Befehlszählers.
Beispiel: adressiert ist die Speicherstelle susi
```
    MOVE.L  susi(PC),D0  ;  nur als Quelloperand
```

b(PC,Xi) bedeutet, daß die Operandenadresse gebildet wird aus dem vorzeichen-ausgedehnten Byteabstand (8 bit max. ± 127 Bytes) *plus* dem Inhalt des Befehls-

zählers *plus* einem Indexausdruck. Das Indexregister wird nicht verändert.
Beispiel: adressiert ist die Speicherstelle `susi` indiziert mit D1

```
MOVE.L  susi(PC,D1),D0  ;  nur als Quelloperand
```

(d,PC,Xi) bedeutet, daß die Operandenadresse gebildet wird aus dem vorzeichenausgedehnten Abstand (displacement) *plus* dem Inhalt des Befehlszählers *plus* einem Indexausdruck. Das Indexregister wird nicht verändert. Der Abstand kann 0 oder 16 oder 32 bit groß sein; einige Assembler verwenden immer einen 32 bit Abstand.
Beispiel: adressiert ist die Speicherstelle `susi` indiziert mit D1

```
MOVE.L  (susi,PC,D1),D0  ;  nur als Quelloperand
```

Die Befehlsbeschreibungen enthalten Angaben über die durch die Operation veränderten Bits des ***Bedingungsregisters***:

X: *Übertrag*	**N**: *Vorzeichen*	**Z**: *Null*	**V**: *Überlauf*	**C**: *Übertrag*

Allgemein gilt:
- *immer 0*: die Operation löscht immer die Bitposition
- *immer 1*: die Operation setzt immer die Bitposition
- *unverändert*: die Operation verändert die Bitposition nicht
- *undefiniert*: die Operation verändert die Bitposition, Ergebnis unbestimmt
- *Vorzeichen*: entsprechend der vorzeichenbehafteten Arithmetik
        0: positiv
        1: negativ
- *Überlauf*: Overflow entsprechend der vorzeichenbehafteten Arithmetik
        0: kein Überlauf bzw. kein Unterlauf bei Subtraktion
        1: Überlauf bzw. Unterlauf bei Subtraktion
- *Übertrag*: Carry entsprechend der vorzeichenlosen Arithmetik
        0: kein Übertrag bei einer Addition
        1: Übertrag bei einer Addition
- *Borgen*: Carry entsprechend der vorzeichenlosen Arithmetik
        0: kein Borgen bei einer Subtraktion
        1: Borgen bei einer Subtraktion
- *Null*: Ergebnis bzw. Differenz Null bzw. Bitposition bzw. Leitungspotential
        0: nein ***nicht*** Null bzw. ungleich bzw. Nullbit bzw. Low
        1: ja *ist* Null bzw. gleich bzw. Einerbit bzw. High

Die Motorola Assembler geben die Richtung der Operanden von links nach rechts an: *speichere* den Quelloperanden in den Zieloperanden.

Quelloperand -> Zieloperand

Für die Operandenlängen gelten die Abkürzungen **.B** für Byte, **.W** für Wort und **.L** für Langwort.

ABCD   Addiere BCD mit X-Bit   ABCD

Quelle + Ziel + X -> Ziel

Operandenlänge: Byte

| **ABCD** | Dy, Dx | Dx $<=$ Dx + Dy + X |
| **ABCD** | -(Ay),-(Ax) | -(Ax) $<=$ -(Ax) + -(Ay) + X |

Bedingungsregister:

X: Übertrag	N: undefiniert	Z: 0 für ≠ Null	V: undefiniert	C: Übertrag

Addiere in *Datenregistern* zweistellige gepackte BCD Zahlen und das X-Bit.
Vor Einzeloperationen sollte das X-Bit gelöscht und das Z-Bit gesetzt werden.
Es wird nur dann gelöscht, wenn das Ergebnis ungleich Null ist, anderenfalls
bleibt es unverändert. Addiere im *Speicher* mehrstellige gepackte BCD Zahlen
jeweils zwei Ziffern in einem Byte. Vor einer Schleife, die mit den wertniedrigsten Stellen beginnt, sollte das X-Bit gelöscht und das Z-Bit gesetzt werden.
Ergeben alle Additionen der Schleife die Teilsumme Null, so ist die Gesamtsumme Null, und das Z-Bit bleibt gesetzt. Das X-Bit enthält die Zwischenüberträge
und nach der Schleife die Überlaufanzeige.

ADD   Addiere dual   ADD

Quelle + Ziel -> Ziel

Operandenlänge: Byte, Wort und Langwort

ADD.x   *Quelle*, Dn   Dn $<=$ Dn + *Quelle*

Adressierungsarten des Quelloperanden:

#kon	abs	Dn	An	(An)	(An)+	-(An)	w(An)	b(An,Xi)	(d,An,Xi)	w(PC)	b(PC,Xi)	(d,PC,Xi)

ADD.x   Dn, *Ziel*   *Ziel* $<=$ *Ziel* + Dn

Adressierungsarten des Zieloperanden:

	abs	Dn		(An)	(An)+	-(An)	w(An)	b(An,Xi)	(d,An,Xi)			

Bedingungsregister:

X: Übertrag	N: Vorzeichen	Z: Null	V: Überlauf	C: Übertrag

Addiere zwei Bytes, Wörter oder Langwörter als Dualzahlen. Für Adreßregister
als Quelle sind nur Wort- und Langwortoperationen zulässig. Der Befehl ADDA
addiert Adressen in Adreßregistern. Die Befehle ADDI und ADDQ addieren
Konstanten.

ADDA   Addiere Adressen   **ADDA**

Quelle + Ziel -> Ziel

Operandenlänge: Wort und Langwort

ADDA.x   *Quelle*,An   An <= An + *Quelle*

Adressierungsarten des Quelloperanden:

#kon	abs	Dn	An	(An)	(An)+	-(An)	w(An)	b(An,Xi)	(d,An,Xi)	w(PC)	b(PC,Xi)	(d,PC,Xi)

Bedingungsregister: unverändert

Langwortaddition (32 bit) eines vorzeichenausgedehnten Wortoperanden oder eines Langwortoperanden zu einem Adreßregister. Byteoperanden sind nicht zulässig.

ADDI   Addiere Konstante   **ADDI**

Konstante + Ziel -> Ziel

Operandenlänge: Byte, Wort und Langwort

ADDI.x   **#**konstante,*Ziel*   *Ziel* <= *Ziel* + Konstante

Adressierungsarten des Zieloperanden:

	abs	Dn		(An)	(An)+	-(An)	w(An)	b(An,Xi)	(d,An,Xi)			

Bedingungsregister:

X: Übertrag	**N**: Vorzeichen	**Z**: Null	**V**: Überlauf	**C**: Übertrag

Addiere dual eine Byte-, Wort- oder Langwortkonstante zu einem Byte, Wort oder Langwort. Datenkonstanten werden nicht vorzeichenausgedehnt. Der Befehl ADDA addiert Konstanten zu einem Adreßregister. Der Befehl ADDQ addiert Zahlen im Bereich von 1 bis 8.

ADDQ   Addiere kurze Konstante   ADDQ

Konstante (1 bis 8) + Ziel -> Ziel

Operandenlänge: Byte (außer Adreßregister), Wort und Langwort

ADDQ.x #konstante,*Ziel*   *Ziel <= Ziel + Konstante*
Adressierungsarten des Zieloperanden:

	abs	Dn	An	(An)	(An)+	-(An)	w(An)	b(An,Xi)	(d,An,Xi)			

Bedingungsregister (außer Adreßregister als Ziel):

X: Übertrag	**N**: Vorzeichen	**Z**: Null	**V**: Überlauf	**C**: Übertrag

Addiere dual eine Konstante im Bereich von 1 bis 8 zu einem Byte, Wort oder
Langwort. Bei *Adreßregistern* als Ziel wird immer eine Langwortoperation
durchgeführt, Byteoperationen sind nicht zulässig, die Bedingungsbits bleiben
unverändert.

ADDX   Addiere dual mit X-Bit   ADDX

Quelle + Ziel + X -> Ziel

Operandenlänge: Byte, Wort und Langwort

ADDX.x   Dy,Dx   Dx <= Dx + Dy + X
ADDX.x   -(Ay),-(Ax)   -(Ax) <= -(Ax) + -(Ay) + X

Bedingungsregister:

X: Übertrag	**N**: Vorzeichen	**Z**: 0 für ≠ Null	**V**: Überlauf	**C**: Übertrag

Der Befehl dient zur Erweiterung des Zahlenbereiches über 32 bit hinaus. Addiere in *Datenregistern* Dualzahlen und das X-Bit. Addiere im *Speicher* Dualzahlen
in einem Byte, Wort oder Langwort und das X-Bit. Vor einer Schleife, die mit
den wertniedrigsten Stellen beginnt, sollte das X-Bit gelöscht und das Z-Bit
gesetzt werden. Ergeben alle Additionen der Schleife die Teilsumme Null, so ist
die Gesamtsumme Null, und das Z-Bit bleibt gesetzt. Das X-Bit enthält die
Zwischenüberträge und nach der Schleife die Überlaufanzeige.

AND   logisches UND   AND

Quelle UND Ziel -> Ziel

Operandenlänge: Byte, Wort und Langwort

AND.x   *Quelle*,Dn   Dn <= Dn UND *Quelle*
Adressierungsarten des Quelloperanden:

#kon	abs	Dn		(An)	(An)+	-(An)	w(An)	b(An,Xi)	(d,An,Xi)	w(PC)	b(PC,Xi)	(d,PC,Xi)

AND.x   Dn,*Ziel*   *Ziel* <= *Ziel* UND Dn
Adressierungsarten des Zieloperanden:

	abs	Dn		(An)	(An)+	-(An)	w(An)	b(An,Xi)	(d,An,Xi)			

Bedingungsregister:

X:unverändert	N: Vorzeichen	Z: Null	V: immer 0	C: immer 0

Bilde bitweise das logische UND der beiden Operanden. Da Adreßregister weder
Quelle noch Ziel sein können, müssen Adressen in Datenregistern bearbeitet
werden. Für konstante Masken sollte der Befehl ANDI verwendet werden.

ANDI   logisches UND   ANDI
ANDI   SR
ANDI   CCR

Konstante UND Ziel -> Ziel

Operandenlänge: Byte, Wort und Langwort

ANDI.x #konstante,*Ziel*   *Ziel* <= *Ziel* UND Konstante
Adressierungsarten des Zieloperanden:

	abs	Dn		(An)	(An)+	-(An)	w(An)	b(An,Xi)	(d,An,Xi)			

Bedingungsregister:

X:unverändert	N: Vorzeichen	Z: Null	V: immer 0	C: immer 0

Bilde bitweise das logische UND einer Konstanten mit einem Zieloperanden.
Der Operand wird in den Bitpositionen gelöscht, in denen die konstante Maske
eine 0 enthält. Der Operand bleibt in den Bitpositionen unverändert, in denen die
Maske eine 1 enthält. Adressen müssen in Datenregistern bearbeitet werden.

ANDI #konstante,**SR**   **SR <= SR** UND Konstante

Statusregister **SR**   (Bedingungsregister CCR)

T1	T0	S	0	0	I2	I1	I0	0	0	0	X	N	Z	V	C

Bilde bitweise das logische UND einer Wortkonstanten mit dem Statusregister. Der Befehl wird zum Löschen von Statusbits verwendet. Beispiele:

```
ANDI #%1101111111111111,SR      Benutzerstatus (S = 0)
ANDI #$DFFF,SR                  Benutzerstatus (S = 0)
ANDI #%1111100011111111,SR      Interrupts frei (I2 = I1 = I0 = 0)
ANDI #$F8FF,SR                  Interrupts frei (I2 = I1 = I0 = 0)
```

Der Befehl ANDI mit SR als Ziel ist privilegiert und darf nur im Systemstatus (S = 1) verwendet werden. Im Benutzerstatus (S = 0) führt er auf eine Privilegverletzungs-Ausnahme (Vektor #8). Das Bedingungsregister im wertniederen Byte kann vom Benutzer (S = 0) durch den Befehl ANDI mit CCR als Ziel verändert werden.

ANDI #konstante,**CCR**   **CCR <= CCR** UND Konstante

Bedingungsregister **CCR:**

0	0	0	X	N	Z	V	C

Bilde bitweise das logische UND einer Bytekonstanten mit dem Bedingungsregister und lösche bestimmte Bitpositionen mit einer Maske. Beispiele:

```
ANDI #%00001111,CCR oder ANDI #$0F,CCR  lösche das X-Bit
ANDI #%00010111,CCR oder ANDI #$17,CCR  lösche das N-Bit
ANDI #%00011011,CCR oder ANDI #$1B,CCR  lösche das Z-Bit
ANDI #%00011101,CCR oder ANDI #$1D,CCR  lösche das V-Bit
ANDI #%00011110,CCR oder ANDI #$1E,CCR  lösche das C-Bit
```

ASL	Arithmetisch schiebe *links*	**ASL**
ASR	Arithmetisch schiebe *rechts*	**ASR**

Ziel (arithmetisch verschoben) -> Ziel

Operand im Datenregister Dy:
Operandenlänge: Byte, Wort und Langwort

ASL.x	Dx,Dy	Dx = Zähler	Dy <= Links-Schieberegister
ASL.x	#*kon*,Dy	Zähler 1 bis 8	Dy <= Links-Schieberegister
ASR.x	Dx,Dy	Dx = Zähler	Dy <= Rechts-Schieberegister
ASR.x	#*kon*,Dy	Zähler 1 bis 8	Dy <= Rechts-Schieberegister

Operand im Speicherwort:

ASL	*Ziel*	Schiebe Zielwort um 1 bit arithmetisch links
ASR	*Ziel*	schiebe Zielwort um 1 bit arithmetisch rechts

Adressierungsarten des Zielspeicherwortes:

	abs			(An)	(An)+	-(An)	w(An)	b(An,Xi)	(d,An,Xi)			

Bedingungsregister (siehe Beschreibung):

X: Schiebebit	**N**: Vorzeichen	**Z**: Null		**V**: Änderung	**C**: Schiebebit

Schiebe den Operanden um eine oder mehrere Bitpositionen. Der Schiebezähler ist konstant (1 bis 8 bit) oder variabel in einem Datenregister. Die zuletzt herausgeschobene Bitposition wird im X-Bit und im C-Bit gespeichert; alle vorherigen Bits und das alte X- und C-Bit gehen verloren. Befindet sich der Schiebezähler in einem Datenregister, so werden nur die letzten 6 bit (modulo 64) des Zählers verwendet. Ist der Schiebezähler 0, so bleibt das X-Bit unverändert und das C-Bit wird gelöscht. Wird das werthöchste Bit mindestens einmal verändert, so wird das V-Bit gesetzt, anderenfalls wird es gelöscht.

Beim arithmetischen **Linksschieben** wird die rechts frei werdende Bitposition mit einer 0 aufgefüllt. Dies entspricht einer Multiplikation mit dem Faktor 2.

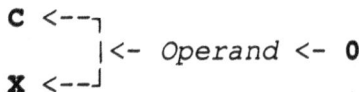

```
        C <--¬
             |<- Operand <- 0
        X <--┘
```

Beim arithmetischen **Rechtsschieben** bleibt die linkeste Bitposition (das Vorzeichenbit) erhalten. Dies entspricht einer Division durch 2.

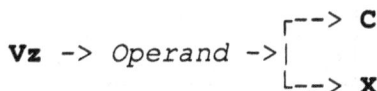

```
                         ┌--> C
        Vz -> Operand ->|
                         └--> X
```

Bcc	Verzweige bedingt	**Bcc**
BRA	Verzweige immer	**BRA**
BSR	Verzweige in ein Unterprogramm	**BSR**

Verzweige (bedingt) zur Zieladresse

Bcc**.B**	*Ziel*	Byteabstand (± 127 Bytes)
Bcc	*Ziel*	Wortabstand (± 32767 Bytes)
Bcc**.L**	*Ziel*	Langwortabstand (im gesamten Adreßbereich)

Bedingungsregister: unverändert

Die Adresse des Sprungziels wird errechnet aus dem Stand des Befehlszählers (PC + 2) und dem vorzeichenbehafteten Abstand (Byte, Wort oder Langwort). Ein positiver Abstand verzweigt vorwärts, ein negativer rückwärts. Bei einem kurzen Sprung (Bcc.S oder Bcc.B) beträgt der Abstand ± 127 Bytes. Bei einem Wortabstand (Bcc oder Bcc.W) beträgt der Abstand ± 32767 Bytes. Bei einem Langwortabstand (Bcc.L) kann im gesamten Adreßbereich verzweigt werden. Der Assembler berechnet und kontrolliert die Sprungweite aus der Zieladresse und dem laufenden Adreßzähler. Durch die relative Sprungadressierung werden die Programme lageunabhängig und können beliebig im Speicher verschoben werden. Die Befehle **Bcc** verzweigen nur dann, wenn die Sprungbedingung erfüllt ist; anderenfalls wird der folgende Befehl ausgeführt. Für die Abfrage von *Bedingungen* gibt es die Befehle:

BPL.x	Ziel	verzweige bei N = 0 (positiv)
BMI.x	Ziel	verzweige bei N = 1 (negativ)
BNE.x	Ziel	verzweige bei Z = 0 (nicht Null)
BEQ.x	Ziel	verzweige bei Z = 1 (Null)
BVC.x	Ziel	verzweige bei V = 0 (kein Überlauf)
BVS.x	Ziel	verzweige bei V = 1 (Überlauf)
BCC.x	Ziel	verzweige bei C = 0 (kein Übertrag)
BCS.x	Ziel	verzweige bei C = 1 (Übertrag)

Bedingung	dual *ohne* Vorzeichen	dual *mit* Vorzeichen
größer als	BHI.x Ziel	BGT.x Ziel
größer oder gleich	BHS.x Ziel	BGE.x Ziel
gleich	BEQ.x Ziel	BEQ.x Ziel
ungleich	BNE.x Ziel	BNE.x Ziel
kleiner oder gleich	BLS.x Ziel	BLE.x Ziel
kleiner als	BLO.x Ziel	BLT.x Ziel

Der Befehl **BRA.x** verzweigt *immer* (unbedingt) zur angegebenen Zieladresse.

Der Befehl **BSR.x** verzweigt *immer* in ein Unterprogramm. Vor seiner Ausführung wird ein Langwort mit der Adresse des nächsten Befehls, der Rücksprungadresse, auf den Stapel gelegt. Durch die Adressierungsart -(A7) vermindert sich der Stapelzeiger um 4. Der Befehl RTS holt die Rücksprungadresse mit (A7)+ zurück und setzt das Hauptprogramm fort. Beispiel:

```
      BSR upro    ; Unterprogrammaufruf
      NOP         ; nächster Befehl

upro  NOP         ; 1.Befehl des Unterprogramms

      RTS         ; Rücksprung
```

BCHG	Bit testen und *komplementieren*	**BCHG**
BCLR	Bit testen und *löschen*	**BCLR**
BSET	Bit testen und *setzen*	**BSET**

Das Bit wird zuerst invertiert in das Z-Bit kopiert und anschließend verändert.

Operand im Datenregister: immer Langwort
Operand im Speicher: immer Byte

| **B**xxx | Dn, *Ziel* | variable Bitposition in Dn |
| **B**xxx | #konstante, *Ziel* | konstante Bitposition |

Adressierungsarten des Ziels:

	abs	Dn		(An)	(An)+	-(An)	w(An)	b(An,Xi)	(d,An,Xi)			

Ist das *Ziel* ein Langwort in einem Datenregister, so werden die Bitpositionen von 0 (wertniedrigstes Bit) bis 31 (werthöchstes Bit) durchnumeriert und nur die letzten 5 bit (modulo 32) der Positionsangabe verwendet. Ist das *Ziel* ein Speicherbyte, so werden die Bitpositionen von 0 (wertniedrigstes Bit) bis 7 (werthöchstes Bit) durchnumeriert und nur die letzten 3 bit (modulo 8) der Positionsangabe verwendet.

Bedingungsregister:

X:unverändert	N:unverändert	Z: Komplem.	V:unverändert	C:unverändert

Enthält die adressierte Bitposition eine **0**, so ist das Ergebnis ja oder *gleich* Null.
Enthält die adressierte Bitposition eine **1**, so ist das Ergebnis nein oder *ungleich*.
Der Befehl **BCHG** komplementiert die adressierte Bitposition.
Der Befehl **BCLR** löscht immer die adressierte Bitposition (0).
Der Befehl **BSET** setzt immer die adressierte Bitposition auf 1.

BTST   Bit nur *testen*   BTST

Das Bit wird invertiert in das Z-Bit kopiert und *nicht* verändert.

Operand im Datenregister: immer Langwort
Operand im Speicher: immer Byte

BTST   Dn, *Ziel*   variable Bitposition in Dn
BTST   #konstante, *Ziel*   konstante Bitposition
Adressierungsarten des Ziels:

	abs	Dn		(An)	(An)+	-(An)	w(An)	b(An,Xi)	(d,An,Xi)	w(PC)	b(PC,Xi)	(d,PC,Xi)

Ist das *Ziel* ein Langwort in einem Datenregister, so werden die Bitpositionen von 0 (wertniedrigstes Bit) bis 31 (werthöchstes Bit) durchnumeriert und nur die letzten 5 bit (modulo 32) der Positionsangabe verwendet. Ist das *Ziel* ein Speicherbyte, so werden die Bitpositionen von 0 (wertniedrigstes Bit) bis 7 (werthöchstes Bit) durchnumeriert und nur die letzten 3 bit (modulo 8) der Positionsangabe verwendet.

Bedingungsregister:

X:unverändert	**N:unverändert**	**Z: Komplem.**	**V:unverändert**	**C:unverändert**

Enthält die adressierte Bitposition eine **0**, so ist das Ergebnis ja oder *gleich* Null. Enthält die adressierte Bitposition eine **1**, so ist das Ergebnis nein oder *ungleich*. Das folgende Beispiel wartet in einer Schleife, bis das werthöchste Bit des Q-Ports logisch 0 oder elektrisch Low ist.

```
warte    BTST #7,PORTQS      ; Leitung Low?
         BNE  warte          ; nein: warte
```

BGND   Background Debug Mode   BGND

BGND   ohne Operanden

Bedingungsregister: unverändert

Der Befehl führt in den Background Debug Mode, wenn dieser aktiviert ist. Sonst wird das Programm mit einer Codefehler-Ausnahme abgebrochen.

BKPT   Breakpoint   **BKPT**

BKPT   #konstante   Konstante von 0 bis 7

Bedingungsregister: unverändert

Der Befehl dient zum Setzen eines Haltepunktes, an dem eine Test-Hardware den Code eines Befehls einfügen kann. Sonst wird das Programm mit einer Codefehler-Ausnahme abgebrochen.

CHK   Vergleiche Datenregister auf Grenzen   **CHK**

Ist Dn < 0 oder Dn > Grenze, dann CHK-Ausnahme

Operandenlänge: Wort und Langwort

CHK.x   *Grenze*,Dn   vergleiche Dn auf Grenzen

Adressierungsarten des Grenzoperanden

#kon	abs	Dn		(An)	(An)+	-(An)	w(An)	b(An,Xi)	(d,An,Xi)	w(PC)	b(PC,Xi)	(d,PC,Xi)

Bedingungsregister:

X:unverändert	N: Ergebnis	Z: undefiniert	V: undefiniert	C: undefiniert

N = 1: für Dn < 0 und CHK-Ausnahme
N = 0: für Dn > Grenzwert und CHK-Ausnahme
N sonst undefiniert

Der Befehl CHK vergleicht den Inhalt von Dn als vorzeichenbehaftetes Wort oder Langwort mit dem Inhalt des Grenzoperanden. Ist Dn < 0 *oder* größer als der Grenzoperand, so wird das laufende Programm durch eine CHK-Ausnahme (Vektor #6) unterbrochen. Das N-Bit zeigt, welcher Grenzwert überschritten wurde. Ist Dn > 0 *und* Dn kleiner oder gleich dem Grenzoperanden, so wird das Programm fortgesetzt.

CHK2   Vergleiche Register auf Grenzen   CHK2

Ist Rn < Untergrenze oder Rn > Obergrenze, dann CHK-Ausnahme

Operandenlänge: Byte, Wort und Langwort

CHK2.x   *Grenzen*, Rn   vergleiche Dn bzw. An auf Grenzen

Adressierungsarten der Grenzoperanden:

	abs		(An)			w(An)	b(An,Xi)	(d,An,Xi)	w(PC)	b(PC,Xi)	(d,PC,Xi)

Bedingungsregister:

X:unverändert	N: undefiniert	Z: Ergebnis	V: undefiniert	C: Ergebnis
		Z=1: gleich Grenzwerte		C=1: außerhalb
		Z=0: ungleich Grenzen		C=0: innerhalb

Der Befehl CHK2 vergleicht den Inhalt eines Datenregisters Dn oder eines Adreßregisters An mit einem unteren Grenzwert im adressierten Operanden und einem oberen Grenzwert im darauf folgenden Operanden. Bei Datenregistern werden die Grenzwerte nur in der angegebenen Operandenlänge verwendet. Bei Adreßregistern werden die Grenzwerte vorzeichenausgedehnt. Liegt der Inhalt des Registers außerhalb der Grenzwerte, so wird eine CHK-Ausnahme (#6) ausgelöst; anderenfalls wird das Programm fortgesetzt.

CLR   Lösche den Operanden   CLR

0 -> Ziel

Operandenlänge: Byte, Wort und Langwort

CLR.x   *Ziel*   Ziel <= 0

Adressierungsarten des Ziels:

	abs	Dn		(An)	(An)+	-(An)	w(An)	b(An,Xi)	(d,An,Xi)			

Bedingungsregister:

X:unverändert	N: immer 0	Z: immer 1	Z: immer 0	C: immer 0

Der adressierte Operand wird mit binären Nullen gefüllt. Für Adreßregister muß der Befehl MOVEA #0,An verwendet werden.

CMP   Vergleiche zwei Operanden   **CMP**

Testsubtraktion Datenregister - Quelle

Operandenlänge: Byte, Wort und Langwort

CMP.x   *Quelle*,Dn   Dn - *Quelle*

Adressierungsarten des Quelloperanden:

#kon	abs	Dn	An	(An)	(An)+	-(An)	w(An)	b(An,Xi)	(d,An,Xi)	w(PC)	b(PC,Xi)	(d,PC,Xi)

Bedingungsregister:

X:unverändert	N: Vorzeichen	Z: Null	V: Unterlauf	C: Borgen

Vom Inhalt des Datenregisters wird der Quelloperand subtrahiert. Bei einem Adreßregister als Quelle sind nur Wort- und Langwortoperationen möglich. Die Bedingungsbits werden entsprechend der Differenz verändert. Die Operanden bleiben erhalten. Beispiel für Speichertest:

```
MOVE.L   D0,(A0)   ; speichern
CMP.L    (A0),D0   ; vergleichen
BNE      fehler    ; bei ungleich Speicherfehler
```

CMPA   Vergleiche Adressen   **CMPA**

Testsubtraktion Adreßregister - Quelloperand

Operandenlänge: Wort und Langwort

CMPA.x   *Quelle*,An   An - *Quelle*

Adressierungsarten des Quelloperanden:

#kon	abs	Dn	An	(An)	(An)+	-(An)	w(An)	b(An,Xi)	(d,An,Xi)	w(PC)	b(PC,Xi)	(d,PC,Xi)

Bedingungsregister:

X:unverändert	N: Vorzeichen	Z: Null	V: Unterlauf	C: Borgen

Vom Inhalt des Adreßregisters wird der adressierte Operand abgezogen und die Bedingungsbits entsprechend der Differenz beeinflußt. Die Operanden bleiben unverändert. Byteoperationen sind nicht möglich. Die Testsubtraktion wird immer mit vorzeichenausgedehnten 32 bit Operanden durchgeführt. Beispiel:

```
        MOVEA.L   #$80000,A0 ; Anfangsadresse
        MOVEA.L   #$90000,A1 ; Endadresse + 1
loop    CLR.L     (A0)+      ; laufende Adresse +4
        CMPA.L    A1,A0      ; A0 - A1
        BLO       loop       ; bei Differenz < 0
```

CMPI   Vergleiche Konstante   CMPI

Ziel - Konstante

Operandenlänge: Byte, Wort und Langwort

CMPI.x **#**konstante,*Ziel*   *Ziel – Konstante*
Adressierungsarten des Zieloperanden:

	abs	Dn		(An)	(An)+	-(An)	w(An)	b(An,Xi)	(d,An,Xi)	w(PC)	b(PC,Xi)	(d,PC,Xi)

Bedingungsregister:

X:unverändert	N: Vorzeichen	Z: Null		V: Unterlauf	C: Borgen

Vom Inhalt des Zieloperanden wird die Konstante subtrahiert. Die Bedingungsbits werden entsprechend der Differenz verändert. Die Operanden bleiben erhalten. Für den Vergleich von Adreßregistern ist der Befehl CMPA #kon,An zu
verwenden. Beispiel für eine direkte Abfrage und eine Bereichsprüfung:

```
     MOVE.B   PORTE0,D0   ; Zeichen lesen
     CMPI.B   #'*',D0     ; war es ein Stern?
     BEQ      stern       ; ja:
     CMPI.B   #'0',D0     ; kleiner Ziffer 0?
     BLO      nicht       ; ja: Nicht-Ziffer
     CMPI.B   #'9',D0     ; größer Ziffer 9?
     BHI      nicht       ; ja: Nicht-Ziffer
```

CMPM   Vergleiche Operanden im Speicher   CMPM

Testsubtraktion Zieloperand - Quelloperand

Operandenlänge: Byte, Wort und Langwort

CMPM.x (Ay)+,(Ax)+   (Ax) – (Ay)

Bedingungsregister:

X:unverändert	N: Vorzeichen	Z: Null		V: Unterlauf	C: Borgen

Von dem durch Ax adressierten Operanden wird der durch Ay adressierte Operand subtrahiert, die Differenz verändert die Bedingungsbit, die Operanden
bleiben erhalten. Danach werden die beiden Adreßregister entsprechend der
Operandenlänge erhöht.

CMP2   Vergleiche Register auf Grenzen   **CMP2**

Vergleiche Rn < Untergrenze und Rn > Obergrenze

Operandenlänge: Byte, Wort und Langwort

CMP2.x   *Grenzen*,Rn   vergleiche Dn bzw. An auf Grenzen

Adressierungsarten der Grenzoperanden:

	abs			(An)			w(An)	b(An,Xi)	(d,An,Xi)	w(PC)	b(PC,Xi)	(d,PC,Xi)

Bedingungsregister:

X:unverändert	N: undefiniert	Z: Ergebnis	V: undefiniert	C: Ergebnis
		Z=1: gleich Grenzwerte		C=1: außerhalb
		Z=0: ungleich Grenzen		C=0: innerhalb

Der Befehl CMP2 vergleicht den Inhalt eines Datenregisters Dn oder eines Adreßregisters An mit einem unteren Grenzwert im adressierten Operanden und einem oberen Grenzwert im darauf folgenden Operanden. Bei Datenregistern werden die Grenzwerte nur in der angegebenen Operandenlänge verwendet. Bei Adreßregistern werden die Grenzwerte vorzeichenausgedehnt. Da im Gegensatz zum Befehl CHK2 keine Ausnahme ausgelöst wird, sind nach dem Befehl CMP2 die Bedingungen im Programm zu prüfen.

DBRA   Schleifenbefehl   **DBRA**
DBcc   bedingte Schleifenbefehle   **DBcc**

Schleifenabbruch, wenn Bedingung erfüllt oder Schleifenzähler = - 1

DBRA   Dn,*Ziel*   Schleife Wortabstand (± 32767 Bytes)
DBcc   Dn,*Ziel*   bedingte Schleife Wortabstand (± 32767 Bytes)

Bedingungsregister: unverändert

Die Adresse des Sprungziels wird errechnet aus dem Stand des Befehlszählers (PC + 2) und dem vorzeichenbehafteten Wortabstand (befehlszähler-relative Adressierung). Besteht der Schleifenkörper nur aus einem Befehl der Länge 16 bit, so werden gegebenenfalls nur noch Datenzugriffe durchgeführt, ohne den DBcc Befehl neu zu laden (loop mode).

Der Befehl **DBRA** dient zum Aufbau von Zählschleifen der Schrittweite -1 im unteren *Wort* eines Datenregisters. Entsprechend der Reihenfolge
- erst vermindere den Zähler um 1 und
- dann springe bei *ungleich -1* zum Ziel
wird die Schleife mit dem Endstand -1 abgebrochen.
Beispiel für eine *wiederholende* Kontrolle hinter dem Schleifenkörper:

```
       MOVE.W   #99,D0   ; Anzahl der Durchläufe - 1
loop   NOP               ; Schleifenkörper
       DBRA     D0,loop  ; Schleifenkontrolle
```

Beispiel für eine *abweisende* Kontrolle vor dem Schleifenkörper:

```
       MOVE.W   #100,D0  ; Anzahl der Durchläufe
kont   DBRA     D0,loop  ; Schleifenkontrolle.
       BRA      exit     ; fertig: zum Ausgang
loop   NOP               ; Schleifenkörper
       BRA      kont     ; zur Kontrolle
exit                     ; Ausgang
```

Die Befehle **DBcc** dienen zum Aufbau von bedingten Zählschleifen, die entweder beim Auftreten einer Abbruchbedingung oder beim Ende des Zählers abgebrochen werden. Reihenfolge der Teiloperationen:
- Schleifenabbruch bei erfüllter Abbruchbedingung,
- bei *nicht* erfüllter Abbruchbedingung vermindere den Zähler um 1 und
- springe beim Zählerstand *ungleich -1* zum Ziel.

Abbruchbedingungen:

DBPL	Dn,Ziel	Abbruch bei $N = 0$ (positiv)
DBMI	Dn,Ziel	Abbruch bei $N = 1$ (negativ)
DBNE	Dn,Ziel	Abbruch bei $Z = 0$ (nicht Null)
DBEQ	Dn,Ziel	Abbruch bei $Z = 1$ (Null)
DBVC	Dn,Ziel	Abbruch bei $V = 0$ (kein Überlauf)
DBVS	Dn,Ziel	Abbruch bei $V = 1$ (Überlauf)
DBCC	Dn,Ziel	Abbruch bei $C = 0$ (kein Übertrag)
DBCS	Dn,Ziel	Abbruch bei $C = 1$ (Übertrag)

Abbruchbedingung	dual *ohne* Vorzeichen	dual *mit* Vorzeichen
größer als	DBHI Dn,Ziel	DBGT Dn,Ziel
größer oder gleich	DBHS Dn,Ziel	DBGE Dn,Ziel
gleich	DBEQ Dn,Ziel	DBEQ Dn,Ziel
ungleich	DBNE Dn,Ziel	DBNE Dn,Ziel
kleiner oder gleich	DBLS Dn,Ziel	DBLE Dn,Ziel
kleiner als	DBLO Dn,Ziel	DBLT Dn,Ziel

DIVS	Division mit Vorzeichen	**DIVS**
DIVSL	Division mit Vorzeichen lang	**DIVSL**
DIVU	Division ohne Vorzeichen	**DIVU**
DIVUL	Division ohne Vorzeichen lang	**DIVUL**

Ziel (ganzzahlig dividiert durch) Quelle -> Ziel

Adressierungsarten des Quelloperanden:

#kon	abs	Dn		(An)	(An)+	-(An)	w(An)	b(An,Xi)	(d,An,Xi)	w(PC)	b(PC,Xi)	(d,PC,Xi)
#kon	abs	Dn		(An)	(An)+	-(An)	w(An)	b(An,Xi)	(d,An,Xi)	w(PC)	b(PC,Xi)	(d,PC,Xi)

Bedingungsregister:

X:unverändert	N: Vorzeichen	Z: Null	V: Überlauf	C: immer 0

Eine Division durch Null führt auf die Divisionsfehler-Ausnahme (Vektor #5), das N-, das Z- und das V-Bit sind dann undefiniert. Bei einem Divisionsüberlauf (V = 1) sind das N- und das Z-Bit undefiniert!

DIVS.W   *Quelle*, Dn   Division Langwort / Wort
Dividiere das Langwort in Dn vorzeichenrichtig durch das adressierte Wort im Quelloperanden. Der Quotient erscheint im unteren Wort von Dn, der Rest im oberen Wort von Dn. Der Rest hat das gleiche Vorzeichen wie der Quotient.

DIVS.L   *Quelle*, Dn   Division Langwort / Langwort
Dividiere das Langwort in Dn vorzeichenrichtig durch das adressierte Langwort im Quelloperanden. Quotient als Langwort in Dn, der Rest geht verloren.

DIVS.L   *Quelle*, Dr:Dq   Division Doppellangwort / Langwort
Dividiere das Doppellangwort (64 bit) gebildet durch Dr (höheres Langwort) und Dq (niederes Langwort) vorzeichenrichtig durch das adressierte Langwort im Quelloperanden. Der Quotient erscheint als Langwort in Dq, der Rest in Dr.

DIVSL.L   *Quelle*, Dr:Dq   Division Langwort / Langwort
Dividiere das Langwort in Dq vorzeichenrichtig durch das adressierte Langwort im Quelloperanden. Der Quotient erscheint als Langwort in Dq, der Rest in Dr.

DIVU.W   *Quelle*, Dn   Division Langwort / Wort
Dividiere das Langwort ohne Vorzeichen in Dn durch das adressierte Wort im Quelloperanden. Quotient im unteren Wort, Rest im oberen Wort von Dn.

DIVU.L   *Quelle*, Dn   Division Langwort / Langwort
Dividiere das Langwort ohne Vorzeichen in Dn durch das adressierte Langwort im Quelloperanden. Quotient als Langwort in Dn, der Rest geht verloren.

DIVU.L   *Quelle*, Dr:Dq   Division Doppellangwort / Langwort
Dividiere das Doppellangwort (64 bit) ohne Vorzeichen gebildet durch Dr
(höheres Langwort) und Dq (niederes Langwort) durch das adressierte Langwort
im Quelloperanden. Der Quotient erscheint als Langwort in Dq, der Rest in Dr.

DIVUL.L   *Quelle*, Dr:Dq   Division Langwort / Langwort
Dividiere das Langwort ohne Vorzeichen in Dq durch das adressierte Langwort
im Quelloperanden. Der Quotient erscheint als Langwort in Dq, der Rest in Dr.

EOR   logisches EODER   EOR

Quelle EODER Ziel -> Ziel

Operandenlänge: Byte, Wort und Langwort

EOR.x   Dn, *Ziel*   *Ziel* <= *Ziel* EODER Dn
Adressierungsarten des Zieloperanden:

	abs	Dn		(An)	(An)+	-(An)	w(An)	b(An,Xi)	(d,An,Xi)			

Bedingungsregister:

X:unverändert	N: Vorzeichen	Z: Null	V: immer 0	C: immer 0

Bilde bitweise das logische EODER (XOR) der beiden Operanden. Da Adreßregister kein Ziel sein können, müssen Adressen in Datenregistern bearbeitet
werden. Für konstante Masken sollte der Befehl EORI verwendet werden.

EORI		logisches EODER	**EORI**
EORI	**SR**		
EORI	**CCR**		

Konstante EODER Ziel -> Ziel

Operandenlänge: Byte, Wort und Langwort

EORI.x #konstante,*Ziel*   *Ziel* <= *Ziel* EODER Konstante

Adressierungsarten des Zieloperanden:

	abs	Dn		(An)	(An)+	-(An)	w(An)	b(An,Xi)	(d,An,Xi)			

Bedingungsregister:

X:unverändert	N: Vorzeichen	Z: Null	V: immer 0	C: immer 0

Bilde bitweise das logische EODER (XOR) einer Konstanten mit einem Zieloperanden. Der Operand wird in den Bitpositionen komplementiert, in denen die konstante Maske eine 1 enthält. Der Operand bleibt in den Bitpositionen unverändert, in denen die Maske eine 0 enthält.

EORI #konstante,**SR**   **SR <= SR** EODER Konstante

Statusregister **SR**   (Bedingungsregister CCR)

T1	T0	S	0	0	I2	I1	I0	0	0	0	X	N	Z	V	C

Bilde bitweise das logische EODER (XOR) einer Wortkonstanten mit dem Statusregister. Der Befehl wird zum Komplementieren von Statusbits verwendet. Der Befehl EORI mit SR als Ziel ist privilegiert und darf nur im Systemstatus (S = 1) verwendet werden. Im Benutzerstatus (S = 0) führt er auf eine Privilegverletzungs-Ausnahme (Vektor #8). Das Bedingungsregister im wertniederen Byte kann vom Benutzer (S = 0) durch CCR als Ziel verändert werden.

EORI #konstante,**CCR**   **CCR <= CCR** EODER Konstante

Bedingungsregister **CCR**:

0	0	0	X	N	Z	V	C

Bilde bitweise das logische EODER (XOR) einer Bytekonstanten mit dem Bedingungsregister und komplementiere bestimmte Bitpositionen mit einer Maske. Beispiele:
EORI #%00010000,CCR oder EORI #$10,CCR komplementiere X-Bit
EORI #%00000001,CCR oder EORI #$01,CCR komplementiere C-Bit

EXG   Vertausche Register   EXG

Register <-> Register

Operandenlänge: nur Langwort

EXG Rx,Ry   Vertausche den Inhalt von Ax oder Dx mit Ay oder Dy

Bedingungsregister: unverändert

Der Befehl vertauscht den Inhalt zweier Register als Langwörter. Dabei sind beliebige Kombinationen von Datenregistern und Adreßregistern möglich.

EXT   Vorzeichenausdehnung   EXT
EXTB   EXTB

Datenregister (erweitert) -> Datenregister

EXT.W Dn   erweitere Byte zum Wort
EXT.L Dn   erweitere Wort zum Langwort
EXTB.L Dn   erweitere Byte zum Langwort

Bedingungsregister:

X:unverändert	N: Vorzeichen	Z: Null	V: immer 0	C: immer 0

Der Befehl dient zur Ausdehnung von vorzeichenbehafteten Dualzahlen. Ist das werthöchste Bit (Vorzeichen) des Operanden eine 0, so wird das Datenregister mit 0 erweitert; ist eine 1, so wird mit 1 erweitert. Dadurch bleibt das Vorzeichen der Zahl erhalten.

ILLEGAL   Codefehler-Ausnahme   ILLEGAL

ILLEGAL   ohne Operanden

Bedingungsregister: unverändert

Der Befehl löst immer eine Codefehler-Ausnahme (Vektor #4) aus und wird von Betriebsprogrammen als Haltepunkt verwendet.

JMP	Springe immer	**JMP**
JSR	Unterprogrammsprung	**JSR**

Springe immer zur Zieladresse

JMP	*Ziel*	Zieladresse 32 bit
JSR	*Ziel*	Zieladresse 32 bit

Adressierungsarten des Ziels:

	abs			(An)			w(An)	b(An,Xi)	(d,An,Xi)	w(PC)	b(PC,Xi)	(d,PC,Xi)

Bedingungsregister: unverändert

Der adressierte Zieloperand liefert eine 32 bit Sprungadresse, die in den Befehls-zähler geladen wird. Es gibt folgende Adressierungarten:

Absolute Adressierung: **JMP** *Adresse*
Die Adresse wird im Operandenfeld symbolisch oder hexadezimal angegeben. Kurze Adressen können als Wort gespeichert und bei der Ausführung vorzei-chenausgedehnt werden. Einige Assembler verwenden immer Langwortadressen. Bei Sprüngen innerhalb eines Programms sind diese nicht mehr verschieblich. Anwendung zum Sprung in Programme, die auf festen Adressen liegen.

Berechnete Adressierung: **JMP** (An) w(An) b(An,Xi) (d,An,Xi)
Die Adresse des Sprungziels ist variabel in einem Adreßregister und kann durch das Programm einer Tabelle entnommen oder berechnet werden.

Befehlszählerrelative Adressierung: **JMP** w(PC) b(PC,Xi) (d,PC,Xi)
Wie bei der relativen Adressierung (BRA) dient der Befehlszähler als Bezugs-punkt für die Berechnung der Sprungadresse.

Der Befehl **JSR** springt immer in ein Unterprogramm. Vor seiner Ausführung wird ein Langwort mit der Adresse des nächsten Befehls, der Rücksprung-adresse, auf den Stapel gelegt. Durch die Adressierungsart -(A7) vermindert sich der Stapelzeiger um 4. Der Befehl RTS holt in der Adressierungsart (A7)+ die Rücksprungadresse zurück und setzt das Programm hinter dem Befehl JSR fort.

```
      JSR upro      ; Unterprogrammaufruf
      NOP           ; nächster Befehl

upro  NOP           ; 1.Befehl des Unterprogramms

      RTS           ; Rücksprung
```

LEA   Lade effektive Adresse   LEA

Adresse -> Adreßregister

Operandenlänge: immer Langwort

LEA *Quelle,*An   An <= Quelladresse
Adressierungsarten der Quelladresse:

	abs			(An)			w(An)	b(An,Xi)	(d,An,Xi)	w(PC)	b(PC,Xi)	(d,PC,Xi)

Bedingungsregister: keine Änderung

Die Adresse bzw. das Ergebnis einer Adreßrechnung wird in ein Adreßregister gespeichert und nicht zur Adressierung eines Operanden verwendet.

LINK   Belege Stapelspeicher   LINK

Adreßregister -> -(A7)
A7 -> Adreßregister
A7 + Abstand -> A7

Operandenlänge: Wort und Langwort

LINK.x   An,**#**abstand   *negative* Wort- oder Langwortkonstante

Bedingungsregister: keine Änderung

Der Befehl dient zur Belegung eines lokalen Speicherbereiches in einem Unterprogramm. Der Inhalt des Adreßregisters An wird auf den Stapel gerettet und nimmt den neuen Stapelzeiger A7 auf. Der Abstand mit der Anzahl der auf dem Stapel zu reservierenden Bytes wird zum Stapelzeiger A7 addiert; der konstante Wert muß **negativ** sein, um den Stapelzeiger zu vermindern! Das Adreßregister An ist dadurch ein Zeiger auf den lokalen Speicherbereich. Es darf nicht verändert werden, wenn der Speicherbereich mit dem Befehl UNLK wieder freigegeben wird.

LPSTOP   Stromsparbetrieb   **LPSTOP**

Konstante -> Statusregister und Stromsparbetrieb

LPSTOP   #konstante   SR <= Wortkonstante

Bedingungsregister: entsprechend der Konstanten geändert
Der Befehl ist privilegiert und darf nur im Systemstatus (S = 1) ausgeführt
werden. Im Benutzerstatus führt er auf eine Privilegverletzungs-Ausnahme
(Vektor #8). Die Wortkonstante mit der Interruptmaske wird in das Statusregister
geladen, und der Prozessor geht in einen Stromsparbetrieb, der nur durch Reset
oder einen Interrupt verlassen werden kann.

LSL   Logisch schiebe *links*   **LSL**
LSR   Logisch schiebe *rechts*   **LSR**

Ziel (logisch verschoben) -> Ziel

Operand im Datenregister Dy:
Operandenlänge: Byte, Wort und Langwort

LSL.x	Dx, Dy	Dx = Zähler	Dy <= Links-Schieberegister
LSL.x	#*kon*, Dy	Zähler 1 bis 8	Dy <= Links-Schieberegister
LSR.x	Dx, Dy	Dx = Zähler	Dy <= Rechts-Schieberegister
LSR.x	#*kon*, Dy	Zähler 1 bis 8	Dy <= Rechts-Schieberegister

Operand im Speicherwort:

LSL	*Ziel*	schiebe Zielwort um 1 bit logisch links
LSR	*Ziel*	schiebe Zielwort um 1 bit logisch rechts

Adressierungsarten des Zielspeicherwortes:

	abs			(An)	(An)+	-(An)	w(An)	b(An,Xi)	(d,An,Xi)			
	abs			(An)	(An)+	-(An)	w(An)	b(An,Xi)	(d,An,Xi)			

Bedingungsregister:

X: Schiebebit	N: Vorzeichen	Z: Null	V: immer 0	C: Schiebebit

Schiebe den Operanden um eine oder mehrere Bitpositionen. Der Schiebezähler
ist konstant (1 bis 8 bit) oder variabel in einem Datenregister. Die zuletzt herausgeschobene Bitposition wird im X-Bit und im C-Bit gespeichert; alle vorherigen Bits und das alte X- und C-Bit gehen verloren. Befindet sich der Schiebezähler in einem Datenregister, so werden nur die letzten 6 bit (modulo 64) des
Zählers verwendet. Ist der Schiebezähler 0, so bleibt das X-Bit unverändert und
das C-Bit wird gelöscht.

Beim logischen *Linksschieben* wird die rechts frei werdende Bitposition mit einer 0 aufgefüllt. Dies entspricht einer Multiplikation mit dem Faktor 2.

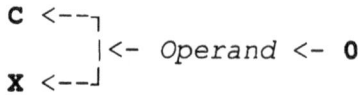

```
C <--┐
      |<- Operand <- 0
X <--┘
```

Beim logischen *Rechtsschieben* wird die links frei werdende Bitposition mit einer 0 aufgefüllt. Dies bedeutet eine duale vorzeichenlose Division durch 2.

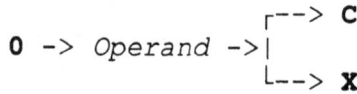

```
                   ┌--> C
   0 -> Operand ->|
                   └--> X
```

MOVE   Speichere Daten   MOVE

Quelle -> Ziel

Operandenlänge: Byte, Wort und Langwort

MOVE.x   Quelle, Ziel   Ziel <= Quelle

Adressierungsarten des Quelloperanden:

#kon	abs	Dn	An	(An)	(An)+	-(An)	w(An)	b(An,Xi)	(d,An,Xi)	w(PC)	b(PC,Xi)	(d,PC,Xi)

Adressierungsarten des Zieloperanden:

	abs	Dn	An	(An)	(An)+	-(An)	w(An)	b(An,Xi)	(d,An,Xi)			

Bedingungsregister (außer Adreßregister als Ziel):

X:unverändert	N: Vorzeichen	Z: Null	V: immer 0	C: immer 0

Speichere den Quelloperanden in den Zieloperanden. Für Adreßregister sind nur Wort- und Langwortoperationen zugelassen. Der Befehl MOVEA lädt ein Adreßregister. Der Befehl MOVEQ lädt ein Datenregister mit einer vorzeichenausgedehnten Bytekonstanten.

MOVE SR	Systemregister	**MOVE** SR
MOVE CCR	Systemregister	**MOVE** CCR
MOVE USP	Systemregister	**MOVE** USP

Statusregister **SR**   (Bedingungsregister CCR)

T1	T0	S	0	0	I2	I1	I0	0	0	0	X	N	Z	V	C

Statusregister SR als Operand:
Operandenlänge: Wort
MOVE   SR, *Ziel*   Wort <= SR
MOVE   *Quelle*, SR   SR <= Wort

Bedingungsregister CCR als Operand:
Operandenlänge: Wort (nur Low-Byte verwendet)
MOVE   CCR, *Ziel*   Wort <= CCR
MOVE   *Quelle*, CCR   CCR <= Wort (Low-Byte)

Adressierungsarten des Quelloperanden:

#kon	abs	Dn		(An)	(An)+	-(An)	w(An)	b(An,Xi)	(d,An,Xi)	w(PC)	b(PC,Xi)	(d,PC,Xi)

Adressierungsarten des Zieloperanden:

	abs	Dn		(An)	(An)+	-(An)	w(An)	b(An,Xi)	(d,An,Xi)			

Bedingungsregister: den Daten entsprechend verändert

Die Befehle mit dem Statusregister **SR** als Operanden sind privilegiert und dürfen nur im Systemstatus (S = 1) ausgeführt werden; im Benutzerstatus (S = 0) führen sie auf eine Privilegverletzungs-Ausnahme (Vektor #8). Die Befehle mit dem Bedingungsregister **CCR** als Operanden werden als Wortoperation ausgeführt, verwenden jedoch nur das wertniedere Byte.

Benutzerstapelzeiger USP als Operand:
Operandenlänge: Langwort
MOVE   USP, An   An <= A7 (*Benutzer*)
MOVE   An, USP   A7 (*Benutzer*) <= An

Bedingungsregister: unverändert

Die Befehle mit dem Benutzerstapelzeiger USP = A7 als Operanden sind privilegiert und dürfen nur im Systemstatus (S = 1) ausgeführt werden; im Benutzerstatus (S = 0) führen sie auf eine Privilegverletzungs-Ausnahme (Vektor #8).

MOVEA   Speichere Adreßregister   MOVEA

Quelle -> An

Operandenlänge: Wort und Langwort

MOVEA.x   *Quelle*,An   An <= *Quelle*

Adressierungsarten des Quelloperanden:

#kon	abs	Dn	An	(An)	(An)+	-(An)	w(An)	b(An,Xi)	(d,An,Xi)	w(PC)	b(PC,Xi)	(d,PC,Xi)

Bedingungsregister: unverändert

Speichere den Quelloperanden (Wort oder Langwort) in das Adreßregister An.
Byteoperationen sind nicht zulässig! Der Befehl wirkt wie MOVE.W bzw. wie
MOVE.L mit einem Adreßregister An als Ziel.

MOVEC   Systemregister   MOVEC

Operandenlänge: Langwort

MOVEC   Rc,Rn   An oder Dn <= Systemregister Rc
MOVEC   Rn,Rc   Systemregister Rc <= An oder Dn

Rn = Datenregister Dn oder Adreßregister An
Rc = Systemregister:
SFC = Source Function Register = Quellcoderegister
DFC = Destination Function Register = Zielcoderegister
USP = User Stack Pointer = Benutzerstapelzeiger A7
VBR = Vektorbasisregister

Bedingungsregister: unverändert

Der Befehl MOVEC ist privilegiert und darf nur im Systemstatus (S = 1) ausge-
führt werden; im Benutzerstatus (S = 0) führt er auf eine Privilegverletzungs-
Ausnahme (Vektor #8). Der Befehl MOVES verwendet den Inhalt der Register
SFC und DFC zur Speicheradressierung.

MOVEM   Speichere mehrere Register   MOVEM

Registerblock -> Speicher
Speicher -> Registerblock

Operandenlänge: Wort oder Langwort

| **MOVEM**.x | Registerliste,*Ziel* | Speicher <= Registerblock |
| **MOVEM**.x | *Quelle*,Registerliste | Registerblock <= Speicher |

Adressierungsarten des Zielspeichers:

	abs			(An)		-(An)	w(An)	b(An,Xi)	(d,An,Xi)			

Adressierungsarten des Quellspeichers:

	abs			(An)	(An)+		w(An)	b(An,Xi)	(d,An,Xi)	w(PC)	b(PC,Xi)	(d,PC,Xi)

Aufbau der Registerliste mit An bzw. Dn im Befehl:
Listenelemente durch / getrennt: A0/A1/A2
Bereich aufsteigend: D0-D7
Liste von Bereichen: D0-D7/A0-A6

Bedingungsregister: unverändert

Ist der Speicher das Ziel, so kopiert der Befehl mehrere Register wort- bzw. langwortweise in aufeinanderfolgende Speicherwörter bzw. Speicherlangwörter. Die Reihenfolge der Register in den Listen ist unabhängig von der Reihenfolge bei der Ausführung des Befehls.

Außer bei der Adressierungsart -(An) beginnt die Speicherung mit den unteren Datenregistern (D0) und endet mit den oberen Adreßregistern (A7). In der Adressierungsart -(An) beginnt die Speicherung mit den oberen Adreßregistern (A7) und endet mit den unteren Datenregistern (D0).

Beim Laden von Registern aus dem Speicher werden zuerst die unteren Datenregister (D0) und zuletzt die oberen Adreßregister (A7) aus fortlaufenden Speicherwörtern bzw. Langwörtern kopiert. Bei Wortoperationen werden sowohl die Adreßregister als auch die Datenregister vorzeichenausgedehnt. Beispiel für das Retten von Registern auf den Stapel in einem Unterprogramm:

```
upro  MOVEM.L  D0-D7/A0-A4,-(A7) ; push

      MOVEM.L  (A7)+,D0-D7/A0-A4 ; pop
      RTS
```

MOVEP   Speichere Peripherie   MOVEP

Quelle -> Ziel

Operandenlänge: Wort und Langwort

MOVEP.x   Dx,w(Ay)   *Peripherie <= Dx*
MOVEP.x   w(Ay),Dx   *Dx <= Peripherie*

Bedingungsregister: unverändert

Die Befehl MOVEP dient vorwiegend zur Speicherung von Wörtern und Langwörtern zwischen einem Datenregister und Peripheriebausteinen, die an einem
16 bit Datenbus betrieben werden und bei denen die Byteadressen den Abstand
2 haben. Das höchstwertige Byte des Registeroperanden wird zwischen dem
adressierten Byte im Speicher übertragen, das nächste Byte des Registers zwischen dem Byte im Abstand +2 von der Anfangsadresse usf.

Datenregister

Byte	*Byte*	*Byte*	*Byte*

Peripherie:
Adresse d(An) + 0: *Byte*
Adresse d(An) + 2: *Byte*
Adresse d(An) + 4: *Byte*
Adresse d(An) + 6: *Byte*

MOVEQ   Speichere kurze Konstante   MOVEQ

Konstante -> Datenregister

Operandenlänge: Byte zu Langwort vorzeichenausgedehnt

MOVEQ   #Bytekonstante,Dn   *Dn <= Konstante*

Bedingungsregister:

X:unverändert	N: Vorzeichen	Z: Null	V: immer 0	C: immer 0

Die Bytekonstante wird zu einem Langwort vorzeichenausgedehnt und in ein
Datenregister gespeichert; das gesamte Datenregister wird überschrieben. Man
beachte die Vorzeichenausdehnung! Beispiel:
```
MOVEQ  #$7F,D0     ; D0 = $0000007F
MOVEQ  #$80,D0     ; D0 = $FFFFFF80
```

MOVES   Speichere Sonderbereich   **MOVES**

Quelle -> Ziel

Operandenlänge: Byte, Wort und Langwort

MOVES.x   Rn,*Ziel*   *Ziel* <= An oder Dn
MOVES.x   *Quelle*,Rn   An oder Dn <= *Quelle*

Adressierungsarten des Ziels *und* der Quelle:

	abs			(An)	(An)+	-(An)	w(An)	b(An,Xi)	(d,An,Xi)			

Bedingungsregister: unverändert

Bei *jedem* Speicherzugriff bestimmen die Signale FC0, FC1 und FC2 (Abschnitt 2.3) den auszuwählenden Bereich (System oder Benutzer, Daten oder Code und CPU). Der Befehl MOVES verwendet den Inhalt des Quellcoderegister SFC bei der Auswahl des Quellbereiches und den Inhalt des Zielcoderegisters DFC bei der Auswahl des Zielbereiches. Diese Register sind vorher mit dem Befehl MOVEC mit entsprechenden 3 bit Codes zu laden. Bei einem Adreßregister als Ziel werden die Operanden unabhängig von der Operandenlänge vorzeichenausgedehnt in das gesamte Adreßregister geladen. Ein Adreßregister als Quelle darf nicht gleichzeitig zur Adressierung des Ziels in den Adressierungsarten (An)+ und -(An) verwendet werden. Der Befehl MOVES ist privilegiert und darf nur im Systemstatus (S = 1) ausgeführt werden; im Benutzerstatus (S = 0) führt er auf eine Privilegverletzungs-Ausnahme (Vektor #8).

MULS	Multiplikation mit Vorzeichen	**MULS**
MULU	Multiplikation ohne Vorzeichen	**MULU**

Ziel (ganzzahlig multipliziert mit) Quelle -> Ziel

Adressierungsarten des Quelloperanden:

#kon	abs	Dn		(An)	(An)+	-(An)	w(An)	b(An,Xi)	(d,An,Xi)	w(PC)	b(PC,Xi)	(d,PC,Xi)
■	■	■		■	■	■	■	■	■	■	■	■

Bedingungsregister:

X:unverändert	**N**: Vorzeichen	**Z**: Null	**V**: Überlauf	**C**: immer 0

MULS.W *Quelle*, Dn   Multiplikation Wort * Wort
Multipliziere das Wort in Dn vorzeichenrichtig mit dem adressierten Wort im Quelloperanden. Das 32 bit Produkt erscheint als Langwort im Datenregister Dn.

MULS.L *Quelle*, Dn   Multiplikation Langwort * Langwort
Multipliziere das Langwort in Dn vorzeichenrichtig mit dem adressierten Langwort im Quelloperanden. Das 32 bit Produkt erscheint als Langwort in Dn.

MULS.L *Quelle*, Dh:Dl   Multiplikation Langwort * Langwort
Multipliziere das Langwort in Dl vorzeichenrichtig mit dem adressierten Langwort im Quelloperanden. Das 64 bit Produkt erscheint mit dem werthöheren Langwort in Dh und mit dem wertniederen Langwort in Dl.

MULU.W *Quelle*, Dn   Multiplikation Wort * Wort
Multipliziere das Wort in Dn vorzeichenlos mit dem adressierten Wort im Quelloperanden. Das 32 bit Produkt erscheint als Langwort im Datenregister Dn.

MULU.L *Quelle*, Dn   Multiplikation Langwort * Langwort
Multipliziere das Langwort in Dn vorzeichenlos mit dem adressierten Langwort im Quelloperanden. Das 32 bit Produkt erscheint als Langwort in Dn.

MULU.L *Quelle*, Dh:Dl   Multiplikation Langwort * Langwort
Multipliziere das Langwort in Dl vorzeichenlos mit dem adressierten Langwort im Quelloperanden. Das 64 bit Produkt erscheint mit dem werthöheren Langwort in Dh und mit dem wertniederen Langwort in Dl.

NBCD   Komplementiere BCD   NBCD

0 - Ziel - X -> Ziel

Operandenlänge: Byte

NBCD   *Ziel*   *Ziel* <= 0 - *Ziel* - X

Adressierungsarten des Ziels:

	abs	Dn		(An)	(An)+	-(An)	w(An)	b(An,Xi)	(d,An,Xi)			

Bedingungsregister:

X: Übertrag	N: undefiniert	Z: 0 für ≠ Null	V: undefiniert	C: Übertrag

Subtrahiere die adressierte zweistellige gepackte BCD Zahl und das X-Bit von 0. Für X = 0 ergibt sich das Zehnerkomplement, für X = 1 das Neunerkomplement.

Vor einer Schleife, die mit den wertniedrigsten Stellen beginnt, sollte das Z-Bit gesetzt werden. Ergeben alle Operationen der Schleife das Teilergebnis Null, so ist das Gesamtergebnis Null, und das Z-Bit bleibt gesetzt.

NEG   Zweierkomplement   NEG

0 -Ziel -> Ziel

Operandenlänge: Byte, Wort und Langwort

NEG.x   *Ziel*   *Ziel* <= 0 - *Ziel* (Zweierkomplement)

Adressierungsarten des Ziels:

	abs	Dn		(An)	(An)+	-(An)	w(An)	b(An,Xi)	(d,An,Xi)			

Bedingungsregister:

X: Übertrag	N: Vorzeichen	Z: Null	V: Überlauf	C: Übertrag

Der Befehl NEG subtrahiert den Operanden von 0 und bildet das Zweierkomplement. Dabei wird zum Einerkomplement (NOT) zusätzlich eine 1 addiert. Der Befehl negiert Dualzahlen mit Vorzeichen (INTEGER).

NEGX   Komplementiere mit X-Bit   NEGX

0 - Ziel - X -> Ziel

Operandenlänge: Byte, Wort und Langwort

NEGX.x   *Ziel*   *Ziel <= 0 - Ziel - X*

Adressierungsarten des Ziels:

	abs	Dn		(An)	(An)+	-(An)	w(An)	b(An,Xi)	(d,An,Xi)			

Bedingungsregister:

X: Übertrag	**N**: Vorzeichen	**Z**:0 für ≠ Null	**V**: Überlauf	**C**: Übertrag

Der Befehl subtrahiert den Operanden und das X-Bit von 0. Er dient zur Erweiterung des Zahlenbereiches über 32 bit hinaus. Vor einer Schleife, die mit den wertniedrigsten Stellen beginnt, sollte das X-Bit gelöscht und das Z-Bit gesetzt werden. Ergeben alle Additionen der Schleife das Teilergebnis Null, so ist das Gesamtergebnis Null, und das Z-Bit bleibt gesetzt.

NOP   Befehlssynchronisation   NOP

NOP   ohne Operanden

Bedingungsregister: unverändert

Der Befehl NOP (No Operation) führt keine Operation durch. Das Programm wird erst fortgesetzt, wenn alle Buszugriffe und internen Abläufe der Befehlswarteschlange ausgeführt worden sind.

NOT   Einerkomplement   **NOT**

Ziel (Einerkomplement) -> Ziel

Operandenlänge: Byte, Wort und Langwort

NOT.x   *Ziel*   *Ziel* <= (Einerkomplement) *Ziel*

Adressierungsarten des Zieloperanden:

	abs	Dn		(An)	(An)+	-(An)	w(An)	b(An,Xi)	(d,An,Xi)			

Bedingungsregister:

X:unverändert	N: Vorzeichen	Z: Null	V: immer 0	C: immer 0

Bilde bitweise das Einerkomplement (aus 1 mach 0 und aus 0 mach 1) des Operanden. Der Befehl NEG addiert zusätzlich eine 1 (Zweierkomplement).

OR   logisches ODER   **OR**

Quelle ODER Ziel -> Ziel

Operandenlänge: Byte, Wort und Langwort

OR.x   *Quelle*, Dn   Dn <= Dn ODER *Quelle*

Adressierungsarten des Quelloperanden:

#kon	abs	Dn		(An)	(An)+	-(An)	w(An)	b(An,Xi)	(d,An,Xi)	w(PC)	b(PC,Xi)	(d,PC,Xi)

OR.x   Dn, *Ziel*   *Ziel* <= *Ziel* ODER Dn

Adressierungsarten des Zieloperanden:

	abs	Dn		(An)	(An)+	-(An)	w(An)	b(An,Xi)	(d,An,Xi)			

Bedingungsregister:

X:unverändert	N: Vorzeichen	Z: Null	V: immer 0	C: immer 0

Bilde bitweise das logische ODER der beiden Operanden. Da Adreßregister weder Quelle noch Ziel sein können, müssen Adressen in Datenregistern bearbeitet werden. Für konstante Masken sollte der Befehl ORI verwendet werden.

ORI   logisches ODER   ORI
ORI   SR
ORI   CCR

Konstante ODER Ziel -> Ziel

Operandenlänge: Byte, Wort und Langwort

ORI.x #konstante,*Ziel*   *Ziel <= Ziel* ODER Konstante
Adressierungsarten des Zieloperanden:

	abs	Dn		(An)	(An)+	-(An)	w(An)	b(An,Xi)	(d,An,Xi)			

Bedingungsregister:

X:unverändert	N: Vorzeichen	Z: Null	V: immer 0	C: immer 0

Bilde bitweise das logische ODER einer Konstanten mit einem Zieloperanden.
Der Operand wird in den Bitpositionen auf 1 gesetzt, in denen die konstante
Maske eine 1 enthält. Der Operand bleibt in den Bitpositionen unverändert, in
denen die Maske eine 0 enthält. Adreßregister sind nicht zulässig.

ORI #konstante,**SR**   **SR <= SR** ODER Konstante

Statusregister **SR**   (Bedingungsregister CCR)

T1	T0	S	0	0	I2	I1	I0	0	0	0	X	N	Z	V	C

Bilde bitweise das logische ODER einer Wortkonstanten mit dem Statusregister.
Der Befehl wird zum Setzen von Statusbits verwendet. Beispiele:
ORI #%0000011100000000,SR   Interrupts sperren ($I2 = I1 = I0 = 1$)
ORI #$0700,SR   Interrupts sperren ($I2 = I1 = I0 = 1$)

Der Befehl ORI mit dem Statusregister SR als Ziel ist privilegiert und darf nur
im Systemstatus (S = 1) verwendet werden. Im Benutzerstatus (S = 0) führt er
auf eine Privilegverletzungs-Ausnahme (Vektor #8). Das Bedingungsregister
kann vom Benutzer (S = 0) durch CCR als Ziel verändert werden.

ORI #konstante,**CCR**   **CCR <= CCR** ODER Konstante

Bedingungsregister **CCR**:

0	0	0	X	N	Z	V	C

Bilde bitweise das logische ODER einer Bytekonstanten mit dem Bedingungs-register und setze bestimmte Bitpositionen mit einer Maske. Beispiele:

```
ORI #%00010000,CCR oder ORI #$10,CCR  setze das X-Bit
ORI #%00001000,CCR oder ORI #$08,CCR  setze das N-Bit
ORI #%00000100,CCR oder ORI #$04,CCR  setze das Z-Bit
ORI #%00000010,CCR oder ORI #$02,CCR  setze das V-Bit
ORI #%00000001,CCR oder ORI #$01,CCR  setze das C-Bit
```

PEA   Lege Adresse auf Stapel   PEA

Adresse -> -(A7) Stapel

Operandenlänge: immer Langwort

PEA   *Quelle*   Stapel <= Quelladresse

Adressierungsarten der Quelladresse:

	abs			(An)			w(An)	b(An,Xi)	(d,An,Xi)	w(PC)	b(PC,Xi)	(d,PC,Xi)

Bedingungsregister: unverändert

Die Adresse bzw. das Ergebnis einer Adreßrechnung wird in der Adressierungs-art -(A7) als Langwort auf den Stapel gelegt und nicht zur Adressierung eines Operanden verwendet. Der Befehl legt die Adressen von Übergabeparametern auf den Stapel.

RESET   Peripherie zurücksetzen   RESET

RESET   ohne Operanden

Bedingungsregister: unverändert

Der Befehl legt den Ausgang RESET für 512 Takte auf Low, um externe Peri-pheriebausteine zurückzusetzen. Er ist privilegiert und darf nur im Systemstatus (S = 1) verwendet werden. Im Benutzerstatus (S = 0) führt er auf eine Privilegverletzungs-Ausnahme (Vektor #8).

ROL   Rotiere *links*   ROL
ROR   Rotiere *rechts*   ROR

Ziel (zyklisch verschoben) -> Ziel

Operand im Datenregister Dy:
Operandenlänge: Byte, Wort und Langwort

ROL.x	Dx,Dy	Dx = Zähler	Dy <= Links-Schieberegister
ROL.x	#kon,Dy	Zähler 1 bis 8	Dy <= Links-Schieberegister
ROR.x	Dx,Dy	Dx = Zähler	Dy <= Rechts-Schieberegister
ROR.x	#kon,Dy	Zähler 1 bis 8	Dy <= Rechts-Schieberegister

Operand im Speicherwort:

ROL	Ziel	Schiebe Zielwort um 1 bit zyklisch links
ROR	Ziel	Schiebe Zielwort um 1 bit zyklisch rechts

Adressierungsarten des Zielspeicherwortes:

	abs			(An)	(An)+	-(An)	w(An)	b(An,Xi)	(d,An,Xi)			

Bedingungsregister (siehe Beschreibung):

X:unverändert	N: Vorzeichen	Z: Null	V: immer 0	C: Schiebebit

Schiebe den Operanden um eine oder mehrere Bitpositionen. Der Schiebezähler ist konstant (1 bis 8 bit) oder variabel in einem Datenregister. Die zuletzt herausgeschobene Bitposition wird im C-Bit gespeichert; alle vorherigen Bits und das alte C-Bit gehen verloren. Befindet sich der Schiebezähler in einem Datenregister, so werden nur die letzten 6 bit (modulo 64) des Zählers verwendet. Ist der Schiebezähler 0, so wird das C-Bit gelöscht.

Beim zyklischen **Linksschieben** wird die rechts frei werdende Bitposition mit der links herausgeschobenen Bitposition aufgefüllt, die gleichzeitig auch in das C-Bit geschoben wird.

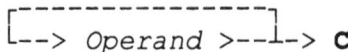

```
         ┌─────────────────────┐
   C <─┴─<─ Operand <───┘
```

Beim zyklischen **Rechtsschieben** wird die links frei werdende Bitposition mit der rechts herausgeschobenen Bitposition aufgefüllt, die gleichzeitig auch in das C-Bit geschoben wird.

```
   ┌─────────────────┐
   └──> Operand >───┴─> C
```

ROXL	Rotiere *links* mit X	**ROXL**
ROXR	Rotiere *rechts* mit X	**ROXR**

Ziel und X-Bit (zyklisch verschoben) -> Ziel

Operand im Datenregister Dy:
Operandenlänge: Byte, Wort und Langwort

ROXL.x	Dx,Dy	Dx = Zähler	(Dy und X) <= Links-Schieberegister
ROXL.x	#*kon*,Dy	Zähler 1 bis 8	(Dy und X) <= Links-Schieberegister
ROXR.x	Dx,Dy	Dx = Zähler	(Dy und X) <= Rechts-Schieberegister
ROXR.x	#*kon*,Dy	Zähler 1 bis 8	(Dy und X)< = Rechts-Schieberegister

Operand im Speicherwort:

ROXL	*Ziel*	Schiebe (Zielwort und X) um 1 bit zyklisch links
ROXR	*Ziel*	Schiebe (Zielwort und X) um 1 bit zyklisch rechts

Adressierungsarten des Zielspeicherwortes:

	abs			(An)	(An)+	-(An)	w(An)	b(An,Xi)	(d,An,Xi)			

Bedingungsregister (siehe Beschreibung):

X: Schiebebit	**N**: Vorzeichen	**Z**: Null	**V**: immer 0	**C**: Schiebebit

Schiebe den Operanden und das X-Bit um eine oder mehrere Bitpositionen. Der Schiebezähler ist konstant (1 bis 8 bit) oder variabel in einem Datenregister. Die zuletzt herausgeschobene Bitposition wird im X-Bit und im C-Bit gespeichert; alle vorherigen Bits und das alte X-Bit und C-Bit gehen verloren. Befindet sich der Schiebezähler in einem Datenregister, so werden nur die letzten 6 bit (modulo 64) des Zählers verwendet. Ist der Schiebezähler 0, so wird das C-Bit gelöscht.

Beim zyklischen *Linksschieben* mit **X** gelangt das links herausgeschobene Bit in das C-Bit und in das X-Bit. Die rechts frei werdende Bitposition wird mit dem alten X-Bit aufgefüllt.

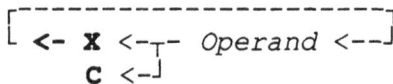

```
  ┌─────────────────────────┐
  └ <- X <─┬─ Operand <──┘
      C <─┘
```

Beim zyklischen *Rechtsschieben* mit **X** gelangt das rechts herausgeschobene Bit in das C-Bit und das X-Bit. Die links frei werdende Bitposition wird mit dem alten X-Bit aufgefüllt.

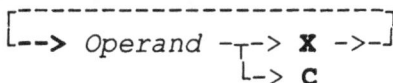

```
  ┌─────────────────────────┐
  └──> Operand ─┬─> X ->─┘
          └─> C
```

RTD   Rücksprung mit Stapelbereinigung   **RTD**

(A7) -> PC (Langwort)
A7 + 4 + Konstante -> A7

RTD   #Wortkonstante   Rücksprung mit Stapelkorrektur

Bedingungsregister: unverändert
Der Rücksprung aus dem Unterprogramm lädt den Befehlszähler in der Adressierungsart (A7)+ mit dem obersten Stapellangwort. Anschließend wird die vorzeichenausgedehnte Wortkonstante zum Stapelzeiger addiert.

RTE   Rücksprung aus Ausnahme   **RTE**

(A7)+ -> SR (Wort)
(A7)+ -> PC (Langwort)
(A7)+ -> (Wort enthält Ausnahmecode)

RTE   ohne Operanden

Bedingungsregister: vom Stapel
Beim Rücksprung aus einem Ausnahme-Programm wird in der Adressierungsart (A7)+ das oberste Stapelwort in das Statusregister gespeichert, das folgende Langwort in den Befehlszähler. Das folgende Stapelwort bzw. weitere Wörter werden vom Stapel entfernt. Der Befehl RTE ist privilegiert und führt im Benutzerstatus (S = 0) auf eine Privilegverletzungs-Ausnahme (Vektor #8).

RTR   Rücksprung und CCR wiederherstellen   **RTR**

(A7)+ -> CCR (Wortoperation!)
(A7)+ -> PC (Langwort)

RTR   ohne Operanden

Bedingungsregister: vom Stapel
Beim Rücksprung wird in der Adressierungsart (A7)+ das Low-Byte des obersten Stapelwortes in das Bedingungsregister CCR gespeichert, das folgende Langwort in den Befehlszähler. Der Befehl kann auch im Benutzerstatus (S = 0) ausgeführt werden, es werden jedoch nur 6 Wörter vom Stapel entfernt.

RTS   Rücksprung aus Unterprogramm   **RTS**

(A7)+ -> PC (Langwort)

RTS   ohne Operanden

Bedingungsregister: unverändert
Der Befehl speichert in der Adressierungsart (A7)+ das oberste Langwort des
Stapels in den Befehlszähler und setzt das Programm an dieser Adresse fort.

SBCD   Subtrahiere BCD mit X-Bit   **SBCD**

Ziel - Quelle - X -> Ziel

Operandenlänge: Byte

```
SBCD     Dy,Dx                  Dx <= Dx - Dy - X
SBCD    -(Ay),-(Ax)           -(Ax) <= -(Ax) - -(Ay) - X
```

Bedingungsregister:

X: Borgen	**N**: undefiniert	**Z**: 0 für ≠ Null	**V**: undefiniert	**C**: Borgen

Subtrahiere in *Datenregistern* zweistellige gepackte BCD Zahlen und das X-Bit.
Vor Einzeloperationen sollte das X-Bit gelöscht und das Z-Bit gesetzt werden.
Es wird nur dann gelöscht, wenn das Ergebnis ungleich Null ist, anderenfalls
bleibt es unverändert.

Subtrahiere im *Speicher* mehrstellige gepackte BCD Zahlen jeweils zwei Ziffern
in einem Byte. Vor einer Schleife, die mit den wertniedrigsten Stellen beginnt,
sollte das X-Bit gelöscht und das Z-Bit gesetzt werden. Ergeben alle Subtraktionen der Schleife die Teildifferenz Null, so ist die Gesamtdifferenz Null, und das
Z-Bit bleibt gesetzt. Das X-Bit enthält die Zwischenborgungen und nach der
Schleife die Unterlaufanzeige.

Scc   Byte bedingt setzen oder löschen   **Scc**

$00 -> Ziel *oder* $FF -> Ziel

Operandenlänge: Byte

Scc *Ziel*   *Ziel* <= $00 oder *Ziel* <= $FF

Adressierungsarten des Zieloperanden:

	abs	Dn		(An)	(An)+	-(An)	w(An)	b(An,Xi)	(d,An,Xi)			

Bedingungsregister: unverändert

Die folgenden Befehle setzen bzw. löschen *immer* des adressierte Byte:
SF *Ziel*   Lösche immer den Zieloperanden (Konstante $00)
ST *Ziel*   Setze immer den Zieloperanden (Konstante $FF)

Die folgenden Befehle setzen (Konstante $FF) das adressierte Byte nur, wenn die Bedingung erfüllt ist. Ist die Bedingung nicht erfüllt, so wird das adressierte Byte gelöscht (Konstante $00):

Setzbedingungen:
SPL *Ziel*   Setzen bei N = 0 (positiv), löschen bei N = 1
SMI *Ziel*   Setzen bei N = 1 (negativ), löschen bei N = 0
SNE *Ziel*   Setzen bei Z = 0 (nicht Null), löschen bei Z = 1
SEQ *Ziel*   Setzen bei Z = 1 (Null), löschen bei Z = 0
SVC *Ziel*   Setzen bei V = 0 (kein Überlauf), löschen bei V = 1
SVS *Ziel*   Setzen bei V = 1 (Überlauf), löschen bei V = 0
SCC *Ziel*   Setzen bei C = 0 (kein Übertrag), löschen bei C = 1
SCS *Ziel*   Setzen bei C = 1 (Übertrag), löschen bei C = 0

Setzbedingung	dual *ohne* Vorzeichen	dual *mit* Vorzeichen
größer als	SHI *Ziel*	SGT *Ziel*
größer oder gleich	SHS *Ziel*	SGE *Ziel*
gleich	SEQ *Ziel*	SEQ *Ziel*
ungleich	SNE *Ziel*	SNE *Ziel*
kleiner oder gleich	SLS *Ziel*	SLE *Ziel*
kleiner als	SLO *Ziel*	SLT *Ziel*

STOP   Lade Statusregister und Stop   **STOP**

Konstante -> Statusregister und Stop

STOP #konstante   SR <= Wortkonstante

Bedingungsregister: entsprechend der Konstanten geändert

Der Befehl ist privilegiert und darf nur im Systemstatus ($S = 1$) ausgeführt werden. Im Benutzerstatus führt er auf eine Privilegverletzungs-Ausnahme (Vektor #8). Die Wortkonstante mit der Interruptmaske wird in das Statusregister geladen, und der Prozessor geht in einen Wartezustand, der nur durch Reset oder einen Interrupt verlassen werden kann.

SUB   Subtrahiere dual   **SUB**

Ziel - Quelle -> Ziel

Operandenlänge: Byte, Wort und Langwort

SUB.x   *Quelle*, Dn   Dn <= Dn - *Quelle*
Adressierungsarten des Quelloperanden:

#kon	abs	Dn	An	(An)	(An)+	-(An)	w(An)	b(An,Xi)	(d,An,Xi)	w(PC)	b(PC,Xi)	(d,PC,Xi)

SUB.x   Dn, *Ziel*   *Ziel* <= *Ziel* - Dn
Adressierungsarten des Zieloperanden:

	abs			(An)	(An)+	-(An)	w(An)	b(An,Xi)	(d,An,Xi)			

Bedingungsregister:

X: Borgen	**N**: Vorzeichen	**Z**: Null	**V**: Überlauf	**C**: Borgen

Subtrahiere zwei Bytes, Wörter oder Langwörter als Dualzahlen. Die nicht verwendeten Teile der Datenregister bleiben unverändert. Für Adreßregister als Quelle sind nur Wort- und Langwortoperationen zulässig. Der Befehl SUBA subtrahiert Adressen in Adreßregistern. Die Befehle SUBI und SUBQ addieren Konstanten.

SUBA   Subtrahiere Adressen   SUBA

Ziel - Quelle -> Ziel

Operandenlänge: Wort und Langwort

SUBA.x   *Quelle*,An   An <= An - *Quelle*

Adressierungsarten des Quelloperanden:

#kon	abs	Dn	An	(An)	(An)+	-(An)	w(An)	b(An,Xi)	(d,An,Xi)	w(PC)	b(PC,Xi)	(d,PC,Xi)

Bedingungsregister: keine Änderung

Langwortsubtraktion (32 bit) eines vorzeichenausgedehnten Wortoperanden oder eines Langwortoperanden von einem Adreßregister. Byteoperanden sind nicht zulässig.

SUBI   Subtrahiere Konstante   SUBI

Ziel - Konstante -> Ziel

Operandenlänge: Byte, Wort und Langwort

SUBI.x   #konstante,*Ziel*   *Ziel* <= *Ziel* - Konstante

Adressierungsarten des Zieloperanden:

	abs	Dn		(An)	(An)+	-(An)	w(An)	b(An,Xi)	(d,An,Xi)			

Bedingungsregister:

X: Borgen	**N**: Vorzeichen	**Z**: Null	**V**: Überlauf	**C**: Borgen

Subtrahiere dual eine Byte-, Wort- oder Langwortkonstante von einem Byte, Wort oder Langwort. Datenkonstanten werden nicht vorzeichenausgedehnt. Der Befehl SUBA subtrahiert Konstanten von einem Adreßregister. Der Befehl SUBQ subtrahiert Zahlen im Bereich von 1 bis 8.

SUBQ   Subtrahiere kurze Konstante   **SUBQ**

Ziel - Konstante (1 bis 8) -> Ziel

Operandenlänge: Byte (außer Adreßregister), Wort und Langwort

SUBQ.x #konstante,*Ziel*   *Ziel <= Ziel - Konstante*

Adressierungsarten des Zieloperanden:

	abs	Dn	An	(An)	(An)+	-(An)	w(An)	b(An,Xi)	(d,An,Xi)			

Bedingungsregister (außer Adreßregister als Ziel):

X: Borgen	N: Vorzeichen	Z: Null	V: Überlauf	C: Borgen

Subtrahiere dual eine Konstante im Bereich von 1 bis 8 von einem Byte, Wort oder Langwort. Bei *Adreßregistern* als Ziel wird immer eine Langwortoperation durchgeführt, Byteoperationen sind nicht zulässig, die Bedingungsbits bleiben unverändert.

SUBX   Subtrahiere dual mit X-Bit   **SUBX**

Ziel - Quelle - X -> Ziel

Operandenlänge: Byte, Wort und Langwort

Adressierungsarten:
SUBX.x   Dy,Dx   Dx <= Dx - Dy - X
SUBX.x   -(Ay),-(Ax)   -(Ax) <= -(Ax) - -(Ay) - X

Bedingungsregister:

X: Borgen	N: Vorzeichen	Z: 0 für ≠ Null	V: Überlauf	C: Borgen

Der Befehl dient zur Erweiterung des Zahlenbereiches über 32 bit hinaus. Subtrahiere in *Datenregistern* Dualzahlen und das X-Bit. Subtrahiere im *Speicher* Dualzahlen in einem Byte, Wort oder Langwort und das X-Bit. Vor einer Schleife, die mit den wertniedrigsten Stellen beginnt, sollte das X-Bit gelöscht und das Z-Bit gesetzt werden. Ergeben alle Subtraktionen der Schleife die Teildifferenz Null, so ist die Gesamtdifferenz Null, und das Z-Bit bleibt gesetzt. Das X-Bit enthält die Zwischenborgungen und nach der Schleife die Unterlaufanzeige.

SWAP   Vertausche Datenregisterhälften   SWAP

Low-Wort <-> High-Wort

Operandenlänge: Wort

SWAP Dn   Vertausche die Registerwörter von Dn

Bedingungsregister:

X:unverändert	N: Vorzeichen	Z: Null	V: immer 0	C: immer 0

Der Befehl vertauscht die beiden Hälften (Wörter) des Datenregisters. Das N-Bit ist gleich dem werthöchsten Bit des neuen Inhalts. Das Z-Bit zeigt nur dann Null, wenn das Datenregister in allen Bitpositionen Null ist.

TAS   Testen und Setzen   TAS

Bit #7 -> N-Bit
1 -> Bit #7

Operandenlänge: Byte

TAS *Zieloperand*   Bitposition #7 testen und 1 setzen

Adressierungsarten des Zieloperanden:

	abs	Dn		(An)	(An)+	-(An)	w(An)	b(An,Xi)	(d,An,Xi)			

Bedingungsregister:

X:unverändert	N: Bit #7	Z: Null	V: immer 0	C: immer 0

Das Z-Bit wird entsprechend dem Inhalt des adressierten Bytes gesetzt oder gelöscht. Das werthöchste Bit (#7) des Bytes wird in das N-Bit kopiert und anschließend immer auf 1 gesetzt.

TBLS	Tabelleninterpolation mit Vorzeichen gerundet	**TBLS**
TBLSN	Tabelleninterpolation mit Vorzeichen	**TBLSN**
TBLU	Tabelleninterpolation ohne Vorzeichen gerundet	**TBLU**
TBLUN	Tabelleninterpolation ohne Vorzeichen	**TBLUN**

Operandenlänge: Byte, Wort und Langwort

Tabellenwerte in Datenregistern:

TBLS.x	Dym:Dyn,Dx	mit Vorzeichen Ergebnis gerundet
TBLSN.x	Dym:Dyn,Dx	mit Vorzeichen Ergebnis nicht gerundet
TBLU.x	Dym:Dyn,Dx	ohne Vorzeichen Ergebnis gerundet
TBLUN.x	Dym:Dyn,Dx	ohne Vorzeichen Ergebnis nicht gerundet

Die Befehle mit drei Datenregistern im Operandenteil interpolieren zwischen gegebenen Ordinatenwerten, die sich in den Datenregistern Dym (Y_n) und Dyn (Y_{n+1}) befinden. Das Datenregister Dx enthält im unteren Byte Dx.B einen dualen Abstand Δx von \$00 = 0_{10} bis \$FF = 0.996_{10} (gerundet) zwischen den angenommenen Abszissenwerten X_n und X_{n+1}. Es findet eine lineare Interpolation mit oder ohne Rundung statt.

Tabellenwerte im Speicher:

TBLS.x	*Quelle*,Dx	mit Vorzeichen Ergebnis gerundet
TBLSN.x	*Quelle*,Dx	mit Vorzeichen Ergebnis nicht gerundet
TBLU.x	*Quelle*,Dx	ohne Vorzeichen Ergebnis gerundet
TBLUN.x	*Quelle*,Dx	ohne Vorzeichen Ergebnis nicht gerundet

Adressierungsarten der Quelle (Tabelle) im Speicher:

	abs			(An)			w(An)	b(An,Xi)	(d,An,Xi)	w(PC)	b(PC,Xi)	(d,PC,Xi)
	abs			(An)			w(An)	b(An,Xi)	(d,An,Xi)	w(PC)	b(PC,Xi)	(d,PC,Xi)

Die Befehle entnehmen die Y-Werte für die Interpolation einer Tabelle; der Quelloperand gibt die Anfangsadresse an. Die Tabelle ist entsprechend der Operandenlänge byte-, wort- oder langwortweise aufgebaut. Die unabhängige Variable X_n befindet sich im unteren Wort Dx.W des Datenregisters Dx.

Das *obere Byte* des Wortes wird als ganzzahliger Index für den direkten Tabellenzugriff verwendet. Dies geschieht durch Multiplikation des Wertes mit 1 bzw. 2 bzw. 4 entsprechend der Operandenlänge Byte, Wort oder Langwort und Addition zur Anfangsadresse der Tabelle. Daraus ergeben sich die Ordinatenwerte Y_n und Y_{n+1}.

Das *untere Byte* des Wortes (also Dx.B) enthält einen dualen Abstand Δx von \$00 = 0_{10} bis \$FF = 0.996_{10} (gerundet) zwischen den Abszissenwerten X_n und X_{n+1}. Es dient der linearen Interpolation mit oder ohne Rundung.

Bedingungsregister:

X:unverändert	N: Vorzeichen	Z: Null	V: Überlauf	C: immer 0

Gerundete Ergebnisse erscheinen als ganze Zahlen je nach Operandenlänge im Datenregister Dx als Byte, Wort oder Langwort nach der Formel:

$$Dx = Y_n + \{(Y_{n+1} - Y_n) * Dx.B\} / 256$$

Nichtgerundete Ergebnisse dienen zur Korrektur bei mehrstufigen Tabellenzugriffen. Sie erscheinen als reelle Zahlen im Datenregister Dx. Das untere Byte Dx.B enthält den gebrochenen Anteil, der ganze Anteil steht vorzeichenausgedehnt bzw. mit Nullen aufgefüllt in den Bitpositionen B8 bis B15 (Byte) bzw. B8 bis B23 (Wort) bzw. B8 bis B31 (Langwort auf 24 bit verkürzt). Berechnungsformel:

$$Dx = 256 * Y_n + \{(Y_{n+1} - Y_n) * Dx.B\}$$

TRAP   Software-Interrupt   **TRAP**

Formatwort -> -(A7)
PC -> -(A7)
SR -> -(A7)
Ausnahme Vektor #32 bis #47

TRAP   *#konstante*   Vektor <= Konstante + 32

Bedingungsregister: unverändert

Die Vektorkonstante im Bereich von 0 bis 15 wird mit 32 addiert und ergibt den Vektor für den Start des Ausnahme-Programms. Der Befehl dient oft zum Aufruf von Monitorfunktionen.

TRAPcc Bedingter Software-Interrupt **TRAPcc**

Bedingung erfüllt: Ausnahme Vektor #7
Bedingung nicht erfüllt: nächster Befehl

Operandenlänge: keine, Wort oder Langwort

TRAPcc	ohne Operanden
TRAPcc.W	`#Wort-Konstante`
TRAPcc.L	`#Langwort-Konstante`

Bedingungsregister: unverändert

Ist die Bedingung erfüllt, so wird eine Ausnahme mit dem Vektor #7 ausgelöst. Ist sie nicht erfüllt, so wird das Programm mit dem nächsten Befehl fortgesetzt. Die Konstante im folgenden Wort bzw. Langwort kann vom Ausnahme-Programm ausgewertet werden.

Die folgenden Befehle arbeiten unbedingt:
TRAPF	Löse nie eine TRAP-Ausnahme aus
TRAPT	Löse immer eine TRAP-Ausnahme aus

Auslösebedingungen:

TRAPPL	Auslösen bei $N = 0$ (positiv)
TRAPMI	Auslösen bei $N = 1$ (negativ)
TRAPNE	Auslösen bei $Z = 0$ (nicht Null)
TRAPEQ	Auslösen bei $Z = 1$ (Null)
TRAPVC	Auslösen bei $V = 0$ (kein Überlauf)
TRAPVS	Auslösen bei $V = 1$ (Überlauf)
TRAPCC	Auslösen bei $C = 0$ (kein Übertrag)
TRAPCS	Auslösen bei $C = 1$ (Übertrag)

Auslösebedingung	dual *ohne* Vorzeichen	dual *mit* Vorzeichen
größer als	TRAPHI	TRAPGT
größer oder gleich	TRAPHS	TRAPGE
gleich	TRAPEQ	TRAPEQ
ungleich	TRAPNE	TRAPNE
kleiner oder gleich	TRAPLS	TRAPLE
kleiner als	TRAPLO	TRAPLT

TRAPV   Software-Interrupt bei Overflow   **TRAPV**

Überlaufbedingung erfüllt: Ausnahme Vektor #7
Überlaufbedingung nicht erfüllt: nächster Befehl

TRAPV   ohne Operanden

Bedingungsregister: unverändert

Ist die Überlaufbedingung erfüllt (V = 1), so wird eine Ausnahme mit dem
Vektor #7 ausgelöst. Ist sie nicht erfüllt (V = 0), so wird das Programm mit dem
nächsten Befehl fortgesetzt.

TST   Teste Operanden   **TST**

Vorzeichen -> N-Bit
Nullmarke -> Z-Bit

Operandenlänge: Byte, Wort und Langwort

TST.x   *Zieloperand*   *Zieloperand* auf Vorzeichen und Null testen
Adressierungsarten des Zieloperanden:

#kon	abs	Dn	An	(An)	(An)+	-(An)	w(An)	b(An,Xi)	(d,An,Xi)	w(PC)	b(PC,Xi)	(d,PC,Xi)

Bedingungsregister:

X:unverändert	N: Vorzeichen	Z: Null	V: immer 0	C: immer 0

Der Befehl testet den Operanden auf Vorzeichen und Null. Der Operand bleibt
unverändert. Für Adreßregister sind keine Byteoperationen zulässig.

UNLK   Stapelbereich freigeben   **UNLK**

An -> A7
(A7)+ -> An

UNLK   An   Stapelzeiger wiederherstellen

Bedingungsregister: unverändert

Der Befehl UNLK speichert den Inhalt des Adreßregisters An in den Stapelzeiger A7 und lädt das Adreßregister An in der Adressierungsart (A7)+ vom
Stapel. Der Befehl UNLK hebt die Wirkung des Befehls LINK auf.

Befehl	Operanden	Wirkung
ABCD	Byte	Addiere zweistellige BCD-Zahlen und X-Bit
ADD	.B .W .L	Addiere dual Daten
ADDA	.W .L	Addiere dual Adressen
ADDI	.B .W .L	Addiere dual Konstante
ADDQ	.B .W .L	Addiere dual Konstante von 1 bis 8
ADDX	.B .W .L	Addiere dual mit X-Bit
AND	.B .W .L	Bitweise logisches UND mit Daten
ANDI	.B .W .L	Bitweise logisches UND mit einer Konstanten
ASL	.B .W .L	Arithmetisch schiebe links
ASR	.B .W .L	Arithmetisch schiebe rechts (mit Vorzeichen auffüllen)
Bcc	.B .W .L	Verzweige bedingt
BRA	.B .W .L	Verzweige immer (unbedingt)
BSR	.B .W .L	Verzweige immer in ein Unterprogramm
BCHG	Dn Byte	Teste und komplementiere Bitposition
BCLR	Dn Byte	Teste und lösche Bitposition
BSET	Dn Byte	Teste und setze Bitposition
BTST	Dn Byte	Teste Bitposition
BGND		Gehe in den Background Debug Betrieb
BKPT	#Konstante	Setze einen Haltepunkt
CHK	.W .L	Vergleiche Datenregister auf Grenzen
CHK2	.B .W .L	Vergleiche Register auf Grenzen
CLR	.B .W .L	Lösche den Operanden
CMP	.B .W .L	Vergleiche die Operanden (Testsubtraktion)
CMPA	.W .L	Vergleiche Adressen (Testsubtraktion)
CMPI	.B .W .L	Vergleiche mit einer Konstanten (Testsubtraktion)
CMPM	.B .W .L	Vergleiche Operanden im Speicher (Testsubtraktion)
CMP2	.B .W .L	Vergleiche auf Grenzen (Testsubtraktion)
DBRA	Dn,Ziel	Zählschleife
DBcc	Dn,Ziel	bedingte Zählschleife
DIVS	.W .L	Division mit Vorzeichen

Befehl	Operanden	Wirkung
DIVSL	.L	Division mit Vorzeichen lang
DIVU	.W .L	Division ohne Vorzeichen
DIVUL	.L	Division ohne Vorzeichen lang
EOR	.B .W .L	Bitweise logisches EODER (XOR) mit Daten
EORI	.B .W .L	Bitweise logisches EODER (XOR) mit einer Konstanten
EXG	Langwort	Vertausche Registerinhalte
EXT	.W .L	Erweitere Byte bzw. Wort vorzeichenrichtig
EXTB	.L	Erweitere Byte vorzeichenrichtig zum Langwort
ILLEGAL		Codefehler-Ausnahme
JMP	Ziel	Springe immer zur Zieladresse
JSR	Ziel	Springe immer in ein Unterprogramm
LEA	Langwort	Lade effektive Adresse (Adreßrechnung)
LINK	.W .L	Lade Adreßregister und belege Stapelspeicher
LPSTOP	#Konstante	Gehe in den Stromsparbetrieb
LSL	.B .W .L	Logisch schiebe links
LSR	.B .W .L	Logisch schiebe rechts (mit Nullen auffüllen)
MOVE	.B .W .L	Speichere Daten von Quelle nach Ziel
MOVEA	.W .L	Speichere Adressen von Quelle nach Ziel
MOVEC	Langwort	Speichere Systemregister
MOVEM	.W .L	Speichere Registerbereich
MOVEP	.W .L	Speichere Peripheriebereich
MOVEQ	#Konstante	Speichere Bytekonstante
MOVES	.B .W .L	Speichere Sonderbereich
MULS	.W .L	Multipliziere mit Vorzeichen
MULU	.W .L	Multipliziere ohne Vorzeichen
NBCD	Byte	Komplementiere zweistellige BCD-Zahlen und X-Bit
NEG	.B .W .L	Bilde Zweierkomplement
NEGX	.B .W .L	Bilde Zweierkomplement mit X-Bit
NOP		Befehlssynchronisation
NOT	.B .W .L	Bilde Einerkomplement

Befehl	Operand	Wirkung
OR	.B .W .L	Bitweise logisches ODER mit Daten
ORI	.B .W .L	Bitweise logisches ODER mit einer Konstanten
PEA	Langwort	Lege effektive Adresse auf den Stapel
RESET		Lege den RESET Ausgang auf 512 Takte auf Low
ROL	.B .W .L	Rotiere links
ROR	.B .W .L	Rotiere rechts
ROXL	.B .W .L	Rotiere mit X-Bit links
ROXR	.B .W .L	Rotiere mit X-Bit rechts
RTD	#Konstante	Rücksprung aus Unterprogramm mit Stapelkorrektur
RTE		Rücksprung aus Ausnahmeprogramm
RTR		Rücksprung aus Ausnahmeprogramm für Benutzer
RTS		Rücksprung aus Unterprogramm
SBCD	Byte	Subtrahiere zweistellige BCD-Zahlen und X-Bit
Scc	Byte	Byte bedingt setzen bzw. löschen
STOP	#Konstante	Gehe in Wartezustand
SUB	.B .W .L	Subtrahiere dual Daten
SUBA	.W .L	Subtrahiere dual Adressen
SUBI	.B .W .L	Subtrahiere dual Konstante
SUBQ	.B .W .L	Subtrahiere dual Konstante von 1 bis 8
SUBX	.B .W .L	Subtrahiere dual mit X-Bit
SWAP	Wort	Vertausche Registerhälften
TAS	Byte	Bit testen und setzen
TBLS	.B .W .L	Tabelleninterpolation mit Vorzeichen gerundet
TBLSN	.B .W .L	Tabelleninterpolation mit Vorzeichen nichtgerundet
TBLU	.B .W .L	Tabelleninterpolation ohne Vorzeichen gerundet
TBLUN	.B .W .L	Tabelleninterpolation ohne Vorzeichen nichtgerundet
TRAP	#Konstante	Software-Interrupt
TRAPcc		bedingter Software-Interrupt
TST	.B .W .L	Teste den Operanden
UNLK	Langwort	Stapelbereich wieder freigeben

Die bedingten Befehle

Code	Bcc	DBcc	Scc	TRAPcc	Bedingungen (Notation in C)
0000	BRA	DBT	ST	TRAPT	1 immer (ausser BRA)
0001	BSR	DBF DBRA	SF	TRAPF	0 nie (ausser BSR)
0010	BHI	DBHI	SHI	TRAPHI	~C & ~Z
0011	BLS	DBLS	SLS	TRAPLS	~C | ~Z
0100	BCC BHS	DBCC DBHS	SCC SHS	TRAPCC TRAPHS	~C
0101	BCS BLO	DBCS DBLO	SCS SLO	TRAPCS TRAPLO	C
0110	BNE	DBNE	SNE	TRAPNE	~Z
0111	BEQ	DBEQ	SEQ	TRAPEQ	Z
1000	BVC	DBVC	SVC	TRAPVC	~V
1001	BVS	DBVS	SVS	TRAPVS	V
1010	BPL	DBPL	SPL	TRAPPL	~N
1011	BMI	DBMI	SMI	TRAPMI	N
1100	BGE	DBGE	SGE	TRAPGE	N & V | ~N & ~V
1101	BLT	DBLT	SLT	TRAPLT	N & ~V | ~N & V
1110	BGT	DBGT	SGT	TRAPGT	N & V & ~Z | ~N & ~V & ~Z
1111	BLE	DBLE	SLE	TRAPLE	Z | N & ~V | ~N & V

~ = NOT   & = AND | = OR

6. Lösungen der Übungsaufgaben

6.1 Abschnitt 3.3 Grundlegende Adressierungsarten

```
* k3a1.ASM Abschnitt 3.3 Aufgabe 1: Konstanten ausgeben
        org     $100000     ; Codebereich
start   move.b  #$ff,DDRQS  ; Q-Port Ausgabe
        move.b  #$ff,DDRF   ; F-Port Ausgabe
        move.b  #$ff,DDRE   ; E-Port Ausgabe
        move.b  kon1,PORTC  ; Ausgabe auf C-Port
        move.b  kon2,PORTQS ; Ausgabe auf Q-Port
        move.b  kon3,PORTF0 ; Ausgabe auf F-Port
        move.b  kon4,PORTE0 ; Ausgabe auf E-Port
        trap    #15         ; nach Monitor
* Konstantenbereich
kon1    dc.b    $55           ; Assembler legt Wort an!
kon2    dc.b    $0f         ;
kon3    dc.b    $f0         ;
kon4    dc.b    $aa         ;
alter   dc.b    $55,0f,$f0,$aa ; alternative Lösung
        end     start
```

```
* k3a2.ASM Abschnitt 3.3 Aufgabe 2: E-Port ausgeben
        org     $100000     ; Startadresse
start   clr.b   DDRE        ; Richtung Eingabe
loop    move.l  text,d0     ; konstanten Text laden
        trap    #1          ; auf neuer Zeile ausgeben
        move.b  PORTE0,d0   ; lesen E-Port
        trap    #3          ; als Byte ausgeben
        trap    #0          ; als Zeichen ausgeben
        bra     loop        ; Schleife
* Konstantenbereich
text    dc.b    '--> '      ; Ausgabetext
        end     start
```

```
* k3a3.ASM Abschnitt 3.3 Aufgabe 3: Zeichen ausgeben
        org     $100000     ; Startadresse
start   trap    #9          ; Zeichen von Tastatur mit Echo
        bclr    #7,d0       ; Bit 7 maskieren
        move.b  d0,PORTC    ; und ausgeben
        bra     start       ; Schleife
        end     start
```

```
* k3a4.ASM Abschnitt 3.3 Aufgabe 4: Zeichen schieben
        org     $40000  ; Variablenbereich
text    ds.l    1       ; 1 Langwort
        org     $100000 ; Codebereich
start   move.l  prompt,d0 ; Begrüßung
        trap    #1      ; auf neuer Zeile ausgeben
        trap    #9      ; 1. Zeichen nach D0.B
        lsl.l   #8,d0   ; nach links
        trap    #9      ; 2. Zeichen nach D0.B
        lsl.l   #8,d0   ; nach links
```

```
        trap    #9      ; 3. Zeichen nach D0.B
        lsl.l   #8,d0   ; nach links
        trap    #9      ; endlich das 4. Zeichen
        move.l  d0,text ; nach RAM
        move.l  text,d0 ; wieder zurück
        trap    #1      ; auf neuer Zeile ausgeben
        bra     start   ; neuer Durchlauf
* Konstanter Text hinter Code
prompt  dc.b    '--> '  ; Textkonstante
        end     start
```

```
* k3a5.ASM Abschnitt 3.3 Aufgabe 5: klein -> groß
        org     $100000 ;
start   trap    #8      ; 1. Zeichen ohne Echo
        bclr    #5,d0   ; Bit #5 löschen
        trap    #0      ; im Echo zurück
        trap    #8      ; 2. Zeichen ohne Echo
        andi.b  #%11011111,d0 ; Bit #5 maskieren
        trap    #0      ; im Echo zurück
        bra     start   ; Schleife bis Reset
        end     start
```

```
* k3a6.ASM Abschnitt 3.3 Aufgabe 6: Zahleneingabe
        org     $100000
start   move.b  #$ff,DDRQS ; Q-Port Ausgabe
        move.b  #$ff,DDRF  ; F-Port Ausgabe
        move.b  #$ff,DDRE  ; E-Port Ausgabe
        clr.b   PORTC      ; C-Port löschen
        clr.b   PORTQS     ; Q-Port löschen
        clr.b   PORTF0     ; F-Port löschen
        clr.b   PORTE0     ; E-Port löschen
loop    trap    #12        ; Wert nach D0.L eingeben
        move.l  d0,d1      ; D0 retten
        move.l  #' =$ ',d0 ; Abstand
        trap    #1         ; für Kontrollausgabe
        move.l  d1,d0      ; D0 zurück
        trap    #5         ; hexadezimale Kontrollausgabe
        move.l  d1,d0      ; D0 zurück
        move.b  d0,PORTE0  ; Low-Byte auf E-Port
        lsr.l   #8,d0      ; alles nach rechts
        move.b  d0,PORTF0  ; Middle-Low-Byte auf F-Port
        lsr.l   #8,d0      ; alles nach rechts
        move.b  d0,PORTQS  ; Middle-High-Byte auf Q-Port
        lsr.l   #8,d0      ; Rest nach rechts
        move.b  d0,PORTC   ; High-Byte auf C-Port
        bra     loop       ; bis Reset
        end     start      ;
```

6.2 Abschnitt 3.4 Verzweigungen und Schleifen

```
* k4a1.ASM Abschnitt 3.4 Aufgabe 1: Bitoperationen
        org     $100000     ; Codebereich
start   clr.b   DDRF        ; F-Port ist Eingabe
loop    btst    #0,PORTF0   ; Schleifenkontrolle
        beq     exit        ; Low:  Schleifenabbruch
        btst    #7,PORTF0   ; High: Eingang #7 testen
        beq     null        ; Low:
        move.b  #$ff,PORTC  ; High: High ausgeben
        bra     loop        ; zur Schleifenkontrolle
null    move.b  #$00,PORTC  ; Low: Low ausgeben
        bra     loop        ; zur Schleifenkontrolle
exit    trap    #15         ; zum Monitor
        end     start       ;

* k4a2.ASM Abschnitt 3.4 Aufgabe 2: Ziffern decodieren
        org     $100000
start   clr.b   PORTC       ; C-Port erst mal löschen
        move.l  #'--> ',d0  ; Prompt
        trap    #1          ; ausgeben
loop    trap    #8          ; lesen nach D0.B ohne Echo
        cmpi.b  #$1b,d0     ; Endemarke ?
        beq     exit        ; ja: Ende
        trap    #0          ; Echo
        cmpi.b  #'0',d0     ; kleiner Ziffer 0 ?
        blo     error       ; ja: Fehler
        cmpi.b  #'9',d0     ; größer Ziffer 9 ?
        bhi     error       ; ja: Fehler
        andi.b  #$0f,d0     ; Maske 0000 1111 decodieren
        move.b  d0,PORTC    ; und ausgeben
        bra     loop        ; neue Eingabe
error   move.b  #$55,PORTC  ; Fehlermarke ausgeben
        bra     loop        ; und neue Eingabe
exit    clr.b   PORTC       ; C-Port wieder löschen
        trap    #15         ; nach Monitor
        end     start       ;

* k4a3.ASM Abschnitt 3.4 Aufgabe 3: je 40 Zeichen ausgeben
        org     $100000     ; Lade- und Startadresse
* DBRA-Zählschleife gibt * aus
start   move.l  #'DBRA',d0  ; neue Zeile
        trap    #1          ; ausgeben
        move.w  #39,d1      ; Durchläufe - 1
        move.b  #'*',d0     ; Ausgabezeichen
loop1   trap    #0          ; ausgeben
        dbra    d1,loop1    ; Schleifenkontrolle
* Abwärts-Zählschleife gibt $ aus
        move.l  #'SUBQ',d0  ; neue Zeile
        trap    #1          ; ausgeben
        move.b  #40,d1      ; Durchläufe Byte genügt
        move.b  #'$',d0     ; Ausgabezeichen
loop2   trap    #0          ; ausgeben
        subq.b  #1,d1       ; Zähler - 1
        bne     loop2       ; Schleifenkontrolle
* Aufwärts-Zählschleife gibt # aus
        move.l  #'ADDQ',d0  ; neue Zeile
```

```
              trap     #1            ; ausgeben
              move.b   #1,d1         ; Zähler-Anfangswert
              move.b   #'#',d0       ; Ausgabezeichen
      loop3   trap     #0            ; ausgeben
              addq.b   #1,d1         ; Zähler + 1
              cmpi.b   #40,d1        ; Zähler-Endwert
              bls      loop3         ; Schleifenkontrolle
              trap     #15           ; nach Monitor
              end      start
```

* k4a4.ASM Abschnitt 3.4 **Aufgabe 4: Zeichen vom E-Port ausgeben**

```
              org      $100000      ;
      start   clr.b    DDRE          ; E-Port ist Eingabe
              bclr     #7,DDRF       ; F-Port #7 ist Eingabe
              move.l   #' -> ',d0    ; Prompt
              trap     #1            ; neue Zeile
      loop    btst     #7,PORTF0     ; warte auf fallende Flanke
              bne      loop          ; noch immer High
              move.b   PORTE0,d0     ; Flanke: Daten lesen
              beq      exit          ; war Endemarke $00
              cmpi.b   #$20,d0       ; Steuerzeichen ?
              blo      punkt         ; ja: durch Punkt ersetzen
              cmpi.b   #$7f,d0       ; Sonderzeichen ?
              bhi      punkt         ; ja: durch Punkt ersetzen
      aus     trap     #0            ; ausgeben auf Bildschirm
      wait    btst     #7,PORTF0     ; warte auf steigende Flanke
              beq      wait          ; immer noch Low
              bra      loop          ; nun geht es weiter
      punkt   move.b   #'.',d0       ; durch Punkt ersetzen
              bra      aus           ; zur Ausgabe und warten
      exit    trap     #15           ; nach Monitor
              end      start
```

* k4a5.ASM Abschnitt 3.4 **Aufgabe 5:Zeichenbereich zählen**

```
              org      $100000      ;
      start   move.b   #$ff,DDRE     ; E-Port als Ausgabe
              clr.b    PORTE0        ; Zähler a..z löschen
              move.b   #$ff,DDRF     ; F-Port als Ausgabe
              clr.b    PORTF0        ; Zähler A..Z löschen
              move.b   #$ff,DDRQS    ; Q-Port als Ausgabe
              clr.b    PORTQS        ; Zähler 0..9 löschen
              clr.b    PORTC         ; Zähler sonstige löschen
              move.l   #' -> ',d0    ; Prompt
              trap     #1            ; ausgeben
      loop    trap     #8            ; Zeichen nach D0.B ohne Echo
              cmpi.b   #$1B,d0       ; ESC = Endemarke ?
              beq      exit          ; ja: Ende
              trap     #0            ; nein: Echo
              cmpi.b   #'0',d0       ; kleiner Ziffer 0?
              blo      sonst         ; ja: sonstiges Zeichen
              cmpi.b   #'9',d0       ; größer Ziffer 9?
              bhi      next1         ; ja: weiter
              addq.b   #1,PORTQS     ; 0..9: Q-Port + 1
              bra      loop          ;
      next1   cmpi.b   #'A',d0       ; kleiner Buchstabe A ?
              blo      sonst         ; ja: sonstiges Zeichen
              cmpi.b   #'Z',d0       ; größer Buchstabe Z ?
              bhi      next2         ; ja: weiter
```

```
          addq.b  #1,PORTF0  ; A..Z: F-Port
          bra     loop       ;
next2     cmpi.b  #'a',d0    ; kleiner Buchstabe a ?
          blo     sonst      ; ja: sonstiges Zeichen
          cmpi.b  #'z',d0    ; größer Buchstabe z ?
          bhi     sonst      ; ja: sonstiges Zeichen
          addq.b  #1,PORTE0  ; a..z: E-Port
          bra     loop       ;
sonst     addq.b  #1,PORTC   ; sonstiges Zeichen: C-Port
          bra     loop       ;
exit      trap    #15        ; nach Monitor
          end     start      ;
```

* k4a6.ASM Abschnitt 3.4 **Aufgabe 6: Zählen und hexa ausgeben**

```
          org     $100000    ;
start     move.b  #$ff,DDRE  ; E-Port als Ausgabe
          clr.b   PORTE0     ; Zähler a..z löschen
          move.b  #$ff,DDRF  ; F-Port als Ausgabe
          clr.b   PORTF0     ; Zähler A..Z löschen
          move.b  #$ff,DDRQS ; Q-Port als Ausgabe
          clr.b   PORTQS     ; Zähler 0..9 löschen
          clr.b   PORTC      ; Zähler sonstige löschen
          move.l  #' -> ',d0 ; Prompt
          trap    #1         ; ausgeben
loop      trap    #8         ; Zeichen nach D0.B ohne Echo
          cmpi.b  #$1B,d0    ; ESC = Endemarke ?
          beq     exit       ; ja: Ende
          trap    #0         ; nein: Echo
          cmpi.b  #'0',d0    ; kleiner Ziffer 0?
          blo     sonst      ; ja: sonstiges Zeichen
          cmpi.b  #'9',d0    ; größer Ziffer 9?
          bhi     next1      ; ja: weiter
          addq.b  #1,PORTQS  ; 0..9: Q-Port + 1
          bra     loop       ;
next1     cmpi.b  #'A',d0    ; kleiner Buchstabe A ?
          blo     sonst      ; ja: sonstiges Zeichen
          cmpi.b  #'Z',d0    ; größer Buchstabe Z ?
          bhi     next2      ; ja: weiter
          addq.b  #1,PORTF0  ; A..Z: F-Port
          bra     loop       ;
next2     cmpi.b  #'a',d0    ; kleiner Buchstabe a ?
          blo     sonst      ; ja: sonstiges Zeichen
          cmpi.b  #'z',d0    ; größer Buchstabe z ?
          bhi     sonst      ; ja: sonstiges Zeichen
          addq.b  #1,PORTE0  ; a..z: E-Port
          bra     loop       ;
sonst     addq.b  #1,PORTC   ; sonstiges Zeichen: C-Port
          bra     loop       ;
exit      move.l  #'0.9:',d0 ; Bereich 0..9
          trap    #1         ;
          move.b  PORTQS,d0  ; Zähler
          bclr    #7,d0      ; Bit #7 ist TxD!
          trap    #3         ; hexa ausgeben
          move.l  #'A.Z:',d0 ; Bereich A..Z
          trap    #1         ;
          move.b  PORTF0,d0  ; Zähler
          trap    #3         ; hexa ausgeben
          move.l  #'a.z:',d0 ; Bereich a..z
```

```
        trap    #1          ;
        move.b  PORTE0,d0   ; Zähler
        trap    #3          ; hexa ausgeben
        move.l  #'son:',d0  ; sonstige Zeichen
        trap    #1          ;
        move.b  PORTC,d0    ; Zähler
        bclr    #7,d0       ; Bit #7 nicht angeschlossen
        trap    #3          ; hexa ausgeben
        trap    #15         ; nach Monitor
        end     start       ;
```

6.3 Abschnitt 3.5 Adressierung von Speicherbereichen

```
*k5a1.ASM Abschnitt 3.5 Aufgabe 1: Zeichen speichern ausgeben
        org     $40000      ; Variablenbereich
liste   ds.b    256         ; Länge + 255 Zeichen
        org     $100000     ; Befehlsbereich
* Schleife liest max. 255 Zeichen bis Endemarke ESC
start   move.l  #'--->',d0  ; Prompt
        trap    #1          ; ausgeben
        clr.b   d1          ; D1.B = Zeichenzähler
        lea     liste+1,a0  ; A0 = Speicheradresse
loop    trap    #8          ; D0.B = Zeichen ohne Echo
        cmpi.b  #$1b,d0     ; Endemarke ESC ?
        beq     fertig      ; ja:
        addq.b  #1,d1       ; nein: zählen
        bcs     error       ; Überlauf: das war 1 Zeichen zuviel
        trap    #0          ; nein: Echo
        move.b  d0,(a0)+    ; speichern
        bra     loop        ; Leseschleife
fertig  move.b  d1,liste    ; Länge ablegen
* Schleife gibt die Zeichen wieder aus
        clr.w   d1          ; D1.W = Zählschleife
        lea     liste,a0    ; A0 = Speicheradresse
        move.b  (a0)+,d1    ; Zahl der Zeichen im 1.Byte
        beq     exit        ; 0 Zeichen gebe ich nicht aus
        subq.w  #1,d1       ; Zähler korrigieren
        move.l  #'Aus:',d0  ; neue Zeile
        trap    #1          ; und Text ausgeben
aus     move.b  (a0)+,d0    ; Zeichen aus Speicher
        trap    #0          ; und ausgeben
        dbra    d1,aus      ; Schleifenkontrolle
exit    trap    #15         ; nach Monitor
error   move.l  #'ERR:',d0  ; Fehlermeldung
        trap    #1          ; ausgeben
        bra     exit        ; nach Monitor
        end     start       ;

* k5a2.ASM Abschnitt 3.5 Aufgabe 2: Funktion ausgeben
        org     $40000      ; Variablenbereich
liste   ds.b    256         ; 256 Funktionswerte 0..255
        org     $100000     ; Befehlsbereich
start   move.b  #$ff,DDRF   ; F-Port als Ausgang
* Tabelle aufbauen von 0 bis 255
        lea     liste,a0    ; A0 = Listenadresse
```

```
          clr.w    d0           ; D0.W = Zähler und Wert
loops     move.b   d0,(a0)+     ; Wert speichern
          addq.w   #1,d0        ; Wert und Zähler erhöhen
          cmpi.w   #256,d0      ; Endwert erreicht ?
          bne      loops        ; nein
* Tabelle zyklisch und verzögert ausgeben
          lea      liste,a0     ; A0 = Basisadresse konstant
          clr.l    d0           ; D0.L = Index 0..255
loopa     move.b   0(a0,d0),PORTF0  ; Wert ausgeben
          addq.b   #1,d0        ; Index modulo 256 erhöhen
* Verzögerung einbauen
          move.l   #100000,d7   ; unfeine Warteschleife
wait      subq.l   #1,d7        ; ca. 64 ms
          bne      wait         ; bitte nachmessen
          bra      loopa        ; Schleife mit RESET abbrechen
          end      start        ;

* k5a3.ASM Abschnitt 3.5 Aufgabe 3: BCD -> Siebensegment
          org      $100000      ; Befehlsbereich
start     move.b   #$ff,DDRF    ; F-Port Ausgabe 7-Segment
          lea      tab(PC),a0   ; A0 = Basisadresse Tabelle
          clr.w    d0           ; D0 = Index
loop      move.b   PORTE0,d0    ; BCD lesen
          cmpi.b   #9,d0        ; Bereich prüfen
          bhi      error        ; > 9: Fehler
          move.b   (0,A0,d0.w),PORTF0 ; 7-Segment-Code ausgeben
          bra      loop         ; Schleife durch Reset abbrechen
error     move.b   #0,PORTF0    ; Fehlermarke: Ausgabe dunkel
          bra      loop         ;
* Direktzugriffstabelle nur 7-Segment-Code
tab       dc.b     $7e,$30,$6d,$79,$33,$5b,$5f,$72,$7f,$7b
          end      start

* k5a4.ASM Abschnitt 3.5 Aufgabe 4: Signalspeicher
          org      $40000       ; Variablenbereich
werte     ds.b     1024         ; 1024 Bytes
          org      $100000      ; Befehlsbereich
start     move.b   #$ff,DDRE    ; E-Port als Ausgabe
          lea      werte,a0     ; A0 = Adresse des Speichers
          lea      PORTF0,a1    ; A1 = Adresse des Eingabeports
          lea      PORTE0,a2    ; A2 = Adresse des Ausgabeports
          move.w   #1023,d0     ; D0 = Durchlaufzähler
* Aufzeichnungs-Schleife wartet auf fallende Flanke PF7
warte     btst     #7,(a1)      ; Eingang Bit #7 F-Port Low ?
          bne      warte        ; nein: warten
loop1     move.b   (A1),(A0)+   ; ja: speichern von F-Port
          dbra     d0,loop1     ; Schleifenkontrolle
* Ausgabe-Schleife gibt das gespeicherte Signal zyklisch aus
loop2     lea      werte,a0     ; A0 = Adresse des Speichers
          move.w   #1023,d0     ; D0 = Durchlaufzähler
loop3     move.b   (a0)+,(a2)   ; ausgeben nach E-Port
          dbra     d0,loop3     ; Schleifenkontrolle
          bra      loop2        ; wieder von vorn
          end      start        ;
```

```
* k5a5.ASM Abschnitt 3.5 Aufgabe 5: Speicherbereich ausgeben
        org     $100000     ; Befehlsbereich
start   move.l  #'ANF_',d0  ; Meldung für
        trap    #1          ; Anfangadresse
        trap    #10         ; D0.L = Adresse
        movea.l d0,a0       ; A0 = Anfangadresse
        move.l  #'END_',d0  ; Meldung für
        trap    #1          ; Endadresse
        trap    #10         ; D0.L = Adresse
        movea.l d0,a1       ; A1 = Endadresse
        move.l  #'BYTE',d0  ; Leerzeichen
        trap    #1          ; und neue Zeile
loop    cmpa.l  a1,a0       ; Anfang - Ende
        bhi     exit        ; Anfang > Ende: fertig
        move.b  #' ',d0     ; Leerzeichen
        trap    #0          ;
        move.b  (a0)+,d0    ; Byte lesen
        trap    #3          ; hexa ausgeben
        bra     loop        ; Schleife
exit    trap    #15         ; nach Monitor
        end     start       ;
```

```
* k5a6.ASM Abschnitt 3.5 Aufgabe 6: Prüfsumme bilden
        org     $100000     ; Befehlsbereich
start   move.l  #'ANF_',d0  ; Meldung für
        trap    #1          ; Anfangsadresse
        trap    #10         ; D0.L = Adresse
        movea.l d0,a0       ; A0 = Anfangsadresse
        move.l  #'ANZ_',d0  ; Meldung für
        trap    #1          ; Länge
        trap    #13         ; D0.L = Länge
        clr.l   d1          ; Prüfsumme löschen
        andi.l  #$0000ffff,d0 ; High-Wort maskieren
        beq     exit        ; Länge Null
        subq.w  #1,d0       ; Länge - 1
loop    clr.l   d2          ; Zwischenspeicher löschen
        move.b  (a0)+,d2    ; Byte lesen
        add.l   d2,d1       ; Byte nach Langwort summieren
        dbra    d0,loop     ; Schleife
exit    move.l  #'CRC=',d0  ; Meldung
        trap    #1          ; ausgeben
        move.b  #'$',d0     ; Zeichen für Hexa
        trap    #0          ; ausgeben
        move.l  d1,d0       ; Prüfsumme als Langwort
        trap    #5          ; hexadezimal ausgeben
        trap    #15         ; nach Monitor
        end     start       ;
```

6.4 Abschnitt 3.6 Unterprogramme und Interrupt

```
* k6a1.ASM Abschnitt 3.6 Aufgabe 1: Umwandlungsunterprogramm
         org     $100000 ; Programmbereich
haupt    trap    #8      ; D0.B Zeichen ohne Echo
         cmpi.b  #$1b,d0 ; Endemarke ESC ?
         beq     exit    ; ja:
         bsr     umwa    ; Umwandlungsfunktion
         trap    #0      ; umgewandeltes Echo
         bra     haupt   ;
exit     trap    #15     ; nach Monitor
* Unterprogramm: D0.B a-z äöü -> A-Z ÄÖÜ
umwa     move    CCR,-(a7) ; CCR retten
         cmpi.b  #'ä',d0 ; erst die Sonderfälle
         bne     umwa1   ; nein:
         move.b  #'Ä',d0 ; ja: neues Zeichen
         bra     umwaex  ; zurück
umwa1    cmpi.b  #'ö',d0 ;
         bne     umwa2   ; nein:
         move.b  #'Ö',d0 ; ja: neues Zeichen
         bra     umwaex  ;
umwa2    cmpi.b  #'ü',d0 ;
         bne     umwa3   ; nein:
         move.b  #'Ü',d0 ; ja: neues Zeichen
         bra     umwaex  ;
umwa3    cmpi.b  #'a',d0 ; kleiner a ?
         blo     umwaex  ; ja
         cmpi.b  #'z',d0 ; größer z ?
         bhi     umwaex  ; ja
         bclr    #5,d0   ; Bit #5 löschen: klein -> groß
umwaex   move    (a7)+,CCR ; CCR zurück
         rts     ;
         end     haupt   ;


* k6a2.ASM Abschnitt 3.6 Aufgabe 2: Vektortabelle kopieren
         org     $100000    ;
tab      ds.l    64         ; Platz für 64 Vektoren
haupt    lea     tab,a0     ; Zieladresse Tabelle
         bsr     kopiere    ; Vektortabelle kopieren
         move.l  #nmi,tab+$7c ; NMI-Adresse eingetragen
         bset    #7,PFPAR   ; #7 F-Port als NMI
loop     bra     loop       ; schläft vor sich hin
* Unterprogramm kopiere: Vektortabelle EPROM -> RAM
kopiere  move    CCR,-(A7)     ; CCR retten
         movem.l d0/a0-a1,-(a7) ; Register retten
         move.w  #63,d0        ; D0 = Zähler 64 Vektoren
         movea.l #0,a1         ; A1 = Her-Adresse
         movec   a0,VBR        ; VBR = Basisadresse Tabelle
kopier1  move.l  (a1)+,(a0)+   ; Kopierschleife
         dbra    d0,kopier1    ; Schleifenkontrolle
         movem.l (a7)+,d0/a0-a1 ; Register zurück
         move    (a7)+,CCR     ; CCR zurück
         rts     ;
* Interruptprogramm Q-Port -> C-Port
nmi      move.b  PORTQS,PORTC  ; Daten übertragen
         rte     ; zurück
         end     haupt   ;
```

```
* k6a3.ASM Abschnitt 3.6 Aufgabe 3: Interruptmasken setzen
          org     $100000      ;
haupt     move.l  #'1-7:',d0   ; Prompt
          trap    #1           ; ausgeben
          trap    #12          ; D0.L Zahl lesen
          cmpi.l  #0,d0        ; kleiner 0 ?
          blo     haupt        ; ja:
          cmpi.l  #7,d0        ; größer 7 ?
          bhi     haupt        ; ja:
          bsr     maske        ; nein: Maske setzen
          move    SR,d0        ; SR zur Kontrolle
          trap    #4           ; hexadezimal ausgeben
          bra     haupt        ;
* Unterprogramm maske: setzt Interruptmaske aus D0.B ein
maske     move.w  CCR,-(a7)    ; CCR retten
          movem.l d0/d1,-(a7)  ; D0 und D1 retten
          lsl.w   #8,d0        ; Wert: %0000 0xxx 0000 0000
          move    SR,d1        ; D1 = SR
          andi.w  #$f8ff,d1    ; Maske %1111 1000 1111 1111
          or.w    d1,d0        ; D0 = neues SR
          move    d0,SR        ; zurück
          movem.l (a7)+,d0/d1  ; D0 und D1 zurück
          move.w  (a7)+,CCR    ; CCR zurück
          rts                  ;
          end     haupt        ;


* k6a4.ASM Abschnitt 3.6 Aufgabe 4: Binäre Ausgabe
          org     $100000      ; Befehlsbereich
start     trap    #12          ; Muster laden
          bsr     bbin         ; D0.B binär ausgeben
          bsr     wbin         ; D0.W binär ausgeben
          bsr     lbin         ; D0.L binär ausgeben
          bra     start        ; Testschleife
* Unterprogramme hinter dem Hauptprogramm
* bbin: D0.B auf neuer Zeile binär ausgeben
bbin      move    CCR,-(a7)    ; CCR retten
          movem.l d0-d2,-(a7)  ; D0 D1 D2 retten
          move.w  #7,d2        ; D2 = Zähler für 8 Bits
          move.l  d0,d1        ; D1 = Wert
          move.l  #'bin%',d0   ; Text
          trap    #1           ; auf neuer Zeile
bbin1     rol.b   #1,d1        ; höchstes Bit zuerst
          move.b  d1,d0        ; D0 = Bit rechts
          andi.b  #$01,d0      ; maskieren
          ori.b   #$30,d0      ; codieren
          trap    #0           ; ausgeben
          dbra    d2,bbin1     ; Schleifenkontrolle
          movem.l (a7)+,d0-d2  ; D0 D1 D2 zurück
          move    (a7)+,CCR    ; CCR zurück
          rts                  ;
* wbin: D0.W auf neuer Zeile binär ausgeben
wbin      move    CCR,-(a7)    ; CCR retten
          movem.l d0-d2,-(a7)  ; D0 D1 D2 retten
          move.w  #15,d2       ; D2 = Zähler für 16 Bits
          move.l  d0,d1        ; D1 = Wert
          move.l  #'bin%',d0   ; Text
          trap    #1           ; auf neuer Zeile
wbin1     rol.w   #1,d1        ; höchstes Bit zuerst
```

```
            move.b  d1,d0       ; D0 = Bit rechts
            andi.b  #$01,d0     ; maskieren
            ori.b   #$30,d0     ; codieren
            trap    #0          ; ausgeben
            dbra    d2,wbin1    ; Schleifenkontrolle
            movem.l (a7)+,d0-d2 ; D0 D1 D2 zurück
            move    (a7)+,CCR   ; CCR zurück
            rts                 ;
* lbin: D0.L auf neuer Zeile binär ausgeben
lbin        move    CCR,-(a7)   ; CCR retten
            movem.l d0-d2,-(a7) ; D0 D1 D2 retten
            move.w  #31,d2      ; D2 = Zähler für 32 Bits
            move.l  d0,d1       ; D1 = Wert
            move.l  #'bin%',d0  ; Text
            trap    #1          ; auf neuer Zeile
lbin1       rol.l   #1,d1       ; höchstes Bit zuerst
            move.b  d1,d0       ; D0 = Bit rechts
            andi.b  #$01,d0     ; maskieren
            ori.b   #$30,d0     ; codieren
            trap    #0          ; ausgeben
            dbra    d2,lbin1    ; Schleifenkontrolle
            movem.l (a7)+,d0-d2 ; D0 D1 D2 zurück
            move    (a7)+,CCR   ; CCR zurück
            rts                 ;
            end     start       ;


* k6a5.ASM Abschnitt 3.6 Aufgabe 5: NMI-Interrupt (Flanke)
            org     $100000     ;
tab         ds.l    64          ; Platz für 64 Vektoren
haupt       lea     tab,a0      ; Zieladresse Tabelle
            move.w  #63,d0      ; D0 = Zähler 64 Vektoren
            movea.l #0,a1       ; A1 = Her-Adresse
            movec   a0,VBR      ; VBR = Basisadresse Tabelle
kopier      move.l  (a1)+,(a0)+ ; Kopierschleife
            dbra    d0,kopier   ; Schleifenkontrolle
            move.l  #nmi,tab+$7c ; NMI-Adresse eingetragen
            move.b  #$ff,DDRE   ; E-Port als Ausgang
            clr.b   PORTE0      ; Zähler löschen
            clr.b   PORTC       ; C-Port löschen
            bset    #7,PFPAR    ; #7 F-Port als Interrupt
            ori     #$0700,SR   ; Interrupts gesp.: NMI Flanke!
loop        bra     loop        ;
* Interruptprogramm Q-Port -> C-Port und Zählen E-Port
nmi         move.b  PORTQS,PORTC ; Byte übertragen
            addi.b  #1,PORTE0   ; und zählen
            rte                 ;
            end     haupt       ;


* k6a6.ASM Abschnitt 3.6 Aufgabe 6: IRQ7-Interrupt (Zustand)
            org     $100000     ;
tab         ds.l    64          ; Platz für 64 Vektoren
haupt       lea     tab,a0      ; Zieladresse Tabelle
            move.w  #63,d0      ; D0 = Zähler 64 Vektoren
            movea.l #0,a1       ; A1 = Her-Adresse
            movec   a0,VBR      ; VBR = Basisadresse Tabelle
kopier      move.l  (a1)+,(a0)+ ; Kopierschleife
            dbra    d0,kopier   ; Schleifenkontrolle
            move.l  #irq7,tab+$7c ; IRQ7-Adresse eingetragen
```

```
        move.b   #$ff,DDRE      ; E-Port als Ausgang
        clr.b    PORTE0         ; Zähler löschen
        clr.b    PORTC          ; C-Port löschen
        bset     #7,PFPAR       ; #7 F-Port als Interrupt
        andi     #$f8ff,SR      ; Interrupts frei: IRQ7 Zustand !
loop    bra      loop           ;
* Interruptprogramm Q-Port -> C-Port und Zählen E-Port
irq7    move.b   PORTQS,PORTC   ; Byte übertragen
        addi.b   #1,PORTE0      ; und zählen
irq7a   btst     #7,PORTF0      ; liegt er noch an ?
        beq      irq7a          ; ja:
        rte                     ; nein
        end      haupt          ;
```

6.5 Abschnitt 3.7 Verarbeitung von Zahlen

```
* k7a1.ASM Abschnitt 3.7 Aufgabe 1: vorzeichenlose Dualzahl
        org      $100000        ;
start   move.l   #'E = ',d0     ; Meldung
        trap     #1             ; neue Zeile
warte1  btst     #7,PORTF0      ; Eingang High ?
        bne      warte1         ; nein: warten
        clr.l    d0             ; D0.L löschen
        move.b   PORTE0,d0      ; Bitmuster lesen
        divu.w   #100,d0        ; Hunderter D0.h = Rest D0.l = Quot
        addi.b   #'0',d0        ; D0.B = Zeichen
        trap     #0             ; Hunderter ausgeben
        clr.w    d0             ;
        swap     d0             ;
        divu.w   #10,d0         ; D0.h = Einer  D0.l = Zehner
        addi.b   #'0',d0        ; D0.B = Zehner
        trap     #0             ; ausgeben
        swap     d0             ;
        addi.b   #'0',d0        ; D0.B = Einer
        trap     #0             ; ausgeben
warte2  btst     #7,PORTF0      ; Eingang Low ?
        beq      warte2         ; ja:
        bra      start          ; nein: nächste Eingabe
        end      start          ;
```

```
* k7a2.ASM  Abschnitt 3.7 Aufgabe 2: Dualzahl mit Vorzeichen
        org      $100000        ;
start   move.l   #'E = ',d0     ; Meldung
        trap     #1             ; neue Zeile
warte1  btst     #7,PORTF0      ; Eingang High ?
        bne      warte1         ; nein: warten
        clr.l    d1             ; D0.L löschen
        move.b   PORTE0,d1      ; Bitmuster lesen
        btst     #7,d1          ; Vorzeichenbit testen
        beq      plus           ; Vz = 0: positiv
        neg.b    d1             ; Vz = 1: negativ: 2-er Komplement
        move.b   #'-',d0        ;
        bra      aus            ;
plus    move.b   #'+',d0        ;
aus     trap     #0             ; Vorzeichen ausgeben
        move.l   d1,d0          ; dann Zahl ausgeben
        divu.w   #100,d0        ; Hunderter D0.h = Rest D0.l = Quot
```

```
          addi.b   #'0',d0    ; D0.B = Zeichen
          trap     #0         ; Hunderter ausgeben
          clr.w    d0         ;
          swap     d0         ;
          divu.w   #10,d0     ; D0.h = Einer   D0.1 = Zehner
          addi.b   #'0',d0    ; D0.B = Zehner
          trap     #0         ; ausgeben
          swap     d0         ;
          addi.b   #'0',d0    ; D0.B = Einer
          trap     #0         ; ausgeben
warte2    btst     #7,PORTF0  ; Eingang Low ?
          beq      warte2     ; ja:
          bra      start      ; nein: nächste Eingabe
          end      start      ;
```

* k7a3.ASM Abschnitt 3.7 **Aufgabe 3: dezimal BCD 00 - 99**

```
          org      $100000    ;
start     move.l   #'E = ',d0 ; Meldung
          trap     #1         ; neue Zeile
warte1    btst     #7,PORTF0  ; Eingang High ?
          bne      warte1     ; nein: warten
          clr.l    d0         ; D0.L löschen
          move.b   PORTE0,d0  ; Bitmuster lesen
          ror.w    #4,d0      ; Zehnerstelle
          cmpi.b   #9,d0      ; testen
          bhi      error      ; keine BCD-Stelle
          addi.b   #'0',d0    ; gut: Zehnerstelle
          trap     #0         ; ausgeben
          clr.b    d0         ; und löschen
          rol.w    #4,d0      ; Einerstelle
          cmpi.b   #9,d0      ; testen
          bhi      error      ; keine BCD-Stelle
          addi.b   #'0',d0    ; codieren und
          trap     #0         ; ausgeben
          bra      warte2     ; weiter
error     move.l   #'ERR:',d0 ; Fehlermeldung
          trap     #2         ; ausgeben
warte2    btst     #7,PORTF0  ; Eingang Low ?
          beq      warte2     ; ja:
          bra      start      ; nein: nächste Eingabe
          end      start      ;
```

* k7a4.ASM Abschnitt 3.7 **Aufgabe 4: Flankenzähler**

```
          org      $100000    ;
start     clr.b    d0         ; D0.B Dualzähler C-Port
          clr.b    PORTC      ; Anzeige löschen
          move.b   #$ff,DDRE  ; E-Port Ausgabe
          clr.b    PORTE0     ; Anzeige löschen
          clr.b    d1         ; D1.B BCD-Zähler E-Port
warte1    btst     #7,PORTF0  ; PF7 = Low ?
          bne      warte1     ; nein
          addq.b   #1,d0      ; Dualzähler
          move.b   d0,PORTC   ; ausgeben
          move.b   #1,d2      ; Konstante 1
          andi     #$ef,CCR   ; X = 0
          abcd     d2,d1      ; D0.B = B0.B + 1
          move.b   d1,PORTE0  ; BCD ausgeben
warte2    btst     #7,PORTF0  ; PF7 = High ?
```

```
          beq       warte2    ; nein: warten
          bra       warte1    ; ja: Schleife
          end       start     ;
```

* k7a5.ASM Abschnitt 3.7 **Aufgabe 5: BCD-Zähler 0000 - 9999**

```
          org       $100000   ;
start     move.b    #$ff,DDRF ; F-Port Ausgabe
          move.b    #$ff,DDRE ; E-Port Ausgabe
          clr.l     d0        ; D0.W = Zähler
          moveq     #1,d1     ; D1.L = 1
loop      move.b    d0,PORTE0 ; Low-Byte -> E-Port
          ror.w     #8,d0     ; High-Byte
          move.b    d0,PORTF0 ; High-Byte -> F-Port
          rol.w     #8,d0     ; wieder richtig
          andi      #$ef,CCR  ; X = 0
          abcd      d1,d0     ; Low-Addition
          ror.w     #8,d0     ;
          ror.w     #8,d1     ;
          abcd      d1,d0     ; High-Addition
          rol.w     #8,d0     ;
          rol.w     #8,d1     ;
          bsr       warte     ; warten
          bra       loop      ; Schleife
* warte: Unterprogramm Warte-Schleife
warte     movem.l   d0,-(a7)  ; Register retten
          move      CCR,-(a7) ; CCR retten
          move.l    #1562500,d0 ; Wartezähler einstellen
warte1    subq.l    #1,d0     ; Zähler - 1
          bne       warte1    ; bis Null
          move      (a7)+,CCR ; CCR zurück
          movem.l   (a7)+,d0  ; Register zurück
          rts                 ; Rücksprung
          end       start
```

* k7a6.ASM Abschnitt 3.7 **Aufgabe 6: dual -> BCD mit Tabelle**

```
          org       $40000  ;
tab       ds.b      100       ; Tabelle durch Programm aufgebaut
          org       $100000 ;
start     move.b    #$ff,DDRF ; F-Port ist Ausgabe
* Tabelle im Speicher aufbauen
          clr.b     d0        ; D0.B = BCD-Zähler
          move.b    #1,d1     ; D1.B = 1
          andi      #$ef,CCR ; X = 0
          lea       tab,a0    ; A0.L = Tabellenanfang
loop1     move.b    d0,(a0)+  ; BCD-Wert speichern
          abcd      d1,d0     ; BCD + 1
          bcc       loop1     ; bis Überlauf $100
* Schleife E-Port dual lesen F-Port BCD ausgeben
          lea       tab,a0    ; A0.L = Tabellenanfang
          clr.l     d0        ; D0.L = Indexregister
loop2     move.b    PORTE0,d0 ; D0.B = dualer Index
          cmpi.b    #99,d0    ; Begrenzung
          bhi       error     ; Wert zu groß
          move.b    0(a0,d0),PORTF0 ; Ausgabe aus Tabelle
          bra       loop2     ; Schleife
error     move.b    #$ff,PORTF0 ; Fehlermarke
          bra       loop2     ; Schleife
          end       start
```

7. Anhang

7.1 Unterprogramme BCD-Arithmetik

```
* anhang1.ASM Anhang1: BCD-Arithmetik
        org     $40000      ; Variablenbereich
var1    ds.l    1           ; 8 Stellen BCD
var2    ds.l    1           ; 8 Stellen BCD
summ    ds.l    1           ; 8 Stellen Summe
diff    ds.l    1           ; 8 Stellen Differenz
prod    ds.l    1           ; 8 Stellen Produkt
quot    ds.l    1           ; 8 Stellen Quotient
rest    ds.l    1           ; 8 Stellen Rest
        org     $100000     ; Befehlsbereich
* Variablen von der Konsole lesen und speichern
start   move.l  #'x-> ',d0  ; Prompt
        trap    #1          ; ausgeben
        lea     var1,a0     ; A0 = Adresse Ziel
        bsr     einbcd      ; BCD-Eingabe
        bcs     error       ; Fehlermarke
        move.l  #'y-> ',d0  ; Prompt
        trap    #1          ; ausgeben
        lea     var2,a0     ; A0 = Adresse Ziel
        bsr     einbcd      ; BCD-Eingabe
        bcs     error       ; Fehlermarke
* Summe bilden und ausgeben
        move.l  var1,-(a7)  ; 1. Wert nach Stapel
        move.l  var2,-(a7)  ; 2. Wert nach Stapel
        pea     summ,-(a7)  ; Adresse der Summe nach Stapel
        bsr     bcdadd      ; Additionsunterprogramm
        bcs     error       ; Überlauf
        move.l  #'sum=',d0  ; Trennzeichen
        trap    #1          ; ausgeben
        lea     summ,a0     ; A0 = Adresse Quelle
        bsr     ausbcd      ; BCD-Ausgabe
* Differenz bilden und ausgeben
        move.l  var1,-(a7)  ; 1. Operand nach Stapel
        move.l  var2,-(a7)  ; 2. Operand nach Stapel
        pea     diff,-(a7)  ; Adresse der Differenz nach Stapel
        bsr     bcdsub      ; Subtraktionsunterprogramm
        bcs     error       ; Unterlauf
        move.l  #'dif=',d0  ; Trennzeichen
        trap    #1          ; ausgeben
        lea     diff,a0     ; A0 = Adresse Quelle
        bsr     ausbcd      ; BCD-Ausgabe
* Produkt bilden und ausgeben
        move.l  var1,-(a7)  ; 1. Operand nach Stapel
        move.l  var2,-(a7)  ; 2. Operand nach Stapel
        pea     prod,-(a7)  ; Adresse des Produktes nach Stapel
        bsr     bcdmul      ; Multiplikationsunterprogramm
        bcs     error       ; Überlauf
        move.l  #'pro=',d0  ; Trennzeichen
        trap    #1          ; ausgeben
        lea     prod,a0     ; A0 = Adresse Quelle
        bsr     ausbcd      ; BCD-Ausgabe
```

```
* Quotient und Rest bilden und ausgeben
        move.l   var1,-(a7) ; 1. Operand nach Stapel
        move.l   var2,-(a7) ; 2. Operand nach Stapel
        pea      quot,-(a7) ; Adresse Quotient nach Stapel
        pea      rest,-(a7) ; Adresse Rest nach Stapel
        bsr      bcddiv     ; Divisionsunterprogramm
        bcs      error      ; Divisionsfehler
        move.l   #'quo=',d0 ; Trennzeichen
        trap     #1         ; ausgeben
        lea      quot,a0    ; A0 = Adresse Quelle
        bsr      ausbcd     ; BCD-Ausgabe
        move.l   #' Re=',d0 ; Trennzeichen
        trap     #2         ; ausgeben
        lea      rest,a0    ; A0 = Adresse Quelle
        bsr      ausbcd     ; BCD-Ausgabe
        bra      start      ;
error   move.l   #'ERR:',d0 ; Fehlermeldung
        trap     #1         ;
        bra      start      ;
* Unterprogramme behandeln 8stellige BCD-Zahlen
* einbcd: A0 = Adresse Zielwort  C = 1: Fehler
einbcd  movem.l d0-d2,-(a7) ; Register retten
        clr.l    d2         ; D2.W = Ergebnis
        moveq    #8,d1      ; D1 = Zähler 9 Zeichen
einbcd1 trap     #8         ; D0.B = lesen ohne Echo
        cmpi.b   #13,d0     ; Endemarke cr ?
        beq      einbcd3    ; ja: fertig
        cmpi.b   #'0',d0    ; kleiner Ziffer 0 ?
        blo      einbcd2    ; ja: fertig
        cmpi.b   #'9',d0    ; größer Ziffer 9 ?
        bhi      einbcd2    ; ja: fertig
        trap     #0         ; Ziffer im Echo ausgeben
        subi.b   #'0',d0    ; 0-9: decodieren
        lsl.l    #4,d2      ; alte Ziffern nach links
        or.b     d0,d2      ; neue Ziffer dazu
        dbra     d1,einbcd1 ; Schleife für max. 4 Ziffern
einbcd2 ori      #1,CCR     ; C=1: Fehlermarke
        bra      einbcd4    ; Zahl nicht speichern
einbcd3 move.l   d2,(a0)    ; Ergebnis speichern
        andi     #$fe,CCR   ; C=0: kein Fehler
einbcd4 movem.l (a7)+,d0-d2 ; Register zurück
        rts                 ;
* ausbcd: 8 Stellen aus (a0) ausgeben
ausbcd  move     CCR,-(a7)  ; CCR retten
        movem.l d0-d3,-(a7) ; Register retten
        moveq    #6,d1      ; D1 = Zähler 7 Stellen b31 = 0
        move.l   (a0),d3    ; Ziffern laden
ausbcd1 rol.l    #4,d3      ; werthöchste Ziffer zuerst
        move.b   d3,d0      ; Ziffer zur Ausgabe
        andi.b   #$0f,d0    ; Maske $0000 1111
        tst.b    d0         ; Null ?
        bne      ausbcd2    ; nicht Null
        btst     #31,d1     ; führende Null ?
        beq      ausbcd3    ; ja: nicht ausgeben
ausbcd2 addi.b   #'0',d0    ; codieren
        trap     #0         ; ausgeben
        bset     #31,d1     ; Nullmarke setzen
ausbcd3 dbra     d1,ausbcd1 ; Schleife
```

```
        rol.l    #4,d3       ; die letzte
        move.b   d3,d0       ; Ziffer
        andi.b   #$0f,d0     ; immer
        addi.b   #'0',d0     ; codieren und
        trap     #0          ; ausgeben
        movem.l  (a7)+,d0-d3 ; Register zurück
        move     (a7)+,CCR   ; CCR zurück
        rts                  ;
* bcdadd  Stapel: 1.Wert  2.Wert Ergebnisadresse
bcdadd  movem.l d0-d2/a0,-(a7) ; 16 Bytes + PC = 20 Stapelbytes
        movea.l 20(a7),a0   ; A0 = Adresse der Summe
        move.l  24(a7),d0   ; D0.L = 2. Wert
        move.l  28(a7),d1   ; D1.L = 1. Wert
        moveq   #3,d2       ; D2.L = Zähler 4 Ziffernpaare
        andi    #$ef,CCR    ; %1110 1111 X = 0
bcdadd1 abcd    d1,d0       ; D0 = D0 + D1 + X
        ror.l   #8,d0       ; nächstes Paar
        ror.l   #8,d1       ;
        dbra    d2,bcdadd1  ; Schleifenkontrolle
        move.l  d0,(a0)     ; Ergebnis speichern
        roxl.b  #1,d0       ; X-Bit -> d0
        lsr.b   #1,d0       ; nach C-Bit: Überlauf
        movem.l (a7)+,d0-d2/a0 ; Register zurück
        rtd     #12         ; Parameterstapel reinigen
* bcdsub  Stapel: 1.Wert 2.Wert Ergebnisadresse
bcdsub  movem.l d0-d2/a0,-(a7) ; 16 Bytes + PC = 20 Stapelbytes
        movea.l 20(a7),a0   ; A0 = Adresse der Differenz
        move.l  24(a7),d1   ; D1.L = 2. Wert
        move.l  28(a7),d0   ; D0.L = 1. Wert
        moveq   #3,d2       ; D2.L = Zähler 4 Ziffernpaare
        andi    #$ef,CCR    ; %1110 1111 X = 0
bcdsub1 sbcd    d1,d0       ; D0 = D0 - D1 - X
        ror.l   #8,d0       ; nächstes Paar
        ror.l   #8,d1       ;
        dbra    d2,bcdsub1  ; Schleifenkontrolle
        move.l  d0,(a0)     ; Ergebnis speichern
        roxl.b  #1,d0       ; X-Bit -> d0
        lsr.b   #1,d0       ; nach C-Bit: Unterlauf
        movem.l (a7)+,d0-d2/a0 ; Register zurück
        rtd     #12         ; Parameterstapel reinigen
* bcdmul Stapel: 1.Wert  2.Wert  Produktadresse
bcdmul  movem.l d0-d2/a0,-(a7) ;
        movea.l 20(a7),a0   ; A0 = Adresse des  Produktes
        move.l  24(a7),d0   ; D0.L = 2.Wert BCD
        bsr     bcddual     ; BCD -> DUAL-Umwandlung in D0.L
        move.l  d0,d1       , D1.L = 2.Wert dual
        move.l  28(a7),d0   ; D0.L = 1.Wert BCD
        bsr     bcddual     ; D0.L = 2.Wert dual
        mulu.l  d1,d1:d0    ; d1*d0 => (d1 - d0)
        tst.l   d1          ; High-Langwort ?
        bne     bcdmul1     ; Überlauf
        cmpi.l  #99999999,d0 ; Überlauf ?
        bhi     bcdmul1     ; ja
        bsr     dualbcd     ; DUAL -> BCD-Umwandlung in D0.L
        move.l  d0,(a0)     ; Ergebnis speichern
        andi    #$fe,CCR    ; C = 0: gut
        bra     bcdmul2     ;
bcdmul1 ori     #$01,CCR    ; C = 1: Überlauffehler
```

```
bcdmul2 movem.l (a7)+,d0-d2/a0 ;
        rtd     #12             ; Parameterstapel reinigen
* bcddiv Stapel: 1.Wert  2.Wert  Quotientadresse  Restadresse
bcddiv  movem.l d0/d1/a0,-(a7) ;
        move.l  24(a7),d0       ; D0 = 2. Wert Divisor
        beq     bcddiv1         ; Divisor = 0: Fehler
        bsr     bcddual         ; BCD -> dual
        move.l  d0,d1           ; D1 = Divisor dual
        move.l  28(a7),d0       ; D0 = 1. Wert Dividend
        bsr     bcddual         ; D0 = Dividend
        divul.l d1,d1:d0        ; D0 : D1 = D0 Rest D1
        bvs     bcddiv1         ; Divisionsfehler
        bsr     dualbcd         ; D0 = Quotient BCD
        bcs     bcddiv1         ; Umwandlungsfehler
        movea.l 20(a7),a0       ; A0 = Adresse des Quotienten
        move.l  d0,(a0)         ; Quotient speichern
        move.l  d1,d0           ; D0 = Rest
        bsr     dualbcd         ; D0 = Rest BCD
        bcs     bcddiv1         ; Umwandlungsfehler
        movea.l 16(a7),a0       ; A0 = Adresse des Restes
        move.l  d0,(a0)         ; Rest speichern
        andi    #$fe,CCR        ; C = 0: gut
        bra     bcddiv2         ;
bcddiv1 ori     #$01,CCR        ; C = 1: Überlauffehler
bcddiv2 movem.l (a7)+,d0/d1/a0 ;
        rtd     #16             ; Parameterstapel reinigen
; bcddual: D0.L 8 Stellen BCD -> Dualzahl umwandeln
bcddual movem.l d1-d3,-(a7) ;
        moveq   #7,d2           ; D2 = Zähler 8 Stellen
        move.l  d0,d1           ; D1 = Stellen
        clr.l   d0              ; D0.L Dualzahl löschen
        clr.l   d3              ; D4 = Hilfszahl
bcddua1 mulu.l  #10,d0          ; Dualzahl * 10
        rol.l   #4,d1           ; Stelle schieben
        move.b  d1,d3           ; D3.B = Byte
        andi.b  #$0f,d3         ; High-Nibble maskieren
        add.l   d3,d0           ; in Dualzahl addieren
        dbra    d2,bcddua1      ; Schleife
        movem.l (a7)+,d1-d3 ;
        rts                     ; D0.L = Ergebnis dual
; dualbcd: D0.L Dualzahl <= 99999999 -> BCD 8 Stellen
dualbcd movem.L d1-d3,-(a7) ;
        moveq   #6,d2           ; D2 = Zähler 7 Divisionen
        move.l  d0,d1           ; D1 = Dualzahl
        clr.l   d0              ; D0 = BCD-Zahl
dualbc1 divul.l #10,d3:d1       ; d1 : 10 = d1 Rest d3
        or      d3,d0           ; D0 = Stelle
        ror.l   #4,d0           ; schieben
        dbra    d2,dualbc1      ;
        or      d1,d0           ;
        ror.l   #4,d0           ;
        movem.l (a7)+,d1-d3 ;
        rts
        end     start           ;
```

7.2 Ein-/Ausgabe von Zahlen mit Vorzeichen

```
* anhang2.ASM Anhang2: Ein-/Ausgabe von Zahlen mit Vorzeichen
         org      $100000       ; Befehlsbereich
start    move.l   #'--> ',d0    ; Prompt
         trap     #1            ; ausgeben
         bsr      einduv        ; D0.L = Dualzahl mit Vorz. lesen
         bcs      error         ; C = 1: Zahlenüberlauf
         bsr      ausduv        ; D0.L = Dualzahl mit Vorz. ausg.
         bra      start         ;
error    move.l   #'ERR:',d0    ; Fehlermeldung
         trap     #1            ; ausgeben
         bra      start         ;
* einduv: Zahl mit Vorz. lesen und nach D0.L dual umwandeln
* Ende mit cr oder Nicht-Ziffer C=0: gut  C=1: Überlauf
einduv   movem.l  d1/d2,-(a7)   ; D1 und D2 retten
         clr.l    d1            ; D1.L = Dualzahl
         clr.b    d2            ; D2.B = Vorzeichen = pos.
         clr.l    d0            ; D0 = Hilfsregister
         trap     #8            ; 1. Zeichen ohne Echo
         cmpi.b   #'+',d0       ; Pluszeichen ?
         beq      einduv1       ; ja:
         cmpi.b   #'-',d0       ; Minuszeichen ?
         bne      einduv3       ; nein:
         not.b    d2            ; D2.B = Vorzeichen = neg.
einduv1  trap     #0            ; + und - im Echo ausgeben
einduv2  trap     #8            ; D0.B Zeichen ohne Echo
einduv3  cmpi.b   #'0',d0       ; kleiner Ziffer 0 ?
         blo      einduv4       ; ja: fertig
         cmpi.b   #'9',d0       ; größer Ziffer 9 ?
         bhi      einduv4       ; ja: fertig
         trap     #0            ; nein: Echo
         subi.b   #'0',d0       ; und decodieren
         mulu.l   #10,d1        ; D1 = D1 * 10
         bvs      einduv7       ; Überlauffehler
         add.l    d0,d1         ; D1 = D1 + Stelle
         bcs      einduv7       ; Überlauffehler
         bra      einduv2       ; Eingabeschleife
einduv4  tst.b    d2            ; D2 = Vorzeichen ?
         bmi      einduv5       ; negativ
         cmpi.l   #$7fffffff,d1 ; positive Grenze ?
         bhi      einduv7       ; Überlauffehler
         bra      einduv6       ; nein: gut
einduv5  cmpi.l   #$80000000,d1 ; negative Grenze ?
         bhi      einduv7       ; Überlauffehler
         neg.l    d1            ; Zweierkomplement
einduv6  move.l   d1,d0         ; D0.L = Endergebnis
         andi     #$fe,CCR      ; C = 0: Gut
         bra      einduv8       ;
einduv7  ori      #$01,CCR      ; C = 1: Fehler
einduv8  movem.l  (a7)+,d1/d2   ; Register zurück
         rts                    ;
* ausduv: Dualzahl aus D0.L dezimal mit Vorzeichen ausgeben
ausduv   movem.l  d0-d2,-(a7)   ;
         clr.w    d2            ; D2 = Ziffernzähler löschen
         tst.l    d0            ; Zahl positiv ?
         bpl      ausduv1       ; ja: kein + ausgeben
```

```
          neg.l    d0              ; nein: komplementieren
          move.l   d0,d1           ; D0.L retten
          move.b   #'-',d0         ; Minuszeichen
          trap     #0              ; ausgeben
          move.l   d1,d0           ; D0.L zurück
ausduv1   divul.l  #10,d1:d0       ; D0 = Quot   D1 = Rest
          beq      ausduv2         ; Quotient Null: fertig
          move.w   d1,-(a7)        ; Rest nach Stapel
          addq.w   #1,d2           ; Ziffer zählen
          bra      ausduv1         ; Schleife bis Quotient 0
ausduv2   move.b   d1,d0           ; Rest ausgeben
ausduv3   addi.b   #'0',d0         ; codieren
          trap     #0              ; und ausgeben
          subq.w   #1,d2           ; Zähler vermindern
          blo      ausduv4         ; kleiner 0: fertig
          move.w   (a7)+,d0        ; Ziffer vom Stapel
          bra      ausduv3         ; Ausgabeschleife
ausduv4   movem.l  (a7)+,d0-d2     ; Register zurück
          rts
          end      start
```

7.3 Rechnen mit Festpunktzahlen

```
* anhang3.ASM  Anhang3: Rechnen mit Festpunktzahlen
* Speicher Addition Subtraktion:  Langwort . Langwort
* Multiplikation Division: reduziert  Wort . Wort
          org      $40000          ; Variablenbereich
var1      ds.l     2               ; 1. Operand
var2      ds.l     2               ; 2. Operand
summ      ds.l     2               ; Summe
diff      ds.l     2               ; Differenz
prod      ds.l     2               ; Produkt
quot      ds.l     2               ; Quotient
          org      $100000         ;
start     move.l   #'X-> ',d0      ; Prompt 1.Operand
          trap     #1              ;
          pea      var1            ; Adresse var1
          bsr      einf            ; dezimale Eingabe
          bcc      next1           ; kein Eingabe-Fehler
          bsr      error           ; Fehlermeldung
          bra      start           ; neue Eingabe
next1     move.l   #'Y-> ',d0      ; Prompt 2.Operand
          trap     #1              ;
          pea      var2            ; Adresse var2
          bsr      einf            ; dezimale Eingabe
          bcc      next2           ; kein Eingabe-Fehler
          bsr      error           ; Fehlermeldung
          bra      next1           ; neue Eingabe
* Addition: Lang.Lang = Lang.Lang + Lang.Lang
next2     move.l   #'X+Y:',d0      ; Prompt
          trap     #1              ;
          pea      var1            ; Adresse 1.Operand
          pea      var2            ; Adresse 2.Operand
          pea      summ            ; Adresse Summe
          bsr      fadd            ; addieren
```

```
            bcc     next3       ; kein Fehler
            bsr     error       ; Überlauf-Fehler
            bra     next4       ;
next3       pea     summ        ; Adresse Summe
            bsr     ausf        ; dezimale Ausgabe
* Subtraktion: Lang.Lang = Lang.Lang - Lang.Lang
next4       move.l  #'X-Y:',d0  ;
            trap    #1          ;
            pea     var1        ;
            pea     var2        ;
            pea     diff        ;
            bsr     fsub        ; subtrahieren
            bcc     next5       ; kein Fehler
            bsr     error       ; Unterlauf-Fehler
            bra     next6       ;
next5       pea     diff        ; Adresse Differenz
            bsr     ausf        ; dezimale Ausgabe
* Multiplikation: Lang.Lang = Wort.Wort * Wort.Wort
next6       move.l  #'X*Y:',d0  ;
            trap    #1          ;
            pea     var1        ;
            pea     var2        ;
            pea     prod        ;
            bsr     fmul        ; multiplizieren
            bcc     next7       ; kein Fehler
            bsr     error       ; Überlauf-Fehler
            bra     next8       ;
next7       pea     prod        ; Adresse Produkt
            bsr     ausf        ; dezimale Ausgabe
* Division: Lang.Lang = Wort.Wort / Wort.Wort
next8       move.l  #'X/Y:',d0  ;
            trap    #1          ;
            pea     var1        ;
            pea     var2        ;
            pea     quot        ;
            bsr     fdiv        ; dividieren
            bcc     next9       ; kein Fehler
            bsr     error       ; Divisions-Fehler
            bra     next10      ;
next9       pea     quot        ; Adresse Produkt
            bsr     ausf        ; dezimale Ausgabe
next10      bra     start       ;

* error: Unterprogramm Fehlermeldung ausgeben
error       move.l  #' ERR',d0  ; Fehlermeldung
            trap    #2          ;
            rts                 ;

* einf: Eingabe Festpunkt 123.456 cr nach Adresse auf Stapel
einf        movem.l d0-d6/a0,-(a7) ; Register retten
            clr.l   d0          ; D0 = Arbeitsregister
            clr.l   d2          ; D2.L = Vorpunktstellen
einf1       trap    #9          ; D0.B = Zeichen mit Echo
            cmpi.b  #'.',d0     ; Dezimalpunkt ?
            beq     einf2       ; ja: es folgen Nachpunktstellen
            cmpi.b  #'0',d0     ; Zeichen kleiner 0 ?
            blo     einferr     ; Fehler
            cmpi.b  #'9',d0     ; Zeichen größer 9 ?
```

```
           bhi       einferr      ; Fehler
           subi.b    #'0',d0      ; nein: decodieren
           mulu.l    #10,d2       ; Zahl * 10
           bvs       einferr      ; Überlauf
           add.l     d0,d2        ; Stelle einbauen
           bcs       einferr      ; Überlauf-Fehler
           bra       einf1        ; Vorpunktschleife
einf2      clr.l     d3           ; D3.L = Nachpunktzahl
           move.l    #1,d4        ; D4.L = Skalenfaktor
           moveq     #8,d6        ; max. 8 Stellen
einf3      trap      #9           ; D0.B = Zeichen
           cmpi.b    #32,d0       ; <= lz:  Ende ?
           bls       einf4        ; ja: umwandeln
           cmpi.b    #'0',d0      ; Ziffer 0
           blo       einferr      ; Nicht-Ziffer
           cmpi.b    #'9',d0      ; Ziffer 9
           bhi       einferr      ; Nicht-Ziffer
           subi.b    #'0',d0      ; nein: decodieren
           mulu.l    #10,d3       ; Zahl * 10
           bvs       einferr      ; Überlauf
           add.l     d0,d3        ; Stelle einbauen
           bcs       einferr      ; Überlauf-Fehler
           mulu.l    #10,d4       ; Skalenfaktor * 10
           bvs       einferr      ; Überlauf bei Faktor
           subq.l    #1,d6        ; Ziffern-Zähler
           bne       einf3        ;
einf4      clr.l     d5           ; D0.L = duale Nachpunktstellen
           move.l    #32,d6       ; D6 = Bitposition u.Abbruchzähler
einf5      subq.l    #1,d6        ; Zähler - 1
           beq       einf6        ; Abbruch
           lsl.l     #1,d3        ; Zahl * 2
           cmp.l     d4,d3        ; < Skalenfaktor
           blo       einf5        ;   ja: gibt 0
           bset      d6,d5        ; nein: gibt 1
           sub.l     d4,d3        ; abziehen
           bne       einf5        ; noch nicht fertig
* D2.L = Vorpkt. rechtsbündig  D5.L =  Nachpkt. linksbündig
einf6      movea.l 36(a7),a0  ; A0 = Ergebnisadresse
           move.l    d2,(a0)      ; Rückgabe Vorpunkt
           move.l    d5,4(a0)     ; Rückgabe Nachpunkt
           andi      #$fe,CCR     ; C = 0: gut
           bra       einf7        ;
einferr ori          #$01,CCR     ; C = 1: Fehler
einf7    movem.l   (a7)+,d0-d6/a0 ; Register zurück
           rtd       #4           ; Adreß-Langwort entfernen


* ausf: dezimale Ausgabe Festpunkt D1.L Vorpkt. D0.L Nachpkt.
ausf     movem.l d0-d3/a0,-(a7) ; Register retten
           move.b    #$20,d0      ; Leerzeichen
           trap      #0           ; ausgeben
           movea.l 24(a7),a0  ; A0 = Speicher-Adresse
           move.l    (a0),d0      ; D0.L = Vorpunktstellen
           move.l    4(a0),d1     ; D1.L = Nachpunktstellen
* Vorpunktstellen ausgeben
           clr.b     d2           ; Stellenzähler löschen
ausf1      divul.l #10,d3:d0    ; D0 = Quot  D3 = Rest
           beq       ausf2        ; Quotient Null: fertig
           move.w    d3,-(a7)     ; Rest nach Stapel
```

```
                addq.w  #1,d2        ; Ziffer zählen
                bra     ausf1        ;
ausf2           move.b  d3,d0        ; letzten Rest ausgeben
ausf3           addi.b  #'0',d0      ; codieren
                trap    #0           ; und ausgeben
                subq.b  #1,d2        ; Zähler vermindern
                blo     ausf4        ; kleiner Null: fertig
                move.w  (a7)+,d0     ; Ziffer vom Stapel
                bra     ausf3        ;
* Punkt und Nachpunktstellen D1.L ausgeben
ausf4           move.l  #'.',d0      ; Punkt
                trap    #0           ; ausgeben
                move.l  d1,d0        ; D0.L = Duale Nachpunktstellen
                moveq   #7,d3        ; D3.W = Zähler 8 Stellen
                clr.l   d2           ; D2.L = Dezimalziffern
ausf5           mulu.l  #10,d1:d0    ; D0*10: D1.L = High D0.L = Low
                lsl.l   #4,d2        ; links <= alte Stellen
                add.l   d1,d2        ; neue Stelle dazu
                dbra    d3,ausf5     ;
* Ausgabe der 8 Dezimalstellen
ausf7           moveq   #7,d3        ; Zähler 8 Stellen
ausf8           rol.l   #4,d2        ; Stelle positionieren
                move.b  d2,d0        ; zur Ausgabe
                andi.b  #$0f,d0      ; maskieren %0000 1111
                ori.b   #$30,d0      ; codieren
                trap    #0           ; und ausgeben
                dbra    d3,ausf8     ;
                movem.l (a7)+,d0-d3/a0 ; Register zurück
                rtd     #4           ; Rückkehr mit Stapelreinigung


* fadd: Festpunkt-Addition C = 1: Fehler
fadd            movem.l d0-d3/a0,-(a7) ;
                movea.l 32(a7),a0    ; A0 = Adresse 1.Operand
                move.l  (a0),d1      ; D1.L = Vorpunkt
                move.l  4(a0),d0     ; D0.L = Nachpunkt
                movea.l 28(a7),a0    ; A0 = Adresse 2.Operand
                move.l  (a0),d3      ; D3.L = Vorpunkt
                move.l  4(a0),d2     ; D2.L = Nachpunkt
                andi    #$ef,CCR     ; X = 0
                addx.l  d2,d0        ; D0.L = Nachpunkt Summe
                addx.l  d3,d1        ; D1.L = Vorpunkt Summe
                bcs     fadd1        ; C = 1: Überlauf
                movea.l 24(a7),a0    ; A0 = Zieladresse
                move.l  d1,(a0)      ; Vorpunkt
                move.l  d0,4(a0)     ; Nachpunkt
                andi    #$fe,CCR     ; C = 0: gut
fadd1           movem.l (a7)+,d0-d3/a0 ;
                rtd     #12          ; Rückkehr mit Stapelreinigung


* fsub: Festpunkt-Subtraktion C = 1: Fehler
fsub            movem.l d0-d3/a0,-(a7) ;
                movea.l 32(a7),a0    ; A0 = Adresse 1.Operand
                move.l  (a0),d1      ; D1.L = Vorpunkt
                move.l  4(a0),d0     ; D0.L = Nachpunkt
                movea.l 28(a7),a0    ; A0 = Adresse 2.Operand
                move.l  (a0),d3      ; D3.L = Vorpunkt
                move.l  4(a0),d2     ; D2.L = Nachpunkt
                andi    #$ef,CCR     ; X = 0
```

```
           subx.l  d2,d0      ; D0.L = Nachpunkt Differenz
           subx.l  d3,d1      ; D1.L = Vorpunkt Differenz
           bcs     fsub1      ; C = 1: Unterlauf
           movea.l 24(a7),a0  ; A0 = Zieladresse
           move.l  d1,(a0)    ; Vorpunkt
           move.l  d0,4(a0)   ; Nachpunkt
           andi    #$fe,CCR   ; C = 0: gut
fsub1      movem.l (a7)+,d0-d3/a0 ;
           rtd     #12        ; Rückkehr mit Stapelreinigung


* fmul: Festpunkt-Multiplikation C = 1: Fehler
* reduzierter Zahlenumfang  Wort.Wort * Wort.Wort
fmul       movem.l d0-d3/a0,-(a7) ;
           movea.l 32(a7),a0  ; A0 = Adresse 1.Operand
           move.l  (a0),d1    ; D1.L = Vorpunkt
           move.l  4(a0),d0   ; D0.L = Nachpunkt
           move.w  d1,d0      ; D0.L = Nachpunkt_High.Vorpunkt_Low
           swap    d0         ; D0.L = Vorpunkt . Nachpunkt
           swap    d1         ; High-Wort Vorpunkt wird
           tst.w   d1         ; reduziert
           bne     fmul1      ; war nicht Null: Fehler
           movea.l 28(a7),a0  ; A0 = Adresse 2.Operand
           move.l  (a0),d3    ; D3.L = Vorpunkt
           move.l  4(a0),d2   ; D2.L = Nachpunkt
           move.w  d3,d2      ; D2.L = Nachpunkt_High.Vorpunkt_Low
           swap    d2         ; D2.L = Vorpunkt . Nachpunkt
           swap    d3         ; High-Wort Vorpunkt wird
           tst.w   d3         ; reduziert
           bne     fmul1      ; war nicht Null: Fehler
           mulu.L  d2,d1:d0   ; D1.L = Vorpunkt D0.L = Nachpunkt
           bvs     fmul1      ; V = 1: Überlauf
           movea.l 24(a7),a0  ; A0 = Zieladresse
           move.l  d1,(a0)    ; Vorpunkt
           move.l  d0,4(a0)   ; Nachpunkt
           andi    #$fe,CCR   ; C = 0: gut
           bra     fmul2      ; zum guten Ausgang
fmul1      ori     #$01,CCR   ; C = 1: Fehlerausgang
fmul2      movem.l (a7)+,d0-d3/a0 ;
           rtd     #12        ; Rückkehr mit Stapelreinigung


* fdiv: Festpunkt-Division C = 1: Fehler
* reduzierter Zahlenumfang  Langwort.Langwort / Wort.Wort
fdiv       movem.l d0-d3/a0,-(a7) ;
           movea.l 32(a7),a0  ; A0 = Adresse 1.Operand
           move.l  (a0),d1    ; D1.L = Vorpunkt
           move.l  4(a0),d0   ; D0.L = Nachpunkt
           movea.l 28(a7),a0  ; A0 = Adresse 2.Operand
           move.l  (a0),d3    ; D3.L = Vorpunkt
           move.l  4(a0),d2   ; D2.L = Nachpunkt
           move.w  d3,d2      ; D2.L = Nachpunkt_High.Vorpunkt_Low
           swap    d2         ; D2.L = Vorpunkt . Nachpunkt
           beq     fdiv1      ; D2.L = Divisor ist NULL
           swap    d3         ; High-Wort Vorpunkt wird
           tst.w   d3         ; reduziert
           bne     fdiv1      ; war nicht Null: Fehler
           divu.l  d2,d1:d0   ; D1.L = Vorpunkt D0.L = Nachpunkt
           bvs     fdiv1      ; V = 1: Überlauf D0.L = Vorp.Nachp
           swap    d0         ; D0.L = Nachp . Vorp
```

```
          move.l  d0,d1        ; D1.L = Nachp . Vorp
          clr.w   d0           ; D0.L = Nachp 0---0
          andi.l  #$0000ffff,d1 ; D1.L = 0---0 Vorp
          movea.l 24(a7),a0    ; A0 = Zieladresse
          move.l  d1,(a0)      ; Vorpunkt
          move.l  d0,4(a0)     ; Nachpunkt
          andi    #$fe,CCR     ; C = 0: gut
          bra     fdiv2        ; zum guten Ausgang
fdiv1     ori     #$01,CCR     ; C = 1: Fehlerausgang
fdiv2     movem.l (a7)+,d0-d3/a0 ;
          rtd     #12          ; Rückkehr mit Stapelreinigung
          end     start        ;
```

7.4 Stiftbelegung des Controllers 68332

Bezeichnungen nach dem Handbuch des Herstellers

Stift	Signal	Port	Richtung	Bemerkung
1	VDD = +5V			Stromversorgung
2	VSS = GND			Masse
3	TPUCH11		Ein/Aus	Timer Kanal 11
4	TPUCH10		Ein/Aus	Timer Kanal 10
5	TPUCH9		Ein/Aus	Timer Kanal 9
6	TPUCH8		Ein/Aus	Timer Kanal 8
7	VDD = +5V			Stromversorgung
8	VSS = GND			Masse
9	TPUCH7		Ein/Aus	Timer Kanal 7
10	TPUCH6		Ein/Aus	Timer Kanal 6
11	TPUCH5		Ein/Aus	Timer Kanal 5
12	TPUCH4		Ein/Aus	Timer Kanal 4
13	TPUCH3		Ein/Aus	Timer Kanal 3
14	TPUCH2		Ein/Aus	Timer Kanal 2
15	TPUCH1		Ein/Aus	Timer Kanal 1
16	TPUCH0		Ein/Aus	Timer Kanal 0
17	VSS = GND			Masse
18	VDD = +5V			Stromversorgung
19	VSTBY = +5V			TPURAM Stromversorgung
20	ADDR1		Ausgang	Adreßleitung A1
21	ADDR2		Ausgang	Adreßleitung A2

Stift	Signal	Port	Richtung	Bemerkung
22	ADDR3		Ausgang	Adreßleitung A3
23	ADDR4		Ausgang	Adreßleitung A4
24	ADDR5		Ausgang	Adreßleitung A5
25	ADDR6		Ausgang	Adreßleitung A6
26	ADDR7		Ausgang	Adreßleitung A7
27	ADDR8		Ausgang	Adreßleitung A8
28	VDD = +5V			Stromversorgung
29	VSS = GND			Masse
30	ADDR9		Ausgang	Adreßleitung A9
31	ADDR10		Ausgang	Adreßleitung A10
32	ADDR11		Ausgang	Adreßleitung A11
33	ADDR12		Ausgang	Adreßleitung A12
34	VSS = GND			Masse
35	ADDR13		Ausgang	Adreßleitung A13
36	ADDR14		Ausgang	Adreßleitung A14
37	ADDR15		Ausgang	Adreßleitung A15
38	ADDR16		Ausgang	Adreßleitung A16
39	VDD = +5V			Stromversorgung
40	VSS = GND			Masse
41	ADDR17		Ausgang	Adreßleitung A17
42	ADDR18		Ausgang	Adreßleitung A18
43	MISO	PQS0	Ein/Aus	Serieller Eingang
44	MOSI	PQS1	Ein/Aus	Serieller Ausgang
45	SCK	PQS2	Ein/Aus	Serieller Schiebetakt
46	PCS0 / SS	PQS3	Ein/Aus	Ser. Auswahl /Freigabe
47	PCS1	PQS4	Ein/Aus	Serielle Auswahl
48	PCS2	PQS5	Ein/Aus	Serielle Auswahl
49	PCS3	PQS6	Ein/Aus	Serielle Auswahl
50	VDD = +5V			Stromversorgung
51	VSS = GND			Masse
52	TxD	PQS7	Ein/Aus	Serieller V.24-Ausgang
53	RxD		Eingang	Serieller V.24-Eingang

Stift	Signal	Port	Richtung	Bemerkung
54	IPIPE / DSO		Ein/Aus	serieller BDM Ausgang
55	IFETCH / DSI		Ein/Aus	serieller BDM Eingang
56	BKPT / DSCLK		Ein/Aus	BDM Steuerung / Takt
57	TSC (TSTME)		Eingang	Tristate-Steuerung
58	FREEZE / QUOT		Ausgang	Anzeige BDM Status
59	VSS = GND			Masse
60	XTAL			Quarz / externer Takt
61	VDDSYN = +5V			Stromvers. gefiltert
62	EXTAL			Quarz / externer Takt
63	VDD = +5V			Stromversorgung
64	XFC			Filteranschluß für PLL
65	VDD = +5V			Stromversorgung
66	CLKOUT		Ausgang	Systemtaktausgang
67	VSS = GND			Masse
68	RESET		Ein/Aus	Anlauf und Rücksetzen
69	HALT		Ein/Aus	Haltzustand
70	BERR		Eingang	Busfehler
71	IRQ7 (NMI)	PF7	Ein/Aus	Interruptanforderung
72	IRQ6	PF6	Ein/Aus	Interruptanforderung
73	IRQ5	PF5	Ein/Aus	Interruptanforderung
74	IRQ4	PF4	Ein/Aus	Interruptanforderung
75	IRQ3	PF3	Ein/Aus	Interruptanforderung
76	IRQ2	PF2	Ein/Aus	Interruptanforderung
77	IRQ1	PF1	Ein/Aus	Interruptanforderung
78	MODCLK	PF0	Ein/Aus	Taktbetriebsart Reset
79	R/W		Ausgang	Lesen / Schreiben
80	SIZ1	PE7	Ein/Aus	Buszyklenstatus
81	SIZ0	PE6	Ein/Aus	Buszyklenstatus
82	AS	PE5	Ein/Aus	Adreßbus Tastsignal
83	VSS = GND			Masse
84	VDD = +5V			Stromversorgung
85	DS	PE4	Ein/Aus	Datenbus Tastsignal

Stift	Signal	Port	Richtung	Bemerkung
86	RMC	PE3	Ein/Aus	Unteilbarer Buszyklus
87	AVEC	PE2	Ein/Aus	Autovektor anfordern
88	DSACK1	PE1	Ein/Aus	Bustransfer bestätigen
89	DSACK0	PE0	Ein/Aus	Bustransfer bestätigen
90	ADDR0		Ausgang	Adreßleitung A0
91	DATA15		Ein/Aus	Datenleitung D15
92	DATA14		Ein/Aus	Datenleitung D14
93	DATA13		Ein/Aus	Datenleitung D13
94	DATA12		Ein/Aus	Datenleitung D12
95	VSS = GND			Masse
96	VDD = +5V			Stromversorgung
97	DATA11		Ein/Aus	Datenleitung D11
98	DATA10		Ein/Aus	Datenleitung D10
99	DATA9		Ein/Aus	Datenleitung D9
100	DATA8		Ein/Aus	Datenleitung D8
101	VSS = GND			Masse
102	DATA7		Ein/Aus	Datenleitung D7
103	DATA6		Ein/Aus	Datenleitung D6
104	DATA5		Ein/Aus	Datenleitung D5
105	DATA4		Ein/Aus	Datenleitung D4
106	VSS = GND			Masse
107	VDD = +5V			Stromversorgung
108	DATA3		Ein/Aus	Datenleitung D3
109	DATA2		Ein/Aus	Datenleitung D2
110	DATA1		Ein/Aus	Datenleitung D1
111	DATA0		Ein/Aus	Datenleitung D0
112	CSBOOT		Ausgang	Auswahl nach RESET
113	BR / CS0		Ein/Aus	Busvergabe / Auswahl
114	BG / CS1		Ein/Aus	Busvergabe / Auswahl
115	BGACK / CS2		Ein/Aus	Busvergabe / Auswahl
116	VDD = +5V			Stromversorgung
117	VSS = GND			Masse

Stift	Signal	Port	Richtung	Bemerkung
118	FC0 / CS3	PC0	Ausgang	Funktionscode /Auswahl
119	FC1 / CS4	PC1	Ausgang	Funktionscode /Auswahl
120	FC2 / CS5	PC2	Ausgang	Funktionscode /Auswahl
121	ADDR19 / CS6	PC3	Ausgang	Adreßl. A19 / Auswahl
122	ADDR20 / CS7	PC4	Ausgang	Adreßl. A20 / Auswahl
123	ADDR21 / CS8	PC5	Ausgang	Adreßl. A21 / Auswahl
124	ADDR22 / CS9	PC6	Ausgang	Adreßl. A22 / Auswahl
125	ADDR23 / CS10 / ECLK		Ausgang	Adreßl. A23 / Auswahl / Takt synchr. Periph.
126	VDD = +5V			Stromversorgung
127	VSS = GND			Masse
128	T2CLK		Eingang	Takt Timer_2
129	TPUCH15		Ein/Aus	Timer Kanal 15
130	TPUCH14		Ein/Aus	Timer Kanal 14
131	TPUCH13		Ein/Aus	Timer Kanal 13
132	TPUCH12		Ein/Aus	Timer Kanal 12

Treiberfähigkeit der wichtigsten Ausgänge:

Ausgang	High-Potential > 2,4 V	Low-Potential < 0,4 V
Datenbusleitungen	0,8 mA	**1,6 mA** 1 Standard-TTL-Last 4 LS-Lasten
Adreßbusleitungen Steuerleitungen Auswahleitungen	0,8 mA	**5,3 mA** 3 Standard-TTL-Lasten 13 LS-Lasten
Ports C, E, F, QS serieller Bus	0,8 mA	**5,3 mA** 3 Standard-TTL-Lasten 13 LS-Lasten
TPU Kanäle	0,8 mA	**1,6 mA** 1 Standard-TTL-Last 4 LS-Lasten
RESET, HALT	0,8 mA	**15,3 mA**

Die Ausgänge des QS-Ports lassen sich als Totem Pole Ausgänge oder als Open Drain Ausgänge programmieren.

7.5 ASCII-Codetabelle

Hex	Dez	Zei	Hex	Dez	Zei	Hex	Dez	Zei	Hex	Dez	Zei	Hex	Dez	Zei	Hex	Dez	Zei	Hex	Dez	Zei	Hex	Dez	Zei
$00	0	***	$10	16	▲	$20	32		$30	48	0	$40	64	@	$50	80	P	$60	96	`	$70	112	p
$01	1	☺	$11	17	▼	$21	33	!	$31	49	1	$41	65	A	$51	81	Q	$61	97	a	$71	113	q
$02	2	●	$12	18	↕	$22	34	"	$32	50	2	$42	66	B	$52	82	R	$62	98	b	$72	114	r
$03	3	►	$13	19	‼	$23	35	#	$33	51	3	$43	67	C	$53	83	S	$63	99	c	$73	115	s
$04	4	♦	$14	20	¶	$24	36	$	$34	52	4	$44	68	D	$54	84	T	$64	100	d	$74	116	t
$05	5	♣	$15	21	§	$25	37	%	$35	53	5	$45	69	E	$55	85	U	$65	101	e	$75	117	u
$06	6	♠	$16	22	▬	$26	38	&	$36	54	6	$46	70	F	$56	86	V	$66	102	f	$76	118	v
$07	7	BEL	$17	23	↨	$27	39	'	$37	55	7	$47	71	G	$57	87	W	$67	103	g	$77	119	w
$08	8	BS	$18	24	↑	$28	40	(	$38	56	8	$48	72	H	$58	88	X	$68	104	h	$78	120	x
$09	9	TAB	$19	25	↓	$29	41	)	$39	57	9	$49	73	I	$59	89	Y	$69	105	i	$79	121	y
$0A	10	LF	$1A	26	→	$2A	42	*	$3A	58	:	$4A	74	J	$5A	90	Z	$6A	106	j	$7A	122	z
$0B	11	♂	$1B	27	←	$2B	43	+	$3B	59	;	$4B	75	K	$5B	91	[	$6B	107	k	$7B	123	{
$0C	12	FF	$1C	28	∟	$2C	44	,	$3C	60	<	$4C	76	L	$5C	92	\	$6C	108	l	$7C	124	|
$0D	13	CR	$1D	29	↔	$2D	45	-	$3D	61	=	$4D	77	M	$5D	93	]	$6D	109	m	$7D	125	}
$0E	14	♫	$1E	30	▲	$2E	46	.	$3E	62	>	$4E	78	N	$5E	94	^	$6E	110	n	$7E	126	~
$0F	15	☼	$1F	31	▼	$2F	47	/	$3F	63	?	$4F	79	O	$5F	95	_	$6F	111	o	$7F	127	⌂

Dez	Hex	Zei	Dez	Hex	Zei	Dez	Hex	Zei	Dez	Hex	Zei
192	$C0	└	208	$D0	╨	224	$E0	α	240	$F0	≡
193	$C1	┴	209	$D1	╤	225	$E1	ß	241	$F1	±
194	$C2	┬	210	$D2	╥	226	$E2	Γ	242	$F2	≥
195	$C3	├	211	$D3	╙	227	$E3	π	243	$F3	≤
196	$C4	─	212	$D4	╘	228	$E4	Σ	244	$F4	⌠
197	$C5	┼	213	$D5	╒	229	$E5	σ	245	$F5	⌡
198	$C6	╞	214	$D6	╓	230	$E6	µ	246	$F6	÷
199	$C7	╟	215	$D7	╫	231	$E7	τ	247	$F7	≈
200	$C8	╚	216	$D8	╪	232	$E8	Φ	248	$F8	°
201	$C9	╔	217	$D9	┘	233	$E9	Θ	249	$F9	∙
202	$CA	╩	218	$DA	┌	234	$EA	Ω	250	$FA	·
203	$CB	╦	219	$DB	█	235	$EB	δ	251	$FB	√
204	$CC	╠	220	$DC	▄	236	$EC	∞	252	$FC	ⁿ
205	$CD	═	221	$DD	▌	237	$ED	φ	253	$FD	²
206	$CE	╬	222	$DE	▐	238	$EE	ε	254	$FE	■
207	$CF	╧	223	$DF	▀	239	$EF	∩	255	$FF	***

Dez	Hex	Zei	Dez	Hex	Zei	Dez	Hex	Zei	Dez	Hex	Zei
128	$80	Ç	144	$90	É	160	$A0	á	176	$B0	░
129	$81	ü	145	$91	æ	161	$A1	í	177	$B1	▒
130	$82	é	146	$92	Æ	162	$A2	ó	178	$B2	▓
131	$83	â	147	$93	ô	163	$A3	ú	179	$B3	│
132	$84	ä	148	$94	ö	164	$A4	ñ	180	$B4	┤
133	$85	à	149	$95	ò	165	$A5	Ñ	181	$B5	╡
134	$86	å	150	$96	û	166	$A6	ª	182	$B6	╢
135	$87	ç	151	$97	ù	167	$A7	º	183	$B7	╖
136	$88	ê	152	$98	ÿ	168	$A8	¿	184	$B8	╕
137	$89	ë	153	$99	Ö	169	$A9	⌐	185	$B9	╣
138	$8A	è	154	$9A	Ü	170	$AA	¬	186	$BA	║
139	$8B	ï	155	$9B	¢	171	$AB	½	187	$BB	╗
140	$8C	î	156	$9C	£	172	$AC	¼	188	$BC	╝
141	$8D	ì	157	$9D	¥	173	$AD	¡	189	$BD	╜
142	$8E	Ä	158	$9E	₧	174	$AE	«	190	$BE	╛
143	$8F	Å	159	$9F	ƒ	175	$AF	»	191	$BF	┐

8. Literatur

[1] Motorola (Firmenschrift)
MC 68332 User's Manual (Benutzerhandbuch)
MC68332UM/AD REV 1, 1993

[2] Motorola (Firmenschrift)
CPU32 Central Processor Unit
Reference Manual (Programmierhandbuch)
MC32RM/AD REV 1, 1990

[3] Motorola (Firmenschrift)
TPU Time Processor Unit (Benutzerhandbuch)
TPURM/AD REV 2, 1993

[4] Motorola (Firmenschrift)
32-Bit Modular Microcontroller
Technical Summary (Zusammenfassende technische Beschreibung)
MC68332TS/D REV 2, 1993

[5] Werner Hilf
Mikroprozessoren für 32-Bit-Systeme
Architektur,Hardware,Befehlssatz
Band 1
Markt & Technik, Haar bei München, 1991

[6] Werner Hilf
M68000 Anwendungen
Band 2
Franzis-Verlag, München, 1994

[7] Fuchs/Liess
M68300 Mikrocontroller
Band 3
Franzis-Verlag, München, 1994

[8] Günter Schmitt
Mikrocomputertechnik mit den Prozessoren der 68000-Familie
Oldenbourg, München, 3. Auflage 1994

9. Register

www.ingramcontent.com/pod-product-compliance
Lightning Source LLC
Chambersburg PA
CBHW081529190326
41458CB00015B/5500